港口工程离心模拟技术

蔡正银　徐光明　著

科学出版社

北京

内 容 简 介

作为一种物理模拟技术，离心模拟以其独特的应力相似性，成为岩土工程与相关领域中非常重要的试验方法，已广泛应用于科研和工程实践。本书系统阐述港口工程离心模拟技术，涉及离心模型试验的原理、离心机设备与辅助试验系统、离心模拟技术、测试技术及大量的工程应用实例。针对港口工程的特点，书中着重介绍有关超重力场中波浪荷载和港池开挖过程的模拟技术，从中可以发现离心模拟技术在新型桶式基础防波堤和深水板桩码头新结构开发过程中的作用。

本书适合土木、水利、交通、能源、建筑等行业及相关领域的工程、设计人员和高等院校师生阅读、参考。

图书在版编目（CIP）数据

港口工程离心模拟技术 / 蔡正银，徐光明著. —北京：科学出版社，2020.3

ISBN 978-7-03-063071-1

Ⅰ. ①港⋯ Ⅱ. ①蔡⋯ ②徐⋯ Ⅲ. ①港口工程－离心模型 Ⅳ. ①U65

中国版本图书馆 CIP 数据核字（2019）第 244584 号

责任编辑：周　丹　赵朋媛 / 责任校对：杨聪敏
责任印制：张　伟 / 封面设计：许　瑞

科 学 出 版 社 出版
北京东黄城根北街 16 号
邮政编码：100717
http://www.sciencep.com

北京九州迅驰传媒文化有限公司 印刷
科学出版社发行　各地新华书店经销

*

2020 年 3 月第 一 版　　开本：720×1000　1/16
2020 年 3 月第一次印刷　印张：16 3/4
字数：335 000
定价：129.00 元
（如有印装质量问题，我社负责调换）

前　　言

离心模拟技术是研究土工工程问题十分重要的方法，我国岩土工程学科奠基人黄文熙院士曾将其称为土工模型试验技术发展的里程碑。近年来，国内外离心模拟技术得到飞速的发展，已渗透到各研究领域。国际土力学与岩土工程学会专门成立了土工物理模拟技术委员会，每4年举办一次世界性的学术年会，有力推动了土工物理模拟技术的进步。在我国，离心模拟技术也如雨后春笋般发展。目前，我国已经拥有各类大中小型离心机30多台，以及超重力场大型振动台模拟系统、波浪模拟系统、开挖过程模拟系统、降雨模拟系统等，已跻身世界离心模拟技术的先进行列。

港口工程是我国离心模拟技术最早触及的研究领域，也是离心模拟技术应用最为广泛的领域。我国的第一组港口工程离心模型试验是由南京水利科学研究院朱维新等于1983年在深圳市蛇口工业区进行的五湾码头模拟试验，通过试验查明了码头坍塌的原因，从此离心模拟技术在港口工程中得到广泛的应用。无论是防波堤新结构的开发，还是深水板桩码头的成套技术研发，都离不开离心模型试验的论证，该技术解决了大量的港口工程实际问题。在大量的离心模拟实践过程中，除离心机本身外，两项关键技术——离心模拟技术和测试技术都取得了很大的发展，离心试验已完成了从过去的"定性"到部分研究可以达到"定量"的飞跃。同时，离心机的试验过程也越来越规范，在总结大量试验结果的基础上，作者组织国内多家单位的离心模拟技术人员，于2013年编写了我国港口工程第一本离心模型试验规范《港口工程离心模型试验技术规程》（JTS/T 231—7—2013）。为了进一步推动我国港口离心模拟技术的发展，吸引更多的技术人员加入离心模拟领域，从而更好地为工程建设服务，特撰写了这本拙著。

本书共八章，第1章简要介绍离心模拟技术及我国港口工程离心模拟技术的应用情况；第2章阐述土工离心模型试验基本原理，推导静、动力离心模型试验的相似比，解释渗流和固结过程中渗透系数相似比不同的原因；第3章着重介绍离心机与测量系统，包括离心机主机、控制系统、数据采集系统及量测系统等；第4章的内容是关于离心模拟技术，涉及模型率的选择和地基土层、结构物、荷载的模拟技术等；第5章针对波浪荷载的模拟，主要论述3种模拟方式，包括波浪拟静力模拟方法、波浪循环荷载模拟方法和超重力场造波机系统模拟方法；第6章针对港池开挖过程模拟，重点介绍离心机四轴机器人系统；

第 7 章和第 8 章分别介绍离心模拟技术在新型遮帘式板桩码头结构和新型防波堤结构研发中的应用。

南京水利科学研究院的许多同志参与了本书的撰写，其中任国峰参与了第 1 章、第 2 章、第 4 章、第 6 章、第 8 章的撰写，顾行文参与了第 5 章、第 6 章、第 7 章的撰写，关云飞、李景林参与了第 7 章的撰写，曹永勇参与了第 8 章的撰写；中国工程物理研究院林明参与了第 3 章的撰写。全书由蔡正银和徐光明修改并定稿。

本书的出版得到了南京水利科学研究院出版基金的支持，谨致以衷心的感谢。

离心模拟是一门新兴技术，涉及多学科领域，一些模拟和测试的方法还不太完善，需要更多的专家学者不懈努力、勇于创新，也需要更多的离心模拟人员参与到这项工作中，使其发挥更大的作用。限于作者研究水平，书中可能存在很多不足之处，敬请各位读者不吝斧正，不胜感激。

蔡正银
2019 年 11 月

目　　录

前言
第1章　绪论 ··· 1
　1.1　离心模型试验的发展状况 ··· 1
　1.2　我国港口工程离心模拟技术的主要应用 ··································· 3
第2章　土工离心模型试验基本原理 ··· 8
　2.1　概述 ··· 8
　2.2　土工离心模型试验的原理 ··· 8
　2.3　土工离心模型试验的相似理论 ·· 9
　　2.3.1　离心模型试验模型相似律 ·· 10
　　2.3.2　静力模型试验的相似比 ··· 11
　　2.3.3　动力模型试验的相似比 ··· 14
　　2.3.4　非饱和土问题的相似比 ··· 15
　2.4　离心模型试验的误差分析 ·· 16
　　2.4.1　不均匀加速度场 ·· 17
　　2.4.2　开挖、回填过程的模拟 ··· 18
第3章　离心机与测量系统 ·· 20
　3.1　离心机主机 ·· 20
　　3.1.1　离心机主机系统组成 ·· 20
　　3.1.2　机械系统 ·· 21
　　3.1.3　电气系统 ·· 26
　3.2　量测设备 ··· 28
　3.3　量测设计 ··· 32
第4章　模型的模拟 ··· 33
　4.1　模型率 ·· 33
　4.2　地基土层的模拟 ·· 33
　4.3　结构物的模拟 ··· 35
　4.4　荷载的模拟 ·· 36
　4.5　水位的模拟 ·· 38

第5章 离心模型试验中波浪荷载的模拟 ·········· 39
- 5.1 波浪拟静力模拟方法与设备 ·········· 40
- 5.2 波浪循环荷载模拟方法与设备 ·········· 42
- 5.3 离心模型试验造波机系统 ·········· 46

第6章 离心模型试验中港池开挖的模拟 ·········· 51
- 6.1 港池开挖的常规模拟方法 ·········· 51
- 6.2 离心模型试验机器人系统 ·········· 52
- 6.3 超重力场中港池开挖过程的实现 ·········· 57

第7章 岸壁码头结构离心模型试验研究 ·········· 61
- 7.1 沉入式大圆筒岸壁码头结构工作机理离心模型试验 ·········· 61
  - 7.1.1 概况 ·········· 61
  - 7.1.2 土工离心模型试验 ·········· 62
  - 7.1.3 模型制备和试验程序 ·········· 66
  - 7.1.4 试验结果分析 ·········· 68
  - 7.1.5 沉入式大圆筒工作性状 ·········· 73
- 7.2 新型遮帘式板桩码头结构离心模型试验 ·········· 73
  - 7.2.1 概况 ·········· 74
  - 7.2.2 工程地质条件 ·········· 75
  - 7.2.3 模型设计 ·········· 76
  - 7.2.4 模型量测 ·········· 80
  - 7.2.5 试验程序 ·········· 84
  - 7.2.6 纯砂地基土模型试验结果分析 ·········· 85
  - 7.2.7 结构验证研究模型试验结果分析 ·········· 89
  - 7.2.8 遮帘式板桩码头结构工作性状 ·········· 99
- 7.3 新型分离卸荷式板桩码头结构离心模型试验 ·········· 100
  - 7.3.1 工程概况 ·········· 100
  - 7.3.2 研究过程和研究方案 ·········· 102
  - 7.3.3 模型试验设计 ·········· 107
  - 7.3.4 原设计方案板桩码头受力变形特性 ·········· 116
  - 7.3.5 修改设计方案板桩码头受力变形特性 ·········· 134
  - 7.3.6 分离卸荷式板桩码头工作性状 ·········· 138

第8章 新型防波堤结构离心模型试验研究 ·········· 139
- 8.1 概述 ·········· 139
- 8.2 箱筒型基础防波堤离心模型试验 ·········· 141
  - 8.2.1 研究目的 ·········· 141

    8.2.2 模型试验设计 …………………………………………………… 143
    8.2.3 水平荷载作用下防波堤的位移性状 …………………………… 150
    8.2.4 循环往复波浪荷载作用下防波堤的位移性状 ………………… 158
    8.2.5 循环往复波浪荷载作用下位移破坏模式分析 ………………… 194
    8.2.6 循环往复波浪荷载作用下防波堤性状 ………………………… 204
8.3 桶式基础防波堤离心模型试验 …………………………………………… 206
    8.3.1 原型概况 …………………………………………………………… 206
    8.3.2 模型试验设计 ……………………………………………………… 209
    8.3.3 施工阶段防波堤下桶桶体受力特性 ……………………………… 214
    8.3.4 水平荷载作用下桶式基础防波堤的性状 ………………………… 220
    8.3.5 循环往复荷载作用下桶式基础防波堤的性状 …………………… 226
    8.3.6 港侧回填过程中防波堤桶体受力特性 …………………………… 232
    8.3.7 小结 ………………………………………………………………… 251

参考文献 …………………………………………………………………………… 253

第1章 绪 论

1.1 离心模型试验的发展状况

远在蒸汽机时代，瓦特就建议用高重力场来模拟建筑物的自重效应，但此技术未能实现。直到1931年，美国哥伦比亚大学的Bucky（1931）采用光弹离心机进行了矿山构筑物离心模型试验，研究了矿山模型梁的受力与变形情况。当时所用的离心机半径仅有25cm，因尺寸太小而难以定量观测模型变化，也就未再继续研究下去。随后，土工离心机在美国并没有得到很大的发展，直到20世纪80年代，加州大学戴维斯分校、科罗拉多大学、美国陆军工程师团等相继建成了几台大型土工离心机，美国的土工离心模拟技术发展真正迈上快车道。与此同时，苏联开展了更大规模的离心模型试验研究，最早使用离心机对土工建筑物进行模拟。1932年，莫斯科水力设计院为研究USA-VOLGA运河堤防的稳定性，建立了第一台离心机，对河堤的各个运行过程进行了模型试验，其成果"用离心机研究土坝及路堑边坡稳定"发表于第一届国际土力学和基础工程学术大会。20世纪40~70年代，苏联的水利、煤炭、交通、建筑各部门相继建立了不同容量的离心机，共20多台。其中，最大的一台离心机建于1970年，位于巴库的阿塞拜疆国家建筑和建材研究所。该离心机有效半径为5m、最大加速度为500g、载重1.5t，采用对称臂+双挂斗型式。苏联采用离心机进行了大量的岩土工程问题研究，涉及的领域十分广泛，如边坡稳定、大坝渗透稳定性、挡土墙土压力、隧洞压力、地基承载力、软弱地基变形等。

20世纪60年代，英国剑桥大学的Schofield教授在一台直径为2.7m的小型离心机上进行了一系列水位骤降条件下的边坡稳定性问题研究。作为开展土工离心模型试验成就最为显著的国家，英国先后在剑桥大学、曼彻斯特大学的工程科学和技术研究所、西蒙工程实验室及利物浦大学建立了四个离心机研究基地。1968~1971年，Rowe和Craig（1997）在曼彻斯特大学西蒙工程实验室建造了一台离心机，该机直径为6.4m、载重3500kg时离心加速度为200g、容量为750gt，是英国最大的离心机。采用这台大型离心机，Craig和Rowe（1981）研究了土石坝边坡、钢板桩、混凝土地下连续墙、北海采油平台等工程建设中遇到的问题，积累了丰富的土工离心模型试验经验。

在亚洲，日本大阪市立大学三笠正人教授带领的团队于1964年建立了第一台土工离心机，采用半径为 1.0m 的土工离心机研究软黏土固结特性、地基承载能力及边坡稳定性等问题。在研究地震对土质边坡稳定性的影响时，依据拟静力法边坡稳定性计算原理，在离心机中把模型偏转一个角度，非常简便地在模型上施加了等效的地震水平惯性力。另外，新加坡和韩国也建立了土工离心机实验室。

早在 20 世纪 50 年代，我国就曾考虑将离心模拟应用到结构工程方面的研究，但国内的首次离心模型试验是 1982 年由南京水利科学研究院的朱维新等完成的厦门港铁路堤岸坡稳定性试验。我国一些早期的离心模型试验基本都是借助用于结构研究的光弹离心机来完成的，如华东水利学院的 25gt 光弹离心机、南京水利科学研究院的 20gt 光弹离心机、长江科学院的 300gt 光弹两用离心机等。1984 年，长江科学院对其 300gt 光弹离心机进行了改造，加工制造了专门用于土工试验的吊斗和测试设备，使其适应土工模型试验的需要。此后陆续进行了一些改造，至 80 年代中期，配备了一套完整的控制与量测设备，包括主机控制设备、光学及录像系统、数据采集系统、液压滑环与传输系统。

从 20 世纪 80 年代后期开始，国内兴起了建设土工离心机的高潮。我国第一台土工专用离心机是南京水利科学研究院的 NS-89 型 50gt 离心机，该设备于 1984 年开始筹备，1987 年 10 月开始建设，1989 年 9 月完成了安装调试，建造的主要目的是完成国家"七五"科技攻关项目"西北口面板堆石坝关键技术研究"。该离心机容量为 50gt、最大离心加速度为 200g、最大负载为 250kg、有效转动半径为 2.0m，通过一台 55kW 的电机驱动运转，配备了 40 通道的电力与信号滑环，以及 3 通道的液压滑环，加速度实现 30～200g 无级调速控制。同时配备了当时较为先进的数据采集系统和高速摄影系统。1992 年，清华大学建造了一台类似的离心机，容量也为 50gt。这两台离心机都由原航空航天部 602 研究所制造。

1986 年，由原水利电力部立项，开始建设中国水利水电科学研究院 450gt 大型土工离心机，并由原航空航天部 511 研究所负责设计。该离心机于 1991 年 3 月调试完成，设计加速度为 300g、最大负载为 1.5t、有效半径为 5m、容量为 450gt。采用该设备完成了许多重要的工程项目研究，如小浪底水库斜心墙堆石坝、天生桥一级面板堆石坝、三峡围堰等 20 多项离心模型试验。

1987 年，由原水利部和交通部共同立项，南京水利科学研究院 400gt 大型土工离心机开始动工建设，并由原航空航天部 602 研究所负责设计。设备于 1992 年底调试完成，设计加速度为 200g、最大负载为 2t、有效半径为 5.5m、容量为 400gt。该设备的最大特点是配备了动态平衡系统，用于离心模型试验过程中不平衡力控制。迄今为止，该设备仍是亚洲有效半径最大的离心机。为了探索大型离心机的各项性能指标，设计优化服务，在建造 400gt 大型土工离心机之前，建造了一台 5gt 小型离心机，该离心机最大加速度为 500g、最大负载为 10kg、容量为 5gt、相当于 400gt 离心机的模型机。采用该设备完成了许多重要的科研项目，如港口码头工程、防波堤工程、土石坝溃决等。

20 世纪 80～90 年代，除了以上介绍的两台大型土工离心机外，还建设了一些中小型土工离心机，如清华大学 50gt 土工离心机、成都科技大学 25gt 土工离心机、上海铁道学院 20gt 离心机等。表 1.1 列出了我国已建土工离心机。

表 1.1 我国已建土工离心机

使用单位	有效半径/m	加速度/g	有效载重/kg	容量/gt	建成时间/年
成都理工大学	5.0	250	2000	500	2010
天津水运工程科学研究院	5.0	250	2000	500	2017
大连理工大学	0.7	600	750	450	2009
中国水利水电科学研究院	5.03	300	1500	450	1991
南京水利科学研究院	5.5	200	2000	400	1992
香港科技大学	4.2	150	4000	400	2001
浙江大学	4.5	150	2700	400	2010
中国地震局工程力学研究所	5.5	100	3000	300	2012
长江水利委员会长江科学院	3.7	200	1000	200	2010
同济大学	3.0	200	750	150	2007
长沙理工大学	3.5	200	750	150	2007
西南交通大学	2.7	200	500	100	2002
长安大学	2.7	200	300	60	2004
重庆交通大学	2.7	200	300	60	2006
南京水利科学研究院	2.7	200	600（100g）①	60	2011
南京水利科学研究院	2.0	250	200	50	1989
清华大学	2.0	250	200	50	1992
四川大学	2.0	250	100	25	1990

注：①指 100g 时有效载重可达 600kg。

1.2 我国港口工程离心模拟技术的主要应用

在港口码头的设计过程中，经常会遇到建筑物与地基土层相互作用的问题，如板桩码头前墙和锚碇墙与地基土层的相互作用，高桩码头中桩基与地基土层的相互作用,重力式码头中沉箱与地基的相互作用。对于此类情况,工程上需要解决的关键问题归纳起来有两点,一是建筑物结构的整体稳定性,二是建筑物的受力与变形情况。对于一些新的码头结构的设计,如果要了解其整体稳定性与变形情况,主要的研究方法有三种:第一种方法是数值模拟,将建筑物与地基土层分别用某种数值模型来进行描述,然后采用各种数值方法来进行分析。这种方法的特点是简单、费用低,其结果取决于所选择的土的本构模型及模型参数的取值,同时还取决于数值计算方法的选择、边界条件的确定等。第二种方法是采用相似比为1:1的物理模型,或称现场试验段,通过对试验段的观测直观地反映结构的整体稳定与变形情况。这种方法的特点是直观、准确,但费用高,有时难以实现。第三种方法是离心模拟,将需要研究的对象按一定的相似比缩小,然后置于模拟重力场中进行试验,以再现原结构的反应特性。这种方法的特点是直观、费用低,其结果取决于模拟技术与量测技术。以上所提的三种方法各有优缺点,它们相辅相成,可以互相对比验证,在一些重要工程的设计中是必不可少的。

我国离心模拟技术在港口工程中的应用可以追溯到20世纪80年代初,早期的试验主要是围绕一些具体的工程问题开展机理性研究。由于当时超重力条件下的量测手段和模拟技术比较落后,对大多数物理量只能做到定性测试。1983年,深圳蛇口工业区五湾码头建成后发生较大的水平及垂直位移,重力式岸墙基础外移,造成码头坍塌,破坏范围达48m。为了从此事故中吸取经验教训,并为工程修复提供依据,事故发生后南京水利科学研究院朱维新、易进栋等采用改造的光弹离心机对坍塌段进行了两组离心模型试验研究,发现码头坍塌是由于码头地基本身不稳定乃至发生深层滑动,该试验开启了我国离心模拟技术在港口工程中应用的先河。

1985年,涂敏强采用南京水利科学研究院30gt光弹离心机完成了国内在该领域的第一篇硕士学位论文《用离心模型试验方法研究软黏土的固结变形》。文中为了研究软黏土的固结,分别进行了均布荷载和条形荷载两种试验,采用线性差动变压式位移传感器(linear variable differential transformer,LVDT)和应变式孔隙水压力传感器测量了软黏土的固结变形和土体中孔隙水压力,并用太沙基的单向固结理论、传统的分层总和法及剑桥模型、弹性模型分别对地基的固结进行了计算。

1990年,蔡正银采用南京水利科学研究院5gt土工离心机完成了硕士学位论文《超重力作用下饱和黏土的固结特性》;1991年,窦宜、蔡正银等采用该土工离心机完成了水利电力部科学基金资助项目"自重应力作用下饱和黏土的固结变形特性"。

1991年,魏汝龙、杨守华等采用南京水利科学研究院50gt土工离心机进行了湛江港一区南码头二期工程离心模型试验，这是国内最早进行的高桩梁板式码头离心模型试验。针对设计提出的顺岸码头方案和突堤码头方案开展了8组离心模型试验，并对设计方案进行了优化。试验过程中实测了桩身应变、码头面板沉降及水平位移、土体变形等。为了模拟码头堆场荷载的施加过程，开发了通过电磁阀往矩形紫铜盒注水的装置。

1995年，蔡正银、章为民等采用南京水利科学研究院50gt土工离心机，针对天津港北大防波堤新建工程提出的框格防波堤新结构开展了7组离心模型试验研究，实测了堤体沉降、水平位移、基底土压力、地基中的孔隙水压力等。通过试验优化了设计方案，提出了超重力场加筋土工布的模拟方法。

1999年，徐光明、赖忠中等采用南京水利科学研究院50gt土工离心机进行了国家重点科技计划项目"深水枢纽港建设关键技术及示范工程"专题示范工程——大圆筒码头结构离心模型试验。无底混凝土大圆筒码头结构是有底沉箱结构的一种延伸，它可以直接沉入水中，因此能满足深水地基中存在软土等不利条件下的建港需要。试验共进行了9组，分别模拟了各种条件下大圆桶码头结构在港池开挖和设计荷载组合作用两种工况下的稳定和变形性状。

离心模拟技术在港口工程中真正的推广应用始于21世纪初，在我国深水板桩码头新结构开发、桶式基础防波堤建设过程中发挥了重要作用。2001年，为了将京唐港14#、15#板桩码头泊位从2万吨级改造成5万吨级，中交第一航务工程勘察设计院有限公司设计了一种半遮帘式板桩码头新结构。对于这一新的设计，涉及的主要关键技术问题是码头结构和地基土的相互作用，归结为遮帘式板桩结构的挡土机理，但当时在设计上缺乏规范。为了对设计方案进行论证，蔡正银、李景林等先后进行了3组离心模型试验，并与数值分析进行了对比。在模型试验过程中，采用微型传感器测量码头前墙锚碇点位移、拉杆拉力、前墙和遮帘桩上的土压力、前墙和遮帘桩的弯矩等物理量。通过研究充分论证了该种码头结构的整体稳定性，揭示了码头的变形和受力机理，为结构的设计奠定了坚实的基础。

2003年，国内第一个10万吨级全遮帘式深水板桩码头新结构诞生，蔡正银、李景林等针对设计方案开展了6组离心模型试验，论证了码头前墙的厚度、遮帘桩的尺寸、遮帘桩与前墙的间距等对遮帘式板桩结构受力和变形特性的影响，并通过试验提出了码头结构的优化思路，推荐了最佳的码头结构设计方案。根据推荐方案设计的京唐港32#泊位的建设标志着我国在深水板桩码头研究领域取得了重大突破。为了提高试验的量测水平，开发了拉杆拉力传感器和微型土压力传感器，大大提高了测试精度。此后，继续开展10万吨级遮帘式板桩码头离心模型试验，包括曹妃甸10万吨级通用散货泊位板桩方案离心模型试验、曹妃甸煤码头起步工程钢板桩方案离心模型试验等。

2003年，刘守华、蔡正银等进行了上海国际航运中心洋山深水港区一期工程地基处理大型离心模型试验研究。该研究共进行了3组试验，分别模拟了洋山港抛砂和吹砂的陆域形成过程，以及吹填砂土的压缩量、不同深度的压实度、承载力变化等，为洋山深水港后期地基处理方案的确定提供了技术支撑。

2003年，李景林、王剑平等开展了营口港鲅鱼圈港区S04~S06泊位工程码头稳定离心模型试验研究。该码头设计为重力式深水方块码头，共进行了6个设计方案的离心模型试验，研究了各个工况下码头前沿水平位移、垂直位移和后方地面沉降、码头方块侧向土压力分布、基床顶底面的压力分布等，并推荐了最优的设计方案。

2005年，国内第一个10万吨级分离卸荷式深水板桩码头新结构诞生，徐光明、蔡正银等针对该种码头新结构的特点，开展了20多组离心模型试验研究，研究揭示了该种码头结构的卸荷机理与土压力作用规律。利用新结构建设的京唐港$18^{\#}$、$19^{\#}$泊位卸荷式地连墙板桩码头于2006年建成并投产运行。

2012年，国家863计划项目"20万吨级深水板桩码头关键技术研究"正式立项，提出了一种带肋板的分离卸荷式板桩码头方案，这是当时世界上最大吨位的深水板桩码头。为了研究该种码头结构的受力与变形特性，蔡正银、徐光明等进行了大量的离心模型试验研究。

2013年，连云港徐圩港区拟在深厚软土地基上建设深水防波堤，针对缺乏建筑材料和建设绿色港口的需要，设计单位中交第一航务工程勘察设计院有限公司设计了一种全新的桶式基础防波堤。为了研究该种新结构防波堤在波浪荷载作用下的稳定性，以及桶体下沉和单侧回填条件下桶体的变形与受力特性，蔡正银、徐光明等先后开展了模拟桶体下沉过程、拟静力法波浪荷载模拟、非接触式波浪荷载模拟、桶体单侧回填模拟等离心模型试验，通过试验得到了桶体单侧回填过程中的侧壁摩擦力和摩擦系数，桶体在波浪荷载作用下的稳定性、受力与变形特性，单侧回填条件下桶体的受力与变形特性等，并对回填方案进行了论证，提出了新的优化方案，离心模型试验为该种新结构防波堤的设计优化提供了强有力的技术支撑。

为了改进和完善现行的斜拉板桩码头设计计算方法，全面掌握影响斜拉板桩结构工作性状的各种因素和作用规律，徐光明、蔡正银等于2007年开展了斜拉板桩码头结构力学特性离心模拟试验。

2010~2015年，在总结港口工程离心模型试验技术的基础上，南京水利科学研究院、中国水利水电科学研究院、浙江大学、清华大学等单位组织力量，编写了我国第一部水运行业离心模型试验规范——《港口工程离心模型试验技术规程》（JTS/T 231—7—2013），奠定了离心模拟技术在港口工程中的地位。

综上，土工离心模拟技术在港口工程中已经得到了广泛的应用，尤其是为板桩码头、防波堤等新结构设计方案优化提供了重要技术支撑。然而相比于数值模拟，离心模拟技术的发展仍显得较为迟缓，工程界仍对此持谨慎态度，普遍认为该技术只能定性而不能定量分析。应该说随着量测技术与各种辅助试验设备的发展，某些特定的工程问题采用离心模拟时可以基本做到定量，对于一些重要工程设计方案的比选与优化，离心模拟是一种非常有效的方法。

第 2 章　土工离心模型试验基本原理

2.1　概　　述

对于许多的工程问题，可以采用一些物理模型试验来进行研究，例如，用于研究河流水力学问题的水工模型试验、用于研究港口泥沙淤积问题的港工模型试验等。常规的物理模型试验都是将选定的某一范围内的实体（原型）按一定的比例缩小制成模型，通过模型试验得到模型的反应特性，然后再利用模型试验的相似关系，来推测原型的反应特性，这对于许多领域工程问题的研究都是十分有效的。但是，对于常规的物理模型，由于只是将原型尺寸按比例缩小，模型和原型各对应点的自重应力不同，这对于土工问题来说是致命的。一般而言，由于土体为散粒体，土体的强度与变形特性受应力水平的影响很大，常规的小相似比物理模型无法准确地模拟原型。因此，对于土工物理模型试验，除了要满足几何相似的条件外，还必须满足应力相似条件，离心模型试验正是基于此诞生的。

2.2　土工离心模型试验的原理

图 2.1（a）为一假设的路堤原型，其高度为 H_p。图 2.1（b）为按一定模型率 N 缩小的路堤模型，高度为 H_m。假设模型和原型的材料一样，容重都为 γ。按相似比关系，有

$$N = \frac{H_p}{H_m} \tag{2.1}$$

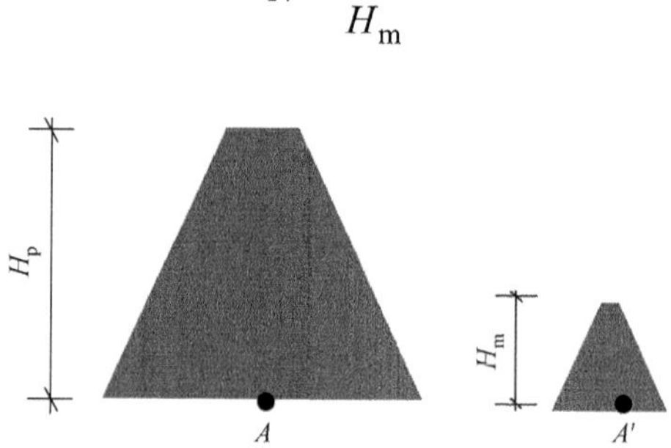

图 2.1　路堤原型和模型示意图

原型路堤底部有一点 A，对应于模型底部的 A' 点。两点的自重应力分别为

A 点：
$$\sigma_{vp} = \gamma H_p \tag{2.2}$$

A' 点：
$$\sigma_{vm} = \gamma H_m \tag{2.3}$$

式中，σ_{vp} 和 σ_{vm} 分别为 A 点和 A' 点的自重应力。

很显然，$\sigma_{vp} \gg \sigma_{vm}$，其差别取决于选取的模型率 N，N 值越大，模型与原型的自重应力水平相差越大。应力水平的不同会导致路堤变形完全不同，模型率 N 越大，导致的偏差越大。显然，对于土工问题，常规重力条件下的小相似比模型不能反映原型的特性。要使原型和模型的特性一致，必须保证模型和原型应力相似。

从式（2.1）和式（2.3）可以发现，要保证模型与原型应力水平一致，必须将模型的容重提高 N 倍，即

$$\gamma_m = N\gamma_p \tag{2.4}$$

式（2.4）变为

$$\rho g_m = N\rho g_p$$

整理得

$$g_m = Ng_p \tag{2.5}$$

式（2.5）说明，要保持模型和原型应力相似，如果采用相同的材料，必须保证模型的重力加速度是原型重力加速度的 N 倍，这就是土工物理模型试验的要求。

土工离心机正是可以提供超重力场的设备。土工离心模型试验的基本原理是：利用离心机提供的离心力场来模拟重力场，将按一定模型率 N（几何相似）缩小的模型置于模拟重力场（Ng）中进行试验，使模型的容重增加 N 倍，保证模型与原型各对应点的应力相同（应力相似），从而再现原型的反应特性。

2.3 土工离心模型试验的相似理论

离心模型试验属于物理模型试验的范畴，其实质是基于模型物理量和原型物理量的相似关系，由模型的试验结果反推原型的反应特性。所谓物理量的相似，是指原型物理量与模型物理量在大小、方向、分布上存在某些确定的关系，这种比例关系通常称为相似常数。例如，假设 C_l、C_t、C_v 分别为长度、时间和速度的相似常数，则有

长度相似常数：
$$C_l = \frac{l_p}{l_m} \tag{2.6}$$

时间相似常数：
$$C_t = \frac{t_p}{t_m} \tag{2.7}$$

速度相似常数：
$$C_v = \frac{v_p}{v_m} \tag{2.8}$$

与其他物理模型试验一样，离心模型试验仍属于物理模拟范畴，因此必须服从物理现象相似的三大定理。

第一定理：两系统中的物理现象相似，必须服从一定的相似准则，使其相似比等于1。

第一定理的另外一种表示方法为：两物理现象相似，其相似模数相等。

例如，对于模型和原型的速度系统，有
$$l = vt \tag{2.9}$$

其相似常数为
$$C = \frac{C_v C_t}{C_l} = 1 \tag{2.10}$$

相似模数为
$$K = \frac{v_p t_p}{l_p} = \frac{v_m t_m}{l_m} = 常量 \tag{2.11}$$

第二定理：在相似现象中，相似模数必须相等，且由这些相似模数组成的综合方程也必须相等。第二定理又称为π定理。

第三定理：相似现象的充分条件是，由它们的单值条件组成的单值量相似模数都相等。

2.3.1 离心模型试验模型相似律

与其他所有物理模型试验一样，离心模型试验有自己的相似规律和相似理论，通常称为模型相似律。确定的方法一般有两种，即量纲分析法和根据基本方程推导相似律的方法。量纲分析法是依据控制方程进行量纲分析，根据基本方程推导相似律的方法是基于力学相似规律分析法推导的。通常在确定相似比时，两种方法会同时应用，互相补充。通过以上两种方法并结合一些试验的验证所总结出的离心模型试验中常用的基本相似比关系，如表 2.1 所示（N 为模型率），具体方法将在各章节中详细阐述。虽然离心模型试验与实际情况比较接近，但由于离心模型内不均匀的加速度场，以及较小的模型尺寸，模拟有一定的局限性。另外，同一模拟过程中，还可能出现相似比不统一的情况，这时就需要考虑其中比较关键的问题进行模拟。

表 2.1 离心模型试验常用的基本相似比关系（模型与原型采用相同材料）

试验参数		单位	相似比（模型：原型）
土体	密度	kg/m³	1：1
	颗粒		1：1
基本	加速度	m/s²	$N:1$
	线性尺寸	m	$1:N$
	应力	kPa	1：1
	应变	—	1：1
固结	时间	s	$1:N^2$
渗流	渗透系数	m/s	$N:1$
	动力黏滞性系数	Pa·s	1：1
	时间	s	$1:N^2$
动力	振动速度	m/s	1：1
	振动频率	s⁻¹	$N:1$
	振动时间	s	$1:N$
非饱和土	毛细水上升高度	m	$1:N$
	毛细水上升时间	s	$1:N^2$
	毛细水上升速度	m/s	$1:N$
	含水量	—	1：1

2.3.2 静力模型试验的相似比

1. 基本相似比

土工离心模型试验相似比的基本原则是满足模型和原型应力的相似性。土体密度为 ρ 的模型在相当于 N 倍重力加速度的离心加速度作用下，位于深度 h_m 处的土体竖向应力为

$$\sigma_{vm} = \rho N g h_m \tag{2.12}$$

相应原型中深度 h_p 土体的竖向应力为

$$\sigma_{vp} = \rho g h_p \tag{2.13}$$

为了保证模型和原型应力相同，即 $\sigma_{vm} = \sigma_{vp}$，那么 $h_m = h_p/N$，则相似比为 1：N（模型：原型）。由于位移与模型几何尺寸有相同的量纲，位移的相似比也为 1：N。应变作为无量纲量，相似比为 1：1。这样，模型土体将表现出与原型土体相同的应力-应变关系。实际岩土工程问题中，一般认为重力加速度在土体内是处处相等的。但在离心试验中，离心加速度与半径 r 成正比，即离心加速度沿离心半径是变化的，如图 2.2 所示。因此，如何选择合适的半径来确定模型率 N，将会影响

到试验的误差大小。图 2.3 为离心试验中模型实际土压力和按单一加速度计算的土压力（原型土压力）的比较。为了减小两个土压力的差别，在换算原型比尺时，通常采用有效半径。假设有效半径为 R_e，R_p 是旋转中心到模型箱底面的距离，质心位于模型顶面以下 aR_e 处，则模型中离心半径 r 处的土压力 σ_{vm} 为

$$\sigma_{vm} = \int_{R_e(1-a)}^{r} \rho r \omega^2 dr \qquad (2.14)$$

式中，ω 为离心角加速度；ρ 为土体密度。

此深度对应的原型土压力为

$$\sigma_{vp} = \int_{R_e(1-a)}^{r} \rho N g dr \qquad (2.15)$$

式中，N 为有效半径对应的加速度放大倍数，$Ng = \omega^2 R_e$。

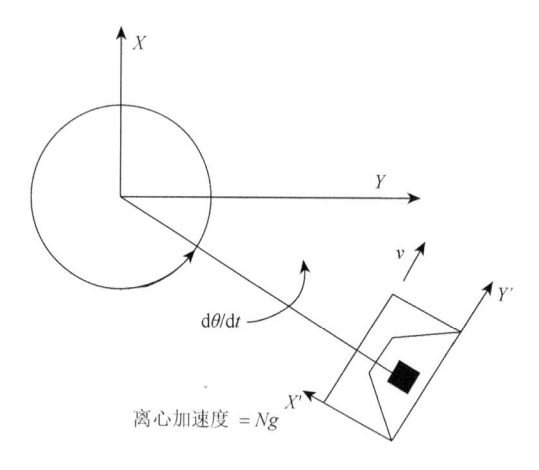

图 2.2 离心试验土坝模型平面图

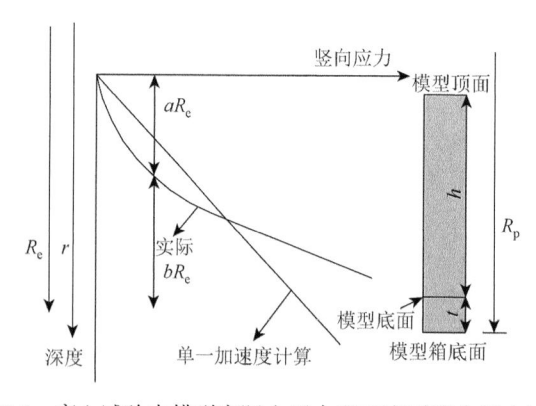

图 2.3 离心试验中模型实际土压力和对应原型土压力比较

有效半径选取的一种简单原则是,使单一加速度计算的土压力曲线下包面积等于实际模型土压力曲线下包面积,即

$$\int_{R_e(1-a)}^{R_e(1+b)} \left(\int_{R_e(1-a)}^{r} \rho N g \mathrm{d}r \right) \mathrm{d}r = \int_{R_e(1-a)}^{R_e(1+b)} \left(\int_{R_e(1-a)}^{r} \rho \omega^2 r \mathrm{d}r \right) \mathrm{d}r \quad (2.16)$$

这样,模型竖向土压力与实际竖向土压力的误差沿深度方向累计为零。如果采用某一有效半径,使得模型上部少计算的土压力与下部多计算的部分相同,就可以最大限度地减小可能出现的应力误差。由式(2.16)可得,$b = 2a$,即 $aR_e = (a+b)R_e/3$,有效半径取为从离心旋转中心到模型1/3深度处的距离,离心放大倍数为 $N = \omega^2 R_e / g$。采用这样的有效半径,模型应力模拟误差极值出现在埋深为模型高度1/3处及模型底面。在模型底面处,最大应力误差可计算为

$$\left| \frac{\sigma_{vm} - \sigma_{vp}}{\sigma_{vp}} \right| = \frac{H_m}{6R_e} \quad (2.17)$$

当模型高度与有效半径比值小于0.2时,最大应力相对误差小于3.3%。

2. 渗流问题

在大多数与渗流相关的岩土工程实际问题中,由于渗流坡降较小,渗流一般都属于层流范围,符合达西定律。以达西定律为基础,可以推导出渗流问题的相似比。饱和土体中达西定律可表示为

$$v = ki \quad (2.18)$$

式中,v 为渗透速率;k 为饱和土体渗透系数;i 为渗流坡降。

土体渗透系数 k 可以通过土体固有渗透系数 K 及流体动力黏滞系数得到,即

$$k = K\rho g / \eta \quad (2.19)$$

式中,ρ 为流体密度;η 为流体动力黏滞系数;K 是土体颗粒的形状、大小及排列的函数,如果模型和原型采用相同的土体,那么 $K_m = K_p$。

当模型和原型也采用相同的流体,即 $\eta_m = \eta_p$ 时,那么土体渗透系数 k 将是离心加速度的函数,渗透系数相似比为 $N:1$($k_m = Nk_p$)。Khalifa 等(2000)在不同离心加速度时进行渗透试验,量测到的渗透系数基本正比于离心加速度,这说明土体固有渗透系数及流体动力黏滞性系数是不随离心加速度变化的。

考虑渗流场中 A、B 两点间的渗流坡降 i_{AB},按定义可写为

$$i_{AB} = \frac{\Delta H_{AB}}{\Delta L_{AB}} = \left(\frac{\Delta u_w / \gamma_w + \Delta z}{\Delta L} \right)_{AB} \quad (2.20)$$

式中,ΔL_{AB} 为两点间渗流路径的长度;ΔH_{AB} 为两点间的总水头差,其值等于两点间位置水头差 Δz_{AB} 和压力水头差 $\Delta u_w / \gamma_w$ 之和。

压力水头差、位置水头差及渗流路径的相似比均为 1∶N（模型∶原型），因此渗流坡降相似比为 1∶1。依据式（2.18）可知，渗透速率相似比为 N∶1（模型∶原型），因此渗流时间（$t=l/v$）的相似比为 1∶N^2。

3. 固结问题

孔隙水压力消散是土体固结过程中的关键问题，因此通过对水压力消散过程进行量纲分析，可以获得相应的固结问题的相似比。衡量超静孔隙水压力消散程度的指标是固结度，而固结度与固结时间因子直接相关，固结时间因子定义为

$$T_v = \frac{C_v t}{H^2} \tag{2.21}$$

式中，C_v 为固结系数；t 为固结时间；H 为排水路径长度。

T_v 为无量纲量，因而模型和原型具有相同的数值，即

$$\frac{C_{vm} t_m}{H_m^2} = \frac{C_{vp} t_p}{H_p^2} \tag{2.22}$$

由于 $H_m/H_p = 1/N$，因此

$$t_m = \frac{1}{N^2} \frac{C_{vp}}{C_{vm}} t_p \tag{2.23}$$

通常情况下，模型与原型采用相同的土体，即具有相同的固结系数，因此固结时间相似比为 1∶N^2（模型∶原型）。这样，实际工程中需要一年完成的固结，如果在离心机中采用 100g 的离心加速度，只需要 52min 就可以完成。如果模型土体与原型土体不同，那么固结时间相似比需要依据式（2.23）进行计算。这样的相似比也可应用于其他的扩散过程，如热能传递过程。

值得注意的是，离心试验中固结过程的加速实际是模型几何尺寸减小的结果，这一点与室内小尺寸固结试验类似。室内固结试验的完成时间与实际场地完成时间的相似比，为两种情况下排水路径长度相似比的平方。

2.3.3 动力模型试验的相似比

对于地震等动力学问题，试验相似比的计算与静力模型试验不同，可以通过考虑动力方程来找出动力模型试验的相似比。一般原型的动力方程可表达为

$$x_p = A_p \sin(2\pi f_p t_p + \theta_p) \tag{2.24}$$

式中，f_p 为振动频率，Hz；A_p 为振幅，m。

通过对式（2.24）求导，可以得到振动速度为

$$v_p = 2\pi f_p A_p \cos(2\pi f_p t_p + \theta_p) \tag{2.25}$$

再次求导，可以得到振动加速度为

$$a_{\mathrm{p}} = -(2\pi f_{\mathrm{p}})^2 A_{\mathrm{p}} \sin(2\pi f_{\mathrm{p}} t_{\mathrm{p}} + \theta_{\mathrm{p}}) \quad (2.26)$$

在离心试验中，模型与原型的线性尺寸和加速度的相似比分别为 $1:N$ 和 $N:1$（表2.1），即 $A_{\mathrm{m}} = A_{\mathrm{p}}/N$，$a_{\mathrm{m}} = Na_{\mathrm{p}}$。依据式（2.26），可得 $f_{\mathrm{m}} = Nf_{\mathrm{p}}$。再依据式（2.25），可以得出 $v_{\mathrm{m}} = v_{\mathrm{p}}$。这里的速度是指土体运动速度，与渗流问题中的渗透速率不同，并且相似比也不同。因此对于振动问题，振动时间相似比为 $1:N$，所以土体振动时间相似比与渗流时间相似比相矛盾。按照以上推导，实际工程中一个振幅为 0.1m、振动频率为 1Hz、持续时间为 10s 的地震可以在离心加速度为 $100g$ 的离心机中以振幅为 1mm、振动频率为 100Hz、持续时间为 0.1s 的振动来模拟。

土体振动时间相似比与渗流时间相似比的矛盾需要具体问题具体处理。如土体振动液化问题，当模型采用与原型相同的土体和流体时，土体振动产生的超静孔隙水压力的消散速率为变形速率的 N 倍，因此无法产生与原型相同的液化现象，包括最大超静孔隙水压力和液化后的变形。这一问题的解决通常可以通过改变土体的渗透速率来实现。依据式（2.19）可知，若土体固有渗透系数 $K_{\mathrm{m}} = K_{\mathrm{p}}/N$，或者 $\eta_{\mathrm{m}} = N\eta_{\mathrm{p}}$，则渗透系数 $k_{\mathrm{m}} = k_{\mathrm{p}}$，渗透速率 $v_{\mathrm{m}} = v_{\mathrm{p}}$，这样渗透时间相似比与振动时间相似比同为 $1:N$。因此，改变模型土体渗透速率有两种方法，其中一种方法是改变土体固有渗透系数 K。Hazen（1930）发现，土体固有渗透系数与土颗粒尺寸有如下关系：

$$K \propto D_{10}^2 \quad (2.27)$$

式中，D_{10} 为 Hazen 定义的有效颗粒直径，表示有 10% 的颗粒粒径小于 D_{10}。

如果将土体颗粒有效直径降低为原型的 $1/\sqrt{N}$，则模型土体固有渗透系数将是原型土体的 $1/N$，那么渗透时间相似比会与振动时间相似比相同。这种方法虽然降低了渗透系数，但是土体颗粒大小改变，土体的性质也将随之发生变化，从而可能导致试验无法正确模拟土体的特性。

另外一种改变土体固有渗透系数的方法，是将流体动力黏滞系数 η 增加到原型流体的 N 倍。这种方法通常采用大分子有机物的溶液来替代一般的水，通过控制溶液浓度，可以实现在不同的离心加速度情况下获得不同的流体黏滞性，保证流体渗透时间相似比为 $1:N$（模型:原型）。

2.3.4 非饱和土问题的相似比

随着科学研究与实际工程的日益结合，需要考虑非饱和土体的情况也逐渐增多，如边坡稳定性研究等。对于非饱和土，需要考虑的主要包括毛细水上升高度、毛细水上升速度、毛细水上升时间的相似比，以及含水量和吸力大小分布的相似比。

1. 毛细水上升

考虑一柱形竖直细管内的毛细水上升，依据水柱的平衡条件，可以得到

毛细水上升的最大高度为

$$h_c = \frac{2T\cos\delta}{\rho g r} \quad (2.28)$$

式中，T为表面张力；δ为液体与管壁形成弯液面的接触角；ρ为液体密度；r为毛细管半径，相当于土中的孔隙半径。

弯液面处形成的基质吸力为

$$u_a - u_w = \frac{2T\cos\delta}{r} \quad (2.29)$$

当模型与原型采用相同土体和液体时，$T_m = T_p$、$\delta_m = \delta_p$、$\rho_m = \rho_p$、$r_m = r_p$，则毛细水上升高度相似比为$1:N$（模型：原型）。因此，一般情况下毛细水上升高度相似比与离心试验线性尺寸相似比一致。基质吸力相似比为$1:1$，与应力相似比一致。

Rezzoug等（2000a）分析了毛细水上升现象，采用竖直细管内毛细水上升的模型，推导了毛细水运动方程，经过数值分析得出毛细水上升的时间相似比为$1:N^2$（模型：原型），而速度相似比为$1:N$（模型：原型）。对于倾斜或水平毛细管的情形，Lord（1999）进行了验证，其与竖直管时有相同的相似比关系。

以上相似比关系基本都是基于以下假设推导的：土中孔隙较小，因而弯液面可以假设为球面形状，那么离心力可能引起的液面变形就没有考虑到理论推导中。Rezzoug等（2000b）报道了对毛细水上升现象的离心模拟，试验采用两种砂土，在不同密度和不同离心加速度下进行模拟，结果验证了以上关于毛细水上升高度、毛细水上升时间和毛细水上升速度的相似比关系。这一结论在Cranon等（2000）研究中也得到了证实。值得注意的是，以上相似比关系对应的模型和原型中采用相同的土体和液体。

2. 含水量和吸力分布

对于非饱和土，土体中含水量和吸力的分布是研究土体特性的关键之一，这种分布规律可以用不同土体深度处的含水量来描述，那么相应的相似比关系就是含水量相似比及相同含水量的分布深度相似比。通过在模型试验中吸力及含水量的测量，在不同的加速度条件下，测得了模型深度与含水量的关系，从而总结得出含水量相似比为$1:1$，相同含水量的分布深度相似比为$1:N$（模型：原型）。相同的结论在其他离心试验中也得到了验证。

2.4 离心模型试验的误差分析

离心模型中很难精确再现所有原型结构细节及所有力学过程，所以一定程度的简化是必要的。进行离心模型试验时，需要准确模拟如有效应力场、有效应力历史、有效应力路径等控制因素，分析试验误差的来源，合理评价试验误差，以保证数据可靠、结果合理。由于产生的误差原因很多，本节仅针对土工离心装置中不均匀加速度场、开挖和回填过程模拟这两个方面的误差进行分析，并研究减小误差的方法。

2.4.1 不均匀加速度场

模型中任意一点的径向加速度（图2.4）为

$$a = \sqrt{g^2 + (\omega^2 R)^2} \tag{2.30}$$

式中，ω为离心机角加速度；R为研究点转动半径。

当$\omega^2 R$比较大时，式（2.30）可以近似写为

$$a = \omega^2 R \tag{2.31}$$

由式（2.31）可知，惯性加速度场是半径的线性函数，模型中同一深度距离转动中心的半径是不同的，因此在模型箱范围内模拟重力场的离心加速度场也是不均匀的（如图2.5所示，m点的水平加速度a_{mx}和竖向加速度a_{mz}）。一般规定，离心机中模型土层的1/3深度处的离心加速度用以计算相似比（Schofield, 1980）。众所周知，原型土体中重力场在相同深度处是均匀的，但是在离心模型中同一深度处离心力场有一定差别。如果模型高度与离心机有效半径之比不超过0.2，则应力剖面的误差比较小，通常小于3%。

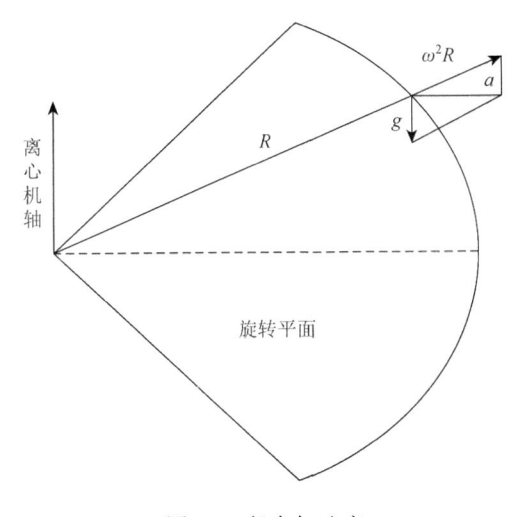

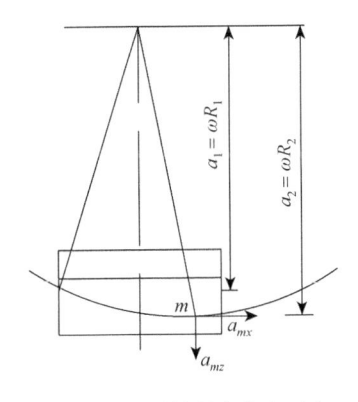

图2.4 径向加速度　　图2.5 模型箱长度方向示意

离心模型中除了竖向加速度场外，还存在一个水平加速度分量。吊篮绕固定轴转动，离心加速度总是指向转动中心，因此沿模型宽度的水平面上，加速度与竖直方向有一个夹角，即加速度存在一个水平方向的分量，如图2.5所示。随着模型宽度的变化，切向加速度的分量不同，如图2.5和图2.6所示。例如，对于一个有效半径为2.0m、半宽为300mm的模型，模型边缘（最大）水平加速度与竖向加速度之比为3/20（即0.15）。如此，模型重力场与实际重力场有了较大差别。为了避免水平加速度分量的影响，可以制备曲线形状的地基表面，与竖向（径向）离心加速度正交，比较好的做法是保证主要结构和力学行为发生在模型的中心。

为了减小不均匀加速度场给试验带来的误差，通常采取的解决方法是：①限制模型尺寸，在考虑模型试验精度的条件下，减小模型范围的竖向加速度差别；②选择合理的模型放置方向，如图2.7所示，按照左侧方式放置模型箱，模型宽度范围内的水平加速度差别将减小，如图2.6所示，这样可以减小水平加速度对试验的影响。现代离心机发展方向是大半径转臂、低离心加速度和大模型负载，这样可以有效降低不均匀加速度场的影响，提高试验精度。

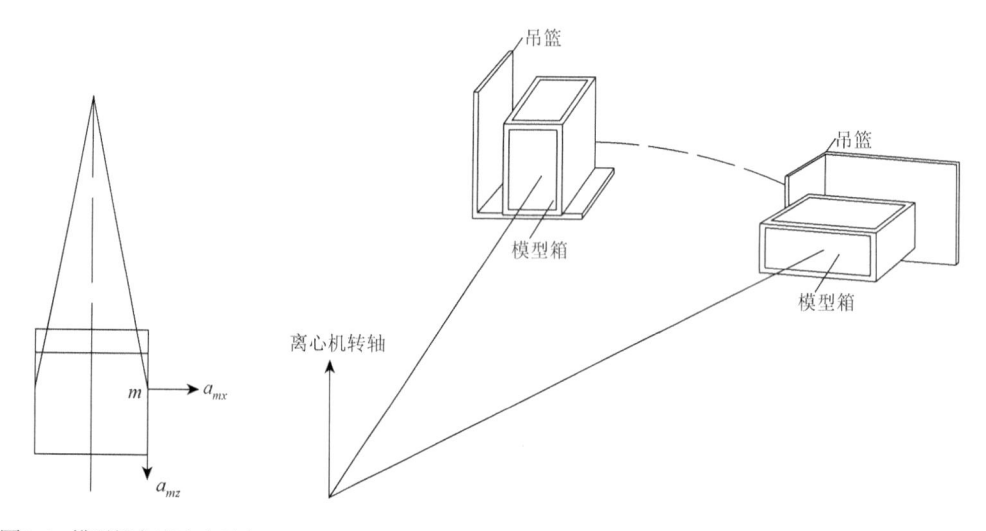

图2.6 模型箱宽度方向示意　　　　图2.7 模型箱放置方式

2.4.2 开挖、回填过程的模拟

迄今为止，离心机中采用了一些专门技术来模拟开挖过程中应力的变化，如移开机械支撑系统（Craig and Yildirim，1976）、排除流体、移开土袋或块体等，这些方法没有模拟现场开挖的过程。许多研究中采用砂雨法模拟粗粒土填土过程

(Beasley and James，1976)，即在模型上方悬挂漏斗型砂容器，从漏斗嘴向模型撒砂(Neilsen，1984)。如果漏斗嘴较小，粒径效应将非常显著，砂颗粒容易在漏斗嘴产生拱效应，砂流量发生较大变化；砂土的含水量微小变化也会带来很大影响，即使含水量只有少量增加，由于毛细作用，单独的砂粒也可能形成较大的团粒，砂雨会受到干扰。砂雨法解决了粗粒土回填过程模拟，但是回填后现场进行的碾压过程的模拟还需要进一步研究。黏性土的回填和碾压过程在模拟时则更加困难，目前仍主要采用 1g 状态下分层击实或者碾压的方法。

第 3 章　离心机与测量系统

3.1　离心机主机

3.1.1　离心机主机系统组成

离心机主机系统由机械系统和电气系统组成,系统组成框图如图 3.1 所示。

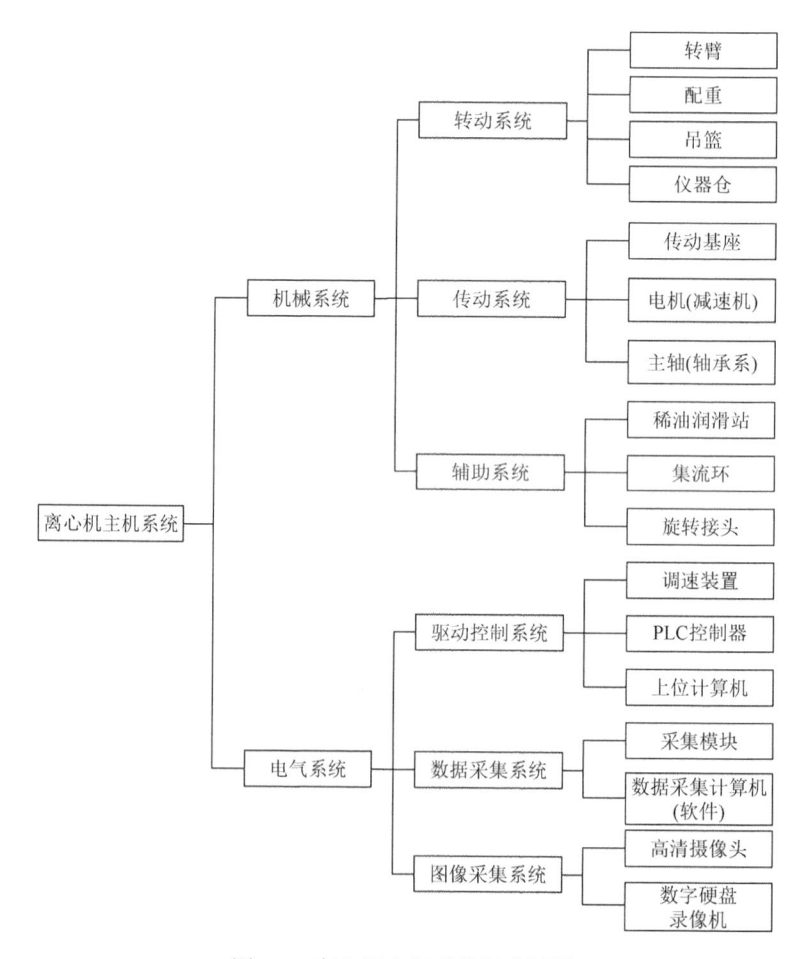

图 3.1　离心机主机系统组成框图

机械系统包括转动系统、传动系统和辅助系统，电气系统包括驱动控制系统、数据采集系统和图像采集系统。

3.1.2 机械系统

大型土工离心机主机机械系统一般采用三层布局方式，以南京水利科学研究院 400gt 大型土工离心机为例，如图 3.2 所示，离心机室布置在地面层，机室内安装离心机转动系统（转臂、配重、吊篮等），地下一层安装离心机传动系统（电机、传动基座、轴承系等）、辅助系统等，另外，机室顶部安装有仪器仓、集流环等。

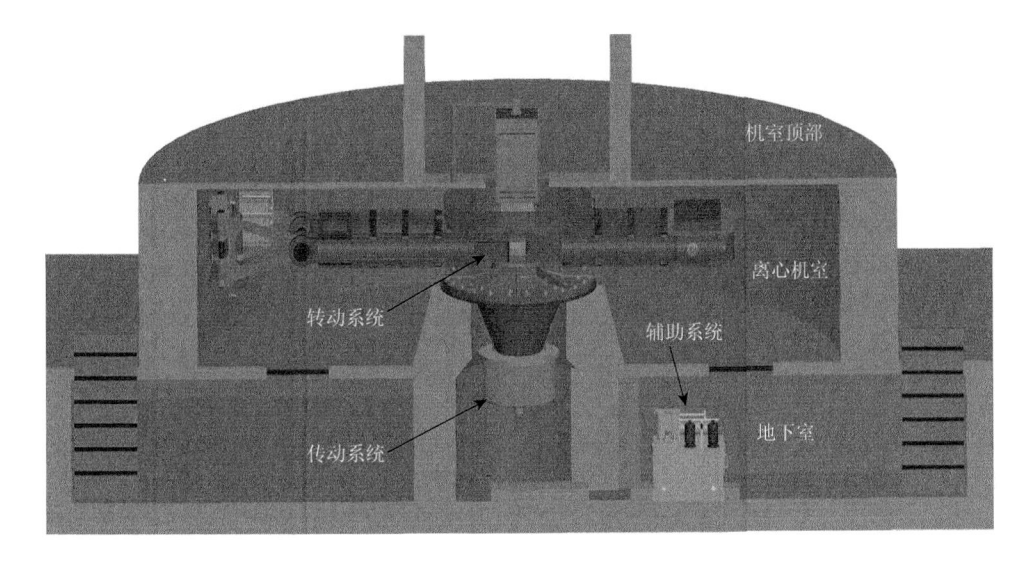

图 3.2 离心机主机机械系统布局

这种布局方式将离心机主机室与传动系统分开，避免了气动发热、噪声等相互叠加。该离心机建成后历经几次改造升级，最近一次改造升级采用了交流永磁力矩电机直接驱动离心机转臂，更换空心传动主轴以便于安装离心机振动台等机载设备，改造升级后的主机如图 3.3 所示。

1. 转动系统

离心机转动系统包括转臂、配重、吊篮、仪器仓等部分。离心机转臂是承受吊篮及配重产生的离心过载的关键部件，也是离心机主机转动惯量最大的部件之一，转臂由承拉大梁、定位板、测力传感器、蒙皮等组成，转臂内部安装有振动台用蓄能器等，如图 3.4 所示。

图 3.3 改造升级后的南京水利科学研究院 400gt 大型土工离心机

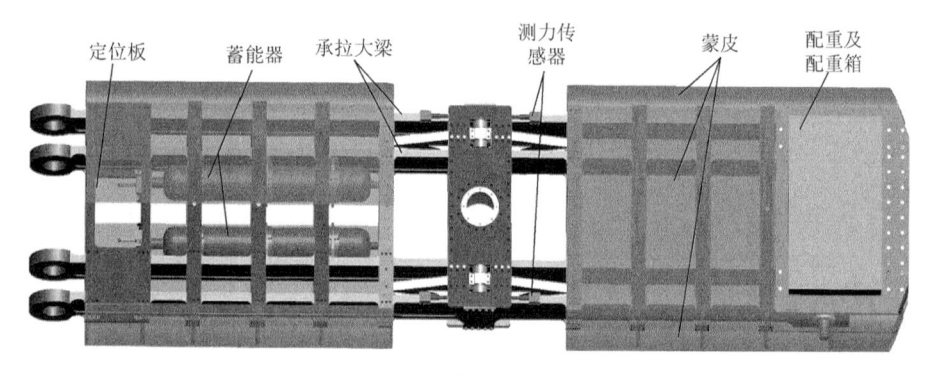

图 3.4 离心机转臂

转臂承拉大梁采用高强度合金钢制造，由四根扁梁组合而成。转臂中心通孔通过涨套与主轴连接，转臂一端安装离心机吊篮，另一端安装配重，吊篮与转臂联结结构如图 3.5 所示。

为保证离心机运行安全平稳，在转臂中心设计有不平衡测力监测系统，可以在离心机运行状态下监测转臂两端不平衡情况，如图 3.6 所示。如果不平衡力超过规定值，离心机将自动停机保护。

离心机吊篮是安装模型箱的重要部件，它位于离心机最大加速度场中，旋转时产生的巨大离心力是离心机的主要载荷之一。离心机吊篮由吊耳、吊篮销轴、吊篮平台等组成，如图 3.7 所示。模型箱及离心机振动台、机械手等机载设备均需要放置在吊篮中，为保证试验精度，吊篮平台采用工字横梁与网格状筋板焊接而成，在最大载荷作用下变形约 2mm。

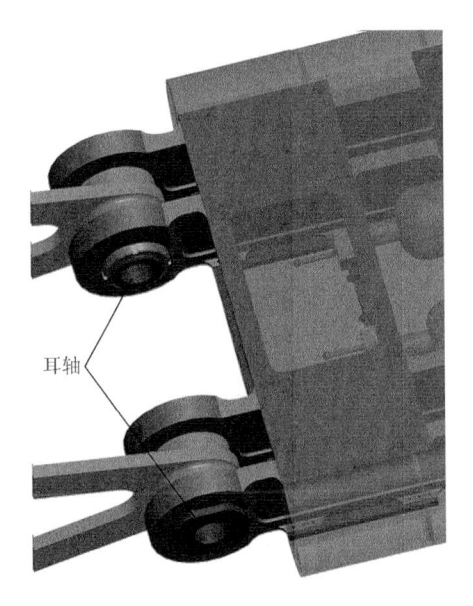

图 3.5 吊篮与转臂联结结构

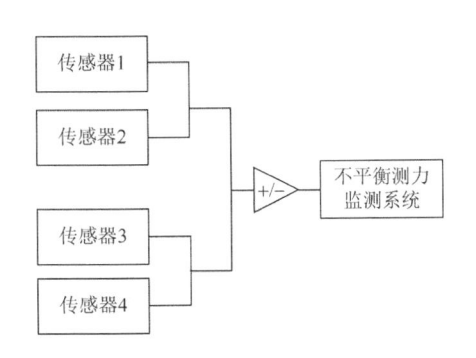

图 3.6 不平衡测力监测原理图

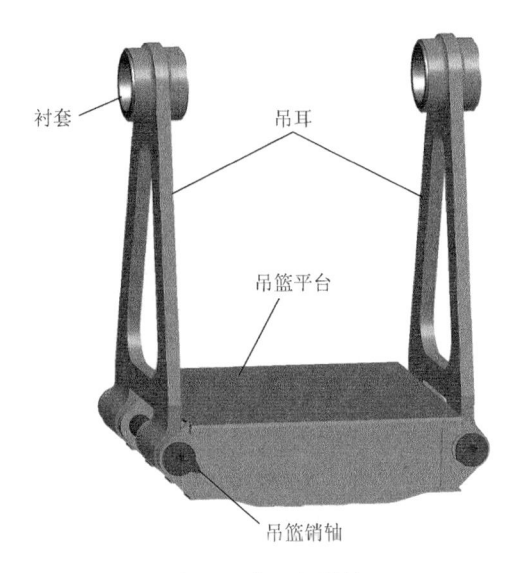

图 3.7 离心机吊篮

配重位于转臂尾端，用于平衡吊篮及模型箱产生的离心过载，配重由多块小配重块组成，便于根据模型箱实际重量进行配平。离心机配重位置如图 3.8 所示。

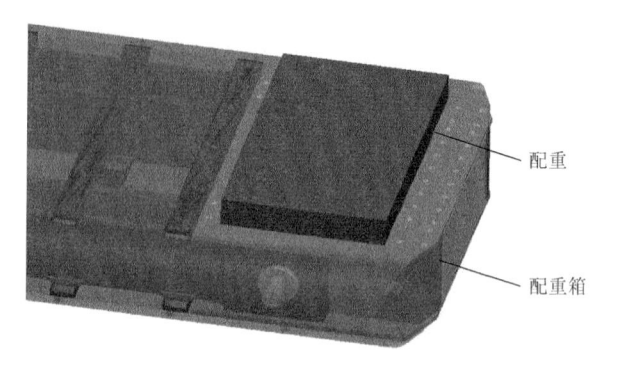

图 3.8　离心机配重位置

仪器仓位于离心机转臂中央部位，主要用于放置固定数据采集模块、机载设备控制器、集流环等，该部位由于靠近离心机转轴，加速度较小，有利于保证必须装在转臂上的测试、控制仪器等正常工作，仪器仓结构如图 3.9 所示。

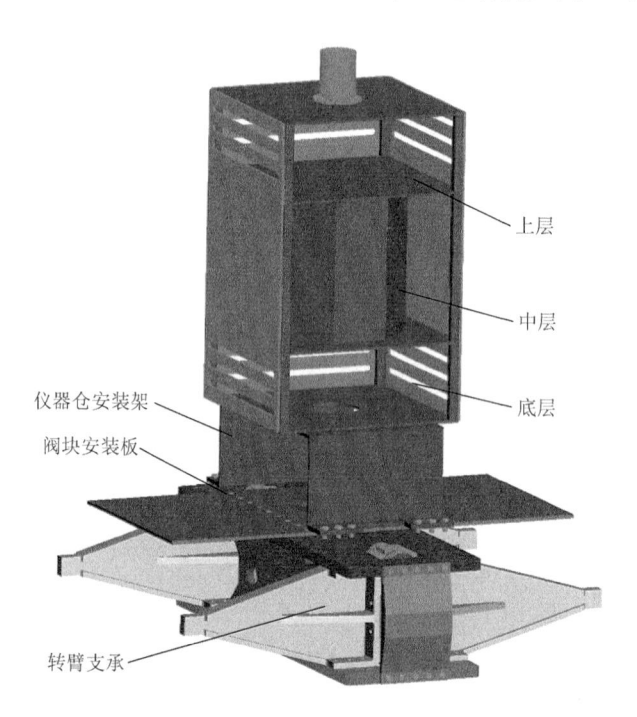

图 3.9　仪器仓结构

2. 传动系统

离心机传动系统包括电机（减速机）、主轴系、传动基座等，如图 3.10 所示。

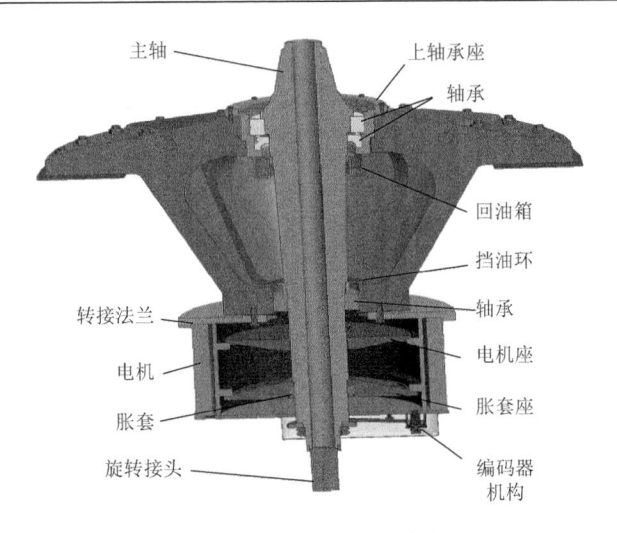

图 3.10　离心机传动系统

南京水利科学研究院 400gt 大型土工离心机经改造升级后，采用了大型力矩电机直接驱动主轴的传动方案，省去了减速机等传动机构，缩短了传动链，使得结构更加紧凑、维护保养更加简单。同时主轴采用空心结构，便于液压管路及电缆穿过。

离心机主轴系包括主轴和轴承系，电机扭矩通过主轴传递给转臂，转臂自重及运转时产生的不平衡力则通过主轴及轴承系传递给传动基座，传动基座通过多个地脚螺栓与设备专用基础锚固，从而保证大型离心机高速运转过程中安全、稳定。

南京水利科学研究院大型土工离心机主轴传递扭矩约为 30000N·m，主要由风阻扭矩、惯性扭矩、摩擦扭矩三部分组成。

3. 辅助系统

离心机主机辅助系统主要包括稀油润滑站、集流环、液压旋转接头等部分。稀油润滑站提供的液压油主要为轴承系提供润滑冷却，为保证充分的润滑，离心机主机启动的时候，必须同时启动稀油润滑站。离心机主机运行过程中，需要实时监测稀油润滑站压力、温度等参数，并与主机控制系统连锁，从而保证主轴的正常工作。

集流环是实现电源及信号在地面与离心机的双向传输的重要通道，一般安装在仪器仓顶部，包括功率环（传递较大电流）、信号环（传递较小电流）、光纤环（传递数字信号）。功率环设置需要满足离心机机械手、振动台等机载设备的用电需求；信号环动态电阻小，且具备一定的抗干扰能力，能够保证微弱信号的正常传输；光纤环采用光信号过环，带宽、容量大，配备的光端机（光电转换器）能够满足不同类型数字信号接口的需要，是目前高速数据传输的首选。

旋转接头的主要功能是将高压油、水、气等介质从地面传输到离心机转臂上，供机载设备及试验装置使用。一般高压油压力达到 21MPa 以上，因此需要旋转接头具备良好的密封能力，同时自身发热要小、寿命要长。静压密封旋转接头理论上具备无限寿命，且不发热，目前是离心机配置的首选。但静压密封旋转接头加工精度高、结构较复杂，国内目前尚处于研制和探索阶段，有待进一步发展。

3.1.3 电气系统

1. 驱动控制系统

驱动控制系统主要功能是驱动离心机主机按照预定加载曲线运行，并保证旋转速度控制在规定的误差范围内，从而保证吊篮内模型在规定的加速度场下工作。

大型土工离心机驱动控制系统采用可编程逻辑控制器（programmable logic controller，PLC）为控制系统核心，完成整个试验流程的控制及逻辑连锁。离心机网络/自动化控制如图 3.11 所示。

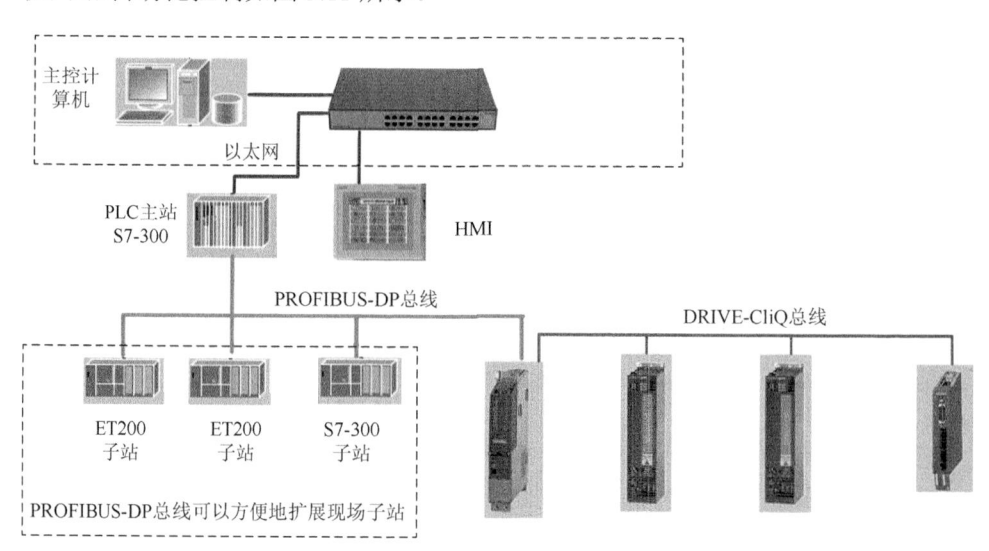

图 3.11 离心机网络/自动化控制

网络/自动化控制采用 3 层网络架构，上层的主控计算机和人机界面（human machine interface，HMI）通过以太网与 S7-300 主站连接，下层 S7-300 主站、ET200 子站（稀油站）、电机变频器之间通过 PROFIBUS DP 总线连接，以完成整个试验设备电气控制系统的控制及各种测量信号的采集。为了保证系统的可靠性，人机界面的 DP 接口亦接入 PROFIBUS DP 网络作为备用，实现系统的双冗余。变频装置之间则采用 DRIVE-CliQ 总线以保障内部数据交换的可靠性和快速性。

主控计算机监控软件采用高级语言编程，其主要功能有：加速度曲线设定，通过设定加速度值与时间，完成加速度曲线的设定与下发；主控命令操作，离心机启动、正常停机、紧急停机等；实时显示加速度曲线；测量信息显示，如过载测量值、电机转速、电机电流等；状态信号显示，如变频器状态、安全连锁状态等。

2. 数据采集系统

离心机数据采集系统的主要功能是实现试验信号的采集、放大、分析，该系统能否正确采集和处理试验数据，关系到整个试验的成败。尽管离心机本身技术性能先进，能给模型提供理想的模拟环境，但是如果不能实时测得准确的试验数据，离心试验就失去了真正意义。在土工离心机中如何取得准确的试验数据，对离心模拟十分重要。

根据试验性质的不同，离心机数据采集系统可以配备静态数据采集系统和动态数据采集系统。

考虑到离心机数据传输的特殊性，数据采集系统一般采用分布式结构，即由安装在转臂中心部位的"数据采集站"和地面计算机组成，数据采集站和地面计算机之间通过集流环（光纤环）传输信号，也可采用无线通信的方式传输到地面。离心机吊篮内安装土压力、孔隙水压力、力、位移等不同类型的传感器，其信号通过位于转臂前端的航空插头进行转接，经"数据采集站"转换放大后以数字信号的方式传输到地面。为减小离心机运行时所产生的离心力及大电流高次谐波、强脉冲对电源及系统的影响，不仅要对离心机上的采集模块采取加固措施，还要对测量系统的供电与电机的驱动装置等进行隔离。

南京水利科学研究院400gt大型土工离心机共有128通道数据采集系统，包括90通道静态数据采集系统及38通道动态数据采集系统，分别如图3.12、图3.13所示。

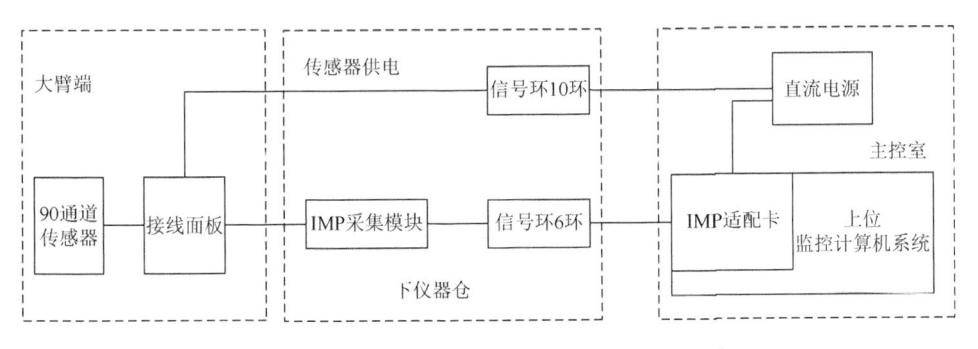

图3.12 离心机静态数据采集系统结构示意图

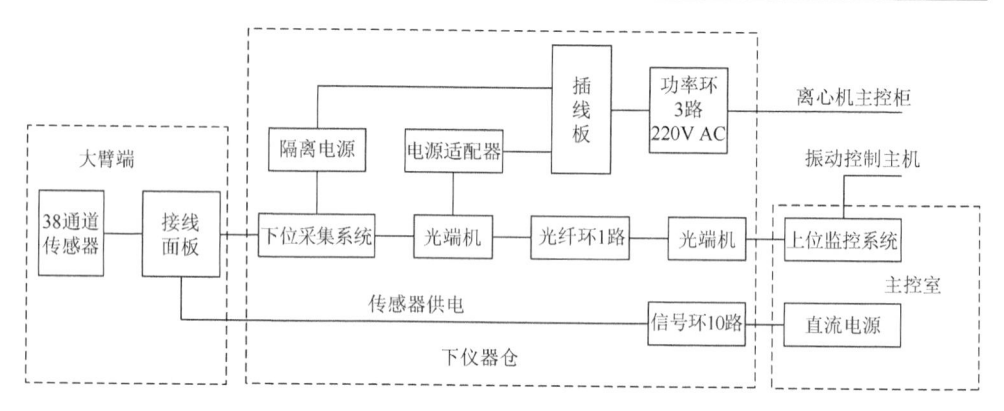

图 3.13 离心机动态数据采集系统结构示意图

3.2 量测设备

鉴于高重力场环境中传感器数据测量的特殊性，模型测量均选用能承受高离心加速度且抗干扰性能好的微型传感器，主要包括位移传感器、孔隙水压力传感器、土压力传感器、加速度传感器及模型试验构件中特殊部位的应变测试所采用的应变计。

在结构物内力反应（包括弯矩、轴力、拉力等）测量方面，主要在这些模型构件表面粘贴箔式电阻应变计，组成全桥、半桥等电路，应变计与被测构件表面间的粘贴应严格执行相关粘贴工艺规定。试验前，对每测点处的应变测量单元进行标定，建立被测物理量与输出电压之间的对应关系，即求得率定系数，根据率定系数即可对采集的试验数据进行整理。

在位移测量方面，对于接触式位移，采用 LVDT 测量；对于非接触式位移测量，采用的是德国 Wenglor 公司的反射式激光传感器，这种位移传感器的一大特点是具有很强的抗干扰能力，因而可大大提高位移测量的稳定性和准确性。在倾斜角度变化测量上，专门定制了一种倾斜角度传感器（YHQ 型倾斜角度传感器），用于实时测量荷载作用下结构物的倾斜变形。

以连云港徐圩港区防波堤工程离心模型试验研究为例。若要对土工离心模型试验结果进行有效应力分析，孔隙水压力的测量是必不可少的。另外，在动态土工离心模型试验中，通过测量孔隙水压力及其变化，才能求得由波浪荷载作用引发的超静孔隙水压力，以便进一步分析模型的动力反应特性。目前，在离心模型试验中大多采用 PDCR 81 型半导体应变感应膜微型孔隙水压力传感器，由英国德鲁克公司生产。传感器外观如图 3.14 所示，尺寸如图 3.15 所示，探头长 11.4mm、直径为 6.4mm，透水陶土板直径为 5.8mm。该系列传感器共有 7 种量程：75mbar（1mbar = 10^2Pa）、350mbar、1bar（1bar = 10^5Pa）、3bar、7bar、15bar 和 35bar。本次模型试验埋设的都是量程为 7bar（700kPa）的孔隙水压力探头。

图 3.14　PDCR 81 型微型孔隙水压力传感器外观图

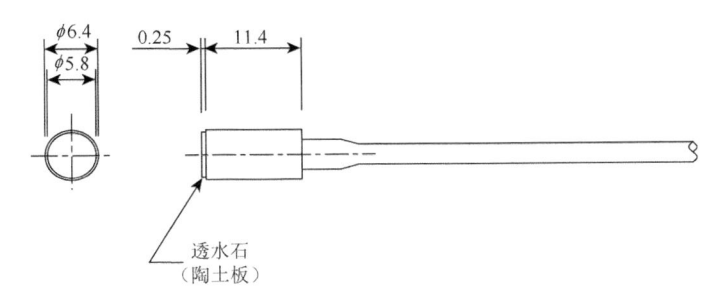

图 3.15　PDCR 81 型微型孔隙水压力传感器外形尺寸（单位：mm）

以曹妃甸 10 万吨级遮帘式板桩码头离心模型试验研究为例。土压力测点布置在前板桩、遮帘桩和锚碇墙与土体相接触的表面上，沿标高方向等间距布置。试验中共使用了三种土压力盒，其中特殊定制了两种，即 BW-3 型微型土压力盒和 BW-4 型微型土压力盒，第三种为美国 Entran 公司生产的 EPL-D12 型微型土压力盒。BW 型微型土压力盒由合金铝感应膜和箔式应变计构成，其厚度为 4.8mm，BW-3 型土压力盒直径为 10.5mm、BW-4 型直径为 16mm，量程分 200kPa、400kPa、800kPa 和 1600kPa 四种，其特点是稳定性较好，但灵敏度较小，安装使用时需在测量面上设置凹槽。BW-3 型土压力盒用于模型遮帘桩侧向土压力的测量，BW-4 型土压力盒用于模型前墙和模型锚碇墙土压力的测量。EPL-D12 型微型土压力盒由不锈钢体感应膜和半导体应变计构成，这种压力盒直径为 5.08mm、厚度为 1.02mm，量程分 350kPa、700kPa 和 1500kPa 三种。它的特点是灵敏度大，约为 BW 型土压力盒的 45 倍，据国外土工离心机试验中心研究报道，其曾成功应用于黏土层中土压力的测量，但价格极其昂贵。

为了取得前墙、锚碇墙和遮帘桩所作用的土压力的真实值，在传感器的定制、埋设和标定上做了许多努力。在土压力盒定制方面，为了提高金属箔式应变计土压力盒的灵敏度和测量精度，参照国外土工离心模型试验中土压力的测量经验，提出了传感器定制的关键要求，为生产厂家提供了科学依据；为了挑选到灵敏系数大、线性关系好的土压力盒来用于前墙和锚碇墙土压力的测量，BW-4 型微型土压力盒的定制数量远远大于要求的数量；采用平行的 2 根带 BW-3 型微型土压力盒的遮帘桩进行测量，以保证测量结果的可靠度。在埋设时，根据它们灵敏系数的大小决定它们各自埋设位置的高低：灵敏度高者埋设在较浅处，而灵敏度低者埋设在较深处。至于土压力盒的标定，除了出厂前的压缩空气压力标定外，同样参照了国外经验做法，在埋设前后，针对 3 种受力环境进行标定，即开展了水荷载、砂土荷载和饱和砂土荷载作用下的土压力盒灵敏度和线性度（回滞性）标定，结果发现，这批土压力盒的荷载-输出电压曲线均呈线性关系；而且，多次标定出的灵敏系数相当稳定。

模型前墙两侧的传感器布置分别如图 3.16 和图 3.17 所示，其中陆侧布置了 10 只土压力盒，编号为 pf1~pf10（图 3.16），海侧布置了 4 只，编号为 pf11~pf14

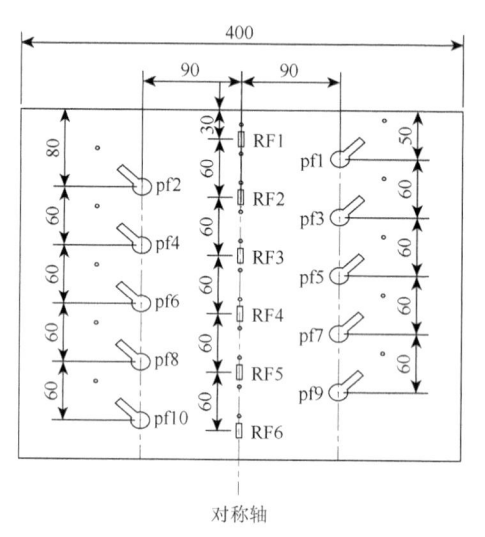

图 3.16　前墙陆侧面上的传感器布置图（单位：mm）

pf1~pf10 为 BW-4 型土压力盒；RF1~RF6 为应变计

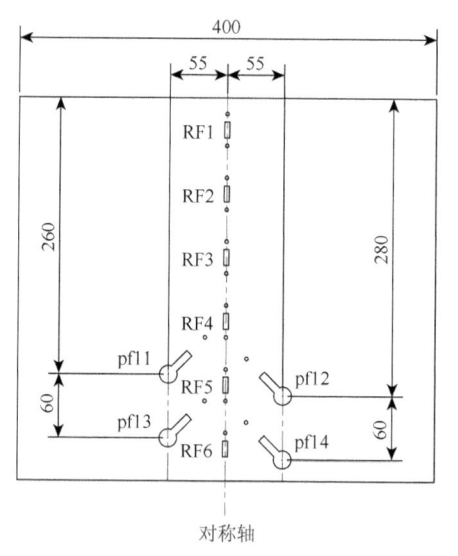

图 3.17　前墙海侧面上的传感器布置图（单位：mm）

pf11~pf14 为 BW-4 型土压力盒；RF1~RF6 为应变计

(图 3.17)。在模型锚碇墙的海侧面上布置了 8 只 BW-4 型土压力盒,编号为 pb1~pb8,如图 3.18 所示。

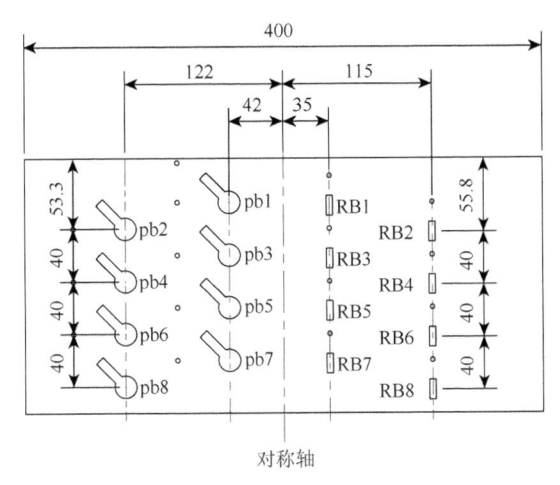

图 3.18 锚碇墙海侧面上的传感器布置图(单位:mm)

pb1~pb8 为 BW-4 型土压力盒;RB1~RB8 为应变计

为了减小土压力盒埋设凹槽对模型遮帘桩完整性的影响,桩体两侧土压力盒布置时,应避免两只土压力盒布置在同一标高位置处。在两根模型遮帘桩侧面上布置了土压力盒,同侧土压力盒上下间隔 60mm,海侧编号为 pp1~pp6(第一根)和 pfp1~pfp6(第二根),陆侧编号为 pr1~pr6(第一根)和 pfr1~pfr6(第二根),如图 3.19 所示。

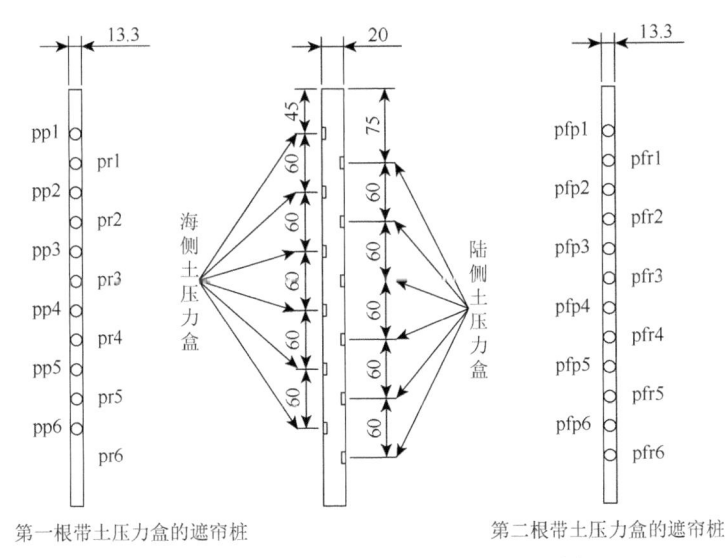

图 3.19 遮帘桩两侧 BW-3 型土压力盒布置图(单位:mm)

3.3 量测设计

港口工程离心模型试验中,主要测量的物理量包括位移和变形、应力等。位移和变形测量包括结构物的水平位移和垂直位移、地面沉降等;应力测量包括土压力与基底压力、孔隙水压力、结构构件内力等。每项试验的具体测量应根据研究目的与对象,进行详细设计并绘制测试仪器布置图。

首先要选用合适的测量仪器,优先选用经使用验证过的体积小、质量轻的仪器,仪器量程应根据理论计算和相关经验的最大值确定,并选择高灵敏度、高精度的仪器;其次,需要对测量仪器进行预处理,主要包括仪器的抗干扰性处理、防水处理、导线抗拉处理等,孔隙水压力计的透水板在使用前应充分饱和;最后,预处理完成后进行仪器的筛选率定,仪器的筛选率定宜分两步进行:①将仪器用由标准砂、水、标准容器等组成的标定系统进行重力场中的标定筛选;②再置于超重力场中进行标定筛选。

待仪器选取、率定完成后,需要确定合适的测点布置传感器,为减小模型箱边界效应,测点靠近模型中轴线布置,当要求对多种变量进行测量时,优先布置可能对边界效应较敏感的物理量测点,并尽量远离边界。在土与结构物共同作用的模型中,结构物上的测点居中布置;测量单元可沿某一方向(如深度方向)等间距布置,同时应根据待测量变量在该方向的变化剧烈程度考虑不等距布置,测点间的最小距离应不产生相互干扰。最后还要考虑因测量元件的埋设对结构模型应力集中处及软弱部位这些敏感区造成的结构损伤等因素。

最后,需要合理安装固定测量传感器和科学选取测量单元的出线方式。应变计按相关规程进行粘接、搭桥并做好密封保护和导线的引出;位移传感器和荷重传感器采用不易发生偏离的支架固定;微型孔隙水压力传感器遵循先饱和排气,再在预成孔的模型中埋设的顺序;界面土压力传感器埋设时保证其感应面与结构物表面齐平,安装前在结构物表面的测点处预留土压力盒的埋设槽孔;土压力传感器埋设时注意感应面与土体的紧密贴合。为了避免或减小测量单元导线对模型土体可能造成的加筋干扰,在从测点至引出的整个途径中,导线在土中呈S形放置引出;对于结构物上设置的测量单元,出线尽量从影响小的一侧引出;水位以下的测量单元近处的导线牵引应设法固定,保证出线连接处的防水密封完好无损;对于应变计测量单元,采用硬性树脂胶将测量单元和最初一段导线粘贴在构件上。

第4章 模型的模拟

土工离心模型设计主要涉及模型比尺的确定、模型中各种材料的选用与制备、荷载模拟三大方面。这就要求对原型构筑物的材料性质、工程条件、模拟工况和拟研究的问题进行综合分析。港口工程中的码头、防波堤和航道边坡，它们沿岸线方向的长度远远大于垂直岸线方向的长度，因此，离心模型试验常按二维平面应变问题设计模型（Xu et al.，2003）。这样，普遍采用平面应变型模型箱来盛装模型地基和码头结构物或防波堤结构物（Xu et al.，2006）。

4.1 模型率

模型率定义如下：

$$N = \frac{L_\mathrm{p}}{L_\mathrm{m}} \tag{4.1}$$

式中，N 为模型率；L_p 为原型中某个特征长度，如岸壁高度、桩长等；L_m 为模型中与原型相对应的特征长度。

模型率主要根据所模拟的原型断面范围大小和模型箱净空尺寸来确定。需要说明的是，所模拟的原型断面范围不仅包括整个原型结构物所及范围，还应包括工作荷载或极限荷载通过结构物传递而影响到的主要土层。通常，在中型土工离心机中，模型率在150以内；而在大型土工离心机中，模型率在100以内（中华人民共和国交通运输部，2014）。

4.2 地基土层的模拟

模型地基土层的模拟质量直接决定着离心模型试验结果的质量，而衡量模型地基制作质量的依据，就是看模型地基土层主要的物理力学指标是否与原型地基基本一致。对于土体强度控制的模型试验，应将地基土层的强度作为模型制备时主要控制指标；对于变形控制的模型试验，应将地基土层的变形指标作为模型制备时的主要控制指标。

对于天然饱和黏土，可从原型现场获取具有代表性原状土或者扰动士。获取大尺寸的深层原状土非常困难，而钻取扰动土样相对较易，因此，多半从现场钻取扰动土样,再在实验室内重塑制备大体积的土样。取回的扰动土样若是均质超软黏土,可以直接加水搅拌成泥浆再固结。对于其他类型的扰动黏土样,则需要进行风干、碾碎、过筛和风干样含水量测定,按照两倍液限的含水量加水,有条件时选择在真空泥浆搅拌机中加无气水,边抽真空边搅拌,制成无气泥浆用于固结。有两种途径可将泥浆固结成土样:第一种是采用离心力场固结。对于鼓式离心机模型试验,只能采用这种方法制作饱和黏土试样(Boylan et al.,2010)。对于绝大多数臂式离心机模型试验,将泥浆注入模型箱中,经过静置沉积后,一起移置于离心机中,利用离心机高速旋转提供的超重力场环境固结土样,这种方法适合厚度较薄土层的固结(徐光明等,2001)。第二种是采用大尺寸模型土样固结仪(图 4.1)在地面预压固结(蒋敏敏等,2008)。同样,将配制好的泥浆注入模型箱内静置沉淀,待自然沉降后一起移至固结仪。在土样表面上逐级施加预压荷载,让土层逐级排水固结,直至土样的不排水抗剪强度达到所要求的目标值。

图 4.1 大尺寸模型土样固结仪

总的来说,制作黏土试样是一个非常耗时的过程,而且固结压力的选取和施加方式与所模拟的原型土样的应力历史有关。对于正常固结土样,一般先进行地面固结,然后再进行离心机固结,因此,地面固结所施加的固结压力必须小于离心机中的固结压力(Takemura,1998)。

对于地基中的砂土层,模型制备时采用分层夯实法或者砂雨法。分层夯实法相对比较简单,将砂土层细分成几个分层,每个分层厚度不超过 5cm,计算好每个分层所需土体质量,用木槌均匀击实到所要求的厚度。砂雨法应采用干密度控制法,即保持某一固定落高将砂土试样均匀散落至模型箱内,所需落高是根据所需的密度,通过砂土层密度与落高关系曲线确定的。因此,采用砂雨法制备模型之前，需要事先进行落高和密度试验，以获得砂土层密度与落高的关系曲线。对于水下砂土地基，还需要进行饱和处理。

对于人工填筑土层，模型制备时采用分层夯实法。配料时按照制备含水量和所需干密度计算加水量和土料，混合拌匀密封，待土料含水量均匀后使用。同样需将整个土层细分成几个分层，每个分层厚度不超过 5cm，采用分层击实法制作。每个分层制作完成后，应对层面进行刨毛处理。

至于港口工程中常见的抛石护坡，当原型抛石尺寸较大时，需按相似比缩制后方可作为模型抛石。一般在地面制作模型时铺设，若条件允许，在离心机运转条件下利用填筑模拟装置进行抛填，这样的模拟更加接近现场实际情况。

所制作的模型地基土层的物理力学特性指标及其变化不仅需要在整个制备过程中跟踪检测，而且在试验前后必须掌握清楚。通常进行的测试包括以下内容。

（1）原位试验。对于分层固结过程中的黏性土地基，可采用袖珍贯入仪测试其不排水抗剪强度，以检查其强度是否达到目标值。当模型土层制备完成后，还可采用微型静力触探仪对整个地基进行原位测试。

（2）室内试验。对于黏性土的原状土样和重塑制备土样，试验前和试验后可以沿模型地基深度方向和多个水平方向取样，开展室内土工常规试验，掌握其密度、含水量、孔隙比、饱和度、压缩模量或压缩系数、强度等指标及其变化。

在制作模型地基土层时，还需要注意减小模型箱侧壁边界的上下摩擦对模型地基土体的影响。根据研究发现，在模型箱内壁涂抹润滑剂，再覆以薄膜，是一种非常有效的措施。另外，相同条件下，宽度较大的模型箱侧壁边界的上下摩擦对模型地基中间部分土体的影响可以忽略不计（Santamarina and Goodings，1989；徐光明和章为民，1996）。

4.3 结构物的模拟

在港口工程中，卸荷式板桩岸壁码头一般是由设置于地基中的前墙挡土部分、中间卸荷部分和后方锚碇部分及拉杆共同组成的复杂结构体，深水区轻型防波堤则是由埋设于地基土层中的基础部分和位于泥面以上的挡浪部分共同组成的薄壁结构体。从理论上说，在离心模型试验中，这些结构体的各部分应采用与原型相同的材料制作模型，也就是说，原型结构物为钢筋混凝土材料，模型结构物也理应采用相同特性的钢筋混凝土材料按比例缩制。然而，这样操作往往十分困难，另外在这样的模型结构物上难以设置测点进行弯矩或拉压应力测试。如果不能对模型结构物进行受力和变形测量，就不能掌握结构物的受力和变形规律，也就失去了开展离心模型试验研究的意义。为了开展理想的模型测量，有些模型结构物就需要考虑采用替代材料制作。考虑到钢筋混凝土和铝合金可近似视作弹性材料，且两者材料密度相近，因此，通常都是采用铝合金材料替代钢筋混凝土来制作模型码头结构件。

然而，作为替代材料的铝合金，它的弹性模量高于钢筋混凝土，因此，针对不同类型的受力构件，模型构件的截面厚度还需进行修正。当结构物为受弯构件时，模型结构物则按等抗弯刚度相似原理进行设计计算（徐光明等，2012）。在受弯平面内，截面宽度仍按模型比尺缩制，即 $b_p = b_m N$，b 为墙体宽度，如板桩码头结构中的前墙和锚碇墙，而截面厚度调整后满足式（4.2）：

$$E_p I_p = E_m I_m / N^3 \quad (4.2)$$

式中，下标 m、p 分别代表模型和原型；E 为材料弹性模量；I 为截面惯性矩，即 $I = \frac{1}{12} bd^3$，b 为墙体宽度，d 为墙体厚度；EI 为截面抗弯刚度；N 为模型率。

模型墙体厚度 d 按式（4.3）计算：

$$d_m = \frac{d_p}{N} \sqrt[3]{\frac{E_p}{E_m}} \quad (4.3)$$

当结构物为受拉构件或受压构件时，模型结构物截面则按等抗拉刚度相似原理进行设计。由条件 $\varepsilon_m = \varepsilon_p$、$\sigma_m = \sigma_p$，得

$$(EA)_m = (EA)_p / N^2 \quad (4.4)$$

式中，A 为截面面积；EA 为截面抗拉刚度或抗压刚度。

在制作模型结构物时，还需要注意结构物表面的粗糙度，以及模拟原型结构物与周围土体之间的摩擦特性。当原型结构物表面比较粗糙时，可对模型结构物表面进行增糙处理，例如，在表面用环氧树脂胶等硬性胶粘贴干净砂颗粒。原型、模型结构物与土体之间的摩擦系数，可通过剪切试验或拉拔试验进行测定。

制作好的模型结构物设置在地基土体中时，既要保证结构物与土体密切接触，又要避免在插入过程中产生明显的挤土效应，以致影响结构物与土体相互作用时的特性。为此，在结构物安装就位前，需在模型地基指定位置预先挖槽或钻孔。槽孔深度根据设计入土深度确定，而槽宽和成孔孔径须稍稍大于模型结构物的尺寸（中华人民共和国交通运输部，2014）。

4.4 荷载的模拟

开展真正有价值的土工物理模型试验研究，必须满足模型中的土体和其中的结构物的应力水平与原型相等这一前提条件。在岩土工程中，土体自重引起的应力通常占支配地位，将 $1/N$ 的缩制模型置于旋转的土工离心机中，使其承受 N 倍

重力加速度的离心加速度的作用（此受力环境称为 N 倍重力加速度的超重力场），这样，模型地基土体应力水平就恢复到与其相对应的原型地基的应力水平。借助离心机的运转可为土工离心模型创造一个与原型应力水平相同的应力场，这是土工离心模型试验的最大特点和优点。

对于地表水平的模型地基，某深度单元处的竖向自重应力按式（4.5）计算：

$$\sigma_{vm} = \rho_m a_m h_m = \rho_p(Ng)(h_p/N) = \rho_p g h_p = \sigma_{vp} \qquad (4.5)$$

式中，σ_{vm}、σ_{vp} 分别为模型与原型地基对应点处的竖向自重应力；ρ_m、ρ_p 分别为模型与原型地基土体密度，因模型地基采用与原型地基土料相同密度制作，故两者数值相同；a_m 为离心加速度，即 Ng；h_m、h_p 分别为模型与原型自地基表面向下的深度，因两者几何相似，h_m 为 h_p 的 $1/N$ 倍。

置于离心机中的模型，在加速度升高阶段中，其地基自重应力水平随之升高，当离心加速度达到 Ng 时，模型地基土体的自重应力就恢复到与原型相同的应力水平。对于大多数土体模型，在这个自重应力恢复阶段，通常分成多级等间隔来升高离心加速度，每次升高后，间隔一段时间再进行下一次升速，使地基土层中出现的超静孔隙水压力能够及时消散而不至于累积。

但是，在测定岸坡或防波堤在不排水条件下的稳定性试验中，则应采用较快的加载速率来升高离心加速度，目的是防止土体强度在此过程中因超静孔隙水压力消散而发生变化。

模型土体自重荷载通过离心机高速旋转产生的离心加速度模拟，而港口工程中码头面堆载也可以借助离心加速度进行施加，这就是常用的质量加载法，即事先在码头面指定区域内均匀敷设一层颗粒状材料，可以是干净的砂子或者比重较大的铅丸，当离心加速度升高到设计值 Ng 时，这层粒状材料的自重就成为码头面所要施加的面载（徐光明等，2001）。

质量加载法中所要铺设的粒状材料质量，其计算公式为

$$M_{qm} = \frac{1000 q_m A_m}{Ng} = \frac{1000 q_p A_p}{N^3 g} \qquad (4.6)$$

式中，M_{qm} 为模型颗粒状堆料的质量（kg）；A_m、A_p 分别为模型、原型面载区域面积（m²），$A_m = A_p/N^2$；q_m、q_p 分别为模型、原型均布荷载集度（kPa），二者相等。

虽然质量加载法容易实现模型码头面上堆载的施加模拟，但若需要单独观察面载的影响效果，还必须在模型地基自重应力恢复后的离心机恒速运转过程中实施面载施加，即采用过程加载法。作者最近成功创新实施了一种过程加载法，即在模型高速运转过程中，给码头面上的水盒注水实现面载模拟的过程加载法，此法能够在指定时间和指定区域施加制定集度的面载，从而观察到了不同区域面载

施加后带给码头各构件内力分布的变化反应。这种过程加载法中，水盒中水体深度按式（4.7）计算：

$$h_{wm} = \frac{1000q_m}{Ng} = \frac{1000q_p}{Ng} \qquad (4.7)$$

式中，h_{wm} 为水盒中水体深度（mm）。

在某模型试验中，整个模型码头面划分为 Q1、Q2 和 Q3 三个区域，宽度均为 400mm，长度依次为 292mm、291mm 和 225mm，均布荷载集度依次为 20kPa、80kPa 和 80kPa。区域 Q1 内的均布荷载较小，仍用质量加载法，即在 Q1 区域内均匀铺设 3.3kg 铅砂，在后两个区域 Q2 和 Q3 内则分别放置两只镀锌薄铁皮水盒，高度分别为 400mm（Q1）和 125mm（Q3），长度分别为 291mm（Q2）和 225mm（Q3）。当模型离心加速度升至 72g 时，Q1 区域内均布荷载集度就达到 20kPa，模型离心加速度继续保持为 72g，在之后 30min 和 60min 这两个时刻依次给 Q3 区域和 Q2 区域内的水盒注水，注水深度为 113mm，在 72g 条件下作用于码头面的均布荷载集度正好是 80kPa，该次模型试验面载施加过程如图 4.2 所示。

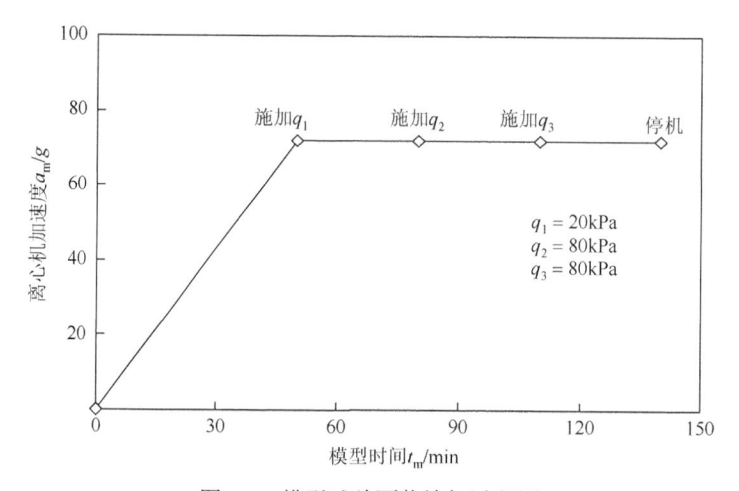

图 4.2 模型试验面载施加过程图

4.5 水位的模拟

对于土工离心模型试验中所要求的各种水位，一般都是采用溢流控制法实现的。在模型箱体侧面设置一连通管，该连通管在里侧与模型海侧港池相通，在外侧与竖向水管相通，并在竖向水管上制定高度位置设置溢流孔。模型在地基土体自重应力恢复过程中及随后的面载施加作用后，模型中水体可能会发生流动而引起水位移化，一旦高出溢流孔位置，多余的水溢出而维持水位基本恒定。

第 5 章 离心模型试验中波浪荷载的模拟

随着港口码头向深水大吨位化发展，新扩建防波堤逐渐向深水区延伸，波浪强度越来越高，而防波堤地基土体物理力学指标往往较差、天然承载力低，修建传统重力式的防波堤不再经济可行，所以考虑采用轻型防波堤结构。在用土工离心模型试验研究它们的工作特性和稳定性状时，必须首先考虑离心机超重力条件下波浪荷载的模拟。

例如，在某防波堤延伸工程中的较深水域内，采用了一种新型薄壁箱筒型基础防波堤结构（蔡正银等，2010a），整段防波堤由 166 组长 27m 的薄壁箱筒结构体组成，如图 5.1 所示，每组箱筒型基础防波堤结构由 6 只外径为 12m、壁厚 300～350mm（加强部位壁厚 500～700mm）的预制钢筋混凝土圆筒组合而成。其下部 4 只高 8.5m 的圆筒完全埋置于地基土层中，顶部与厚 500mm 的混凝土盖板相连接，如此构成防波堤结构的基础部分。上部 2 只高约 8.3m 的圆筒底部同样与盖板相连接，这部分结构位于泥面以上，构成防波堤的挡浪结构。在设计高水位工况中，波浪周期为 8.1s，波峰时作用于一组箱筒型基础防波堤的波压力合力 P_{pp} 达 8465kN，波谷时的波吸力合力 P_{sp} 为 3356kN。

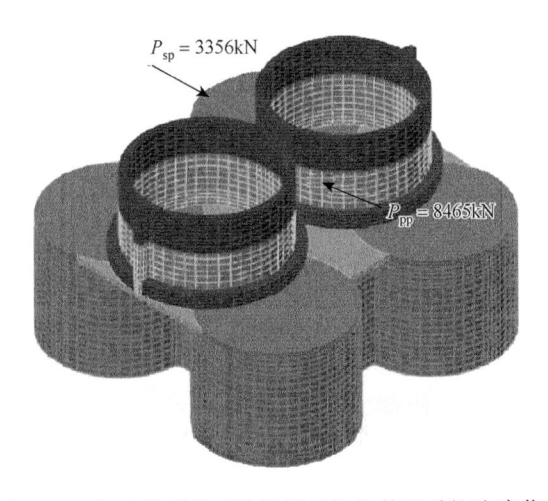

图 5.1 一组箱筒型基础防波堤结构及其承受的波浪荷载

又如，在另一个新建港区的防波堤工程中，因其地基含有深厚软黏土层，计划采用一种类似箱筒型基础但又不完全相同的桶式基础防波堤结构,即椭圆形桶式钢筋混凝土基础防波堤(徐光明等,2014)。如图 5.2 所示,每组结构的上部为由 2 只直径为 8.9m、高 15.1m、壁厚为 0.3m 的圆筒构成的挡浪部分,简称上桶;每组结构的下部基础则为一只倒扣的椭圆形桶,简称下桶,其长轴为 30m、短轴为 20m、高度为 9.18m,壁厚为 0.4m,上桶与下桶之间靠由 0.4m 的混凝土盖板相连接。下桶内腔设有 4 道厚 0.3m 的内隔板,以增强整体刚度,同时将桶体划分成 9 个格室。在设计高水位工况中,波浪周期为 8.76s,波峰时作用于一组桶式基础防波堤的波压力合力 P_{pp} 达 12048kN,波谷时的波吸力合力 P_{sp} 为 8080kN。

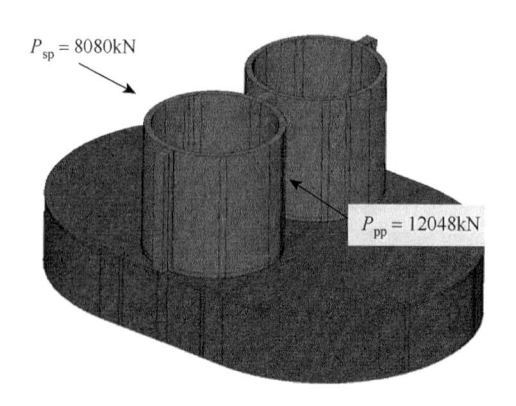

图 5.2 一组桶式基础防波堤结构及其承受的波浪荷载

由于上述两种新型防波堤结构应用于防波堤工程不久,在实际工程中尚未遭遇设计工况中恶劣风浪条件下波浪荷载作用,该结构能否经得住设计波浪荷载的作用及工作性状,便成为防波堤工程的关注焦点,为了认识和掌握它们在波浪荷载作用下的性状表现,希望通过土工离心模型试验来对波浪荷载进行模拟。

目前,在离心机超重力条件下波浪荷载的模拟的途径分三个层次:波浪拟静力模拟方法、波浪循环荷载模拟方法和超重力场造波机系统模拟方法,模拟难度依次递增,模拟效果越来越接近真实情况。

5.1 波浪拟静力模拟方法与设备

拟静力法是一种用静力学方法近似解决动力学问题的简易方法,它发展较早,迄今仍然广泛使用。其基本思想是在静力计算的基础上,将地震对建筑物的动力作用以等效荷载的方法来表示,然后根据这一等效荷载用静力分析的方法对结构物进行内力和位移计算,以验算结构物的抗震承载力和变形或稳定性。与全面考虑结构物动力相互作用的分析方法相比,拟静力法的物理概念清晰、计算简单。

拟静力法不仅应用于结构抗震设计计算和地震作用下的边坡稳定性分析，其原理也在土工离心模型试验中得到应用，例如，在模型试验中通过倾斜模型土体来施加一定大小的水平荷载，近似模拟一定烈度的地震荷载作用（Mikasa，1969；徐光明等，1995）。

在土工离心模型试验中，不仅可以应用拟静力法原理近似模拟周期较短的地震动力荷载的作用，也同样可以近似模拟波浪这种周期较长的循环往复动力荷载作用（茅加峰等，2010）。对港口工程中的防波堤来说，所承受的波浪荷载是一种水平荷载，在用拟静力法原理模拟这种周期较长的循环往复动力荷载时，就是在波浪荷载合力作用点处，给防波堤施加单调增加水平作用力，观察掌握防波堤在水平静荷载作用下的性状。

图 5.3 所示的是一种施加水平力的拟静力加载作动装置，主要模拟静态水平力对箱筒型基础防波堤或桶式基础防波堤的作用（茅加峰等，2010）。由于该静力加载作动装置需要在超重力场中工作，且离心加速度方向与静力加载作动装置所输出水平作用力的方向正交，它的设计和制造要求比常规的作动器苛刻许多。

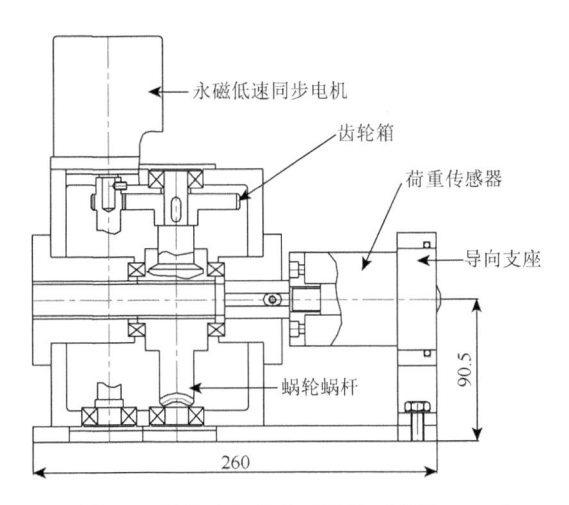

图 5.3 拟静力加载作动装置（单位：mm）

如图 5.4 所示，拟静力加载作动装置主要由加载作动装置机构箱、荷重传感器等构成，以等应变速率模式施加水平力。其中，加载作动装置机构箱由永磁低速同步电机、齿轮箱和蜗轮蜗杆组成，其中作动器驱动源是一台速率为 60mm/min 的永磁低速同步电机，齿轮箱和蜗轮蜗杆构成实现机械减速和螺旋升降的结构，输出的荷载经过荷重传感器传递给水平传力杆，传力杆与推力挡板正交连接，再由推力挡板将荷载作用在防波堤结构上。整个加载作动装置组装后，采用高强度螺栓与模型箱顶盖连接固定。

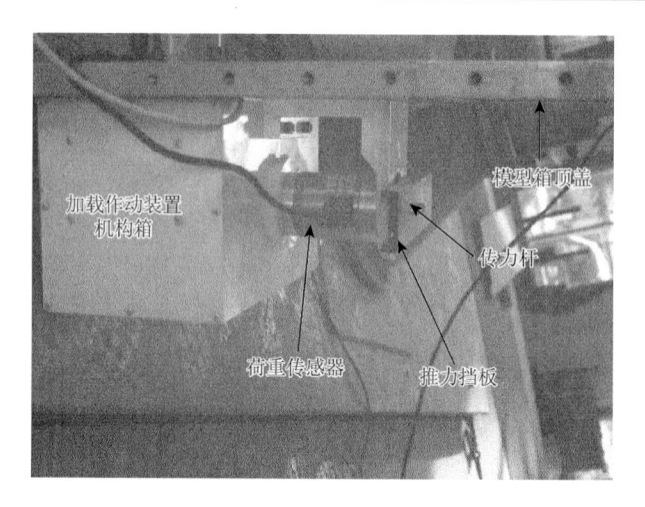

图 5.4 拟静力加载作动装置外观

为了使荷重传感器准确测量作动器所施加的水平力,设置了传感器导向支座托住荷重传感器(图 5.3),避免传力杆在超重力场中受传感器自重而产生过大挠度。

拟静力加载作动装置应变加载速率可以提前设定,通常设定为 1.2mm/min,可提供的最大水平推力可达到 15kN。100g 超重力条件下它所模拟的最大原型波浪荷载合力可达 150MN。

5.2 波浪循环荷载模拟方法与设备

防波堤设计时,通常将波浪荷载视作拟静力荷载,再验算它的抗滑稳定性、抗倾稳定性和承载力稳定性。Oumeraci 等(1994)注意到在这种设计分析中,因为没有考虑作用于防波堤基础上的波浪荷载的动力放大可能性,所以无意中增加了设计风险。由此可见,无论是计算分析还是土工离心模型试验,都需要考虑波浪荷载的周期性才能使预测结果更加合理安全。为了在超重力条件下模拟波浪荷载的周期性影响,通常采用以下两种途径:第一种是采用超重力场造波机系统模拟方法,直接模拟波浪荷载作用(Sekiguchi et al., 1994, 1998; Gao and Randolph, 2007),这是一种最理想的解决之道,但也是技术难度最高的一种方法,这将在 5.3 节进行详细分析。第二种是采用循环往复荷载加载作动装置,给承受波浪荷载作用的结构物施加等效的循环往复荷载,循环荷载的峰值取值为波浪力的合力(Rowe and Craig, 1977; Zhang et al., 2009)。

文献(Rowe and Craig, 1977)中所报道的循环往复荷载加载作动装置,采用的是电机-曲柄装置，因此，荷载频率较低，小于 10Hz，一般在 5Hz 左右。由于在土工离心模型试验中，所施加的循环荷载的目标频率为原型波浪荷载频率的 N 倍，这一频率响应特性满足不了 N 值较大的模型试验中的循环波浪荷载模拟要求。而文献（Zhang et al.，2009）中所报道的一种波浪模拟器装置（wave simulator apparatus），实为一种伺服电动作动器（servo-controlled electric actuator），如图 5.5 所示，它主要由扭臂、齿轮箱和电动机组成，而连接于扭臂头部的荷重传感器用于测量所施加的周期性荷载力。伺服电机采用"高能"钐钴磁铁和低惯性转子，因此能实现较高的动力频率响应，荷载频率可达 25Hz（Leung et al.，2004）。它所模拟的周期性荷载可以是单方向循环加载的（non-reversal loading），也可以是双向循环加载的（reversal loading）。所谓单方向循环加载，就是只模拟波浪荷载中正相部分，即波压力部分。而双向循环加载，就是既模拟波浪荷载中的正相部分，也模拟负相部分，即模拟波压力和波吸力两部分，或者说模拟完整的波浪荷载作用过程。当进行双向循环加载时，扭臂与沉箱防波堤之间采用铰滑片（hinge-and-slider）机构相连接。

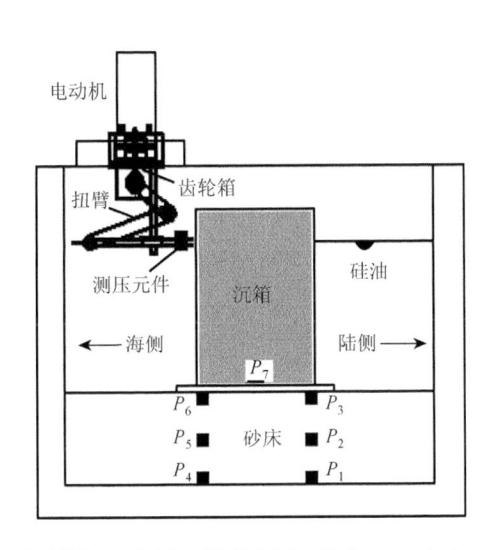

图 5.5 伺服电动波浪模拟器装置及模型布局（单位：mm）（Zhang et al.，2009）

Zhang 等（2009）经过试验研究，认为双向循环加载比单向循环加载更能代表真实波浪荷载特性。图 5.6 是文献中所报道的一组沉箱防波堤在双向循环加载条件下的瞬时位移及孔隙水压力（简称孔压）变化过程曲线，其中所施加的波浪荷载用沉箱水下重量进行了归一，波峰和波谷时的归一化波浪荷载分别约为 4% 和-2%。从该波浪荷载瞬时曲线可以看出，波峰和波谷时的波浪荷载值均有些变动，未能维持恒定，但不管怎样，波峰时的荷载值总是大于波谷时的荷载值。

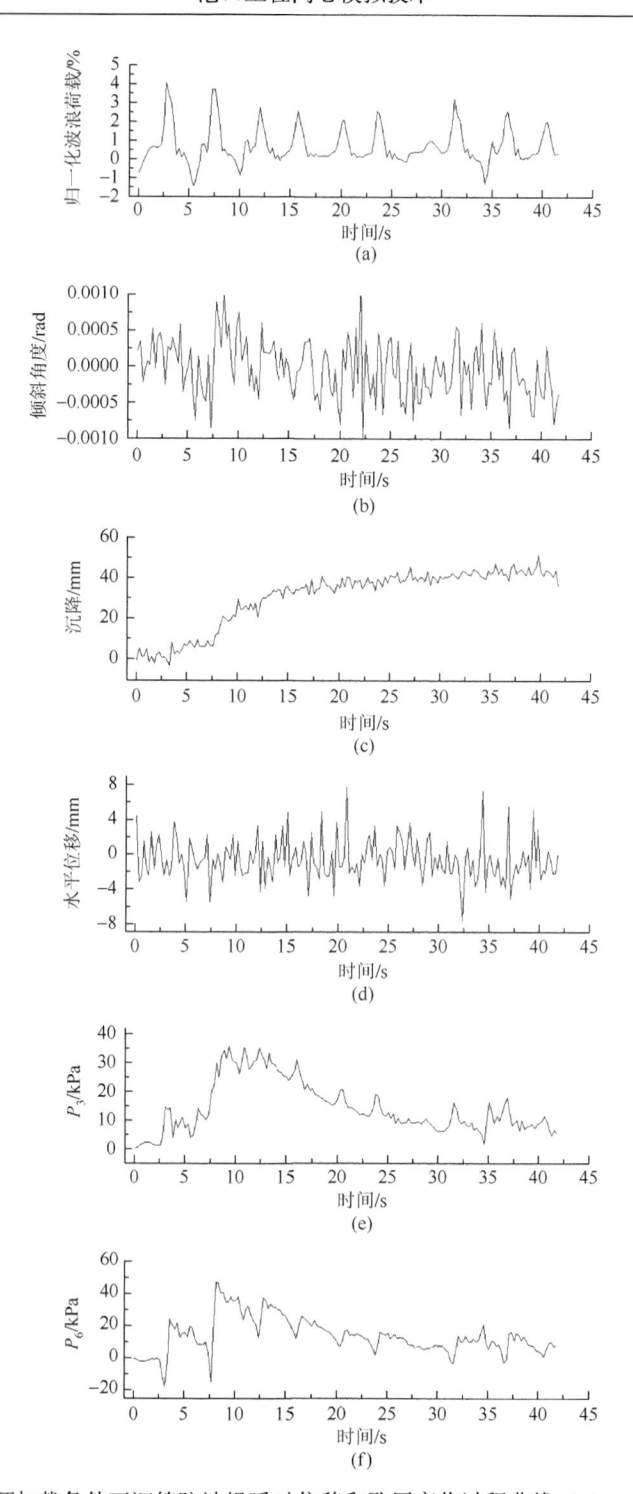

图 5.6　双向循环加载条件下沉箱防波堤瞬时位移和孔压变化过程曲线（Zhang et al.，2009）

这里再介绍一种基于电磁激励器原理研制开发的非接触式循环波浪荷载模拟器系统（Xu et al.，2010a），它的特点是能避免作动器与防波堤结构难以连接的问题，同时能施加较大幅值的循环波浪荷载。在循环波浪荷载模拟器两侧是两个电磁激励器，基于它们的推挽作用，提供相差为 180°正弦波（半波）式往复作用力，图 5.7 是循环波浪荷载模拟器及其控制与测量示意图。该系统采用衔铁传力机构，用滚动滑轮将衔铁受到的电磁力传递给模型防波堤，作用点位于上位筒挡浪部分，无其他约束力传递给防波堤。该装置提供频率在 5～25Hz 的循环往复作用力，波浪合力峰值可达 1200N。图 5.8 是文献（Xu et al.，2010b）中所报道的一组箱筒型基础防波堤在双向循环加载条件下的位移及孔压变化过程，图中各物理量包括波浪荷载都已转化为原型值，图中 S 表示测点沉降，d 表示测点水平位移。图中波峰时与波谷时荷载力之比，即波压力与波吸力之比，等于 0.4，波浪周期为 8.1s（模型荷载频率为 13Hz）。

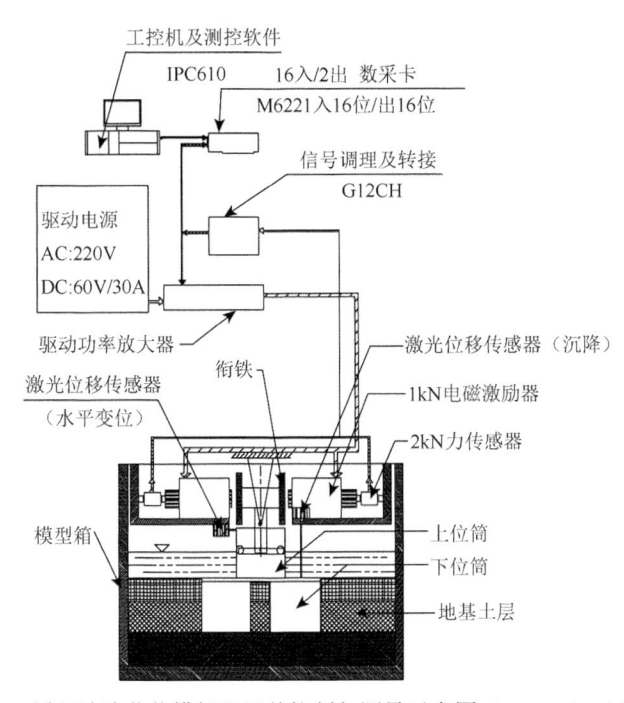

图 5.7 循环波浪荷载模拟器及其控制与测量示意图（Xu et al.，2010a）

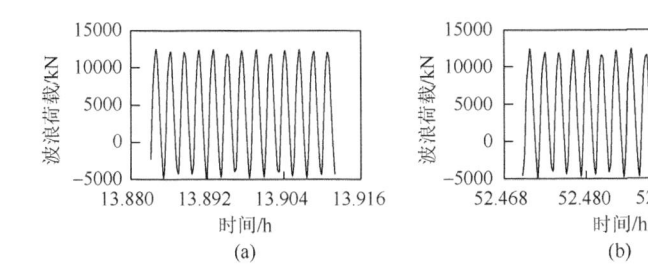

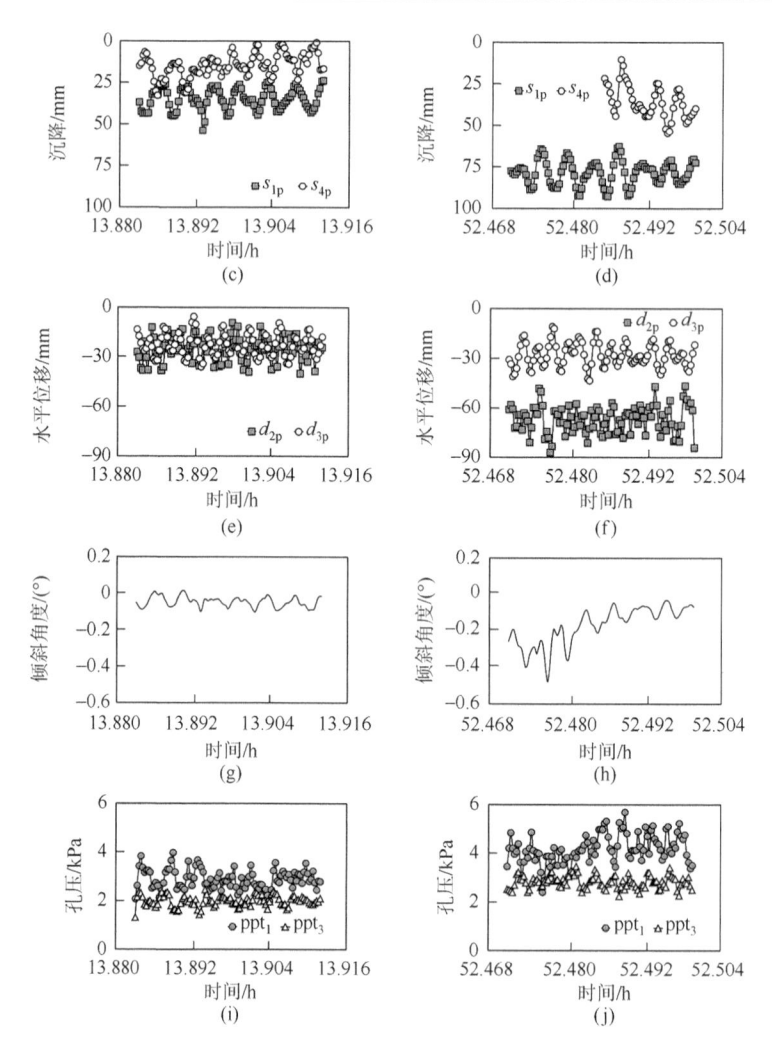

图 5.8 双向循环加载条件下箱筒型基础防波堤瞬时位移和孔压变化过程曲线(Xu et al.,2010b)

5.3 离心模型试验造波机系统

1. 伺服电机

电机作为造波机系统的驱动动力，是整个系统最关键的部件，直接关系到系统的性能和指标。对于造波机系统，首先必须精密地控制摇板摆动的速度（造波频率），还必须克服较大的水压力。这就要求电机既能保证精确的转速，又能产生足够的力矩。通过前期调研，初步拟定采用德国伦茨公司生产的 MCS14P32 伺服电机，如图 5.9 所示。该系列电机功率较大，最大可以达到 15kW，可以满足输出较大力矩的要求。该伺服电机转子转速受输入信号控制，并能快速反应，且具有机电时间常数小、线性度高、始动电压低等特性，可把所收到的电信号转换成电动机轴上的角位移或角速度输出。电机控制方式包括转矩控制、速度控制、位置控制和全闭环控制。伺服电机已经在前期开发的离心机专用设备上使用过（如四轴机器人系统），其整体技术性能完全可以满足超重力场中的造波机动力需求。

图 5.9　MCS14P32 伺服电机

2. 变速系统

由于波浪的频率范围很宽，拟研制齿轮变速系统进行辅助调速。调试系统采用行星锥盘无级变速思想，其装配图如图 5.10 所示。该系统包括：输出轴、调整轨、滚珠环、滑块、活动外轨、操作盘、支架、齿轮、固定外轨、活动内轨、弹

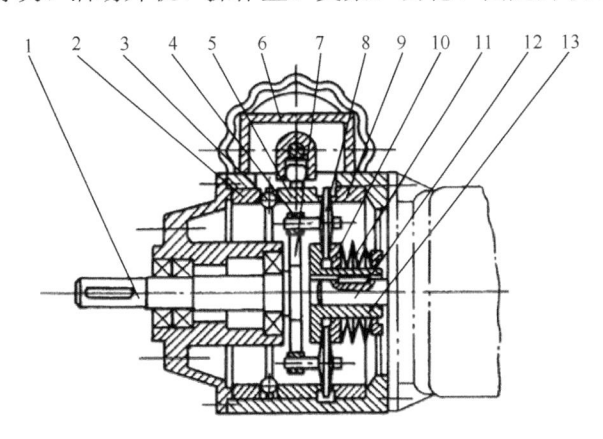

图 5.10　变速系统装配图

1-输出轴；2-调整轨；3-滚珠环；4-滑块；5-活动外轨；6-操作盘；7-支架；8-齿轮；9-固定外轨；
10-活动内轨；11-弹簧；12-传动轴；13-固定内轨

簧、传动轴、固定内轨等部件。变速系统与传动轴相连，传动轴与输出轴同心。这样，由电机驱动的传动轴的运转经过变速系统后，将高速转动变为低速转动，达到精细控制波浪频率的目的。齿轮变速系统已在前期开发的离心机专用设备上使用过（如填料装置），其整体技术性能完全可以满足超重力场中的变速需求。

3. 力转换系统

力转换系统用来将圆周运动转变为双向直线运动，从而达到控制摇板双向摆动的目的，初步设计的超重力场中的力转换系统如图 5.11 所示，变速系统输出轴下端连接一个转动圆盘，在转动圆盘的不同直径上加工偏心孔，这些孔通过轴承与连杆连接（在转动轴的反面）。由于孔距圆心的位置不同，这样连杆连接轴做圆周运动的半径也就不同。连杆的另一端通过轴承与摇板相连，而摇板的顶端只能沿轨道做直线运动。力转换系统的工作原理如图 5.12 所示，设圆盘上的 A 点坐标为（x_0, y_0），转动半径为 R，连杆长度为 S。C 点为摇板的顶点，其坐标为（x_1, 0），AB 垂直于 OC。从图中可以发现：

$$OA = R$$

$$AC = S$$

$$AB = R\sin\theta$$

$$OB = R\cos\theta$$

$$BC = x_1 - R\cos\theta$$

因为 $(AB)^2 + (BC)^2 = (AC)^2$，所以 $(R\sin\theta)^2 + (x_1 - R\cos\theta)^2 = S^2$

解得

$$x_1 = R\cos\theta + \sqrt{S^2 - (R\sin\theta)^2} = R\cos 2\pi f + \sqrt{S^2 - (R\sin 2\pi f)^2}$$

其中，f 为转动频率。可以发现，C 点的运动轨迹为简谐振动方程，其周期由转动频率 f 决定，幅值由转动半径 R 和连杆的长度 S 决定。

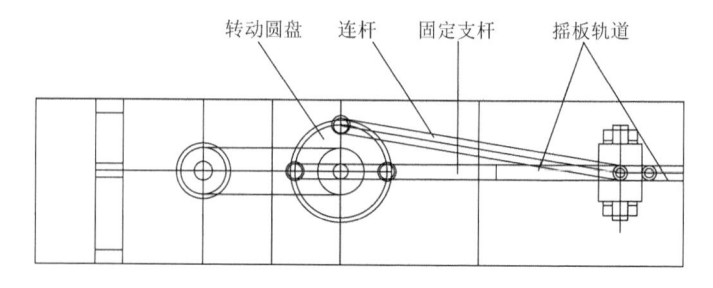

图 5.11 超重力场中的力转换系统

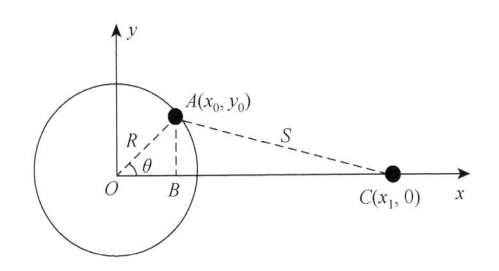

图 5.12　力转换系统工作原理

4. 摇板装置

摇板采用高强度铝合金板设计,其上端通过连接装置安装在一条滑动轨道上,并通过轴承与连杆连接。下端通过轴承与一只固定板连接,固定板上沿高度方向在多个位置处装有连接轴承,可以调节摇板的长度。

5. 消浪系统

消浪系统采用开缝的消浪格栅板,结合柔性材料(如塑料盲沟等),并采用主动消浪技术,开发出无反射复合消浪系统。通过研究确定超重力场中格栅板的开缝密度、开缝长度、开缝宽度及格栅板与模型边界的放置距离对具有某一特征波浪的吸收效果,并且研究加入盲沟的复合消浪效应。

6. 数据采集系统

系统运转过程中需要采集波浪的特征值,如波高、频率、波长,以及波浪荷载作用力,同时还要获得系统各主要部件的受力与变形状况(这对系统的调试过程非常重要),因此必须开发超重力场造波机专用的数据采集系统。在超重力场中,设计的数据采集系统及所有元器件必须能承担足够的自重应力,还必须具有较强的抗电磁干扰的能力。数据采集系统的设计框图如图 5.13 所示,由传感器、前置单元、集流环和计算机组成。其原理为:模型中各种待测物理量经过传感器测量后变成模拟电信号,送至前置单元;前置单元将测得的模拟信号经过放大、滤波等处理,再经过模数(A/D)转换变成数字信号;数字信号经过集流环传送至控制室中的计算机,进行实时的采集和处理。

7. 闭环控制系统

闭环控制系统拟采用与伺服电机配套的控制器,并对其进行开发,从而形成超重力场波浪模拟控制系统。

8. 监测系统

监测系统主要负责监视造波机系统的工作状况、消浪系统的工作状况、所造波浪的运动状态等，主要由 4 台高分辨率 CCD 摄像机和一台监视器及光源组成，需研究开发超重力场中可供 CCD 摄像机使用的可靠光源。

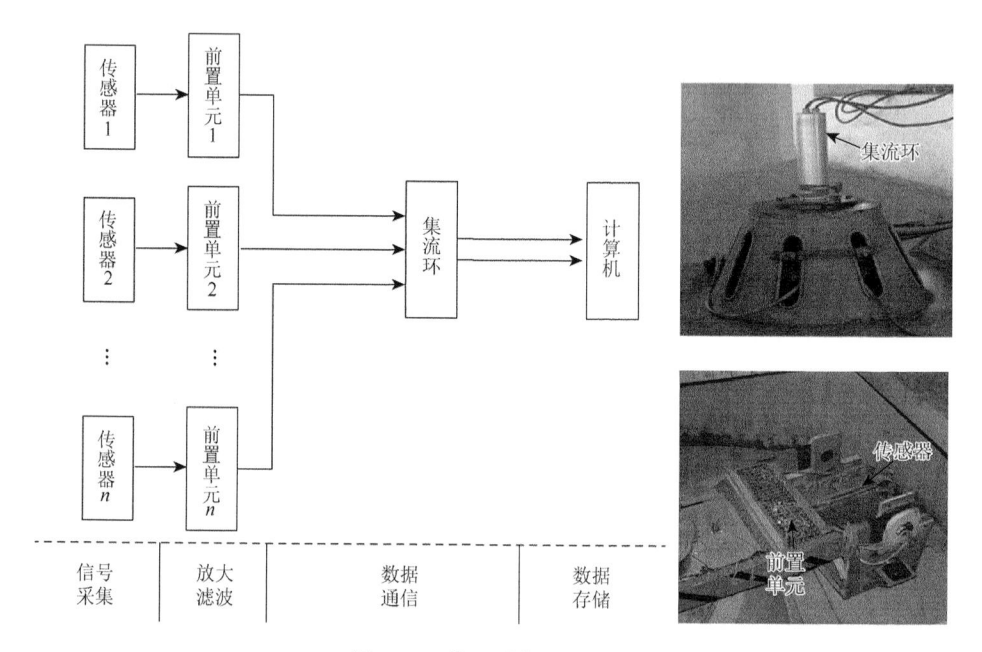

图 5.13　数据采集系统框图

9. 造波机专用模型箱

造波机系统必须固定安装在模型箱上部，要求模型箱不仅能支撑造波机系统，还需满足各种波浪荷载作用下的试验，因此必须建造一专用离心机模型箱。拟建模型箱有效尺寸为 1200mm（长）×400mm（宽）×800mm（高），强度满足 120g 试验条件，模型箱体主要由高强度铝合金材料制成，以达到质量轻、强度高、变形小的要求。模型箱的一侧面采用高透明度的有机玻璃板，板厚不小于 120mm，用来观察离心试验中模型的状态。

第6章 离心模型试验中港池开挖的模拟

近年来，土工离心模拟技术在研究解决港口码头新结构开发的关键问题上取得了长足的进步，试验结果很好地预测了港口码头新结构的稳定性状和各个构件的受力情况，揭示了土体与结构物之间相互作用的工作机制。然而，将离心模型试验结果与原型观测及数值分析结果对比后发现，模型试验得出的变形值总是大于原型观测值。主要原因在于，在离心模型试验中，施工过程的模拟最复杂，对模型的性状影响也最为明显，在板桩码头结构中，以单锚板桩码头结构为例，其由前墙、锚碇墙和拉杆组成，作用于码头构件上的外部荷载主要是土压力，其变化由港池开挖和码头面堆载引起。由此表明，港池开挖的模拟方式对模型试验结果影响显著，而基于模型试验结果对码头结构内力及变形性状的预测也将显著不同。

6.1 港池开挖的常规模拟方法

土工离心模拟技术发展至今，研究人员采用了一些专门技术来模拟开挖过程中应力的变化，如通过移开机械支撑系统（Craig and Yildirim，1976）、排液法、移开土袋或块体等，根据上述分析，以上方法并没有真实模拟现场土体的开挖过程。其根源在于，目前所采用的港池开挖的常规施工模拟方法并不满足模型相似律的要求，即模型试验中前墙海侧港池土体开挖过程与原型实际情况不符，而码头结构水平位移恰恰是由港池土体开挖造成的码头结构面侧向卸荷引起的。根据模型相似律的要求，开挖施工必须在离心机不停机的条件下完成，但受客观条件限制，目前开挖过程模拟大多在离心机停机（1g）条件下开展，然后离心机运行至设计加速度，按照这种方式模拟，在预挖有港池的地基土体中，其侧向应力和竖向应力随离心加速度升高而同步增大；而原型情形却是地基开挖过程中土体竖向应力不变而侧向应力不断减小。虽然模型与原型土体最终的应力状态是一致的，但两者的应力路径完全不同，原型土体循行的是侧向减载应力路径，而模型土体循行的却是比例加载应力路径，如图 6.1 所示，图中 σ_v 代表竖向应力，σ_h 代表侧向应力，a 代表加速度，$(\sigma_{h0}, \sigma_{v0})$ 与 $(\sigma_{he}, \sigma_{ve})$ 分别代表土体初始应力状态和最终应力状态，N 为模型率。土体的性状不仅取决于最终的应力状态，而且与其循行的应力路径密切相关。由于常规模拟方式将侧向卸载问题当作一个比例加载问题来模拟研究，其结果必然偏离原型真实性状。而在理论上，土工离心模型试验能够做到完全符合离心模型相似律（Schofield，1980）。

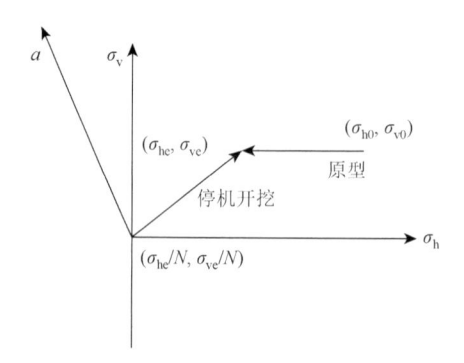

图 6.1　模型土体与原型土体应力路径比较

对于开挖类卸荷过程的常规模拟，按以下通用步骤进行。
（1）准备工作：结构构件的制备、测量单元的率定、数据采集系统的调试等。
（2）地基土层的形成。
（3）结构构件安装成结构物。
（4）开机升速，在设计加速度下恢复土与结构物的相互作用状态，使地基土与结构物保持良好接触。
（5）停机，港池开挖。
（6）由 1g 分级加速至设计加速度进行正式试验，建议每级的加速度为 10g，级间历时根据模型设计而定。
（7）试验结束，记录、拍照片，拆模取土样进行室内试验。
（8）试验后测量单元的率定。

6.2　离心模型试验机器人系统

从 20 世纪 30 年代世界上第一台离心机出现，至今已有近 90 年的历史，土工离心机模拟技术在港口、码头等关键技术研究上发挥了重要作用，随着一些离心模型试验辅助设备的研制成功，离心模拟试验结果也越来越能够真实反映原型状况，但受制于客观条件，港池开挖、土石坝填筑及循环加荷等复杂试验操作的模拟还很难做到，而这些往往对试验结果的精度有很大影响。鉴于此，国际上出现了一种新的离心机机载设备——土工离心机机器人。该设备以其可以在离心机运转过程中连续完成多种试验操作、灵活高效、基于该设备的二次开发成本低等众多优点，受到岩土工程领域专家和学者的一致认可和青睐。

世界上第一台离心机机器人出现在法国道路桥梁中心实验室（Laboratoire

Central des ponts et chaussées，LCPC），Derkx 等于 1998 年在日本东京召开的国际离心机会议上对该台离心机机器人进行了详细报道（Derkx et al.，1998），机械手整体图如图 6.2 所示。该机器人由 Actidyn 公司和 Cybernetics 公司联合为 LCPC 设计制造，Actidyn 公司负责机械部分制造、Cybernetics 公司负责控制系统部分，而整个工作的着手实施可以追溯到 1985 年。该机器人可以实现 X 轴、Y 轴、Z 轴的平行移动和 θ 轴的转动，最大离心加速度达到 $100g$。

在 2002 年，吴宏伟等（Ng C W W et al.，2003）在加拿大国际物理模型会议上详细介绍了香港科技大学（The Hong Kong University of Science and Technology，HKUST）新装备的一台土工机器人，这是世界上第二台土工离心机机器人，该设备是由北京航空航天大学为香港科技大学 400gt 土工离心机研制的。该机器人略大于 LCPC 离心机机器人，设计最大工作加速度为 $100g$。图 6.3 为 HKUST 离心机机器人结构示意图，整个结构安装在内壁尺寸为 1245mm（X）×1270mm（Y）×762mm（Z）的铝质模型箱上，该机器人同样实现四轴联动，并在工具快换盘上提供有 6 个电源通路、6 个气压通路和 2 个油压通路，这些通路可以为不同要求的试验提供支持。

在 2006 年，Actidyn 公司为美国纽约伦斯勒理工学院（Rensselaer Polytechnic Institute，RPI）成功研制世界上第三台离心机机器人，Ubilla 等（2006）于同年在香港召开的国际岩土物理模型会议上介绍了该设备的情况，整体布置图如图 6.4 所示。该机器人最大加速度为 $100g$，可以在离心机运转过程中完成打桩、圆锥静力触探、原位十字板剪切、地基开挖及施加荷载等试验。

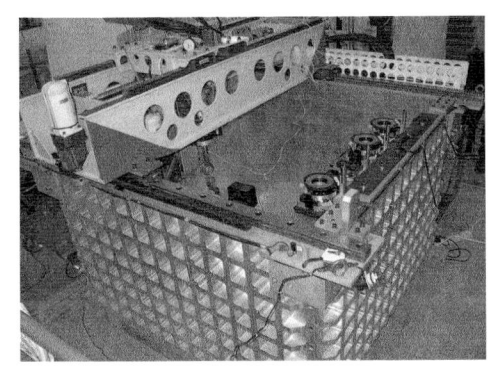

图 6.2 LCPC 离心机机械手整体图　　图 6.3 HKUST 离心机机器人结构示意图

早在 20 世纪末，南京水利科学研究院（Nanjing Hydraulic Research Institute，NHRI）$100g$ 离心机机器人的研制工作就开展了，经过一系列的设计方案必选、零件购买、组装及安装调试等工作后，最终于 2011 年底在 NHRI 400gt 大型土工离心机上调试成功，离心加速度达到 $100g$。该机器人系统由机器人操纵臂传动系

图 6.4　RPI 离心机机械手整体布置图

统、电气系统、数据图像采集系统及专门模型箱组成，图 6.5 所示为 NHRI 离心机机器人整体示意图。为了满足机器人正常工作，必须使用一只大号专用模型箱，另一只盛土的小号模型箱置于其内。试验时，将机器人整体安装固定于这只大号专用模型箱上方，再移至离心机吊篮平台上。吊篮尺寸为 1200mm（X）×1200mm（Y）×1100mm（Z）。综合考虑离心机吊篮尺寸和机器人操纵臂行程要求，机器人专用模型箱净尺寸为 1240mm（X）×750mm（Y）×650mm（Z）。

图 6.5　NHRI 离心机机器人

该机器人驱动结构由 X 轴、Y 轴、Z 轴方向的直线运动和 θ 轴方向的转动组成，机器人沿四轴方向的运动都由永磁同步交流伺服电机驱动，其中 X 轴方向有两个电机，Y轴和Z轴方向各一个电机，该类型电机还具备断电制动保护功能。该机器人操纵臂主要有以下三个特点：一是行程大，其中X轴方向最大行程为900mm，Y轴方向受离心机吊篮尺寸限制，行程为400mm，Z轴方向最大行程为500mm，θ轴方向可实现无限制地转动360°；二是重复精度高，在离心加速度为100g的条件下，可以精确地实现从一个位置抓取工具盘下盘安放到另一个位置，X、Y、Z轴方向精度达到0.2mm，θ轴方向精度为0.5°；三是承载能力强，能满足在复杂环境下的离心模型试验要求。表6.1是该机器人操纵臂主体设计技术参数。

表6.1 NHRI离心机机器人操纵臂主体设计技术参数

项目	X轴	Y轴	Z轴	θ轴
最大行程	900mm	400mm	500mm	360°
重复精度	±0.2mm	±0.2mm	±0.2mm	±0.5°
承载能力	2500N	2500N	5000N（拉），18000N（压）	5N·m
最大运行速度	30mm/s	30mm/s	20mm/s	20°/s
备注	机器人抓手提供2个6bar（1bar=10^5Pa）气压通道、6个5A电气通道接口			

该机器人操纵臂在X轴方向上采用双电机驱动，两滚珠丝杠在各自电机驱动下，沿滚珠直线导轨保持同步运行，带动整个Y轴方向支架在X轴方向导轨上滑动，从而实现在X轴方向定位。需要指出的是，与单电机驱动模式相比，这种双电机驱动模式大大提高了该轴的定位精度。Z轴及θ轴传动系统固定在Z轴方向支架上，丝杠螺母固定在Z轴方向支架上，Y轴方向电机驱动单丝杠，带动整个Z轴方向支架在Y轴方向导轨上滑动，从而实现Y轴方向定位；Z轴方向伺服电机经同步带驱动丝杠旋转，丝杠螺母带动Z轴方向支架在Z轴方向导轨上移动，从而实现机械手的Z轴方向定位；固定在Z轴方向支架上的摆动汽缸可带动快换工具头做一定角度的旋转，实现工具的快换等动作，从而完成θ轴方向转动。

电气系统由X轴、Y轴、Z轴三维控制系统和θ轴的旋转控制系统及监控系统组成。监控系统由CCD摄像机、视频采集卡、监控软件及监控计算机等组成，主要对机器人工作过程、动作及准确性进行监控，遇到紧急情况时可以人为停止主机，避免事故进一步扩大。

机器人的运动过程由机器人控制系统来实现。该机器人三维位置控制系统主要由工控机、ETCPC模块、交流伺服电机、人机交互软件及教学辅助部分等组成，以实现机器人在X轴、Y轴、Z轴三维空间内定位。其中，工控机、供电系统、降低主电源干扰的电抗器及一些手动保护等功能的控制柜位于控制室内。图6.6为机器人控制柜，工控机用于实现机器人系统的人机交互，根据该机器人控制系统需要选择ETCPC模块。ETCPC模块是整个系统的核心，它利用控制程序指令进行轨道计算，然后将计算结果传递到驱动器装置执行控制命令。为了实现对机器人自动控制及参数和状态的实时监测，该机器人运动控制器 ETCPC 模块配置有专门的类似于计算机数字控制系统（computer numerical control，CNC）的 ETCMMI 软件，图 6.7 为 ETCMMI 软件界面。首先，在该软件的编辑模式下，根据模型试验中所要求的机器人操纵臂的实际运动步骤，输入一系列相对应的控制命令，并将命令存储在文件中供以后调用；然后，经过演示确认机器人按上述命令程序运行时安全后，调出该命令程序，也可以在软件界面上直接输入命令，还可以通过示教盒发出命令，机器人根据命令执行相应的动作。此外，在该软件操作界面上还设有暂停按钮装置，以应对各种突发紧急情况。

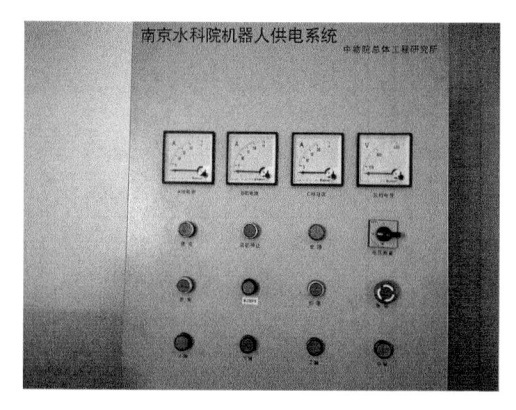

图 6.6 机器人控制柜

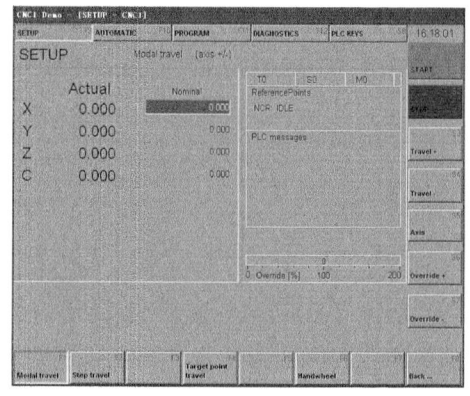

图 6.7 ETCMMI 软件界面

在机器人操纵臂运动过程中，速度和位移是两个最重要的物理量，需要实时监测控制。在 X 轴、Y 轴、Z 轴方向上采用旋转变压器作为速度反馈传感器、磁栅尺作为位置反馈传感器，实现机器人操纵臂运动的精确定位，在到达零点位置后各轴限位灯会发生闪烁；θ 轴的旋转运动由摆动气缸驱动，摆动气缸采用叶片驱动的双作用汽缸，可实现 360°无限制摆动，该控制系统由伺服定位控制器、伺服定位控制器连接器、比例方向控制阀、摆动气缸及反馈传感器、快换工具等构成，同时在工具盘上设有 2 个 6bar 气压通道、6 个 5A 电气通道接口，用于抓取工具盘下盘。

图像采集系统用来采集和存储土工试验中不同离心加速度下地基剖面的状况，通过分析图片求出地基剖面的位移场，有利于分析各种土工体与结构物之间的相互作用机理。试验中，通过安装在吊篮内的高速相机连续拍摄试验过程中的地基剖面变化，图像采集卡位于工控机内，该计算机又称下位计算机，负责图像采集和存储，然后经过安装于图像分析计算机中的图像分析软件分析和输出图像。

综上，机器人的运动通过机器人控制系统发出指令控制驱动装置来实现，进而完成各种试验操作。离心机机器人操纵臂工作环境复杂，需要在高离心加速度值下完成多种试验动作，对机器人的构件强度、试验精度等方面要求较高，因此，NHRI 100g 离心机机器人主要另有以下改进设计，结论如下。

（1）机器人模型箱体材质选用高强度、低密度的合金铝，减轻箱体重量，同时为制作的模型重量预留更多空间。

（2）机器人操纵臂在 X 轴、Y 轴、Z 轴方向上行程较大，充分利用了吊篮空间，从而减小在高离心加速度值下模型箱边界效应、土体粒径效应、测量仪器尺寸效应等对试验结果造成的误差。

（3）离心机吊篮是离心机的离心加速度最大位置，电机和反馈传感器都位于离心机吊篮上，由于机器人系统需要在 100g 下工作，电机和传感器都必须能在此加速度条件下正常工作。综合考虑机器人系统的空间、重量等要求，该离心机机器人选用德国伦茨永磁同步交流伺服电机，满足精度要求。

（4）在传动系统设计上，为了减小丝杠的弯曲变形，均选用直径较大的丝杠。在 X 轴方向上，不受空间限制，对丝杠两端均进行固定支撑，减小丝杠的弯曲变形，在同一丝杠上安装两个双螺母，缩短了丝杠的非约束距离，更有利于控制变形；另外，双电机驱动模式更有利于 X 轴定位精度的提高。

（5）Y 轴方向受空间限制，丝杠靠近电机一端采用游动支撑，另一端采用固定支撑。

（6）由于 X 轴、Y 轴、Z 轴方向行程较大，需要对随试验操作一起移动的电缆进行保护，为了防止移动过程中电缆之间相互缠绕、损坏、脱离轨道等，采用强度高、重量轻的工程塑料拖链进行布线。

总之，由于能胜任 100g 超重力场工作环境，且负载性能指标高，又有高精度定位的保证，该离心机机器人平台为多种复杂和高精度试验提供了保障。

6.3 超重力场中港池开挖过程的实现

本节以单锚式板桩码头为研究对象，利用 NHRI 100g 离心机机器人实现超重力场中港池开挖过程模拟。为了在离心模型试验中做到开挖过程相似模拟，还特别研制了专门的开挖工具，如图 6.8 所示。该工具由特殊材料制成，可以在超重力场中承受较大的强度和变形，质量为 2.4kg，工具口尺寸为 80mm（长）×80mm（宽）×100mm（高）。从图中可以看到，该工具主要由上部轴承结构、固定支架、中间旋转螺杆等部分组成。上轴承结构固定于 θ 轴电机上，外部支架通过螺钉和轴承结构连接，再由一颗销钉将支架整体牢牢固定，然后将中间螺杆和上部轴承结构通过螺钉连接，在旋转过程中尽量保证各螺钉松紧程度一致，避免在高加速度值条件下开挖土体时结构受力不均，造成螺杆扭曲甚至电机受损。该工具工作原理为：通过 θ 轴电机的旋转，带动电机下端轴承旋转，然后带动与之相连接的螺杆旋转，最终实现开挖工具抓斗叶片的张开与合拢。

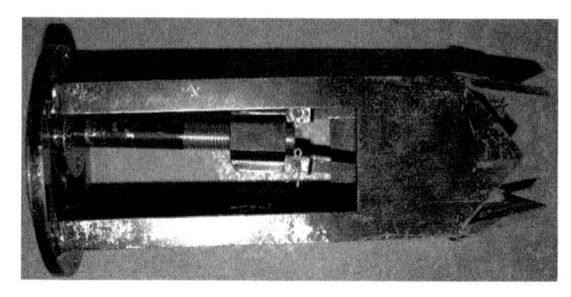

图 6.8 开挖工具

在综合考虑该机器人 θ 轴电机额定力矩、开挖工具在高离心加速度值下的可行性、港池开挖深度及制备土样所用的模型箱尺寸等因素后，选择模型率为 50。模型地基土层选用粉细砂，采用砂雨法制备。离心机机器人机械臂操作程序如下。

（1）离心机机器人控制柜通电。

（2）启动计算机，双击打开智能化驱动控制系统观察各轴电机运行是否正常，判断依据是控制软件界面右上角一栏是否显示"OK"，如果显示"OK"，表明电机正常，可以进行下一步操作，否则，断电重新检查。

（3）施加驱动器使能，按下机器人控制柜上"驱动器使能"按钮，等待 15s 左右，观察 GDC 软件界面右下角一栏是否显示"OK"，如果显示"OK"，说明驱动器使能正常，电机可以驱动开挖工具运行。

（4）打开计算机上的 ETCMMI 软件，读取下载驱动器上的固件参数。

（5）确定零点。机器人每次断电后再启动，都要重新执行"寻零"操作（机器人驱动器使能断开后各轴不必执行"回零"操作），通过 ETCMMI 软件实现机器人各轴自动回零的操作顺序为：打开 ETCMMI—点击 Setup—点击 Reference Point（零点）—点击 Automatic（自动）—点击 Start，当各轴限位指示灯亮时，表明机器人执行回零操作正常。

（6）确定工具在挖土过程中抓斗叶片需要张开和闭合的角度。该角度的确定也是通过 ETCMMI 软件来控制的，顺序如下：打开 ETCMMI—点击 Setup—点击 Manual（表示人工操作控制）—点击 Model travel—点击 Axis（用以选择 X、Y、Z、θ 各轴）—点击 Start。在上述过程中可以通过控制各轴电机运转速率或者点动来实现对工具角度的精确控制，分别记录下工具抓斗叶片张开和闭合到适当程度的角度值，正值表示工具叶片打开，负值表示工具叶片闭合，考虑到机器人 θ 轴额定力矩有限（仅 5N·m）、工具本身的机械损耗及地基土体强度等因素，工具抓斗叶片张开及闭合的角度都不宜过大（角度绝对值），以避免 θ 轴电机有效力矩不足而不能正常完成试验操作。

（7）试验完成后，依次关闭 ETCMMI 软件、断开驱动器使能、关闭 GDC 软件，最后按下控制柜上"断电"按钮。

由于本次试验在超重力场中完成，试验环境极其复杂，为了确保试验开挖过程安全顺利进行，首先，根据机械臂各轴的安全运行行程精确确定试样模型箱在机器人模型箱中的摆放位置；其次，需要在试验前根据港池开挖位置及开挖深度预先编制好模拟港池开挖过程程序，编制方法按照上述机械臂操作程序进行，然后将该程序导入 ETCMMI 监控软件中，最后通过自动运行此程序实现整个开挖过程。

本次模型试验中港池开挖深度为 80mm，结合开挖工具及港池开挖的尺寸，共分两层开挖，每层开挖 10 次，共 20 次，每层开挖深度并不完全相同（图 6.9）。这是因为在试验前预先确定工具抓斗叶片闭合角度时，工具的两个叶片并不是完全合拢，在调试该工具时每次利用其开挖土体后，开挖后的土面并不如人工开挖后平整，而是都遗留了少量土体。由于提供工具开挖扭矩的 θ 轴电机力矩有限，每层土体开挖深度不宜太深，经过多次试验验证，最终确定在该试验中，第一层开挖深度为 50mm，深度较深；第二层开挖土体较浅，为 30mm，各层开挖土体的顺序如图 6.9 所示，图中 df 和 db 分别表示模型前墙和锚碇墙水平位移测点，距离试样模型箱侧壁 50mm，板墙顶部 15mm；图 6.10 中数字代码表示第一层土体开挖的顺序，第二层土体开挖依次在这些代码表示的土体顺序下开挖，考虑到试样模型箱宽度方向上的净空尺寸及开挖工具的尺寸，按顺序开挖土体时，开挖土体的位置会有部分重叠，即图 6.10 中数字只是表示开挖顺序。同时，在工具抓斗叶片进入土面以下闭合的同时要伴随着工具的同步上提过程，以免工具在土面内受力过大。

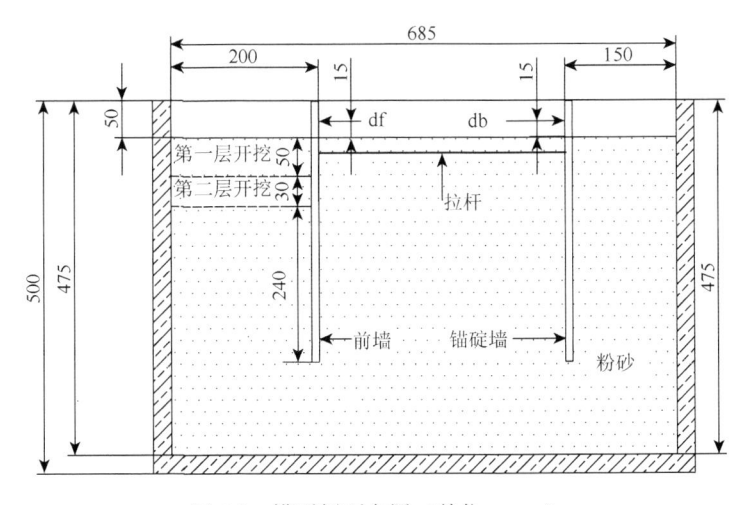

图 6.9 模型剖面布置（单位：mm）

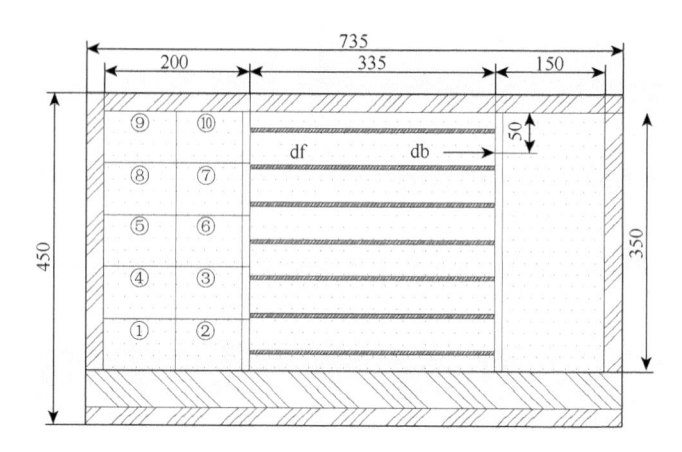

图 6.10　港池开挖次序平面布置（单位：mm）

需要特别注意的一点，在 θ 轴每次回零后，工具抓斗叶片对应的角度都不一定相同。因此，在机器人断电或断开驱动器使能后，工具抓斗叶片张开与闭合角度一定要重新确定，操作顺序如前所述。

利用 NHRI 100g 土工离心机机器人实现超重力场中港池开挖过程的模拟步骤如下。

（1）采用砂雨法，预先从试验模型箱最底部撒砂至 125mm 处，即板墙最底部所处的位置，方法如前所述。

（2）将前墙和锚碇墙按照模型试验预设的位置放入模型箱中固定好，继续均匀撒砂。考虑到砂土在密实的过程中会发生沉降，因此砂土面高度比原型预设的高出 10mm 左右，即距离模型箱顶部 20mm 处。

（3）安装拉杆，拉杆的初始张紧程度要适中，但要尽量确保每一组试验模型拉杆松紧程度相同；检查地基土层距模型箱顶部距离，确定为 20mm。

（4）在 50g 离心加速度下恢复天然地基土层的自重应力对用拉杆相连的模型板墙结构的作用。

（5）保持离心加速度为 50g，开挖港池，通过 ETCMMI 软件运行试验前已经编制好的开挖程序，该程序主要包括港池开挖与激光扫描两个过程，港池开挖深度为 80mm，共分两层开挖，历时约 75min。

（6）待开挖程序运行结束后，关闭 ETCMMI 软件、断开驱动器使能、关闭 GDC 软件及机器人控制柜电源，确保机器人在离心机运转过程中的安全。该模型在 50g 离心加速度下运行一段时间，让板墙结构整体承受土压力的作用，观察码头构件内部整体稳定性状和内部受力情况。

（7）停机，试验结束。

（8）拆模取土样，试验后标定测量传感器。

第 7 章　岸壁码头结构离心模型试验研究

近几年来，土工离心模型试验技术在国内港口工程及海洋平台的设计研究、方案选型和机理探寻等方面发挥了积极的技术支持和推动作用，产生了良好的社会效益和显著的经济效益（徐光明等，2001，2010；蔡正银等，2005a；刘永绣，2006；刘永绣等，2006；李景林等，2007）。本章围绕三种岸壁码头结构型式开发和设计优化所开展的离心模型试验研究案例，介绍这一新技术在港口工程中的应用和独一无二的作用。第 1 节介绍沉入式大圆筒岸壁码头结构工作机理离心模型试验（徐光明等，2001，2007；Xu and Ng，2007），主要分析大圆筒埋深、大圆筒直径和大圆筒侧壁摩擦对其位移变形性状的影响，探讨侧壁土压力分布规律。第 2 节介绍新型遮帘式板桩码头结构离心模型试验（蔡正银等，2005b；刘永绣，2006；李景林等，2007），主要围绕某一依托工程方案设计的试验验证开展均质地基和原型地基模型试验，不仅模拟原设计方案，还提出改进方案并进行模拟，不仅研究墙桩在港池开挖后的土压力分布，而且研究在开挖前的土压力分布，即 K_0 静止土压力分布，不仅完成方案验证优化，而且探讨遮帘桩分担前墙荷载的工作机理。第 3 节介绍新型分离卸荷式板桩码头结构离心模型试验（徐光明等，2010），主要研究卸荷平台与胸墙间隙、卸荷平台与群桩基础连接型式、码头面前沿堆载对码头结构各部分受力反应的影响，还通过对比模型试验，研究展示卸荷平台群桩基础结构分担前墙荷载的显著作用。

7.1　沉入式大圆筒岸壁码头结构工作机理离心模型试验

7.1.1　概况

在薄壁直径大圆筒岸壁码头结构中，起挡土作用的大圆筒结构与其他重力式岸壁结构在工作机理上有所不同，它除了靠自身重量外，主要利用筒体内的天然土体和回填料的重量来共同维持码头的抗滑和抗倾稳定。

大圆筒岸壁码头结构又分为安放在抛石基床上和直接沉入地基中两种类型，前者为基床式大圆筒岸壁码头结构，后者则为沉入式大圆筒岸壁码头结构。采用后一种结构型式建造大圆筒码头时，由于无须准备抛石基床，施工相对简单；另外，由于筒体沉入港池泥面以下，能有效防止筒内土体和回填料受波浪水流作用引起的掏蚀。因此，与基床式大圆筒岸壁码头结构相比，沉入式大圆筒岸壁码头结构更能满足有深厚泥层地基条件下的建港要求，并且具有较优越的经济性。

可以想象，由于大圆筒结构下部筒体完全嵌入地基泥面以下，泥面以下土体与结构间共同作用，对大圆筒抵抗水平位移而保持稳定的贡献很大，因此，沉入式大圆筒岸壁码头结构在工作机理上，与基床式大圆筒岸壁码头结构有着很大不同。衡量沉入式大圆筒相对埋深的指标是深高比 h/H（h 为港池泥面以下筒体入土深度，H 为大圆筒的高度），它是第一个需要考虑的变量因素。

大圆筒的直径大小是另一个影响因素。当大圆筒的高度和埋深一定时，加大筒体的直径，显然可以提高码头的稳定性和抵抗位移的能力。然而，筒径的增大不仅会引起制作筒体的材料用量增加，而且会影响施工时吊装机具吨位的选择。采用过大直径的大圆筒往往会带来施工费用的增加，有时甚至不可行。因此，研究大圆筒的直径对码头结构变形和稳定的影响规律，对确定合理的筒径大小具有重要的指导价值，反映大圆筒直径相对大小的指标是径高比 D/H（D 为大圆筒的直径）。

大圆筒结构与土共同作用时，由于筒体与筒内外土体间存在相对移动趋势，在界面上发生摩擦，这种摩擦作用对结构变形和稳定会产生一定的影响。研究这一规律性对提高大圆筒码头结构设计合理性有一定意义。

尝试从试验角度提供大圆筒筒壁上的土压力分布规律和码头面沉降分布特征依据，同样有助于加深对这一结构型式码头工作机理的了解和认识，对沉入式大圆筒结构的设计计算分析有重要的参考价值（徐光明等，2001，2007；Xu and Ng，2007）。

7.1.2 土工离心模型试验

正如 Ng（2014）所言，在处理和解决一些复杂的土工问题时，土工离心模型试验是首选的试验方法。为了加深对沉入式大圆筒这种新型岸壁码头结构与土共同作用机制的了解，开展了离心模型试验，用来研究上述三种因素对这种码头结构的变形性状及其侧壁土压力的影响规律。

1. 模型相似律

下面首先通过量纲分析建立模型相似律（Sedov，1993），按照 Butterfield（1999）所建议的实用分析步骤，可以将这种沉入式大圆筒岸壁码头结构的性状与所有可测量的变量因素之间的关系，用因变量与自变量的函数式表示。图 7.1 是沉入式大圆筒岸壁码头结构与土相互作用示意图，荷载作用下，大圆筒岸壁码头结构和土发生变形位移反应，如图所示，若选取大圆筒结构顶部水平位移 δ_h 为因变量，δ_h 为下列变量的函数：

H——圆筒高度；

D——圆筒直径；

t——筒壁厚度；

ρ——筒体密度；

E——筒体弹性弹模；

ν——筒体泊松比；

h——港池泥面以下筒体入土深度；

T——所考虑的地基土层厚度；

ρ_s——地基土层密度；

E_s——地基土的压缩模量；

ν_s——地基土层的泊松比；

f^*——筒壁与土界面摩擦角 φ^* 的正切值，$f^* = \tan\varphi^*$；

a——惯性加速度；

F——门机轨道线荷载；

q——码头面均布荷载。

需要说明的是，为分析清楚起见，暂将地基土的变形特性用弹性变形模量来描述；同时，由于变形分析，未将地基土的强度列入所考虑的变量内。

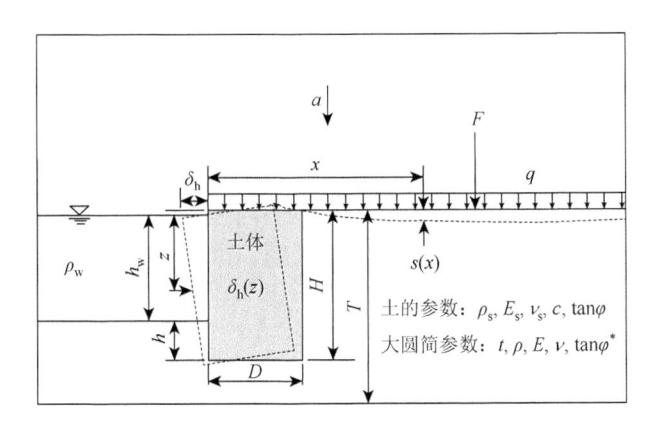

图 7.1　沉入式大圆筒岸壁码头结构与土相互作用示意图

上述 15 个自变量加上 1 个因变量 δ_h，共有 16 个变量元素：

$$V = \{\delta_h, H, D, t, \rho, E, \nu, h, T, \rho_s, E_s, \nu_s, f^*, a, F, q\} \tag{7.1}$$

这些变量的量纲都可以用基本量纲 $\{M，L，T\}$ 来表示，故最小量纲个数是 3，根据 Buckingham 的 π 定理，可导出 16−3 = 13 个无量纲项，即

$$\{\delta_h/H, D/H, t/H, \rho/\rho_s, E/(\rho_s a H), \nu, h/H, T/H, E_s/(\rho_s a H), \nu_s, f^*, F/(\rho_s a H^2), q/(\rho_s a H)\}$$

这样，用无量纲项表示沉入式大圆筒岸壁码头结构顶部水平位移 δ_h 的函数方程式如下：

$$\frac{\delta_h}{H} = f\left(\frac{D}{H}, \frac{t}{H}, \frac{\rho}{\rho_s}, \frac{E}{\rho_s aH}, \nu, \frac{h}{H}, \frac{T}{H}, \frac{E_s}{\rho_s aH}, \nu_s, f^*, \frac{F}{\rho_s aH^2}, \frac{q}{\rho_s aH}\right) \quad (7.2)$$

式（7.2）反映了沉入式大圆筒岸壁码头结构顶部的相对水平位移 δ_h/H 与无量纲自变量项之间的关系，这种函数关系方程式不仅在原型中成立，而且在模型中也应当是成立的。具体就是，在当式（7.2）右边函数所包含的无量纲自变量在模型与原型中对应相等，那么式（7.2）左边的无量纲因变量在模型与原型中相等，也就是 $\left(\frac{\delta_h}{H}\right)_m = \left(\frac{\delta_h}{H}\right)_p$，模型与原型性状相似，这就是模型相似律，它保证了模型与原型两者的筒顶相对水平位移相同。这些相似条件主要涉及几何、材质和力学三方面的相似要求，式（7.2）左边无量纲因变量相等就是相似结果。

土工离心模型是置于旋转的离心机所提供的 Ng 超重力场中的试验，这里的 N 为模型率。同时，土工离心模型通常采用原型土料制作，这就是说，土工离心模型和原型的材质是相同的，材料参数的相似比等于 1，对于上面提及的大圆筒和地基土层，有 $\rho_p/\rho_m=1$、$E_p/E_m=1$、$\nu_p/\nu_m=1$、$\rho_{sp}/\rho_{sm}=1$、$\nu_{sp}/\nu_{sm}=1$、$f_p^*/f_m^*=1$。由此，模型与原型土体中对应位置深度 z 点处的自重应力 σ_v 相等，其应力相似比等于 1，即

$$\frac{\sigma_{vp}}{\sigma_{vm}} = \frac{\rho_{sp} a_p z_p}{\rho_{sm} a_m z_m} = \frac{\rho_{sp} g z_p}{\rho_{sp}(Ng)(z_p/N)} = 1 \quad (7.3)$$

可见，若式（7.2）所要求的相似条件得到满足，则离心模型得到的 δ_h/H 值与原型相等。同理，模型中的大圆筒结构与土共同作用的其他性状，若用无量纲项表示，也与原型对应相等。因此，沉入式大圆筒岸壁码头结构与土共同作用的离心模型性状与原型完全相似。

2. 模型试验方案

基于材质、高度、壁厚和地基条件、荷载条件都是给定的，故 H、t、E、ν、ρ、T、E_s、ν_s、ρ_s、f^*、F 和 q 为常量，那么式（7.2）可简化为

$$\frac{\delta_h}{H} = f\left(\frac{h}{H}, \frac{D}{H}, f^*\right) \quad (7.4)$$

据此，按因子试验法（factor experiment method）设计了如表 7.1 所示的离心模型试验方案，用于研究式（7.4）右边 3 个无量纲变量对沉入式大圆筒岸壁码头结构工作性状的影响。这些试验分为三大组，每组考察 1 个变量因素的作用。第一组中的 3 个模型（模型 M11、M12 和 M13），其筒高、筒径和筒壁粗糙程度相

同，但筒前埋深各不相同，深高比 h/H 依此为 0.0、0.3 和 0.5。通过观察这 3 个模型的性状以掌握 h/H 对大圆筒岸壁码头结构的变形和稳定性的影响。第二组和第三组试验则分别考察径高比 D/H 和筒壁摩擦 f^* 的作用规律。

表 7.1 试验方案（$H = 150mm$）

试验组别	模型	筒径 D/mm	埋深 h/mm	深高比 h/H	径高比 D/H	筒壁摩擦 f^*
第一组：考察 h/H 的影响	M11	110	0	0.0	0.73	0.49
	M12	110	45	0.3	0.73	0.49
	M13	110	75	0.5	0.73	0.49
第二组：考察 D/H 的影响	M15	85	45	0.3	0.57	0.49
	M12	110	45	0.3	0.73	0.49
	M14	160	45	0.3	1.17	0.49
第三组：考察 f^* 的影响	M17	110	45	0.3	0.73	0.36
	M12	110	45	0.3	0.73	0.49
	M18	110	45	0.3	0.73	0.58

本项研究虽为机理性研究，没有特定的原型为研究对象，但参照国内外有底大圆筒和无底大圆筒两类岸壁码头结构的常规尺寸，确定一个假想原型作为参照。这假想的大圆筒原型的高度为 24.0m、直径为 18.0m，而地基为通过离心机固结重塑而成的黏土，由于土样制备时间有限，其不排水抗剪强度较低，相当于软弱地基。

试验用的模型箱尺寸为 685mm（长）×350mm（宽）×475mm（高），模型的长度比尺为 164，$H_p/H_m = N = 164$。这样，模型的加速度比尺为 1/164，试验的离心加速度应为 164g。图 7.2（a）和图 7.2（b）分别为模型立面和平面布置示意图。

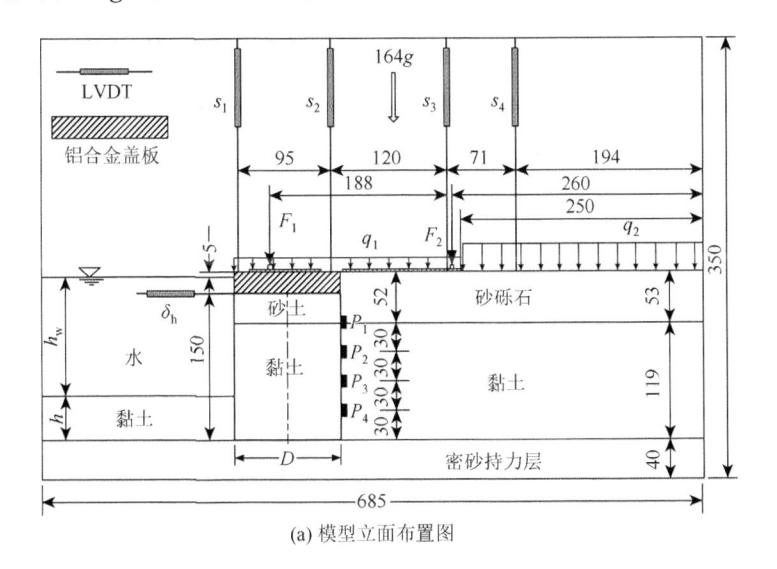

(a) 模型立面布置图

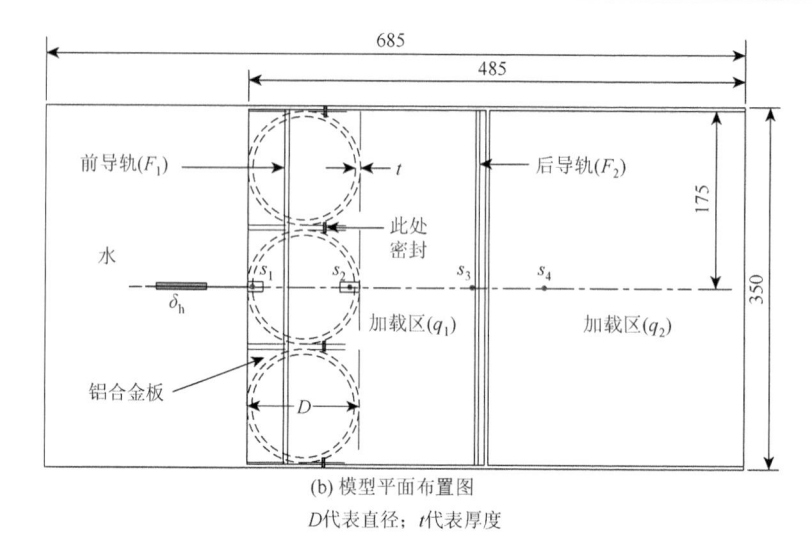

(b) 模型平面布置图
D代表直径；t代表厚度

图 7.2 模型立面和平面布置图（单位：mm）

7.1.3 模型制备和试验程序

1. 模型制备

模型圆筒均由壁厚 5mm 的有机玻璃筒加工而成，高为 150mm，外径有 3 种：85mm、110mm 和 160mm。制备模型地基的土料取于烟台港，为一种灰色亚黏土，图 7.3 为它的粒径分布曲线，液限和塑限分别是 36%和 20%（注：液限对应 80g 圆锥入土 20mm 时的含水量）。

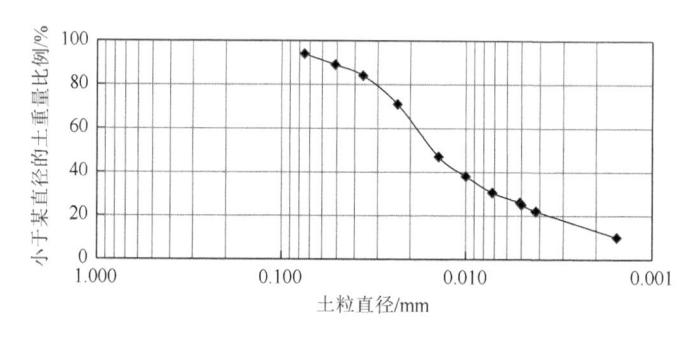

图 7.3 土料的粒径分布曲线

整个模型地基的制备过程如下，首先用单孔漏斗法在等落高条件下制备一层厚度为 40mm 中粗砂层，作为大圆筒的持力层；其次将灰色亚黏土泥浆注入模型箱的粗砂层上。将模型箱置于离心机的吊篮平台上，借助离心机旋转所产生的超重力场作用，进行一次历时 3h 的自重固结和一次历时 5.5h 的堆载预压固结，形成灰色亚黏土层地基。为了模拟现场施工程序，在黏土层自重固结后、堆载预压固结前，将模型大圆筒压入灰色亚黏土层，着底在中粗砂层上。

在灰色亚黏土层制备完成后，用袖珍贯入仪检测其原位不排水抗剪强度。图7.4给出了3个模型灰色亚黏土层地基在完成两次固结后沿深度剖面的原位不排水抗剪强度分布。可以看出，尽管同一深度处的强度读数存在一定程度的离散现象，但从整体分布看，这些模型地基土强度分布相当一致。

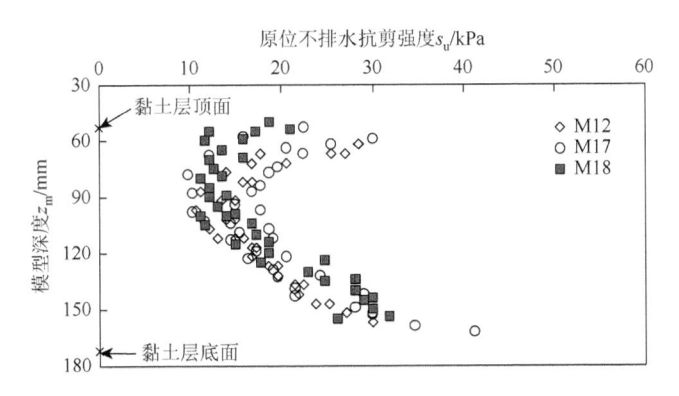

图7.4 原位不排水抗剪强度分布图（模型M12、M17、M18）

此后，在沉入的大圆筒内泥面以上部分用中粗砂回填，筒后用砂卵石回填。上述回填施工结束后，安装大圆筒上的盖板和胸墙，并铺设码头工作面。最后开挖筒前港池至模拟设计深度。

对于码头工作面和堆场区作用的均布荷载及门机荷载，在试验时采用质量块法模拟（徐光明等，2001）。

2. 测量布置

为了观测大圆筒码头结构在工作荷载下的变形和稳定性状，在离心机挂斗一侧专门配置了一只高清晰闭路电视摄像镜头，透过模型箱透明有机玻璃侧板，可观察到码头的变形和稳定情况，同时还将整个过程记录到录像带上，供进一步分析。

在码头工作面和堆场区上布置了4只沉降位移传感器（LVDT），如图7.2（a）所示，其编号分别为$s_1 \sim s_4$。在大圆筒前壁上端口处布置了1只水平位移传感器，编号为δ_h，在筒后侧壁上布置了4只微型土压力盒，编号分别为$P_1 \sim P_4$。

3. 试验程序

在一切准备就绪后，将沉入式大圆筒岸壁码头结构模型逐级加速到设计加速度 164g，保持该加速度一定时间，继续观测沉降、水平位移及稳定性变化，从而获得某一变量组合条件下，沉入式大圆筒岸壁码头结构工作性状的表现。

当制备好的模型移置于离心机内后，启动离心机，让模型所承受的加速度由 1g 增至设计加速度 164g，这一过程近似模拟原型港池开挖和施加码头面工作荷载这样一个过程，即施工期；而此后模型继续承受这一恒定的加速度作用，对应原型码头投入使用后的运行期。

7.1.4 试验结果分析

1. 大圆筒埋深对码头工作性状的影响

大圆筒结构和地基在施工期所发生的相对沉降和水平位移值列于表 7.2，其数值大小主要受深高比 h/H、径高比 D/H 和筒壁摩擦 f^* 控制。

表 7.2 深高比 h/H、径高比 D/H 和筒壁摩擦 f^* 对码头工作性状的影响

系列组	模型	因素组合条件			码头工作性状					
		h/H	D/H	f^*	$\delta_h/H/\%$	$s_1/H/\%$	$s_2/H/\%$	$s_3/H/\%$	$s_4/H/\%$	$\Delta s_{12}/d_{s_1-s_2}/\%$
$\dfrac{h}{H}$	M11	0.00	0.73	0.49	3.70					
	M12	0.30	0.73	0.49	1.23	−0.17	−1.29	2.36	1.63	1.78
	M13	0.50	0.73	0.49	0.20	−0.45	−0.73	1.81	1.80	0.43
$\dfrac{D}{H}$	M15	0.30	0.57	0.49	1.73	−0.14	−1.06	2.47	1.15	1.97
	M12	0.30	0.73	0.49	1.23	−0.17	−1.29	2.36	1.63	1.78
	M14	0.30	1.07	0.49	0.41	−0.27	−0.86	1.74	1.62	0.93
f^*	M17	0.30	0.73	0.36	1.35	−0.02	−1.12	2.07	1.49	1.74
	M12	0.30	0.73	0.49	1.23	−0.17	−1.29	2.36	1.63	1.78
	M18	0.30	0.73	0.58	0.87	−0.23	−0.61	1.75	1.05	0.59

注：δ_h 以水平前移为正；s_1、s_2、s_3 和 s_4 以下沉为正。

如前所述，筒体一部分被嵌入港池泥面以下的地基土层中，不仅能有效地防止筒内土体被波浪淘出，而且有利于筒体自身稳定和抵抗水平位移能力的提高。第一组模型试验包括模型 M11、M12 和 M13，它们的地基土强度分布及大小基本相同，荷载情况也完全一致，只是它们筒体入土深度不同：模型 M11 筒体前沿的灰色亚黏土被全部挖除，埋深为 0，$h/H = 0.0$；模型 M12 筒体埋深为 45mm，$h/H = 0.3$；模型 M13 筒体埋深更大，$h = 75$mm，$h/H = 0.5$。

尽管在施加工作荷载后，这三组模型的码头均未发生失稳现象，但比较这三个模型筒体上端口处实测到的相对水平位移（表 7.2），可以对不同埋深条件下筒体抵抗变形的能力的强弱做出评估，同时也可衡量码头稳定性的高低。

从表 7.2 可以发现，当大圆筒筒体直接着底在中粗砂持力层上，筒前无入土深度，即 $h/H = 0$ 时，筒体顶端发生的相对水平位移最大，达 3.70%；随着相对埋深 h/H 增大至 0.30 时，相对水平位移 δ_h/H 大幅度减小至 1.23%；当埋深 h 进一步增大至筒体高度的一半，即 $h/H = 0.50$ 时，δ_h/H 减至 0.20%。

将表 7.2 中实测的相对水平位移 δ_h/H 与相对埋深 h/H 绘成曲线，即图 7.5，可进一步发现，筒体相对水平位移的减小量随相对埋深并非呈线性关系。换言之，当筒体埋深开始增大时，水平位移的减小量相当明显，但当埋深继续增加时，水平位移的减小作用明显趋于平缓。

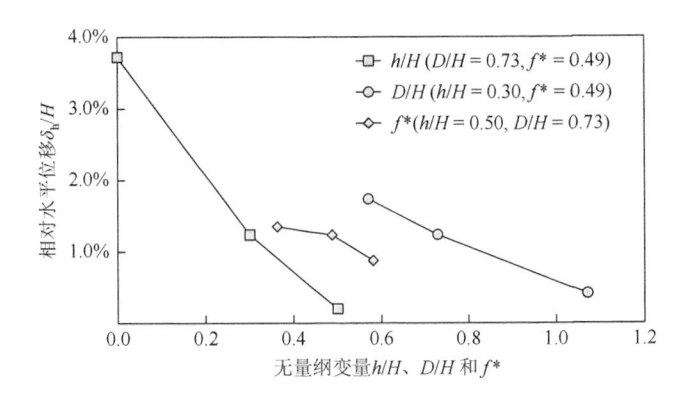

图 7.5 大圆筒顶部相对水平位移 δ_h/H 受 h/H、D/H 和 f^* 的影响

这一规律可能是沉入式大圆筒岸壁码头结构与基床式大圆筒岸壁码头结构在工作机理上的最大区别。根据大圆筒这一工作机理，无底大圆筒岸壁码头结构在泥面下设置一定埋深，对减小大圆筒的相对水平位移十分有利。例如，就本试验的条件而言，根据图 7.5 结果推测，当相对埋深 h/H 由 0 增大至 0.2 时，大圆筒顶部相对水平位移将从 3.70%减小至 2.0%，效果相当显著。

2. 大圆筒直径对码头工作性状的影响

大圆筒的直径是影响沉入式大圆筒岸壁码头结构工作性状的另一个重要因素。在第二大组试验中的 3 个模型为 M15、M12 和 M14，它们的地基强度分布大体相当，埋深和工作荷载均相同，但筒径大小分别为 85mm（M15）、110mm（M12）和 160mm（M14），相应的径高比 D/H 依次为 0.57、0.73 和 1.07。

在港池开挖形成和码头面上堆载的共同作用下，筒体顶部发生的相对水平位

移 δ_h/H 如表 7.2 所示。比较这 3 个模型筒体上端口处实测到的 δ_h/H 值,容易发现,直径最小的 M15,其 $D/H = 0.57$,所发生的 δ_h/H 值最大,为 1.73%;直径最大的 M14,其 $D/H = 1.07$,δ_h/H 值最小,为 0.41%;直径介于中间的 M12,其 $D/H = 0.73$,它的 δ_h/H 值也介于中间,为 1.23%。

同样,在图 7.5 中绘出径深比 D/H 与 δ_h/H 的关系曲线,可以发现,筒体顶部相对水平位移 δ_h/H 随着径高比 D/H 增大而减小,但也并非完全呈线性关系。换句话说,这种减小相对水平位移的效果随径高比增大会逐渐变弱。

上述规律说明,加大筒体直径来改善码头的工作性状,在一定的直径范围内是有效的;但超过该范围后,其效果不再那么明显。如果此时仍单纯增大筒径,以求提高码头抵抗变形的能力及稳定性,就不一定经济合理。

3. 大圆筒筒壁摩擦对码头工作性状的影响

在沉入式大圆筒岸壁码头结构中,其大直径薄壁筒体通常由钢筋混凝土预制而成,表面具有一定的粗糙度。在结构与土的共同作用过程中,筒壁与筒内外土体间因存在相对移动趋势而发生摩擦作用,这种作用对码头稳定性的提高和抵抗变形能力的增强会有一定贡献。

为了考虑筒壁摩擦对码头工作性状的影响,设计了第三组次的模型试验(表 7.1)。这组试验中的 3 个模型的地基条件基本一致,大圆筒的埋深、筒径和荷载条件完全相同,但筒壁粗糙程度各不相同,分比较光滑、一般粗糙和比较粗糙(表 7.2)(徐光明等,2001;Xu and Ng,2007)。通过摩擦试验测定了 3 种粗糙程度的筒壁与饱和灰色亚黏土间的界面摩擦系数,它们分别为:$f^* = 0.36$(M17)、$f^* = 0.49$(M12)和 $f^* = 0.58$(M18)。

在港池形成并在码头面施加面载后,这 3 个模型中的筒体顶部发生的 δ_h/H 如表 7.2 所示。从所测得的相对水平位移看,筒壁较光滑的筒体顶部发生的 δ_h/H 略大,为 1.35%(M17),筒壁较粗糙的筒体顶部发生的 δ_h/H 较小,为 0.87%(M18),筒壁粗糙度介于两者之间的圆筒发生的 δ_h/H 也介于中间,为 1.23%。图 7.5 中 $f^* \sim \delta_h/H$ 曲线更为直观地展示了大圆筒筒壁的摩擦作用对码头水平位移的影响。

这一试验结果表明,筒壁的摩擦作用在一定程度上有助于阻止码头水平位移的发生,对码头稳定性的增强也起到一定的作用,它虽没有 h/H、D/H 两个无量纲变量的影响明显,但在大圆筒岸壁码头结构的设计计算中,还是可以适当考虑这一因素的影响。

综上所述,在所讨论的 3 个变量中,h/H 对 δ_h/H 影响最大,即最为敏感;其次是 D/H,最后是 f^*,这一规律已为多元回归分析的结果所证实(徐光明等,2007;Xu and Ng,2007)。

4. 大圆筒侧壁土压力的分布

在第三大组的模型 M17 和 M18 试验中，对大圆筒后壁上作用的土压力进行了测量。以模型码头面作为深度零点，并将测点所在的模型深度换算至原型深度，可得到大圆筒后壁实测的土压力沿深度分布情况，如图 7.6 和图 7.7 所示。同时，根据各测点所在的深度处不排水抗剪强度实测值，按朗肯主动土压力理论公式，可求得测点位置处的主动土压力值，计算结果如表 7.3 所示。由此可以得到大圆筒后壁侧向土压力的理论分布，如图 7.6 和图 7.7 所示。

表 7.3　大圆筒后壁上土压力实测值和理论计算值

测点编号	原型深度 z_p/m	模型 M17 ($a=165.5g$)				模型 M18 ($a=176.1g$)			
		竖向总应力 σ_v/kPa	不排水抗剪强度 s_u/kPa	朗肯主动土压力值 p_a/kPa	土压力实测值 σ_h/kPa	竖向总应力 σ_v/kPa	不排水抗剪强度 s_u/kPa	朗肯主动土压力值 p_a/kPa	土压力实测值 σ_h/kPa
P_1	8.9	172	22	128	119	183	17	149	137
P_2	14.0	264	14	236	212	281	13	255	287
P_3	19.1	355	17	321	361	378	17	344	350
P_4	24.2	447	25	396	411	475	29	417	416

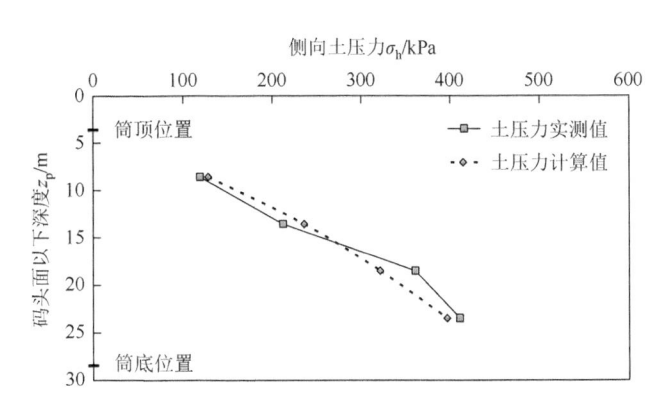

图 7.6　大圆筒后壁侧向土压力分布（模型 M17）

比较图 7.6 和图 7.7 中土压力实测分布和理论分布曲线可以看到，大圆筒后壁上的土压力实测值与理论计算值相当接近，换言之，在大圆筒设计计算中，筒后侧向土压力值可采用朗肯主动土压力公式计算。

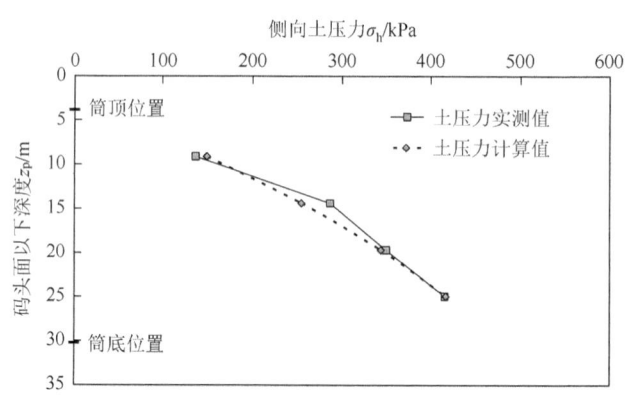

图 7.7 大圆筒后壁侧向土压力分布（模型 M18）

5. 大圆筒码头面沉降发展趋势特征

前面已经讨论了大圆筒结构和地基在施工期所发生的相对水平位移随深高比 h/H、径高比 D/H 和筒壁摩擦 f^* 的影响规律，现在再考察大圆筒码头结构表面在施工期和运行期所发生的相对沉降和相对水平位移的发展趋势，其典型情形如图 7.8 所示，其中时间横轴已换算成原型时间。

首先，从相对沉降和相对水平位移数值看，施工期发生的相对位移量远远大于运行期中发生的相对位移量。其次，如图 7.8 所示，进入运行期后，测点 s_1 和 s_2 两处的沉降读数已基本趋于稳定，之后新产生的相对沉降量很小；而 s_3、s_4 两测点处的沉降在进入运行期后，其读数仍在发展，但其发展速率比施工期要小。

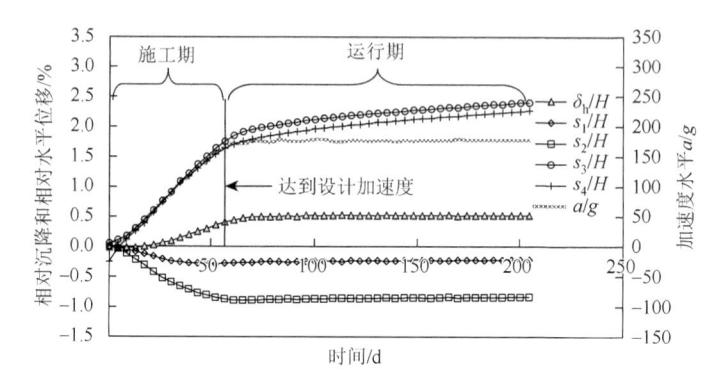

图 7.8 施工期和运行期的相对沉降和相对水平位移发展趋势

从图 7.2（a）模型剖面布置图可知，码头面上的 s_1、s_2 两测点，它们测量的是大圆筒结构的下沉量，由于大圆筒结构底部支撑在密实的中粗砂层上，故筒内黏土层的压缩沉降不会直接影响这两测点处码头面的沉降，但是筒后地基黏土层压缩引起的侧向变形致使筒体发生倾斜变形,导致 s_1、s_2 两测点处的码头面在施工期就稍稍隆起,沉降读数为负值。如前所述,在进入运行期后,s_1、s_2 两测点处的沉降已处于稳定状态,故筒体顶部的相对位移也处于稳定值(图 7.8)。但从 s_3、s_4 两测点在运行期的相对沉降随时间的发展来看,将有一段较长的时间才会达到稳定值,故还将有一定的沉降要发生,这主要是因为下卧层的土较为软弱,压缩性较大,渗透性较低,排水固结时间很长。

根据试验所观察到的大圆筒码头结构面沉降发展规律,若实际码头地基中有压缩性强且厚度大的软弱土层,就应作适当处理并加强监测,防止过大沉降或不均匀沉降发生。

7.1.5 沉入式大圆筒工作性状

通过对影响沉入式大圆筒工作性状的 3 种主要因素的组合离心模型试验结果分析,对这一结构型式的码头工作机理有以下几点认识。

(1)嵌入港池泥面以下地基土层中的筒体埋深对于减小码头位移量和提高码头稳定性功效显著,尤其是当埋深从无到有时,加大筒体埋深能明显减小水平位移。这一规律性正是沉入式大圆筒岸壁码头结构与基床式大圆筒岸壁码头结构在工作机理上的最大区别所在。

(2)在一定范围内加大筒体直径能有效改善码头的工作性状,但超过一定限度后其效果不再那么明显。如果此时仍单纯增大筒径以求提高码头抵抗变形的能力及稳定性,经济效益上不可取。

(3)筒壁的摩擦作用在一定程度上有助于阻止码头水平位移的发生,对码头稳定性的增强也起到一定的作用,故在设计计算中可考虑这一作用的影响。

(4)实测结果表明,大圆筒筒体后壁上的土压力分布与朗肯主动土压力理论分布相当接近,故在大圆筒设计计算中,筒后侧向土压力值可采用朗肯主动土压力公式计算。

(5)大圆筒码头结构表面各点沉降发展趋势,主要取决于测点下面有无筒体支撑和下卧土层的压缩性及其厚度,对于包含软弱土层的码头地基,须事先进行适当处理。上述认识尚需进一步的试验研究,同时需要工程实践和分析原型实测资料的验证。

7.2 新型遮帘式板桩码头结构离心模型试验

在土层条件允许桩体打入或就地成桩的建港场址处,板桩墙结构是一种最经济的码头结构。整个结构由起挡土作用的板桩墙、拉杆和锚碇结构组成，相对其挡土高度而言，板桩墙的厚度很小，属柔性结构。为维持稳定，它在上部需要靠来自锚碇系统的拉力约束，在下部则需要靠嵌入开挖面以下一定深度的入土约束。目前，国外使用最广泛的是钢板桩码头结构，国内则为钢筋混凝土地连墙板桩码头结构。

据 Tsinker（1997）报道，常见的板桩墙的墙身总高度不超过 18~20m，也就是说，板桩结构主要应用于中小型码头，这是因为若应用于深水港池泊位，就要设计非常厚的板桩墙，才能承受巨大的侧向土压力作用，以满足码头结构对稳定和变形的要求，其结果一是可能增加施工难度，二是可能大大降低这种码头结构型式的经济性。

为了突破板桩码头结构应用的局限性，以适应港口码头向深水大泊位的发展需要，经过多年对板桩墙码头结构的设计实践和探索，中交第一航务工程勘察设计院有限公司于 2002 年提出了一种遮帘式板桩结构，可作为大型深水泊位的码头结构。目前采用此结构的京唐港 31# 和 32# 10 万吨级通用散货大泊位及曹妃甸 10 万吨级通用散货大泊位已相继建成，即将投产使用。可见，这一结构型式拓宽了板桩墙码头结构的应用范围，具有很强的生命力和良好的应用前景（刘永绣，2006a）。

与一般的板桩墙码头结构相比，这种新型板桩码头结构中增加布置了一排钢筋混凝土灌注桩，介于板桩地连墙（以下称前墙）和锚碇墙之间，靠近前墙但与前墙保持 3~5m 的间距；遮帘桩与前墙和锚碇墙三者上端则由钢拉杆相连接。遮帘桩的截面呈长方形，最常采用的尺寸是 2m×1m，截面抗弯强度大。设置遮帘桩的目的是让其承担一部分挡土荷载，减小前墙所承受的土压力，使得前墙的厚度在合理范围内。

这一新型码头结构刚刚面世不久，因此，对这一结构工作机制的认识尚需深入。基于土工离心模型试验在半遮帘式板桩码头结构开发中所发挥的独特作用，结合曹妃甸实业港务有限公司拟建的深水泊位遮帘式板桩码头结构优化设计的需要，开展了大量土工离心模型试验，对设计方案进行验证和优化。在其中的 1 组大型土工离心模型试验中，首次尝试对遮帘桩两侧的土压力进行测试，根据所获得的遮帘桩两侧土压力分布观测结果，初步探讨遮帘式板桩码头工作机制（Xu et al.，2006）。

7.2.1 概况

曹妃甸 5 万吨级通用散货泊位水工结构拟预留为 10 万吨级泊位，根据总体平面布置，码头区域原泥面标高较高，规划为挖入式港池，码头面标高 4.8m，泥面标高–15.5m（考虑超挖等因素，模型试验模拟至–16.5m），直立凌空面高度达 20.3m

(试验模拟至 21.3m)。码头结构拟采用深水遮帘式板桩方案,前墙厚 1.0m,底端标高−28.0m,墙身总高度达 32.8m。为进一步验证和完善深水遮帘式板桩方案设计,拟通过离心模型试验,获得前墙、锚碇墙的弯矩分布和拉杆内力,同时研究作用于前、后墙及遮帘桩上的土压力分布,以完善板桩码头结构设计计算方法。这项研究针对原设计方案开展,在此基础上提出一种安全优化的设计方案,并对新方案开展验证试验,预测其在工作荷载条件下的性状,为本工程最终优化完善提供可靠的参考依据。

7.2.2 工程地质条件

拟建泊位的土层剖面以现场 BM5 钻孔处地层为代表性土层,工程地质剖面图如图 7.9 所示。由该图可知,码头地基主要由细砂层和粉质黏土层、粉土层及粉细砂层构成,其主要物理力学性质如表 7.4 所示。除了最表层的细砂,粉质黏土层和粉土层土体的内摩擦角、压缩模量、变形模量及标准贯入击数 N(简称标贯击数)值较低,因此,两者压缩性相对其他土层较大,而它们的承载力较其他土层低。在设计确定遮帘桩桩长时,即选择桩底端持力层时,需要注意地基各土层的压缩特性和承载特性。

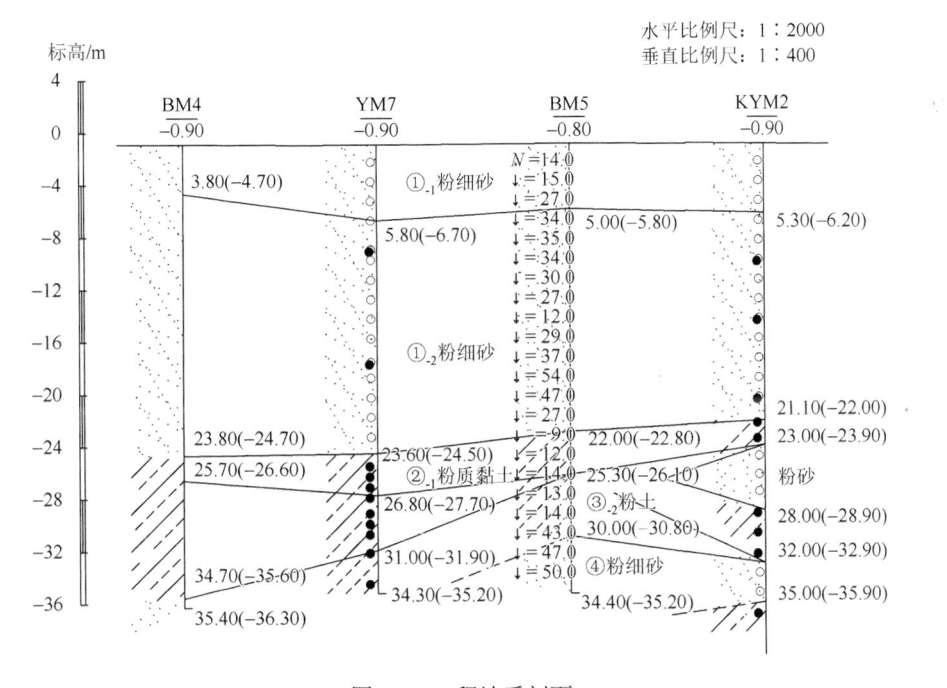

图 7.9 工程地质剖面

表 7.4 原型地基主要物理力学指标统计表（BM5 钻孔）

土层编号	土层名称	土层厚度/m	天然重度 $\gamma/(kN/m^3)$	固结快剪 c_q/kPa	固结快剪 $\phi_q/(°)$	压缩模量 $E_{S0.1\sim0.2}$/MPa	泊松比 ν	变形模量 E_0/MPa	标贯击数 $N_{63.5}$
①-1	细砂	5.0	18.7	5.9	28.5	35.0	0.22	31.7	14～27
①-2	细砂	17.0	19.0	12.2	27.1	39.8	0.22	34.9	12～54
②-1	粉质黏土	3.3	18.8	28.5	17.6	4.8	0.30	3.6	9～14
③-2	粉土	4.7	19.5	21.2	23.2	12.5	0.25	10.4	13～43
④	粉细砂	>4.4	19.7	15	28.4	21.3	0.24	18.1	47～50

7.2.3 模型设计

深水遮帘式板桩结构作为大型和新型码头结构，其工作机理十分复杂，为慎重起见，计划用 4 组模型对原方案进行验证，对优化后提出的新方案则计划用 2 组模型进行验证，其间还开展了 1 组纯砂地基条件下的模型试验。这 7 组模型所对应的原型条件如表 7.5 所示，表中 GCFD 表示曹妃甸工程。从表中可知，遮帘桩与前墙间距为 3.0m，遮帘桩自身间距为 2.75m，但遮帘桩长度分有 2 种，前 5 组对应 30.0m 原型桩长，桩端位于在③-2 粉土层中。如前所述，粉土层土体压缩性较大，而承载力较低，故建议遮帘桩桩端着陆在④粉细砂层中，相应的遮帘桩桩长向下增长 1.8m，这样后两组模型所模拟的原型桩长就为 31.8m。

表 7.5 遮帘式板桩结构验证试验方案

模型	GCFD M9、M10、M11、M14	GCFD M12	GCFD M15、M16
地基土层	同原型	纯砂土层	同原型
墙桩间距/m	3.0	3.0	3.0
遮帘桩间距/m	2.75	2.75	2.75
遮帘桩长度/m	30.0	30.0	31.8

在该工程实践中，模型试验研究和码头设计方案优化是同步进行的。首先完成了 5 组 30.0m 遮帘桩的板桩方案离心模型试验，对其结果进行了分析讨论，获得了前墙、遮帘桩和锚碇墙所受到的土压力和弯矩反应及拉杆内力反应，初步掌握了码头结构的水平位移和整体稳定性状。其次，这几组模型试验结果提交给工程设计方后，设计方对原方案做了适当修改，将遮帘桩的长度调整至 31.8m，使桩端着陆于④粉细砂土层内，以控制遮帘桩最大弯矩值在允许范围内。为此又开

展 2 组模型试验，进一步验证了新设计方案的可行合理性。同时在这两组模型中，对遮帘桩陆侧和海侧的土压力进行测试，所获得的遮帘桩两侧土压力分布对认识遮帘桩的工作机理有很大帮助。

1. 模型率

本项离心模型试验由 NHRI 400gt 大型土工离心机完成（图 7.10 和图 7.11）。采用一只大型平面应变模型箱容纳模型，其箱体净空尺寸为 1100mm（长）×400mm（宽）×550mm（高）。根据曹妃甸 10 万吨级通用散货泊位板桩方案的结构断面几何尺寸，预计码头荷载和陆侧土压力主要作用影响范围位于 40m 厚的地基土层内，综上，本次离心模型试验的模型率为 75。

图 7.10 NHRI 400gt 大型土工离心机

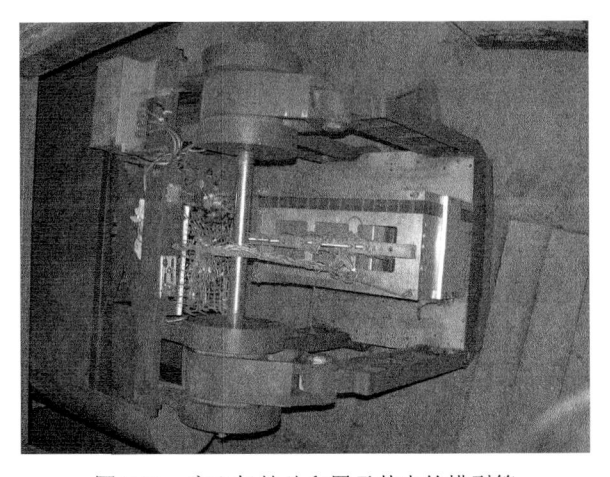

图 7.11 离心机挂斗和置于其中的模型箱

2. 前墙、遮帘桩、锚碇墙和拉杆的设计与制作

模型板桩码头结构各构件如前墙、遮帘桩、锚碇墙和拉杆的几何尺寸，均根据各自的原型尺寸按模型率计算确定。原型前墙为钢筋混凝土地连墙，总高度为 28.3m、厚度为 1.0m，根据模型率 $N=75$，模型墙板的高度为 377mm、墙身厚度为 13.3mm。若用原型材料，即钢筋混凝土，所制作的模型前墙板不仅精度差，而且难以在上面布置测量弯矩的应变计单元，故改用替代材料，即用合金铝板制作模型前墙板。前墙在码头结构中为受弯构件，采用替代材料设计受弯构件的方法已在第 4 章中介绍过，其调整后的厚度按式（7.5）计算：

$$d_m^{al} = \frac{d_p^c}{N} \sqrt[3]{\frac{E_m^c}{E_m^{al}}} \tag{7.5}$$

式中，变量的上标 al、c 分别代表合金铝材料和钢筋混凝土材料；E 代表受弯构件的弹性模量；d 代表受弯构件的截面厚度。这里取混凝土弹性模量 $E_p^c = 28$GPa（C25），合金铝弹性模量 $E_m^{al} = 70$GPa，则模型合金铝墙板厚度为 $d_m^{al} = 10$mm。

出于测量需要，模型遮帘桩和锚碇墙也采用合金铝材制作，它们主要在垂直码头岸线方向受力而发生弯曲，因此，其截面厚度可采用相同的公式（7.5）计算。这样，30.0m（长）×1.0m（宽）×2.0m（截面厚度）的原型钢筋混凝土遮帘桩用 400mm×13.3mm×20mm 的合金铝材模拟，而另一种 31.8m×1.0m×2.0m 的原型遮帘桩则用 424mm×13.3mm×20mm 的合金铝材模拟。模型桩布置间距 $s_m = 2750/75 \approx 36.7$mm。对于尺寸为 14.5m（高）×1.2m（厚）的原型钢筋混凝土锚碇墙，其模型尺寸就为 193.3mm×12mm。

原型码头结构中，连接混凝土遮帘桩和混凝土锚碇地连墙的拉杆为直径 95mm 的 Q345 钢棒，沿岸线方向按等间距 1.375m 布置。拉杆材料的弹性模量为 200GPa，采用相同材料的钢丝，按模型相似律计算后，模型拉杆直径应为 1.27mm。鉴于如此小直径的钢丝不易获得，拟用 1 根钢丝模拟 2 根原型拉杆，如此调整后的模型拉杆直径有所增大，应为 1.79mm。经过大量选材，实际采用的拉杆直径为 1.90mm，与要求相当接近。至于原型码头结构中，连接混凝土地连墙和混凝土遮帘桩的短拉杆为直径 75mm 的 Q345 钢棒，仍采用前面相同的间隔布置，即每两根原型拉杆用 1 根模型拉杆布置模拟，则模型拉杆直径应为 1.41mm，但实际试验时仍采用直径 1.90mm 的 Q345 短钢丝模拟。

3. 地基土层的模拟

原型地层自上而下为海相沉积松散～稍密细砂；中密～密实细砂；海相沉积粉质黏土、粉土；陆相沉积粉质黏土、粉土；陆相沉积粉细砂；海相沉

积粉质黏土；局部孔中见薄层粉砂、粉土透镜体层。

为了使所制作模型地基土层能再现原型地基土层的力学性状，同时能够使其主要力学性状用物理力学特性指标定量表征出来，以便对试验结果作进一步的分析，因此，在模型制作时，根据原型地基土层（表7.4和图7.9）作适当合并和简化，由此确定的模型土层构成如下。

（1）码头面4.50～-0.80m标高范围内回填粉细砂，模型层厚70mm。干密度控制在1.46g/cm³。

（2）-0.80～-22.80m标高范围内为细砂土层，模型层厚293mm。干密度控制在1.49g/cm³，相对密度为$D_r = 0.64$，紧密程度属中密。

（3）-22.80～-26.10m标高范围内为粉质黏土，模型层厚44mm。理论上干密度控制在1.45g/cm³，饱和密度为1.92g/cm³，由于黏土层的承载特性和变形特性均取决于其原位不排水抗剪强度，故模型制备时，主要控制土层不排水抗剪强度。根据岩土工程勘察报告提供的该土层的强度指标，推求其不排水抗剪强度比s_u/p_0约0.32（s_u为原位不排水抗剪强度，p_0为原位上覆土层自重产生的有效竖向应力，即$p_0 = \gamma' z$，其中γ'为土的浮容重，z为地面以下标高）。已知该层顶$p'_{01} = \gamma' z = (18.9-9.8) \times (21.6-0.8) \approx 189$kPa，层底$p'_{02} = \Sigma \gamma' z = p'_{01} + 9 \times (26.1-22.8) \approx 219$kPa，故不排水抗剪强度控制在60～70kPa。

（4）标高为-26.10～-30.80m范围内的土层为粉土，模型层厚63mm。理论上干密度控制在1.57g/cm³，饱和密度为1.99g/cm³，同样，控制土层的不排水抗剪强度进行土层的制备。不排水抗剪强度比仍按$s_u/p_0 = 0.32$估算，已知层顶$p'_{02} \approx 219$kPa，层底$p'_{03} = \Sigma \gamma' z = p'_{02} + 9.7 \times (30.8-26.1) \approx 265$kPa，故该层土的不排水抗剪强度控制在70～85kPa。

（5）再往下至所模拟的边界范围内全部为细砂，干密度控制在1.54g/cm³，相对密度$D_r = 0.80$，紧密程度属密实。

砂土层采用砂雨法制备，主要制模装置为多孔漏斗，落高控制在1.0m左右。粉质黏土层和粉土层用泥浆固结法制备，每层土的固结分两个阶段：第一阶段为自重应力条件下的固结，首先使泥浆逐渐形成具有一定强度的泥层；第二阶段为预压载荷条件下的固结，使土层的强度进一步增强，直至达到原型土层的不排水抗剪强度所对应的密度。在土层固结的不同阶段，使用袖珍贯入仪测试其不排水抗剪强度，以检查是否满足要求。

4. 水位模拟

根据试验要求，模型试验中墙前水位为极端低水位（标高-1.27m），采用溢流水位控制筒进行控制。

7.2.4 模型量测

为了验证设计方案,掌握码头结构中各构件的受力情况和整体稳定性,同时掌握新型遮帘式板桩码头结构中各构件的受力及相互作用机制,试验主要观测的物理量包括遮帘桩陆侧与海侧土压力、墙体和遮帘桩弯矩、拉杆内力、前墙、锚碇墙的水平位移及码头面的沉降(水位)。

1. 土压力测量

土压力测点布置在前墙、遮帘桩和锚碇墙与土体相接触的表面上,它们沿标高方向等间距布置。微型土压力盒由合金铝感应膜和箔式应变计构成,有两种规格,即 BW-3 型和 BW-4 型。BW-3 型直径为 10.5mm,BW-4 型直径为 16mm,其厚度均为 4.8mm,量程分 200kPa、400kPa、800kPa 和 1600kPa 四种,其特点是稳定性较好。安装使用时需在测量面上设置凹槽。BW-3 型压力盒用于模型遮帘桩侧向土压力的测量,BW-4 型压力盒用于模型前墙和模型锚碇墙土压力的测量。

模型前墙两侧的传感器布置分别如图 7.12 和图 7.13 所示,其中陆侧面布置了 10 只土压力盒,编号为 pf1~pf10(图 7.12),海侧面布置了 4 只,编号为 pf11~pf14

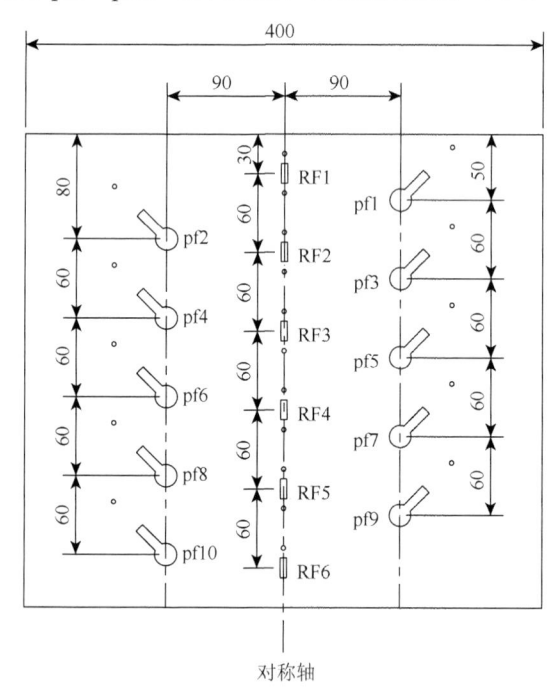

图 7.12 前墙陆侧面上的传感器布置图(单位:mm)

pf1~pf10 为 BW-4 型土压力盒;RF1~RF6 为应变计

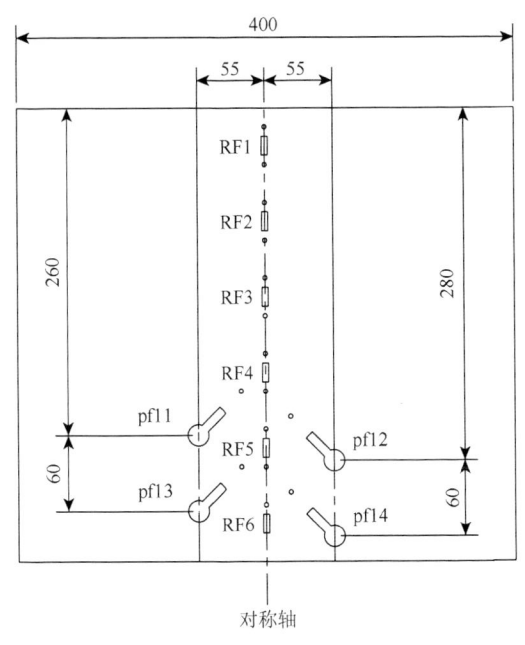

第7章 岸壁码头结构离心模型试验研究

图 7.13 前墙海侧面上的传感器布置图（单位：mm）

pf11~pf14 为 BW-4 型土压力盒；RF1~RF6 为应变计

（图 7.13）。在模型锚碇墙的海侧面上，布置了 8 只土压力盒，编号为 pb1~pb8，如图 7.14 所示。

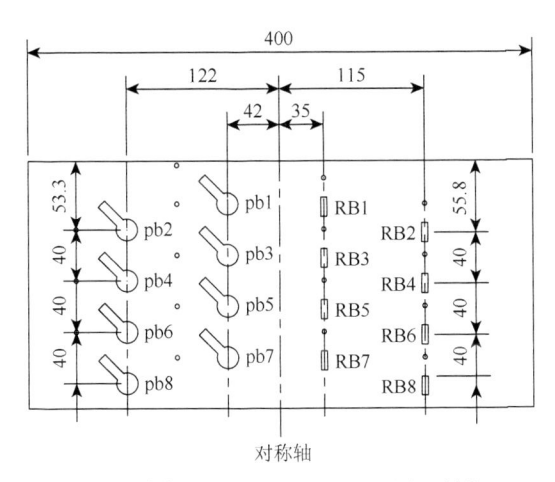

图 7.14 锚碇墙海侧面上的传感器布置图（单位：mm）

pb1~pb8 为 BW-4 型土压力盒；RB1~RB8 为应变计

模型遮帘桩海侧面编号为 pp1~pp6（第一根）和 pfp1~pfp6（第二根），陆侧面编号为 pr1~pr6（第一根）和 pfr1~pfr6（第二根），图 7.15 为其布置图。

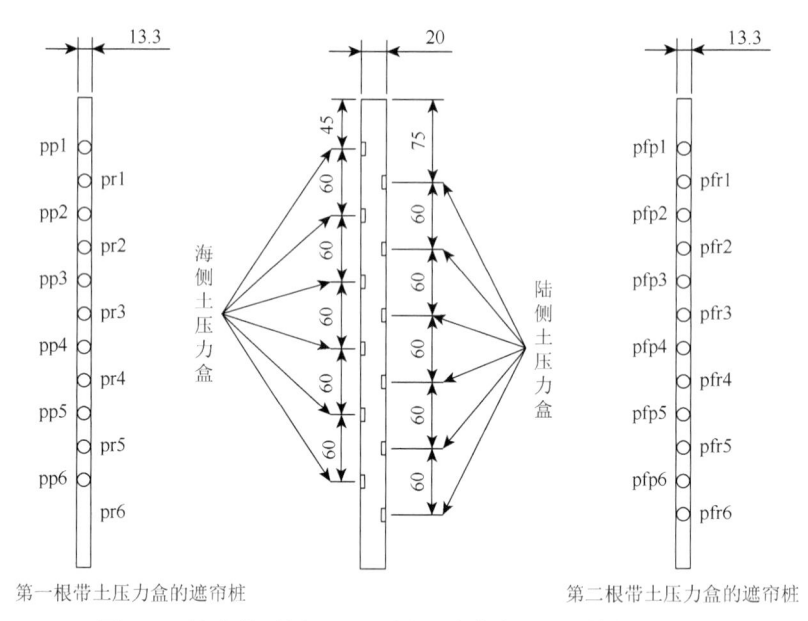

图 7.15　遮帘桩两侧 BW-3 型土压力盒布置图（单位：mm）

2. 墙体和遮帘桩弯矩测量

为了掌握在工作荷载作用下前、后墙和遮帘桩中的弯矩分布，在这些模型构件的标高方向等间隔布置了弯矩测量单元。对于某一标高的测量单元来说，就是在墙体或桩体挠曲方向的两侧分别粘贴 5mm×3mm 的箔式电阻应变计，其电阻值为 350Ω±0.35Ω，每组 4 片，组成全桥应变电路。其测量原理如图 7.16（a）所示。在模型前墙上布置了 6 个测点，如图 7.12 和图 7.13 所示，编号为 RF1～RF6。在模型锚碇墙布置了 8 个测点，如图 7.14 所示，编号为 RB1～RB8。在模型短遮帘桩上则布置了 9 个测点，如图 7.17（a）所示，编号为 RM1～RM9；模型长遮帘

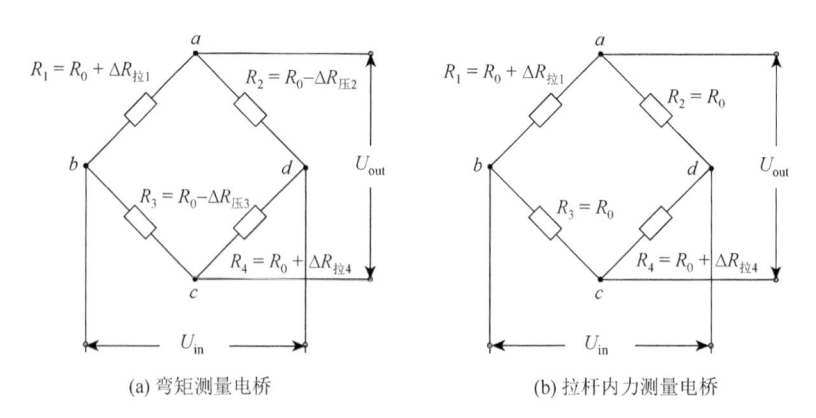

(a) 弯矩测量电桥　　　　　　　(b) 拉杆内力测量电桥

图 7.16　应变式测量单元

桩上同样布置了 9 个测点，如同 7.17（b）所示，编号为 RM61～RM69。试验前分别给它们施加弯矩荷载，进行灵敏系数和线性度的标定，获得各测点的灵敏系数。

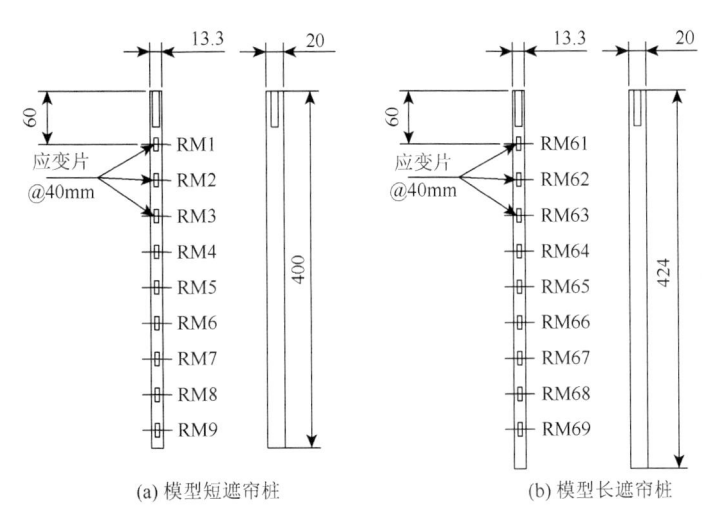

(a) 模型短遮帘桩　　　　　　(b) 模型长遮帘桩

图 7.17　遮帘桩侧面上的传感器布置图（单位：mm）

3. 拉杆内力测量

拉杆内力也是直接采用全桥应变片法测量。应变片外形尺寸为 3mm×2mm，电阻为 120Ω±0.12Ω，接线方式如图 7.16（b）所示。每根测量拉杆上靠近遮帘桩布置 1 个测点，采用 3 根拉杆同时平行测量。同样，在试验前对每根测量拉杆施加拉力荷载进行标定。

4. 位移测量

板桩码头的水平位移大小能直接反映码头结构的工作性状和稳定性状况，因此，在模型胸墙侧面布置了 1 只 Wenglor-YP05MGVL80 型高精度激光位移传感器，该传感器测量范围为 10mm，分辨力达 2μm。同样，为了掌握模型锚碇墙水平位移情况，也设置 1 只高精度激光位移传感器检测其变化。另外，在码头面布置了 3 只 Wenglor-YP11MGVL80 型激光位移传感器进行沉降测量，测点分别位于胸墙上部、遮帘桩上部及遮帘桩与锚碇墙之间的回填土体上部。Wenglor-YP11MGVL80 型传感器量程为 50mm，精度为 20μm。

5. 水位测量

对于每组验证遮帘式板桩结构设计方案的模型试验，采用 2 只 Druck PDCR 81 型微型孔隙水压力传感器监测模型土体内的水位情况。

7.2.5 试验程序

30.0m 和 31.8m 这两种长度的遮帘桩板桩结构设计方案的模型布置分别如图 7.18 和图 7.19 所示。试验程序主要包括天然地基土层的形成、码头构件的设置、天然泥面以上土层回填、港池开挖和面载的施加,具体试验步骤如下。

(1) ④粉细砂层制备;
(2) ③$_{-2}$ 粉土层制备;
(3) ②$_{-1}$ 粉质黏土层制备;
(4) ①$_{-2}$ 细砂层制备。至此,形成天然土层,模型地基泥面至图 7.18 和图 7.19 中标高-0.8m 线;
(5) 压入遮帘桩、锚碇墙和前墙;
(6) 在 75g 离心加速度下恢复天然地基土层的自重应力对上述构件的作用,让地基土与它们保持良好接触;
(7) 停机后,安装拉杆;
(8) 回填①$_{-1}$ 细砂层至码头面,即至图 7.18 和图 7.19 中标高 4.5m 位置;
(9) 在 75g 加速度下恢复地基土层的自重应力对用拉杆相连的模型板桩墙结构的作用;
(10) 停机后开挖港池,池底位置即图 7.18 和图 7.19 中标高-16.5m 位置,此外,在码头面均匀堆放一定厚度的砂层,使其在 75g 离心加速度条件下产生 20kPa 的面载作用力;

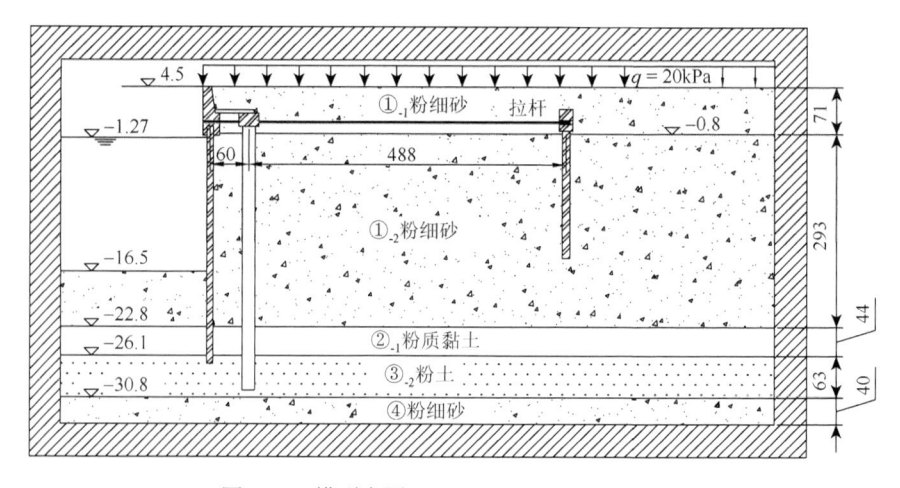

图 7.18 模型布置(GCFDM9~GCFDM14)

GCFDM12 地基土层全部为粉细砂土;标高单位:m,其他单位:mm

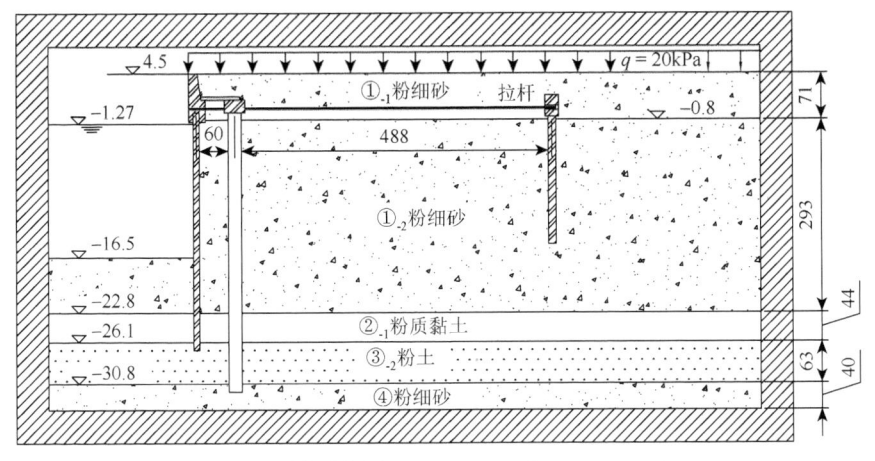

图 7.19 模型布置（GCFDM15 和 GCFDM16）

标高单位：m，其他单位：mm

（11）最后将模型置于离心机中，加载至设计加速度 75g，让板桩墙结构整体承受土压力的作用，并观察其整体稳定性状和内部受力情况。

7.2.6 纯砂地基土模型试验结果分析

模型试验研究的最终目的是验证遮帘式板桩码头结构设计方案，并为其优化完善提高技术支撑，因此，它们同步进行，互动递进。模型试验一方面要满足合同规定的要求，验证各种遮帘桩结构方案的可行性和合理性，另一方面还希望通过这些试验，进一步加深对遮帘桩码头结构的工作机理和各构件相互作用的认识。为此，在纯砂均质地基土中开展了两组试验，考察全遮帘式板桩码头结构各构件的受力特点，同时测定了墙体静止侧压力系数。纯砂地基土物理力学性质如表 7.6 和图 7.20 所示。

表 7.6 纯砂地基土的物理力学性质

小于某粒径的百分数			最大干密度 ρ_{dmax} /(g/cm³)	最小干密度 ρ_{dmin} /(g/cm³)	休止角 α_0/(°)	干密度 ρ_d /(g/cm³)	三轴固结快剪			
>0.25mm	0.25~0.075mm	<0.075mm					c_{cu}/kPa	ϕ_{cu}/(°)	c'/kPa	ϕ'/(°)
1.9%	92.0%	6.1%	1.60	1.33	34.0	1.49	49	21.9	13	33.1

1. 纯粉细砂地基静止侧压力系数

首先开展了一组墙后无遮帘桩、墙前无开挖情形的离心模型试验，模型地基为均质风干粉细砂，模型前墙埋设于地基土体正中间，前后两侧地基泥面与前墙

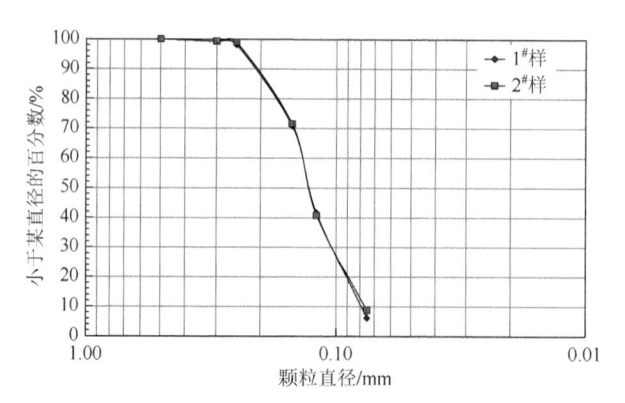

图 7.20　纯砂地基土颗粒大小分配曲线

顶面保持齐平（徐光明等，2007）。图 7.21 为墙侧土压力随标高的分布情况，两者近似呈线性分布。模型墙体位于模型箱正中间，两侧受力对称，墙体无水平位移和变形，因此，墙侧土体也无侧向变形，土体处于静止状态，作用于墙侧的土压力即为地基静止土压力。根据墙侧土压力实测值和测点处的竖向自重应力计算值，通过拟合，得到最佳拟合直线，其斜率等于 0.46，该斜率即为静止侧压力系数 K_0，即 $K_0 = 0.46$。

为了与其他条件下的土压力分布做比较，这里又定义平均侧压力系数 $\bar{K}$，即

$$\bar{K} = \frac{\sum \sigma_{hi} \Delta z_i}{\sum \sigma_{vi} \Delta z_i} \tag{7.6}$$

式中，分子为侧向有效应力分布线围成的面积；分母为竖向有效应力分布线围成的面积。

由此求得的静止侧压力系数 K_0 为 0.44，与上述推算结果相近。可见，这种均质细砂地基中的静止侧压力系数为 0.44~0.46。

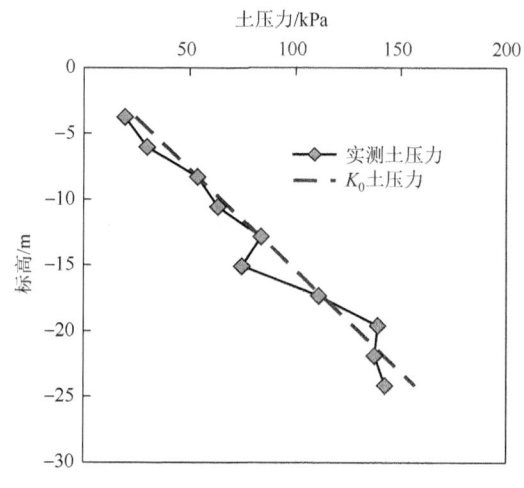

图 7.21　干砂地基无遮帘桩情形下墙侧土压力分布

模型地基土层的应力历史如下，模型制备后，置于离心机内，从1g逐级加速至设计加速度75g，此时土体所承受的自重应力达到最大，故在设计加速度时，该砂土地基土层类似正常固结土。其静止侧压力系数可参照Jaky建议的公式计算（Craig，1997），即

$$K_0 = 1 - \sin\phi' \tag{7.7}$$

式中，ϕ'为地基土层的有效内摩擦角。

已知$\phi' = 33°$，求得$K_0 = 0.455$，可见，离心模型试验实测值与计算值相当一致。

2. 纯粉细砂地基模型试验结果

利用纯粉砂制作的均质地基，开展了另一组模型试验，即表7.5中模型GCFDM12，该模型布置如图7.18所示，旨在认识原设计方案在均质地基中的性状表现。图7.22给出了纯砂地基模型中前墙两侧总土压力和有效土压力的分布。从测得的两侧总压力中扣除水压力，即为有效土压力，下面主要分析讨论有效土压力的分布。两侧有效土压力分布特征不尽相同，在前墙陆侧，泥面以上有效压力在25~35kPa，泥面以下有效土压力呈现增长趋势，前墙底端处最大值可达100kPa。而前墙海侧有效土压力呈现上下两端小、中间大的分布，最大值在130kPa左右。

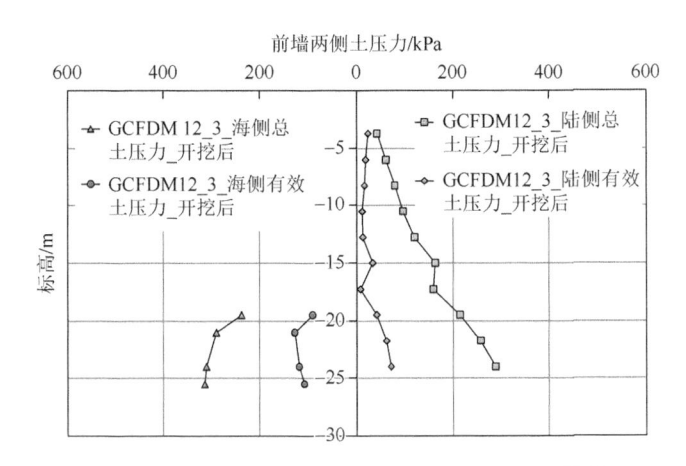

图7.22 纯砂地基模型中前墙两侧土压力分布（遮帘桩长30m）

在这组模型试验中，拉杆尤其是与前墙与遮帘桩之间的小拉杆初始张紧程度调整得较低。前墙弯矩分布实测结果如图7.23所示，墙体上部最大单宽正弯矩为270kN·m/m，墙体下部最大单宽负弯矩为–400kN·m/m，它们的绝对值都不大。出现这一分布特征，除了与拉杆初始张紧程度偏低有关外，还与图7.22所示的纯砂地基中前墙两侧有效土压力数值较小这一分布特征相关。

纯砂地基模型 GCFDM12_3 中遮帘桩的弯矩分布如图 7.24 所示，其弯矩分布特征是，标高–4.5～–10.5m 这段遮帘桩正弯矩值较大，最大值接近 3600kN·m；桩体下部一段出现负弯矩，最大负弯矩绝对值达 2500kN·m，其标高为–22.5m。所模拟的遮帘桩间距为 2.75m，这样，将最大正弯矩和最大负弯矩换算成单宽弯矩值，则分别为 1300kN·m/m 和–910kN·m/m。

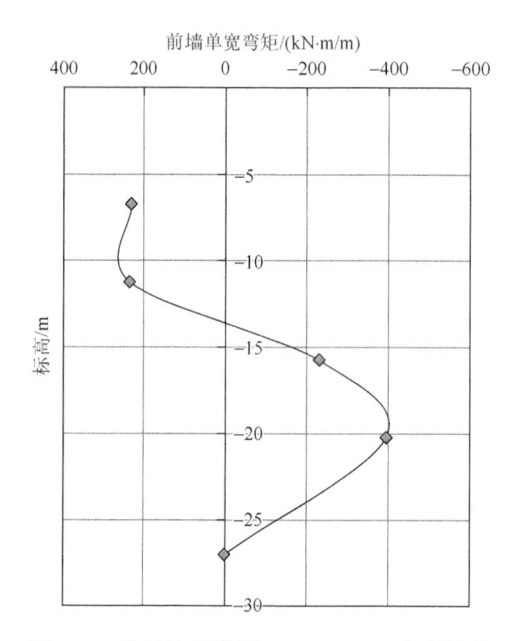

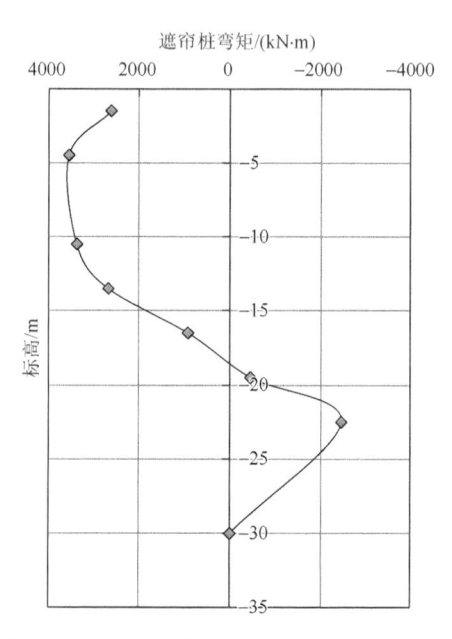

图 7.23　纯砂地基模型 GCFDM12_3 中前墙单宽弯矩分布（遮帘桩长度 30.0m）

图 7.24　纯砂地基模型 GCFDM12_3 中遮帘桩弯矩分布图（遮帘桩长度 30.0m）

分析后发现，前墙最大正负弯矩绝对值较小，这与遮帘桩最大正负弯矩绝对值较大密切相关，换言之，遮帘桩发挥了分担前墙弯矩的作用。若遮帘桩海陆两侧的土压力分布一样，它不承担侧向土压力荷载，那么，桩身弯矩为零或者很小；反之，若遮帘桩海陆两侧的土压力分布不一样，并存在明显的土压力差，那么，桩身弯矩才会显著。而遮帘桩两侧存在明显的土压力差正可以表明它在抵挡土压力时产生侧向荷载。一旦遮帘桩承受侧向土压力荷载，阻止土体向海侧的侧向移动，就会减小作用于前墙陆侧的土压力，这样，也就减小了前墙所受到的侧向荷载，墙体弯矩反应自然减弱，最大正负弯矩值绝对值较小。遮帘桩板桩码头结构的工作机理在一定程度上就体现在前墙和遮帘桩两者弯矩反应密切相关性上。

7.2.7 结构验证研究模型试验结果分析

鉴于全遮帘式板桩码头为一种新型的码头结构，它的受力机制与普通的单锚板桩码头结构大不相同。影响码头工作性状和各组成部分的受力传递与分配的因素很多，目前人们对这些因素的作用规律不是十分了解。在离心模型试验中，还有一些不易控制的因素，例如，拉杆初始张紧力和拉杆自重挠曲产生的额外张紧力就是其中两个不易把握的因素。为了充分估计它们的影响，在保持模型其他试验条件不变的前提下，需要通过多组模型重复平行试验，实现对几种不同拉杆初始张紧程度的模拟，或在模型拉杆下增设小垫块以部分消除自重挠曲引起的张紧力，从而将这些不确定因素变动区间在模型试验中予以充分考虑，以充分估计它们的影响大小和范围。

如表 7.5 中所列，为了验证原设计方案，开展了 4 组模型布置完全相同的试验，依次是模型 GCFDM9、GCFDM10、GCFDM11 和 GCFDM14，它们的模型布置如图 7.18 所示，所模拟的遮帘桩长度为 30m，桩端正好位于③$_{-2}$粉土层内。为了验证改进后的设计方案，又进行 2 组模型试验，分别是模型 GCFDM15 和 GCFDM16，模型布置如图 7.19 所示，所模拟的遮帘桩长度比原方案延长了 1.8m，桩长达到 31.8m，桩端着陆于④粉细砂土层内。

这样，前后两批结构验证研究共开展了 6 组土工离心模型试验，其简要情况汇总于表 7.7。下面就遮帘式板桩码头结构各构件的受力情况试验结果，依次予以介绍，同时对实测结果作简要的分析。

表 7.7 结构验证模型试验汇总表

模型	遮帘桩长度/m	前墙最大正负单宽弯矩/(kN·m/m)	遮帘桩最大弯矩/(kN·m)	锚碇墙最大单宽弯矩/(kN·m/m)	拉杆内力/kN	前墙锚着点位移/cm	锚碇墙锚着点位移/cm
GCFDM9（初始张紧力大）	30.0	550/−350	4700	−560	1200		
GCFDM10（初始张紧力小，拉杆有垫块）	30.0	350/−310	5300	−640	563		4.6
GCFDM11（初始张紧力大）	30.0	690/−200	4800	−970	1087		
GCFDM14（初始张紧力小）	30.0	470/−300	5100	−650	628	12.3	8.1
GCFDM15（初始张紧力适中，拉杆有垫块）	31.8	840/−110	4300		668	7.7	2.4
GCFDM16（初始张紧力适中，拉杆有垫块）	31.8	830/−100	4400		640		

1. 前墙受力情况分析

1）墙侧土压力分布

前墙受力情况体现在陆侧和海侧总土压力分布及墙体弯矩反应分布。图7.25首先给出模型GCFDM9_4、GCFDM10_3、GCFDM11_3和GCFDM14_3中前墙两侧总土压力随墙体随标高的分布图，图中的标高起点即对应原型的标高零点。显然，两侧总土压力值均随深度的增加而增大。

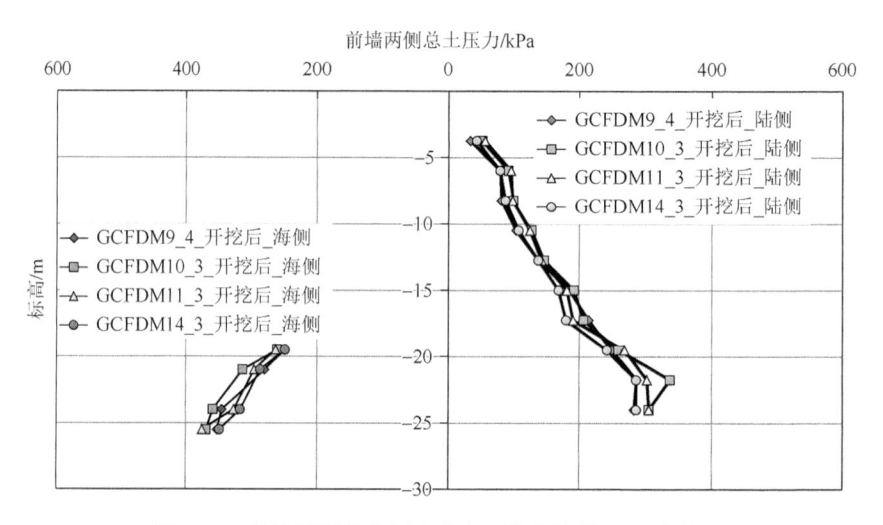

图7.25 前墙两侧总土压力分布（遮帘桩长30m方案）

根据各模型港池中水位，扣除两侧的水压力，即得到前墙两侧的有效土压力分布，如图7.26所示。可以看到，无论是陆侧还是海侧，其有效土压力都随深度增加而增大，对于陆侧而言，这种增长的趋势并不是十分显著，直到开挖面以下才表现得比较明显。这是因为泥面以下的侧压力包括遮帘桩向前位移所产生的弹性抗力。其次，陆侧土压力随标高仍有忽大忽小的变化，例如，在标高-6.0m和-15.0m两处，其土压力值均高出各自上下相邻测点处的土压力测值，尽管这种突出特征并不是十分明显，但这仍与墙桩之间的土体相对墙桩向下位移及墙桩阻碍这种位移趋势有关。另外，从图7.26还可以看出，对于港池开挖面以下的墙体，在某一标高处，海侧土压力值大于陆侧土压力值，这是因为墙体向海侧土体发生了侧向移动。

2）弯矩分布

模型GCFDM9、GCFDM10、GCFDM11和GCFDM14中前墙实测弯矩分布如图7.27所示，图中的标高起点仍对应原型标高零点，弯矩数值以墙体海侧受拉

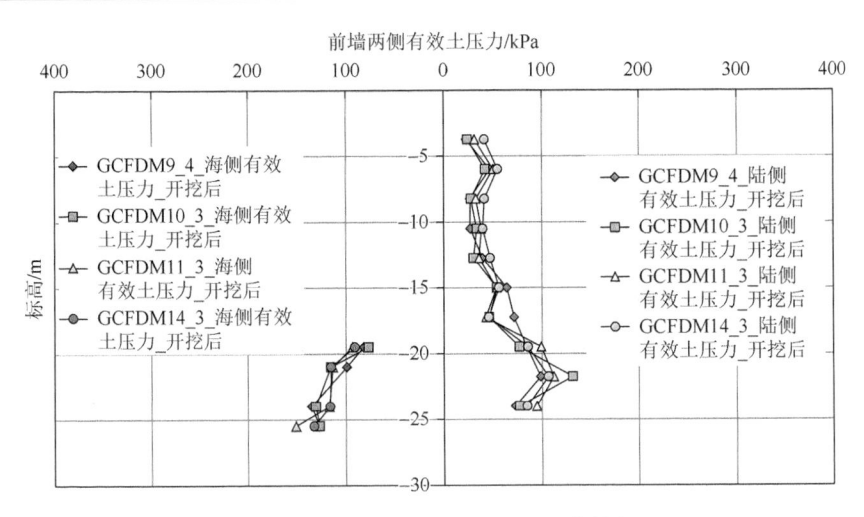

图 7.26 前墙两侧有效土压力分布（遮帘桩长 30m）

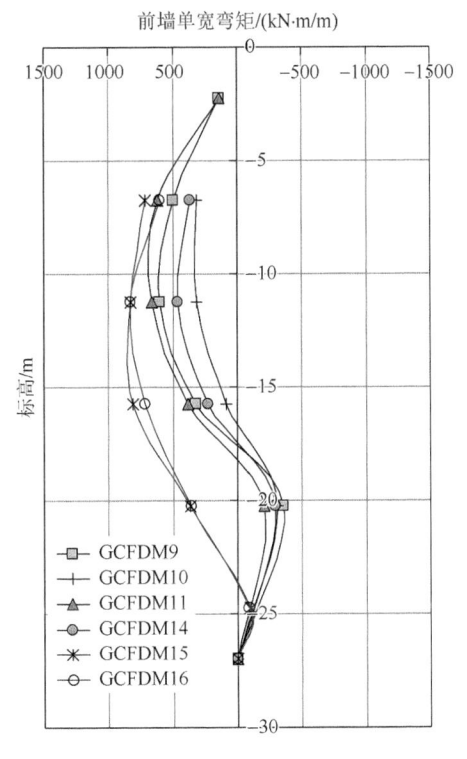

图 7.27 前墙单宽弯矩分布

为正。这些弯矩图都有一个共同特点，就是前墙上半部分的弯矩值大，且为正值，即上部墙体海侧受拉；而前墙下半部分，尤其是靠近墙底端的一部分，其弯矩为负值,即下部墙体陆侧受拉。总的来说,最大正弯矩值大于最大负弯矩值(绝对值);对于遮帘桩长度为30m的板桩墙码头结构,前墙中单宽正弯矩在700kN·m/m以内,最大点位置在标高−7.0～−10.0m处,单宽负弯矩绝对值在320kN·m/m以内,对应位置在标高−20.0m附近。

对于遮帘桩长度为31.8m的两组模型GCFDM15和GCFDM16,如图7.27所示,其前墙弯矩分布图极其相近,最大单宽正弯矩值数值增大,在840kN·m/m左右,其位置明显下移至标高−11.0～−15.0m处;最大单宽负弯矩值明显减小,仅为100kN·m/m左右,位置点较低,在标高−25.0m处,距离前墙底端2.0m。

2. 遮帘桩受力情况分析

遮帘桩两侧土压力分布及其弯矩分布是遮帘式板桩码头结构设计的重要依据,了解和掌握其真实分布,尤其是桩侧土压力的分布,具有十分重要的研究价值。

1) 桩侧土压力分布

图7.28给出了港池开挖前遮帘桩海侧与陆侧的土压力分布曲线,此时遮帘桩前后侧天然泥面以上为①$_{-1}$粉细砂土回填,土层面达码头面标高4.5m处。从图中的两条分布曲线可以看到,它们均随深度增加而呈近似的线性增长,且两条土压力分布线偏离纵坐标轴的距离大体一致,表明港池开挖前作用于遮帘桩两侧的土压力,其分布相当接近。

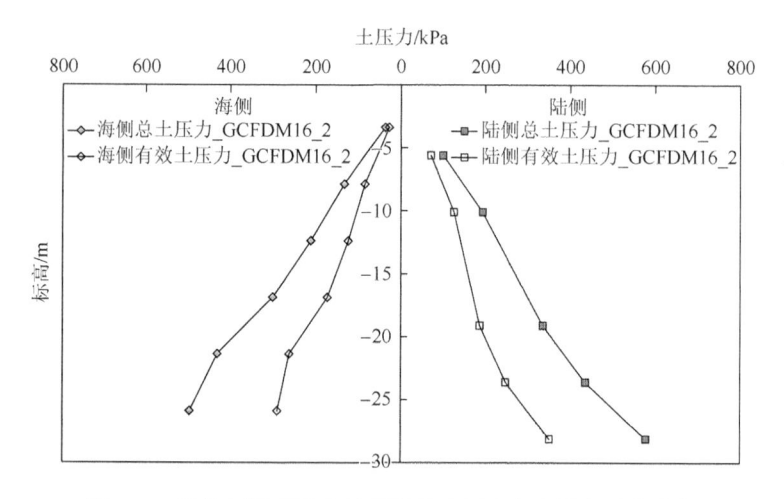

图7.28 港池开挖前遮帘桩两侧总土压力和有效土压力分布

图7.29是港池开挖及施加20kPa面载后遮帘桩海侧与陆侧的土压力分布。此时前墙前沿的土体挖至港池底面泥面线(标高−16.5m),而码头面上又堆放了

20kPa 均布面载。图中的两条分布曲线随深度的变化规律存在显著差异：与陆侧土压力分布线相比，海侧土压力分布线明显靠近纵坐标轴，表明此时海侧土压力值显著减小。

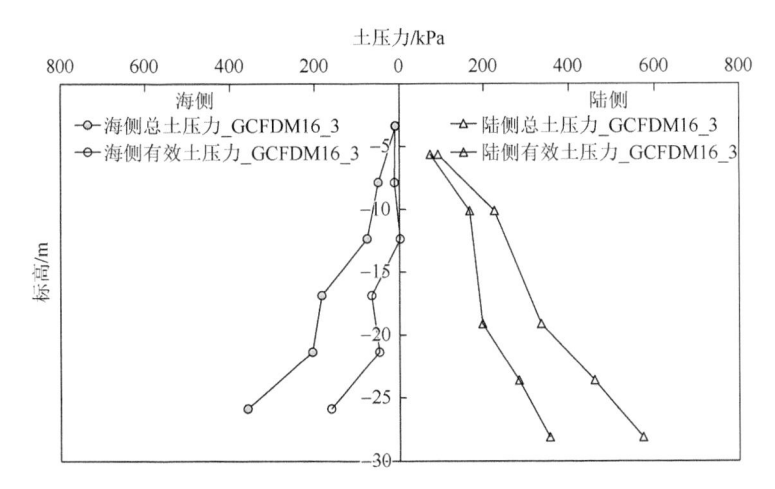

图 7.29　港池开挖及施加 20kPa 面载后遮帘桩两侧总土压力和有效土压力分布

根据图 7.29 土压力的实测点分布，可以发现，对于遮帘桩上某一标高位置，陆侧有效土压力值总是明显大于海侧有效土压力，即遮帘桩两侧有着明显的压力差，而遮帘桩的工作机制正是基于这一压力差。凭此压力差，遮帘桩发挥了遮帘、屏蔽来自陆挡土的侧向压力的作用，即遮帘桩承担了相当一部分的侧向土压力，从而大大减小侧向土压力对前墙的作用（Xu et al., 2006）。

2）弯矩分布

从前面遮帘桩两侧的土压力分布可知，遮帘桩两侧有着明显的压力差，同时遮帘桩顶端承受拉杆的牵引，受这两种外力作用，在桩体内产生了弯矩。从原型施工程序和模型试验的角度看，遮帘桩弯矩包括两部分，一是给拉杆施加预拉力（原型为 50kN）引起的弯矩，二是开挖形成港池和码头面上堆载作用引发的弯矩。为了尽量消除初始张紧力大小不确定的影响，在整理模型试验遮帘桩弯矩时，将遮帘桩弯矩分为初始弯矩部分和开挖港池及施加堆载引发的部分，然后两部分叠加。下面仍按模型试验所模拟的原型遮帘桩长度，分两种情况来讨论遮帘桩弯矩分布特征。图 7.30 给出了对应遮帘桩长度为 30.0m 的 4 组模型中所测得的桩身弯矩，图中的标高起点仍对应原型标高零点，弯矩数值以海侧受拉为正。

图 7.30 所示的弯矩分布曲线有一个共同特点，就是遮帘桩上部弯矩为正值，且数值较大，表明遮帘桩上部海侧受拉；遮帘桩下部，特别是靠近桩底端部分，其弯矩为负值，即这部分桩体陆侧受拉。

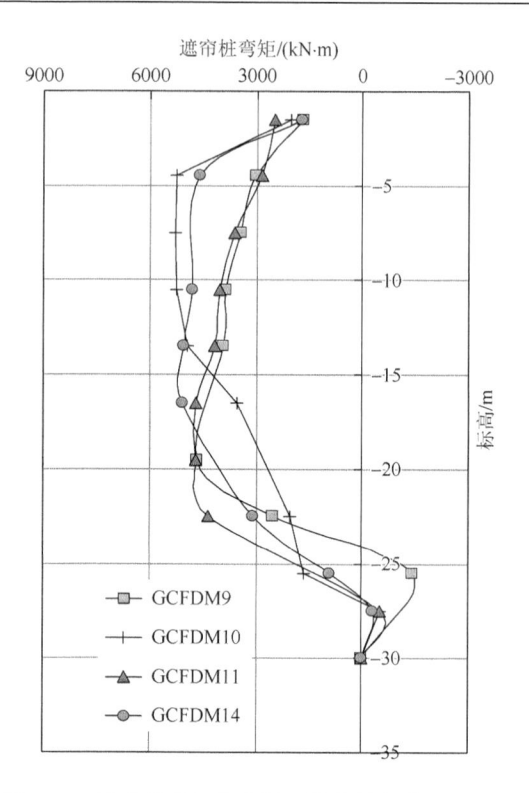

图 7.30 遮帘桩弯矩分布图（遮帘桩长度 30.0m）

图 7.30 所示的弯矩分布的另一特征，就是在标高位置为-16.5～-22.5m 这一段的遮帘桩的弯矩比较大，最大正弯矩在 4700～5300kN·m（表 7.7）。而在所观测到最大负弯矩中，只有 1 组模型遮帘桩出现了-1400kN·m 的弯矩值，标高位置是-25.5m，距离桩端较近。

模型 GCFDM15 和 GCFDM16 所模拟的遮帘桩长度为 31.8m，其桩端位于④粉细砂土层中。图 7.31 给出这两个模型的遮帘桩桩身弯矩分布，最大正弯矩值在 4300～4400kN·m，其标高位置是-22.5m；最大负弯矩约-850kN·m，标高位置在-30.0m。

比较两种长度的遮帘桩模拟结果，可以发现，遮帘桩长度加长后，桩身正弯矩显著减小，最大平均值大致由 30m 时的 5000kN·m 减至 31.8m 时的 4500kN·m 以内；同时，最大正弯矩值对应的位置也有所下移。

遮帘桩长度加长对桩身弯矩所产生的明显效果，一是与桩身长度有关，二是与桩端土层所提供的约束相关：遮帘桩长度由原来的 30m 增至 31.8m，桩端土层由原来的粉土层变为粉砂层，所受的约束大为增强，故对桩身弯矩大小及分布起到了调整改善的作用。

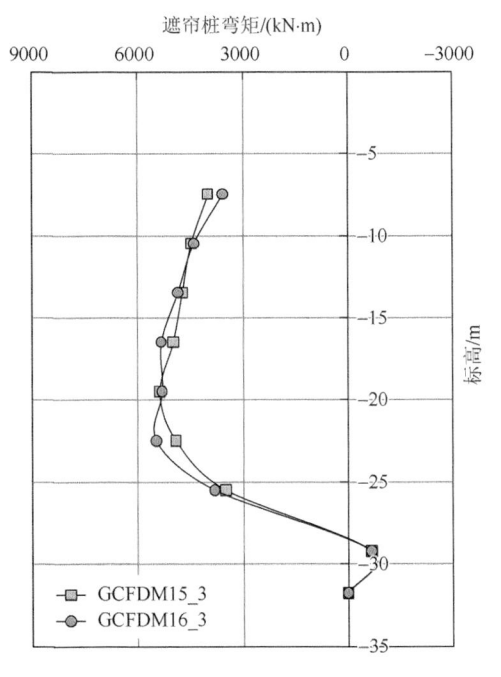

图 7.31　遮帘桩弯矩分布图（遮帘桩长度 31.8m）

3. 锚碇墙受力情况分析

1) 墙海侧土压力分布

受数据采集系统通道数限制，只在锚碇墙海侧布置了土压力盒，图 7.32 和

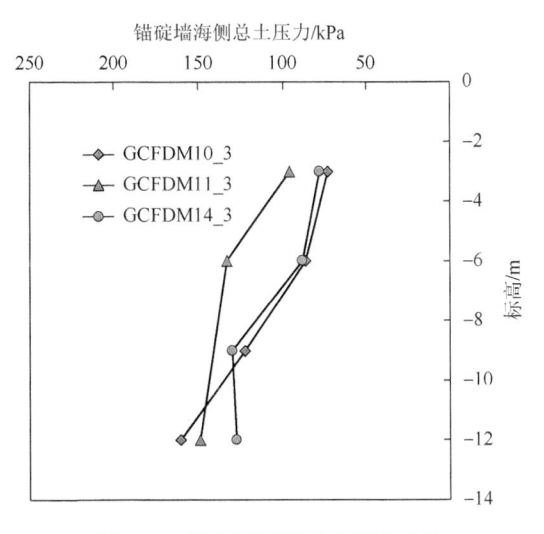

图 7.32　锚碇墙海侧总土压力分布

图 7.33 分别给出锚碇墙海侧总土压力和有效土压力随标高的分布情况。尽管各测点的总土压力随其标高值增大而增大，但有效土压力随标高变化不大，墙体上端有效土压力值较大。比较而言，模型 GCFDM11_3 因拉杆初始张紧力较大，锚碇墙海侧有效土压力总体较大，而模型 GCFDM10_3 和 GCFDM14_3 因拉杆初始张紧力较小，锚碇墙海侧有效土压力相对较小。

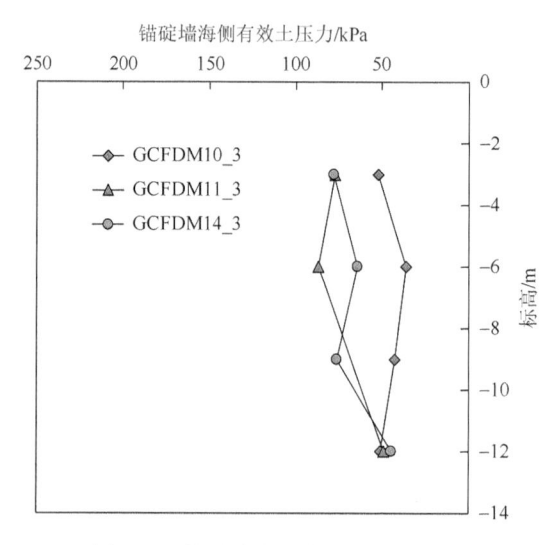

图 7.33　锚碇墙海侧有效土压力分布

2）弯矩分布

锚碇墙弯矩随标高分布如图 7.34 所示，最大弯矩值如表 7.7 所示。

从图 7.34 中弯矩分布曲线的趋势可以发现，锚碇墙上部弯矩为负值，即墙身陆侧受拉，仅靠近墙底端一小部分可能是正弯矩。最大单宽负弯矩绝对值均在 1000kN·m/m 以内，其位置标高在 −5.0～−7.0m。比较而言，模型 GCFDM11_3 中因拉杆初始张紧力较大，锚碇墙陆侧负弯矩值总体较大，最大单宽负弯矩值接近 1000kN·m/m；而其他模型可能因拉杆初始张紧力较小，单宽负弯矩值总体较小，实测值均不超过 600kN·m/m。

4. 拉杆受力情况及分析

拉杆内力发展受多种因素的影响而比较复杂，首先，它是前墙和遮帘桩的拉力提供者，对外表现为位移相互协调，内部又相互制约；其次，它与锚碇墙也是基于共同作用机制相联系的；另外，如前所述，拉杆初始张紧程度和拉杆自重挠曲也是影响拉杆内力发展的一个重要因素。

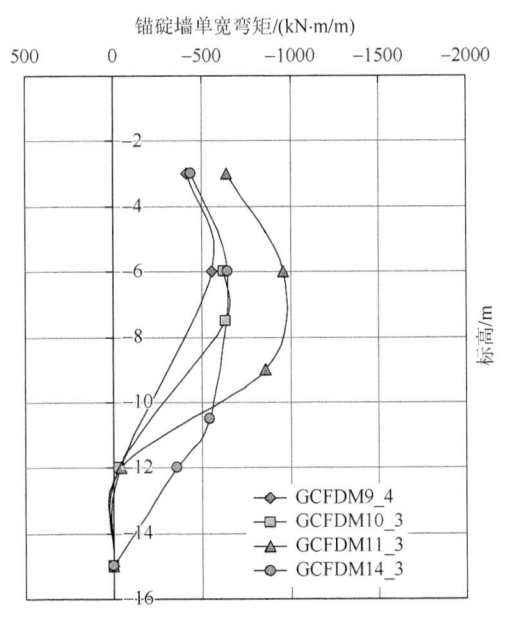

图 7.34　锚碇墙单宽弯矩分布

模型拉杆初始张紧程度的控制相当粗略，加上内力测量比较困难，因此，这里所报道拉杆内力实测值相对来说也是比较粗略的。

图 7.35 给出两模型试验过程中两根拉杆内力发展的典型曲线，图中拉杆内力已换算成原型拉杆内力值，NNL 表示拉杆，Ch 表示数采通道。需要说明的是，给出的拉杆测量值只是在一定程度上代表模型中所有拉杆内力的平均水平。各组模型对应设计加速度的拉杆内力值已列于表 7.7 中，表中所列的拉杆内力测值大致分为两类，一类是大多数模型拉杆，初始张紧程度不高或为程度适中、按间距

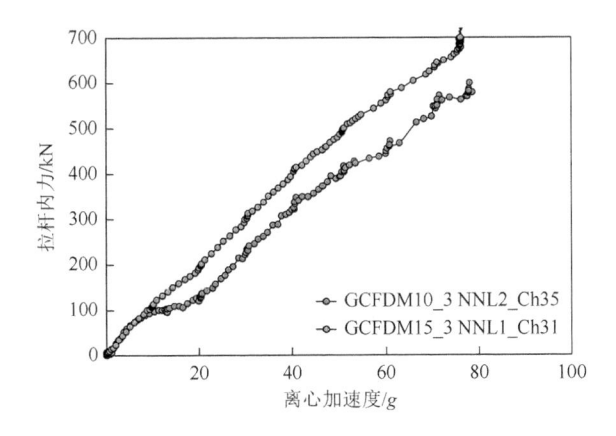

图 7.35　拉杆内力的发展（模型 GCFDM10 和 GCFDM15）

1.375m 布置的拉杆，最终单根拉力发展到 600~700kN，甚至更小一点；另一类模型拉杆，如模型 GCFDM9_4 和 GCFDM11_3，初始张紧程度较高，最终的单根拉杆力就超过 1000kN，最高单根拉力达 1200kN。

根据对多组模型开挖前拉杆力的测量，模型拉杆预加力比原型杆预加力大很多，故模型开挖时实测拉杆力须作扣除修正，这样，根据模型试验结果预测的原型拉杆力在 400~500kN。

5. 前墙和锚碇墙水平位移

前墙和锚碇墙的水平位移可直接反映遮帘式板桩码头结构的整体稳定程度，是其工作性状中的一个重要指标。两者水平位移差包括：①拉杆受力后的伸长量；②拉杆在自重和上覆荷重作用下从初始状态（上凸或下凹）到最终状态之间的姿态调整所引起的水平向延展或缩短量。表 7.7 中列出了一些模型前墙和锚碇墙水平位移，是模型位移实测值经换算后的原型位移值。其中，采用长遮帘桩的码头结构设计时（模型 GCFDM15），其前墙和锚碇墙所发生的水平位移分别在 80mm 和 30mm 内，在规范允许的范围内（Tsinker，1997）。

6. 各构件之间相互作用的讨论

上述离心模型试验的结果和分析，着重于遮帘式板桩码头结构各构件受力情况的讨论，然而，构件之间、构件与地基土体之间是相互影响、相互制约而共同作用的。其中，拉杆力的大小直接影响到前墙和遮帘桩中弯矩分布情况和大小，因此，它是遮帘式板桩码头结构中起控制和调整其他构件内部受力的一个重要变量。拉杆力的提供者是锚碇墙，接受者是前墙和遮帘桩，而内力大小的发挥与其变形密切相关。如前所述，拉杆受力后的伸长量应等于墙板墙和锚碇墙两者的水平位移差，再减去拉杆在自重和上覆荷重作用下从初始状态（上凸或下凹）到最终状态之间的姿态调整所引起的水平向延展或缩短量。其中，被减去量的计算较为复杂，影响它的因素有：①拉杆初始姿态，即上凸还是下凹；②拉杆下支撑情况，即有无垫块等；③拉杆初始张紧程度；④上覆荷重是否全部作用在拉杆上，等等。

试验发现，准确模拟和控制这些因素，目前尚有一定的难度。例如，在调整和控制拉杆初始张紧程度时，就有这样的感受，只要其中任何一根拉杆张紧程度发生变化，其他拉杆的张紧程度也随之变化。拉杆与拉杆之间张紧程度相互影响，因此，不容易将模型所有拉杆的初始张紧程度调整至同一水平。另外，目前尚不能实现对拉杆初始张紧程度的定量测量和控制，由此看来，需继续深入这方面的研究，才能明晰拉杆力发展的规律，达到优化设计和运行的目的。

7.2.8 遮帘式板桩码头结构工作性状

通过 16 组土工离心模型试验,对曹妃甸遮帘式板桩码头结构设计方案从土压力作用规律到码头结构设计方案整体稳定性状和各构件的受力情况及共同作用机制进行了研究和验证。根据两种遮帘桩长度方案的前墙、遮帘桩、锚碇墙和拉杆受力情况,结合考虑码头结构整体稳定性状和前墙、锚碇墙的水平位移量,认为采用遮帘桩桩长为 31.8m 的码头结构设计更为安全合理。

两部分模型试验研究结果归纳如下。

(1) 为进一步完善深水遮帘桩板桩方案的设计计算理论,开展了 6 组风干细砂地基土层中土压力研究离心模型试验,取得如下结果。

①无遮帘桩条件下,前墙两侧土压力随深度增长呈线性分布,平均侧压力系数 $\bar{K}$ 值与 Jaky 经验公式计算值相一致。

②设置遮帘桩后,前墙两侧土压力分布完全不同于无遮帘桩情形下的线性分布,总体平均侧压力系数 $\bar{K}$ 小于无遮帘桩情形下的 $\bar{K}$ 值。但由于受制模工序的影响,墙桩之间的土体在设计加速度条件下受力时,相对于两侧墙和桩有向下的位移,故在自重压缩下沉过程中会形成应力拱,受其影响,前墙两侧土压力分布发展具有一大一小的往复变化特征。

③在墙桩距离一定时,港池开挖前,前墙某一标高位置以上部分的土压力比同深度处的静止土压力大,而这一位置以下土压力值均比同深度处的静止土压力值小;港池开挖后,墙体上部土压力显著减小,下部土压力明显增大。

④当前墙与遮帘桩距离由小到大改变时,$\bar{K}$ 值发生由大到小再大的变化,墙桩间距 5.0m 左右时,$\bar{K}$ 值最小,这一间距对应理论上的最佳墙桩距离。然而,具体确定墙桩间距时,有诸多因素需要考虑。

⑤最后需要指出的是,受模型制备工序的影响,墙桩之间的土体在设计加速度条件下受力时,有相对墙桩的向下位移,这与原型地基土层受力程序和变形条件有所不同,故模型和原型在性状上会有所差异。

(2) 为了充分考虑各种不确定因素,特别是拉杆初始张紧程度的影响,对两种桩长的深水遮帘桩板桩方案,用 6 组模型进行了验证,就两种遮帘桩桩长方案的前墙、遮帘桩、锚碇墙和拉杆受力情况,以及码头结构整体稳定性状和前墙、锚碇墙的水平位移,得到如下主要结论。

①根据码头结构的位移测量结果和试验停机后的外观检查情况来看,可以推测,在设计低水位-1.27m 和港池开挖至-16.5m 的极限状况下,两种桩长的深水遮帘桩板桩方案整体上都是稳定安全的。其中,采用桩长 31.8m 的遮帘桩的码头

结构设计模型（模型 GCFDM15 和 GCFDM16），其前墙和锚碇墙所发生的水平位移较小，分别在 8.0cm 和 3.0cm 内，在规范推荐的常规范围内。

②前墙两侧土压力分布如下：陆侧有效土压力随深度增加而增大，开挖面以上压力值一般从 30kPa 逐渐增至 60kPa，增长缓慢；开挖面以下土压力增大明显，系由于墙体位移的影响，数值在 60~115kPa。海侧有效土压力随深度的分布曲线近似呈直线，实测值在 85~140kPa。

③前墙弯矩分布与拉杆初始张紧程度，特别是与前墙与遮帘桩之间的小拉杆的初始张紧程度有关。从两种桩长的试验结果看，实测到的前墙最大单宽正弯矩值在 700~830kN·m/m。

④遮帘桩两侧的有效土压力随深度增加而增长，在数值上陆侧有效土压力明显大于海侧有效土压力，即遮帘桩两侧存在着明显的压力差：陆侧实测值在 75~340kPa，海侧实测值除桩底端附近达 150kPa，其他均在 5~55kPa。

⑤遮帘桩弯矩分布有如下规律：当采用桩长 30.0m 的遮帘桩板桩方案时，标高位置-16.5~-22.5m 这一段遮帘桩的弯矩比较大，最大值在 5300kN·m 以内；当采用桩长 31.8m 的遮帘桩板桩方案时，遮帘桩最大正弯矩值大幅度减小，在 4500kN·m 以内，其对应的标高位置在-22.5m 左右。

⑥锚碇墙海侧有效土压力实测值在 50~85kPa，拉杆初始张紧力较大时，锚碇墙海侧有效土压力也较大。

⑦锚碇墙墙体上部在陆侧受拉，仅墙体底端附近在海侧受拉。最大单宽负弯矩测值均在 1000kN·m/m 以内，其标高在-5.0~-7.0m。

⑧初始张紧程度不高或适中时，单根拉杆力实测值在 600~700kN，甚至更小一点；初始张紧程度较高时，单根拉杆力实测值超过 1000kN。考虑模型和原型在开挖前对拉杆施加的预加力不同，对模型试验结果修正后，所预测的原型拉杆力在 400~500kN。

⑨在遮帘式板桩码头结构各构件之间、码头结构与地基土层之间的相互作用机制中，地基土层的特性、遮帘桩长度、拉杆力的发挥程度起着决定性的作用。

7.3 新型分离卸荷式板桩码头结构离心模型试验

7.3.1 工程概况

为顺应国家沿海港口建设的要求，唐山港口投资开发有限公司于 2005 年规划新建京唐港 18#~19#泊位，近期为 10 万吨杂货泊位，远期为集装箱泊位。泊位所在码头地基土层自上而下主要为粉细砂层、淤泥质黏土层、粉质黏土层及细中砂层，如图 7.36 所示，其主要的物理力学性质如表 7.8 所示。鉴于这种地基土层条件，特别是码头地基中存在平均厚度为 7.10m 的软弱土层即淤泥质黏土层，其抗剪强度指标较低，与之相对应的地基承载力也较低。而码头面和前场堆载设计荷载高达 30kPa，后场堆载更是高达 80kPa。在半遮帘式板桩码头和遮帘式板桩码头结构成功应用的基础上（蔡正银等，2005b，刘永绣等，2006，李景林等，2007），中交第一航务工程勘察设计院有限公司针对这两个新泊位地质条件和使用要求，提出分离卸荷式地连墙板桩码头结构设计建设方案，以求达到安全又经济的建港目标（刘永绣，2006；徐光明等，2010）。

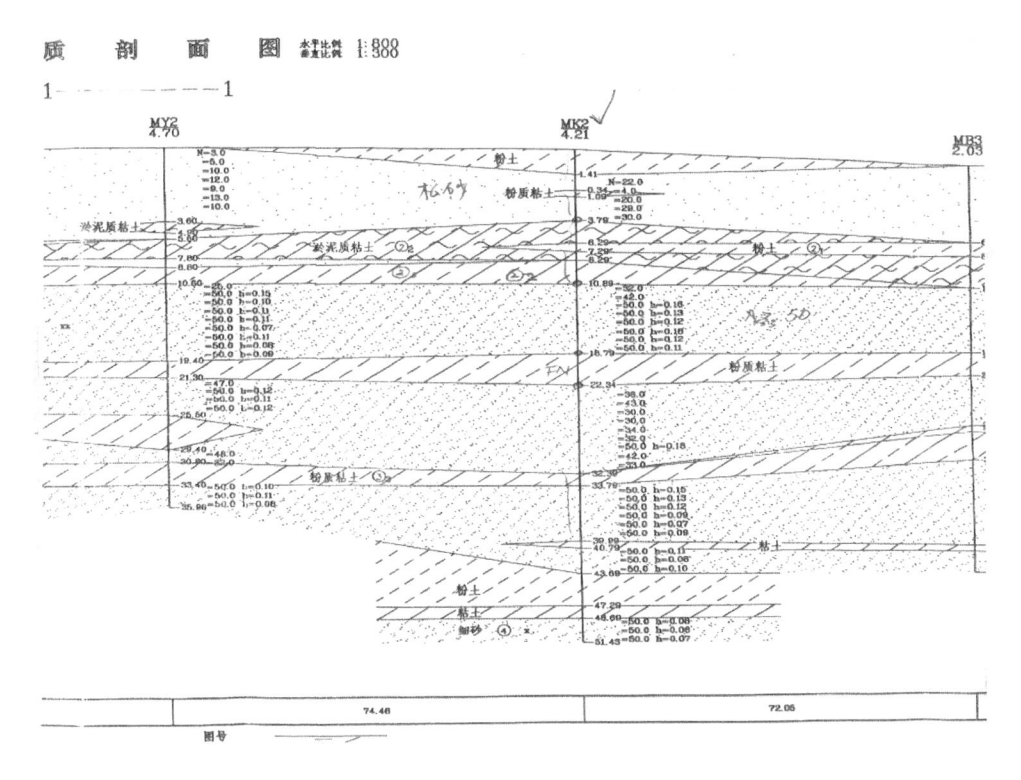

图 7.36　工程地质条件（MK2 孔）

表 7.8　地基土层物理力学性质（MK2 孔）

序号	土层名称	天然含水量/%	天然重度/(kN/m³)	内聚力/kPa	内摩擦角/(°)	层厚/m
1	粉细砂①	20.4	20.31		29.30	7.79
2	淤泥质黏土②₋₂	42.35	17.56	14	16.63	7.10
3	细中砂③₋₁	19.8	19.20		31.40	7.90
4	粉质黏土 FN 夹层	22.91	19.77	19	23.72	3.55
5	细中砂③₋₁	19.8	19.20		31.40	10.05

7.3.2 研究过程和研究方案

与国外整体式带斜拉桩的卸荷式钢板桩码头结构不同，分离卸荷式地连墙板桩码头结构设计理念为首次提出，如图 7.37 所示，新结构具有两大特点：一是卸荷平台下全部为直立混凝土灌注桩，施工简便，无须钻打斜桩，较符合我国国情；二是前墙与卸荷平台相分离，更能适应两者之间可能出现的差异沉降，避免差异沉降引起的附加剪力和弯矩（徐光明等，2010）。

(a) 带斜拉桩的卸荷式钢板桩码头结构　　(b) 全直桩分离卸荷式地连墙板桩码头结构

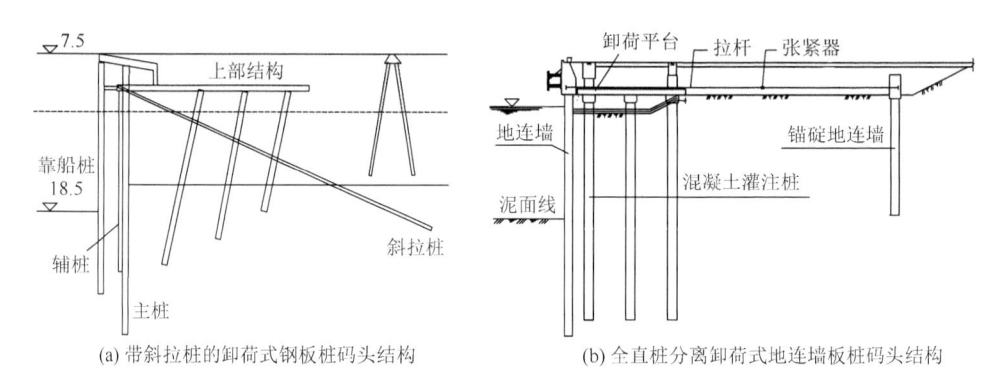

图 7.37　两种设计理念的卸荷式板桩码头结构

然而，由于这种全直桩分离卸荷式地连墙板桩码头结构无相应的设计规范可循，对卸荷平台群桩受力变形特性、前墙与卸荷平台间相互作用、前墙和卸荷平台及锚碇墙间整体相互作用等诸多方面，需要做全面的认识和分析。根据该拟建分离卸荷式地连墙板桩码头结构设计方案验证的需要，开展了土工离心模型试验研究，以期掌握卸荷式承台群桩基础中各排桩的弯矩、前墙弯矩、前墙土压力和拉杆轴力及结构整体变形特性，为该新型码头结构设计理论的建立和优化完善提供科学依据。

1. 研究过程

整个离心模型试验研究紧密围绕设计工作进行，故研究过程分为三个阶段。第一阶段围绕原设计方案，它是最初依据京唐港 18#、19# 泊位工程 10.5m 轨道轮距的功能要求提出而完成的卸荷式地下连续墙码头结构的设计方案，故从 2005 年 12 月开始的模型试验研究工作都是针对这一方案开展的，共计完成了 12 组模型试验。如图 7.38 所示，该方案的特点是卸荷平台下设有 3 排灌注桩（其中靠近海侧的一排灌注桩标记为 1# 桩，靠近陆侧的一排灌注桩标记为 3# 桩，中间一排桩标记为 2# 桩），桩身直径为 1200mm，桩底端标高为 –28.00m。

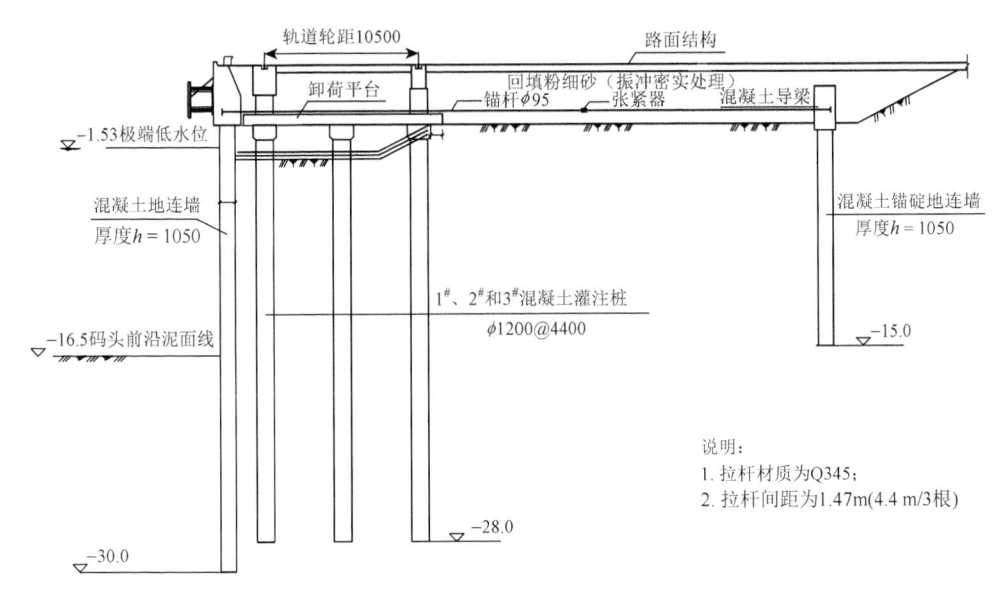

图 7.38 原设计方案示意图（标高单位：m，其他单位：mm）

这一阶段主要研究原设计方案中卸荷平台群桩、锚碇墙和前墙竣工时的前墙侧向土压力分布和弯矩分布、3 排灌注桩桩身弯矩分布、拉杆内力及码头位移等受力变形特性，着重研究前墙胸墙与卸荷平台的间距（有间隙和无间隙）、卸荷平台与灌注桩连接型式（刚接和铰接）、有无卸荷平台群桩基础及码头前沿有无 30kPa 荷载这 4 个因素对码头各构件受力变形和整体稳定性的影响。

另外，在这一阶段，为了分析卸荷平台群桩对卸荷式板桩码头结构中的贡献，还模拟研究了无卸荷平台结构地连墙板桩码头结构，即同等规模单锚式板桩码头结构的性状，测试了锚碇墙、前墙施工完成时前墙陆侧土压力分布，从而研究卸荷平台群桩基础存在对前墙侧向土压力的影响，即研究无卸荷平台群桩情况下，港池开挖后及在堆载作用下的前墙弯矩分布与土压力分布、拉杆内力及变形等各构件的受力变形特性。

出于增加卸荷平台结构中灌注桩竖向承载能力的考虑，2006 年 4 月对原设计方案提出了修改，主要是将 3 排灌注桩长度向下延长，桩底标高下移至-36.0m，并且 1#桩由圆截面改为 1200mm（宽度）×1600mm（抗弯厚度）的矩形截面，2#和 3#桩由圆截面则改为 1200mm（宽度）×1200mm（抗弯厚度）的正方形截面，形成图 7.39 所示的中间修改设计方案（轨道轮距 10.5m）。在第二阶段，对该中间修改方案仅开展两组离心模型试验。

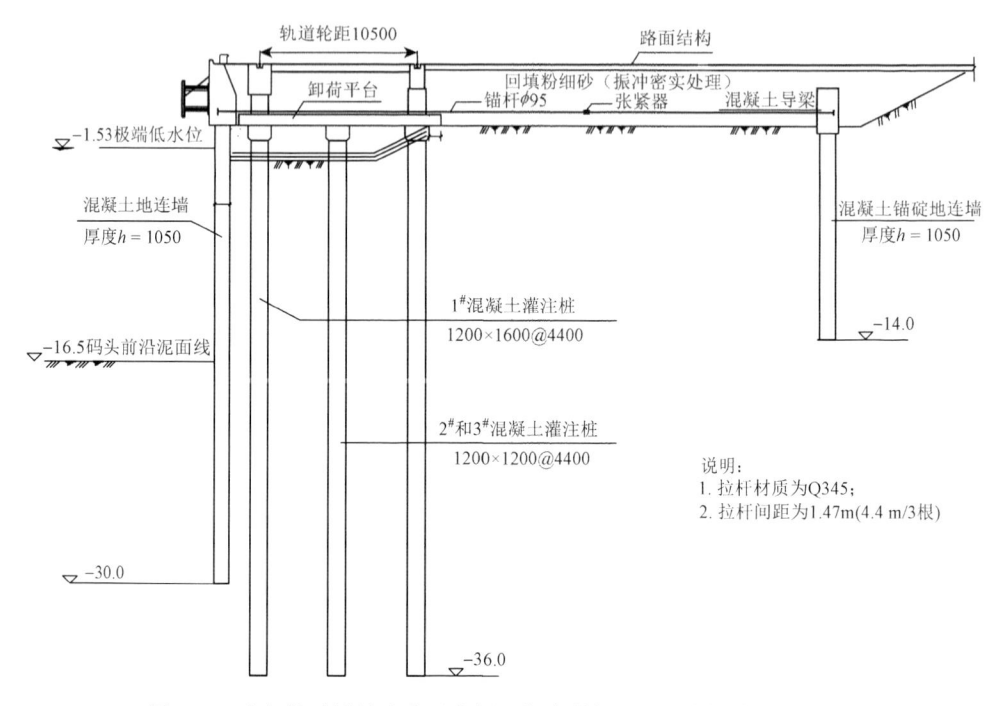

图 7.39 中间修改设计方案示意图（标高单位：m，其他单位：mm）

2006年6月，码头建设方提出16.0m新轨道轮距功能要求，为此，再次对卸荷式地下连续墙码头结构的设计方案进行了修改，形成了最终修改设计方案（轨道轮距 16.0m）。该修改设计方案如图 7.40 所示，卸荷平台下的灌注桩缩改为 2 排，但桩身长度仍延至标高−36.0m，临海 1#桩横截面尺寸为 1200mm（宽度）× 1600mm（抗弯厚度），临陆 2#桩横截面尺寸为1200mm（宽度）×1200mm（抗弯厚度）。针对这一最终修改设计方案（轨道轮距 16.0m），在第三阶段又开展了 5 组模型试验。

下面就三种方案中其他构件的尺寸和布置补充进行说明。在图 7.38 和图 7.39 所示的轨道轮距 10.5m 的原设计方案和中间设计方案中，卸荷平台的厚度为 0.7m，垂直岸线方向的长度为 13.4m，台面标高 0.7m。在图 7.40 所示的轨道轮距为 16.0m 的最终修改设计方案中，平台厚度增至为 1.0m，长度缩短至 9.65m，台面标高降至 0.3m。至于三种方案中的灌注桩布置，垂直岸线方向的桩间距为 5.25m，岸线方向的桩间距为4.40m（图 7.38～图 7.40）。

第 7 章 岸壁码头结构离心模型试验研究

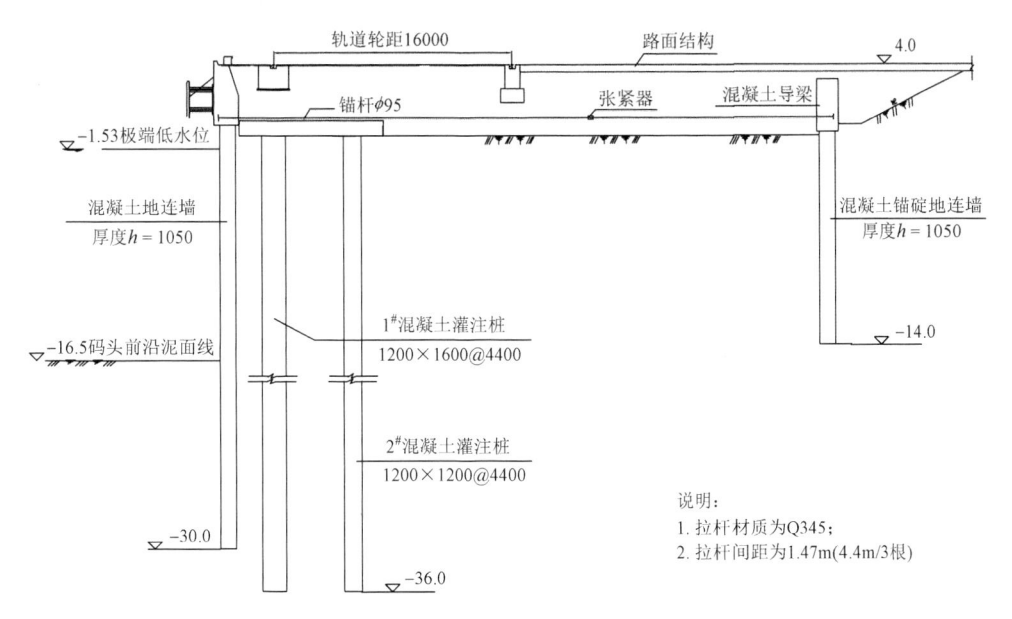

图 7.40 最终修改设计方案示意图（标高单位：m，其他单位：mm）

关于钢筋混凝土地连墙，即前墙，厚度为 1.05m，上端标高为 0.0m，底端标高为–30.0m。其上的胸墙与码头面齐平，标高为 4.0m（图 7.38～图 7.40）。

关于钢筋混凝土锚碇地连墙，即锚碇墙，也称后墙，厚度为 1.05m，前后墙中心线相距 40.05m。在原设计方案中，锚碇墙墙顶标高为 2.5m，墙端标高为–15.0m（图 7.38）。在中间修改设计方案中，墙顶标高仍为 2.5m，墙端调整标高为–14.0m（图 7.39）。在轨道轮距 16.0m 最终修改设计方案中，墙顶调整标高为 4.0m，墙端标高为–14.0m（图 7.40）。

关于锚杆，直径为 95.0mm，间距为 1.47m，锚着点标高为 0.9m（图 7.38 和图 7.39）。在最终修改设计方案中，锚着点标高调低至 0.5m（图 7.40）。

在 3 种设计方案中，码头前沿泥面标高确定为–16.5m，极端低水位为–1.53m（图 7.38～图 7.40）。关于工作荷载，轨道轮距 10.5m 的原设计方案和中间设计方案中，码头前沿 15.5m 范围以内的设计荷载为 30kPa，15.5m 范围以外的设计荷载为 80kPa。在轨道轮距为 16.0m 的最终修改设计方案中，码头前沿泥面码头前沿 21.5m 范围以内的设计荷载为 30kPa，21.5m 范围以外的设计荷载为 80kPa。

2. 试验方案

如前所述，为了深入系统研究原设计方案和前后两种修改设计方案中卸荷式板桩码头的受力变形特性和整体稳定性，共进行了 19 组离心模型试验，其中前12 组模型主要研究前墙胸墙与卸荷平台的间距、卸荷平台与灌注桩连接型式、有无卸荷平台群桩基础及码头前沿有无荷载这 4 个因素对原设计方案卸荷式板桩码头受力变形特性与工程特性的影响，中间 2 组模型研究中间修改设计方案中卸荷式板桩码头结构受力变形特性与工程特性，后 5 组模型研究最终修改设计方案（16.0m 轨道轮距）中卸荷式板桩码头结构的受力变形特性与工程特性。具体安排的模型试验情况如表 7.9 和表 7.10 所示。

表 7.9 试验方案一（10.5m 轨道轮距）

模型	卸荷平台群桩基础（3 排灌注桩）	卸荷平台与灌注桩连接型式	胸墙与卸荷平台间距	面载（码头前沿 15.5m 范围以内）/kPa
M1	有	刚接	无间隙	30
M2	有	刚接	有间隙	30
M3	有	近似铰接	无间隙	30
M4	有	铰接	无间隙	30
M5	有	铰接	无间隙	30
M6	有	铰接	有间隙	30
M7	有	铰接	有间隙	30
M8	有	铰接	有间隙	30
M9	无			30
M10	有	铰接	有间隙	无
M11	有	铰接	有间隙	无
M12	无			无
M14	有	铰接	有间隙	30
M15	有	铰接	有间隙	30

表 7.10 试验方案二（16.0m 轨道轮距）

模型	卸荷平台群桩基础（2 排灌注桩）	卸荷平台与灌注桩连接型式	胸墙与卸荷平台间距	面载（码头前沿 21.5m 范围以内）/kPa
M16	有	铰接	有间隙	30
M17	有	铰接	有间隙	30
M18	有	铰接	有间隙	30
M19	无			30
M20	有	铰接	有间隙	30

7.3.3 模型试验设计

离心模型试验由 NHRI 400gt 大型土工离心机完成（图 7.10 和图 7.11）。如前所述，该离心机的最大半径为 5.5m，最高离心加速度 200g，相应最大负荷为 2000kg，容量（最大离心加速度与此时的最大负荷的乘积）达 400gt。加速度通过可控硅无级调速方式控制。该机器配有 100 个银质滑环通道用于信号传输，其中有 10 路电力环，1 路气压环，2 路液压环，以及 64 路高精度数据传送环。该机器还配有一套 CCD 摄像系统，可随时从操作室的监视器中观察试验过程中模型的变化。试验所采用的模型箱的侧板为航空透明有机玻璃板，是试验过程中拍摄和监控模型的窗口。

1. 模型几何比尺

根据京唐港 18#、19#泊位卸荷式地连墙结构方案的断面几何尺寸，并结合现场地基各层土的取土数量和模型制作、测量等因素，综合选定的模型几何比尺为 77，即 $N = 77$。前 12 组模型试验采用的平面应变模型箱净空尺寸为 1100mm（长）×400mm（宽）×600mm（高）。后 7 组模型试验中所需模拟的原型灌注桩较长，故采用了另一种规格的平面应变模型箱，其净空尺寸为 1000mm（长）×400mm（宽）×1000mm（高）。

2. 模型设计与制作

1）码头构件模拟

一般来说，土工离心模型中所有材料应该选用与原型相同的材料进行制作。原型卸荷式板桩码头结构中的前墙、锚碇墙和卸荷平台及其灌注桩基础均为钢筋混凝土材料，按模型率 $N = 77$ 缩小设计的这些模型结构件，其断面尺寸都很小，若它们仍采用钢筋混凝土制作，则细部结构尺寸难以控制精确。另外，在表面粗糙、尺寸很小的混凝土构件上粘贴应变片进行模型测量时相当困难，可能难以保证试验结果的精度，因此，这里采用铝合金材料替代混凝土材料制作这些模型结构件。

在板桩码头结构中，前墙、锚碇墙和灌注桩及卸荷平台都属于抗弯构件，因此，这些模型均按等抗弯刚度相似原理进行设计计算（刘永绣等，2006）：$E_p I_p = E_m I_m \times N^4$。因为在宽度方向，也就是与受弯平面相垂直的方向，仍按模型率缩制构件，即 $b_p = b_m \times N$，又因 $I = bd^3/12$，所以，对于前墙和锚碇墙，模型墙体厚度按式（7.8）计算：

$$d = \frac{d_p}{N} \sqrt[3]{\frac{E_p}{E_m}} \tag{7.8}$$

式中，下标 m、p 分别代表模型和原型；E 为材料弹性模量；I 为截面惯性矩；N 为模型率；d 为墙体厚度。

已知铝合金板 $E_m = 70\text{GPa}$，钢筋混凝土 $E_p = 28\text{GPa}$，根据前墙厚度 $d_p = 1050\text{mm}$、$N = 77$，计算出模型前墙厚度 $d_m = 10\text{mm}$。模型墙板的宽度就取模型箱的宽度 $b_m = 400\text{mm}$，对应的原型宽度 $b_p = 77 \times 400/1000 = 30.8\text{m}$，而模型墙板高度 $h_m = 30000/77 = 390\text{mm}$。

至于卸荷平台下的灌注桩，在原设计方案中，其横截面为 $\phi1200\text{mm}$ 的圆截面，模型设计时，先将其变换成等截面惯性矩的正方形灌注桩，再按正方形截面设计相应的模型桩尺寸。第一次变换求得的正方形截面原型灌注桩的边长 $d_p = 1050\text{mm}$，第二次变换求得的正方形截面模型铝合金灌注桩的边长 $d_m = 10\text{mm}$。

这样，对应 10.5m 轨道轮距的原设计方案，模型前墙、锚碇墙和灌注桩的尺寸汇总如下：

前墙的尺寸为 390mm×400mm×10mm；
锚碇墙的尺寸为 188mm×400mm×10mm；
3 排灌注桩的尺寸为 364mm×10mm×10mm；
卸荷平台的尺寸为 178mm×400mm×7mm。

对应 10.5m 轨道轮距的中间修改设计方案，上述模型构件尺寸汇总如下：

前墙的尺寸为 390mm×400mm×10mm；
锚碇墙的尺寸为 175mm×400mm×10mm；
灌注桩（临海侧 1#桩）的尺寸为 467mm×15.6mm×13.4mm；
灌注桩（临陆侧 2#和 3#桩）的尺寸为 467mm×15.6mm×11.5mm；
卸荷平台的尺寸为 178mm×400mm×7mm。

对应 16.0m 轨道轮距的最终修改设计方案，上述模型构件尺寸汇总如下：

前墙的尺寸为 390mm×400mm×10mm；
锚碇墙的尺寸为 175mm×400mm×10mm；
灌注桩（临海侧 1#桩）的尺寸为 458mm×15.6mm×15.3mm；
灌注桩（临陆侧 2#桩）的尺寸为 458mm×15.6mm×11.5mm；
卸荷平台的尺寸为 125.4mm×400mm×10mm。

为模拟这些钢筋混凝土原型结构物的表面粗糙度，在模型构件布置好测试元件后，在其表面用环氧树脂胶粘贴一层试验砂土样，以达到增糙的目的。

板桩码头结构中锚杆也称拉杆，属受拉构件，模型设计按等抗拉刚度相似原理进行模型拉杆截面尺寸的计算。等抗拉刚度相似原理是根据离心模型的等应变等应力原理推得的，即由 $\varepsilon_m = \varepsilon_p$ 和 $\sigma_m = \sigma_p$，得 $(EA)_m = (EA)_p / N^2$。

已知原型钢拉杆直径为 95mm，模型拉杆用同样的钢材料制作，即拉杆材料与原型相同，它们的弹性模量相同，为 105GPa。为了配合模型灌注桩的布置，用 1 根模型拉杆代表 3 根原型拉杆。这样，设计出模型拉杆直径为 2.14mm、净长 546.8mm、间距 57.1mm。为了测量拉杆中的内力，根据以往测试经验，需将圆截面拉杆变换为等面积的矩形截面拉杆。这样，最终设计采用的拉杆截面尺寸为 6.0mm×0.6mm。

2）地基土层模拟

制备模型地基的土样取自现场。细中砂③_-1 层和粉细砂①层按相对密度作为制备控制标准；粉质黏性夹层和淤泥质黏性土层土②_-2 则以地基强度指标作为制备控制标准。

形成地基土层后，进行前后墙的基槽和灌注桩的孔位的开挖。为了保护前后墙和灌注桩上的测量器件，采用静压法将它们安装就位。最后安装拉杆，调整好松紧度。在拉杆安装前后，模型先后两次置于离心力场中恢复自重应力的作用，让地基土层与这些构件保持密实接触。

最后将前墙海侧土体挖去，形成模型港池，在码头面指定区域施加均布堆载。

为了获得模型地基土层的物理力学特性，在开挖港池和模型试验结束后，分别从粉质黏性 FN 夹层和淤泥质黏性土层②_-2 取样进行室内土工试验。

3）荷载和水位模拟

卸荷式地连墙板桩码头结构与地基需要共同承担港池开挖和设计面载两方面的荷载作用。按照模型相似律，模型码头中的港池开挖施工须在离心机运转至 Ng 超重力环境下实施，但限于条件，目前都是在离心机停止状态下，即 1g 条件下进行预开挖，然后再运行至 Ng。如前所述，设计要求的码头前沿泥面线标高为 −16.5m，模型墙前土体开挖至相对应的位置。

模型码头面堆场荷载采用质量加载法模拟。码头面堆场分为两个区域，对于轨道轮距为 10.5m 的原设计方案和中间修改方案，第一个区域位于前沿线后 15.5m 范围内，其均布荷载为 30kPa，第二个区域位于 15.5m 范围以外，均布荷载为 80kPa。对于轨道轮距为 16.0m 的最终修改设计方案，第一个区域位于前沿线后 21.5m 范围内，其均布荷载为 30kPa，第二个区域位于 21.5m 范围以外，均布荷载为 80kPa。模型各个区域等效堆载质量计算公式为

$$M = \frac{qA}{Ng} \times 1000 \tag{7.9}$$

式中，M 为等效堆载质量（kg）；q 为均布荷载集度（kPa）；A 为均布荷载区域面

积（m^2）；N 为模型率；g 为重力加速度（$9.81m/s^2$）。相应地，前 14 组模型（模型 M1~M12 和模型 M14、M15）码头面第一个区域为前沿线后长 201.3mm、宽 400mm 的范围，其均布荷载集度 $q = 30kPa$，面积 $A = 0.0805m^2$，模型几何比尺 $N = 77$，代入式（7.9），得到 $M_1 = 3.20kg$。也就是说，这些模型第一个区域上需要铺设 3.20kg 砂子，在离心加速度达到 77g 时，就能在这一区域上产生 30kPa 的均布荷载。同样，可以计算出后 5 组模型（模型 M16~M20）码头面第一区域所需铺设的砂子质量，为 4.44kg。

至于第二区域的所需等效堆载质量 M_2，则需根据模型码头面第二均布荷载区域的长度具体确定。由于这一区域所需堆载质量较大，模型试验选用比重较大的铅砂或铅丸进行铺设模拟。

如前所述，原型极端低水位标高为-1.53m。码头结构在这一水位下受力最为不利，故模型试验需要模拟这一水位。该水位在试验中是采用溢流水位法控制，即在模型箱靠近港池一侧设有竖向排水筒，筒上设有溢流孔，这样可以保证在离心机运转过程中，墙前港池中水位始终处于极端低水位。

3. 模型测量

如前所述，NHRI 400gt 大型土工离心机配备有专门的数据采集系统，以满足模型测量的要求。该系统由前级机和上位机组成，其中，前级机固定在离心机大臂靠近转轴处，此处离心力场对它影响较小；上位机安装在中央控制室中，主要作用是在试验过程中控制试验数据的存储和试验后数据的整理。试验时，模型中埋设的传感器输出信号由前级机初步处理并数字化后，通过集流环传送至上位机，由上位机进行显示、存储和进一步处理。

这次模型试验主要测量的物理量是前墙和灌注桩的弯矩、前墙土压力、拉杆力、前墙、卸荷平台结构和锚碇墙的位移。其中前墙、卸荷平台结构和锚碇墙在锚碇点标高处的水平位移用德国 Wenglor 公司的激光传感器测量，它们的型号为 YP11MGVL80 和 YP05MGVL80，相应的量程分别为 50mm 和 10mm，对应的精度分别为 20μm 和 2μm。而拉杆力、土压力和弯矩的测量方法介绍如下。

1）拉杆力测量

离心模型试验中锚杆拉力的测量是本试验的关键和难点，根据以往多个项目的模型试验经验，此次模型试验直接采用全桥微型应变片法测量。应变片外形尺寸为 3mm×2mm，电阻为 $350\Omega \pm 0.35\Omega$。取 3 组断面进行量测，即靠近锚碇墙 1 组、靠近前墙 1 组、拉杆中间 1 组。拉杆中间断面设 3 个测点，两侧测量断面各设 1 个测点。试验结束后，用标定的系数对试验中采集的结果进行处理，求得拉杆力。

2）土压力测量

土压力传感器是特别为土工离心模型试验开发研制的 BW-3 型系列微型土压力盒，外径为 16mm，厚 4.8mm，量程分 200kPa、300kPa 和 400kPa（徐光明等，2007）。土压力测点布置在前墙挡土侧，即前墙的陆侧一面。土压力传感器沿深度方向等间距布置，共计 12 个，其编号为 P1～P12。表 7.11 给出了原设计方案和最初修改设计方案（10.5m 轨道轮距）中的各土压力传感器对应的具体标高。

表 7.11 前墙与卸荷平台群桩上测点布置

前墙				卸荷平台群桩					
土压力		弯矩		1#桩弯矩		2#桩弯矩		3#桩弯矩	
编号	标高/m	编号	标高/m	编号	标高/m	编号	标高/m	编号	标高/m
P1	-3.5	b1	-1.5	1cip1	-1.9	2cip1	-1.9	3cip1	-1.9
P2	-5.8	b2	-5.0	1cip2	-5.8	2cip2	-5.8	3cip2	-5.8
P3	-8.1	b3	-8.5	1cip3	-9.6	2cip3	-9.6	3cip3	-9.6
P4	-10.4	b4	-12.0	1cip4	-13.5	2cip4	-13.5	3cip4	-13.5
P5	-12.7	b5	-15.5	1cip5	-17.3	2cip5	-17.3	3cip5	-17.3
P6	-15.0	b6	-19.0	1cip6	-21.2	2cip6	-21.2	3cip6	-21.2
P7	-17.3	b7	-22.5	1cip7	-25.1	2cip7	-25.1	3cip7	-25.1
P8	-19.6	b8	-26.0						
P9	-21.9	b9	-29.5						
P10	-24.2								
P11	-26.5								
P12	-28.8								

3）弯矩测量

为了掌握前墙和卸荷平台群桩在荷载作用下的弯矩反应，在这些模型受弯构件的标高方向等间隔布置了弯矩测量单元。对于某一标高的测量单元来说，就是在墙体或桩体挠曲方向的两侧分别粘贴 5mm×3mm 的箔式电阻应变计，其电阻值为 350Ω±0.35Ω，每组 4 片，组成全桥应变电路。在模型前墙上布置了 9 个测点，编号为 b1～b9，其具体布置如表 7.11 所示。原设计方案和最初修改设计方案（10.5m 轨道轮距）的卸荷平台群桩基础共有 3 排桩，每排布置一根测试桩，共计 3 根，靠近海侧边的测试桩为 1#桩，测试元件编号为 1cip1～1cip7；中间一排桩的测试桩为 2#桩，其编号为 2cip1～2cip7；靠近陆侧边的测试桩为 3#桩，其编号为 3cip1～3cip7。最终修改设计方案（16m 轨道轮距）的卸荷平台下的群桩基础为 2 排桩，靠海侧一排桩和靠陆侧一排桩中均布置有测试桩。这些测试桩上的具体测点布置如表 7.11 和表 7.12 所示。

表 7.12　两种修改设计方案中卸荷平台群桩上测点布置

3 排灌注桩						2 排灌注桩			
1#桩弯矩		2#桩弯矩		3#桩弯矩		1#桩弯矩		2#桩弯矩	
编号	标高/m	编号	标高/m	编号	标高/m	编号	标高/m	编号	标高/m
1cip1	−2.3	2cip1	−2.3	3cip1	−2.3	1cip1	−2.6	2cip1	−2.6
1cip2	−6.9	2cip2	−6.9	3cip2	−6.9	1cip2	−6.1	2cip2	−6.1
1cip3	−11.6	2cip3	−11.6	3cip3	−11.6	1cip3	−10.7	2cip3	−10.7
1cip4	−16.2	2cip4	−16.2	3cip4	−16.2	1cip4	−15.3	2cip4	−15.3
1cip5	−20.8	2cip5	−20.8	3cip5	−20.8	1cip5	−19.9	2cip5	−19.9
1cip6	−25.4	2cip6	−25.4	3cip6	−25.4	1cip6	−24.5	2cip6	−24.5
1cip7	−30.0	2cip7	−30.0	3cip7	−30.0	1cip7	−29.2	2cip7	−29.2

4. 模型布置和试验程序

1）模型布置

前面在确定模型比尺时，实际已经考虑了模型布置，其原则是：对于可能出现破坏的模型试验，应允许破坏区域不受任何约束地形成并得以充分发展。对于板桩码头离心模型试验，港池和锚碇墙后侧都应留有足够的长度，前者保证墙前土体能够形成被动区，后者保证锚碇墙后侧土体的竖向自重应力能够不受阻碍地向下传递。针对所要模拟的 3 种板桩码头结构设计方案，即原设计方案和两种修改设计方案，相应设计了 3 种模型试验布置，分别如图 7.41～图 7.43 所示。

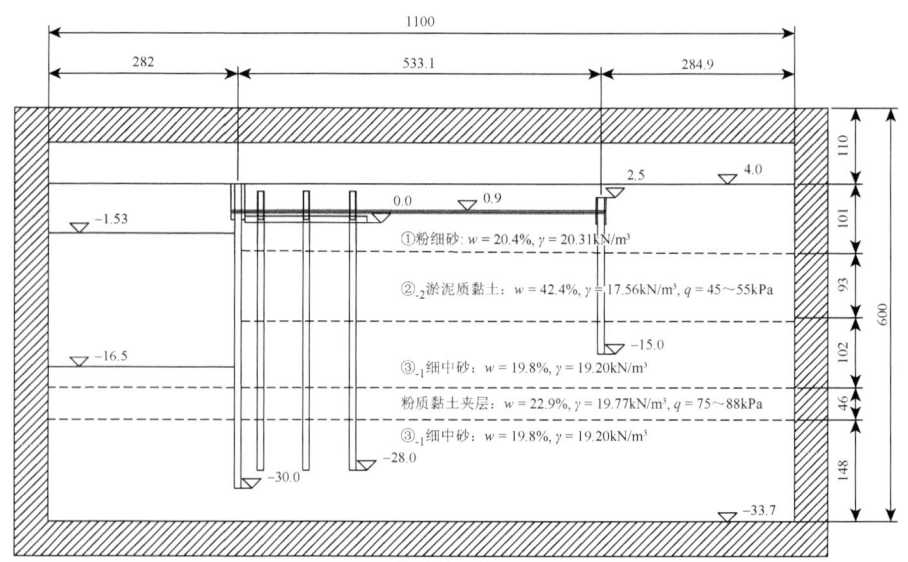

(a) 模型剖面图

(b) 模型平面图

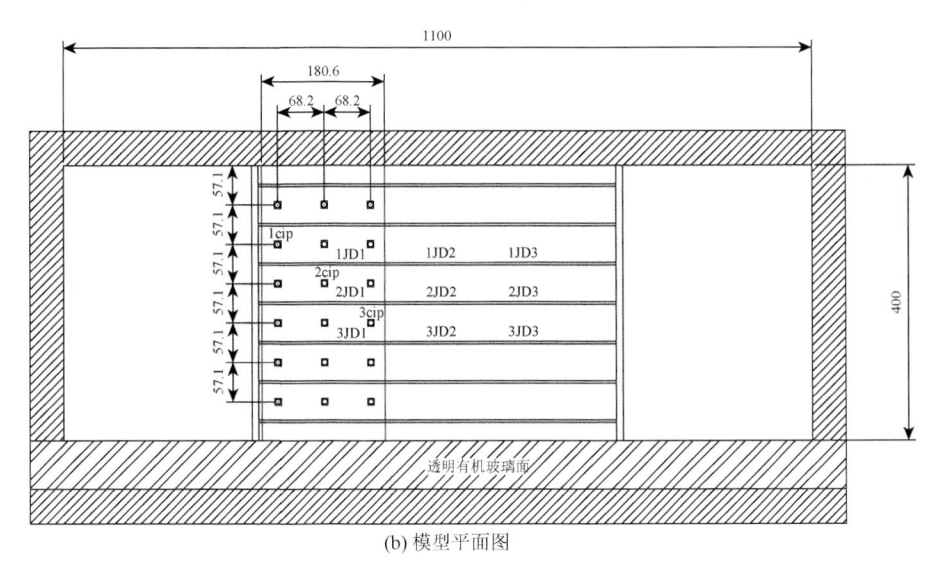

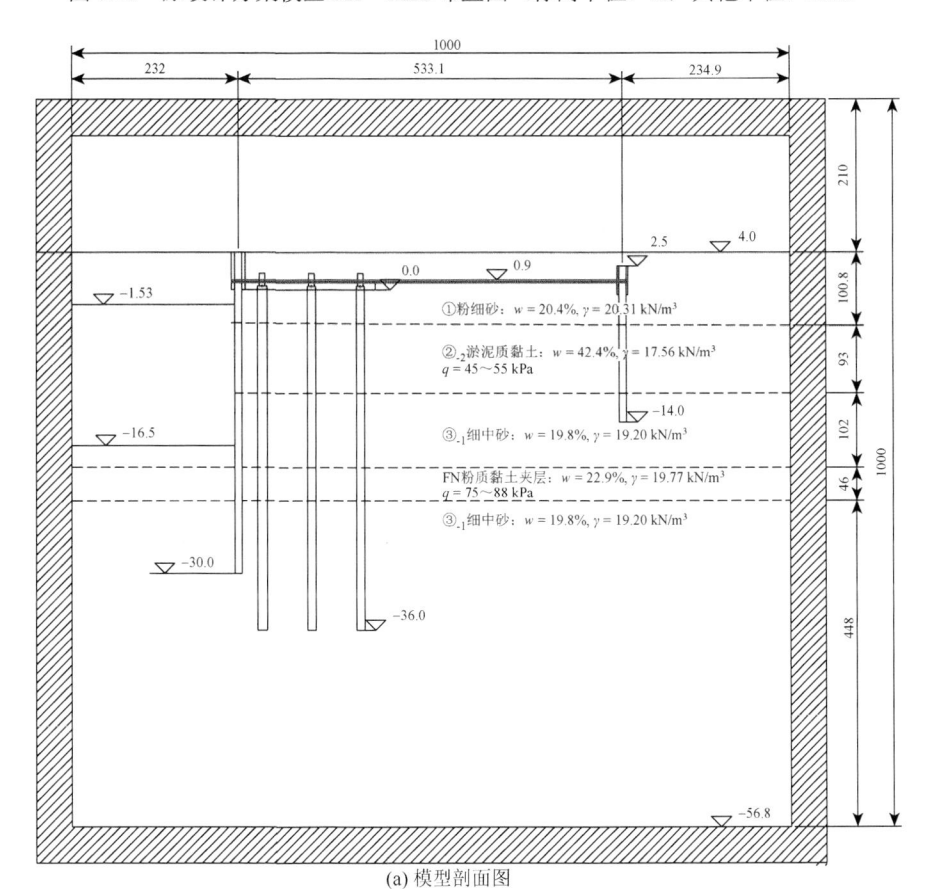

图 7.41 原设计方案模型 M1~M12 布置图（标高单位：m，其他单位：mm）

①粉细砂：$w = 20.4\%$，$\gamma = 20.31$ kN/m³

②₂淤泥质黏土：$w = 42.4\%$，$\gamma = 17.56$ kN/m³
$q = 45 \sim 55$ kPa

③₋₁细中砂：$w = 19.8\%$，$\gamma = 19.20$ kN/m³

FN粉质黏土夹层：$w = 22.9\%$，$\gamma = 19.77$ kN/m³
$q = 75 \sim 88$ kPa

③₋₁细中砂：$w = 19.8\%$，$\gamma = 19.20$ kN/m³

(a) 模型剖面图

(b) 模型平面图

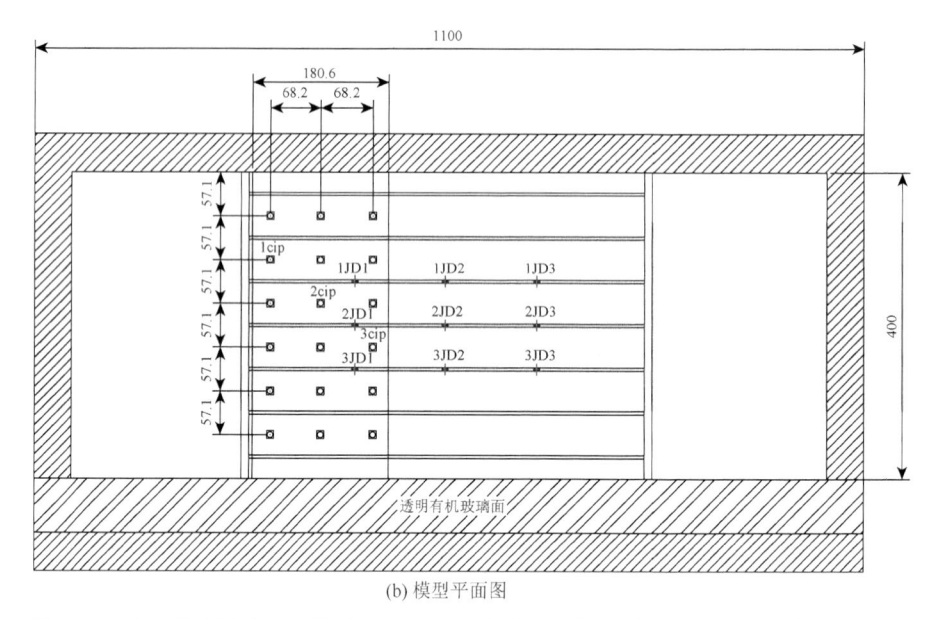

图 7.42　中间修改设计方案模型 M14~M15 布置图（标高单位：m，其他单位：mm）

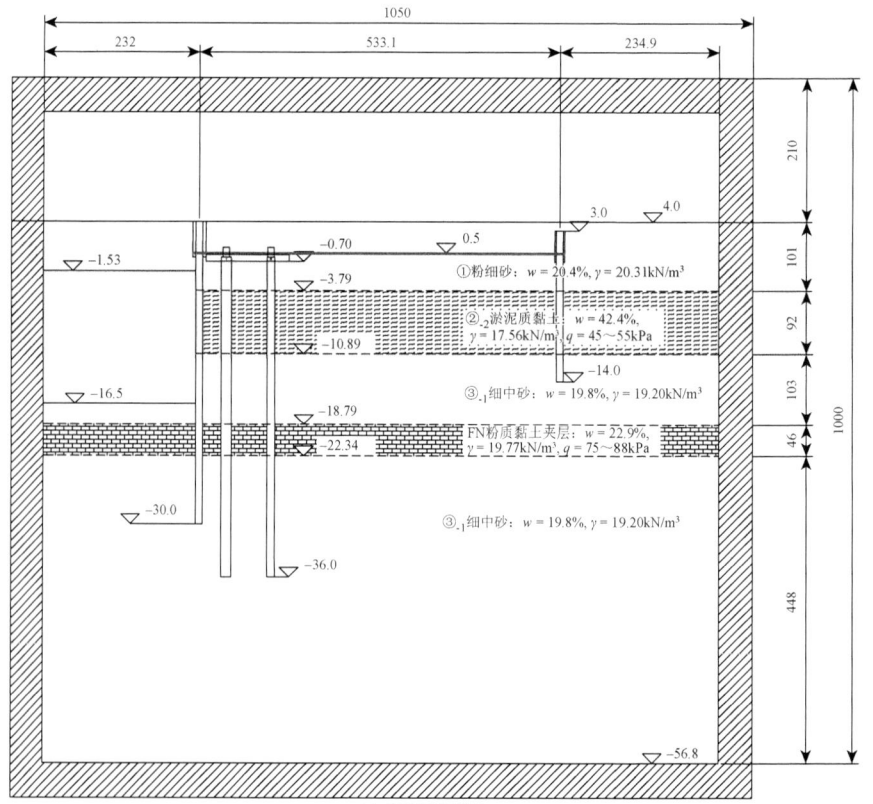

(a) 模型剖面图

(b) 模型平面图

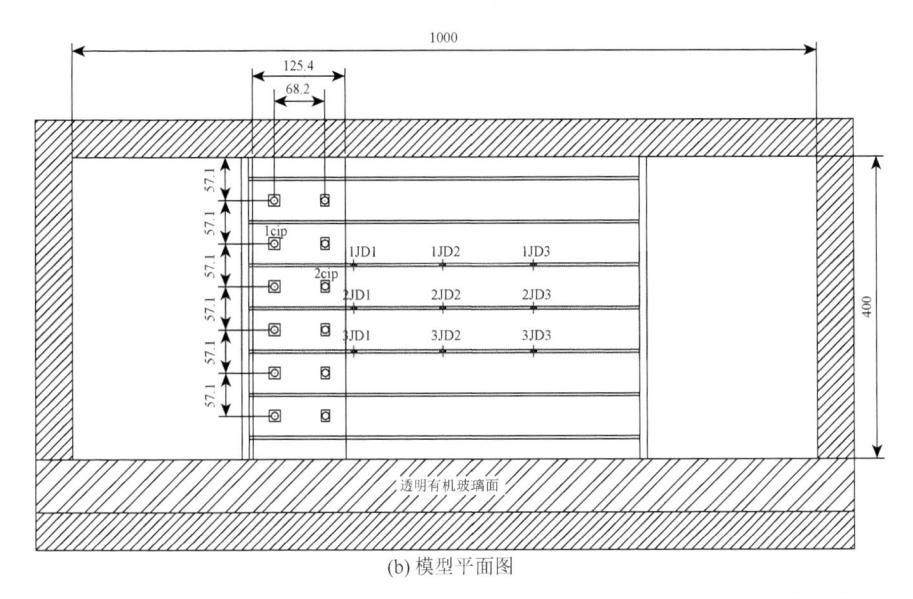

图 7.43 最终修改设计方案模型 M16~M18 和 M20 布置图（标高单位：m，其他单位：mm）

2）模型试验程序

卸荷式板桩码头结构模型试验程序，主要包括天然地基土层的形成、码头构件的设置、天然泥面以上土层回填、港池开挖和面载的施加。以图 7.43 所示的最终修改设计方案的模型试验为例，具体试验步骤如下。

（1）③$_{-1}$ 细中砂土层制备；
（2）FN 粉质黏土土层制备；
（3）③$_{-1}$ 细中砂土层制备；
（4）②$_{-2}$ 淤泥质黏土土层制备。至此，形成天然土层，模型地基泥面至图 7.43（a）中标高−3.79m 位置；
（5）压入卸荷平台群桩基础、锚碇墙和前墙；
（6）在 77g 加速度下恢复天然地基土层的自重应力对上述构件的作用，使地基土与它们保持良好接触；
（7）停机后，安装拉杆；
（8）回填①粉细砂层至码头面，即至图 7.43（a）中标高 4.0m 位置；
（9）在 77g 加速度下恢复地基土层的自重应力对用拉杆相连的模型板桩墙结构的作用；
（10）停机后开挖港池，池底位置即图 7.43（a）中标高−16.5m 位置，此外，在码头面两个指定堆载区域分别均匀堆放一定厚度的中砂层和铅砂层，让其在 77g 离心加速度条件下，在前后两个堆载区分别产生 30kPa 和 80kPa 的面载作用力；

(11) 最后将模型置于离心机中,加载至设计加速度 77g,使板桩墙结构整体承受土压力的作用,并观察码头构件内部受力情况和码头整体稳定性状。

7.3.4 原设计方案板桩码头受力变形特性

1. 灌注桩弯矩分布

卸荷式板桩码头结构设计的一个核心理念,是借助卸荷平台和灌注群桩基础与地基土体的共同作用,来产生预想的卸荷效果,就是让卸荷平台结构基础分担一部分作用于前墙的水平荷载,减小其墙身的弯矩反应。侧向卸荷效果来自下列两方面的作用,一方面可将码头面上的前沿码头面工作荷载直接通过灌注桩向下传递到地基土层深处,从而减小了码头前沿荷载引起的作用在前墙上的土压力;另一方面通过灌注桩群桩基础的遮帘作用,来拦阻一部分由码头面载与港池开挖引起地基土体侧向变形产生的土压力。

卸荷平台群桩中各排桩的弯矩大小与分布,将由各排桩陆侧和海侧土压力、桩间土体朝海侧位移趋势引起的桩侧表面摩擦力和卸荷平台传递至该排桩的外力等共同决定,其中卸荷平台传递给群桩的外力不仅包括向下的轴力,而且包括水平向的推力。受码头面载作用与港池开挖影响,后场地基土体朝海侧方向位移,由此产生的土压力首先作用于挤压最陆侧的那排桩($3^\#$桩),再通过桩间土和卸荷平台挤压中间一排桩($2^\#$桩)和最海侧的那排桩($1^\#$桩),最后由前墙和前排桩($1^\#$桩)之间的土体将剩余的土压力传递作用于前墙。前墙与群桩间地基土体朝海侧的位移变形,在一定程度上还调用了地基土体的强度,因此,前墙受到的侧向土压力减小了,反过来说,后场地基土体受到前墙的抵挡作用也减小了,这又导致后场地基土体朝海侧位移变形减小。因此,在码头面载与港池开挖过程中,后场地基土体、卸荷平台群桩及前墙与群桩间土体的相互作用非常复杂。从机理分析可知,卸荷平台群桩基础结构的受力变形特性,受码头面载与港池开挖引起的土体水平位移、码头前沿堆载和后场堆载、拉杆及前墙与群桩间地基土体特性、卸荷平台抗弯刚度、灌注桩几何尺寸、灌注桩与卸荷平台的连接型式等众多因素影响。基于该依托工程码头原设计方案的实际情况,对灌注桩弯矩大小与分布有影响的灌注桩与卸荷平台的连接型式、卸荷平台与前墙胸墙间有无间隙,以及码头前沿有无堆载这三个因素,进行了 12 组离心模型试验(表 7.9)。需要交代的是,如表 7.9 所示,模型 M10~M12 的码头堆场前沿 15.5m 区域内未施加 30kPa,但在 15.5m 范围以外有 80kPa 的面载。下面就这 12 组离心模型试验结果展开分析。

1) 卸荷平台与胸墙有无间隙的影响

在模型 M1 和 M2 中,卸荷平台与灌注桩采用刚性连接型式,但模型 M1 中卸荷平台与胸墙按平接处理，即无间隙，而模型 M2 则留有间隙。对应的工作状况，即当码头前沿泥面挖至标高-16.5m、码头面前沿 15.5m 内作用有 30kPa 荷载、15.5m 外作用有 80kPa 荷载，M1 和 M2 这两组模型试验测得的 3 排桩桩身弯矩沿桩身的分布如图 7.44 所示。其总体特征是，靠桩顶附近一定范围内，3 排桩的桩身弯矩为正，而靠桩端附近一定范围内，这 3 排桩的桩身弯矩为负。

对于 3 排桩来说，它们的桩身弯矩零点，即反弯点位置各不相同。2#桩与 3#桩的反弯点标高在-11.5～-14.5m，而 1#桩的反弯点大概在标高-6.5～-7.5m。桩身弯矩沿桩身的分布具有桩顶为刚性连接型式时的典型特征，即桩的最大弯矩（绝对值）在桩顶位置处，2#桩与 3#桩上位置最上的测点 2cip1 和 3cip1 处实测弯矩值为 2000kN·m 左右，1#桩上在这一位置的测点 1cip1 处实测弯矩值为 1500kN·m 左右。上述 3 个测点标高为-1.9m，若根据弯矩分布曲线延伸至桩顶标高 0.0m，则 3 排桩在桩顶处的弯矩达到最大，接近 2500kN·m。最大负弯矩出现在桩身下部，以模型 M2 为例，3 排桩的最大负弯矩值和位置标高依次为 500kN·m（-21.2m）、700kN·m（-20.0m）和 1045kN·m（-21.2m）。从图 7.44 可知，2#桩与 3#桩桩身其他部位处的弯矩都比 1#桩的相应位置处的弯矩要大，因此，总体来说，最陆侧的 3#灌注桩比位于中间和海侧的灌注桩承担了较多的由地基土体侧向移动产生的土体水平荷载。

如前所述，模型 M1 和 M2 的卸荷平台与胸墙之间留有的间隙是不同的，但图 7.44 给出两组模型的 1#桩、2#桩和 3#桩的桩身弯矩分布及大小相差不大，说明卸荷平台与前墙间有无间隙对卸荷平台下三排桩的桩身弯矩大小与分布影响不大。关于卸荷平台与前墙胸墙有无间隙对灌注桩桩身弯矩的影响为何不大，可从以下机理分析，码头面载与港池开挖作用导致土体侧向挤压卸荷平台与群桩和前墙，使它们朝海侧发生位移与变形，一方面，前墙的抗弯刚度小于卸荷平台群桩基础的整体抗弯刚度，另一方面，前墙位移变形受到与锚碇墙相连的拉杆约束，但锚碇墙向海侧的位移及拉杆的伸长在一定程度上削弱了这种约束作用。综合上述两方面的作用，前墙胸墙处朝海侧的位移不一定比卸荷平台发生的位移要小，这就是说，卸荷平台与前墙胸墙间相互挤压作用的可能性不大，这也解释了为何模型 M1 和 M2 试验结果基本相同。

2）卸荷平台与灌注桩连接型式的影响

从上述两组试验结果，发现卸荷平台与灌注桩采用刚接连接型式时，桩顶端弯矩反应强烈，数值最大。基于上述模型试验结果，为了防止桩顶端弯矩值过大而造成的桩身结构破坏，设计提出了卸荷平台与灌注桩采用近似铰接的连接型式，为此，模型 M3 针对这种连接型式开展了设计模拟，试验结果如图 7.45 所示。根据实测弯矩分布曲线向上延伸的趋势，初步预测采用近似铰接时，3 排桩在桩顶处的弯矩在 1500kN·m 左右，明显小于刚性连接时的桩顶处约 2500kN·m 的弯矩值（图 7.44 和图 7.45）。

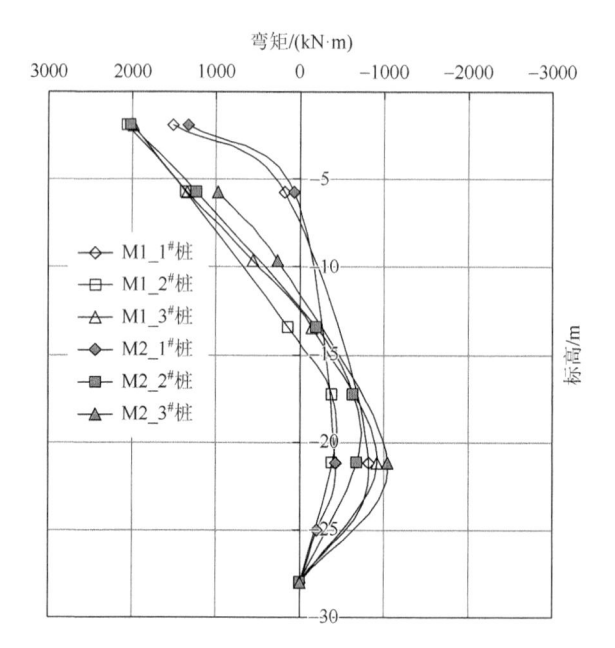

图 7.44　灌注桩与卸荷平台刚性连接时的 3 排桩桩身弯矩分布

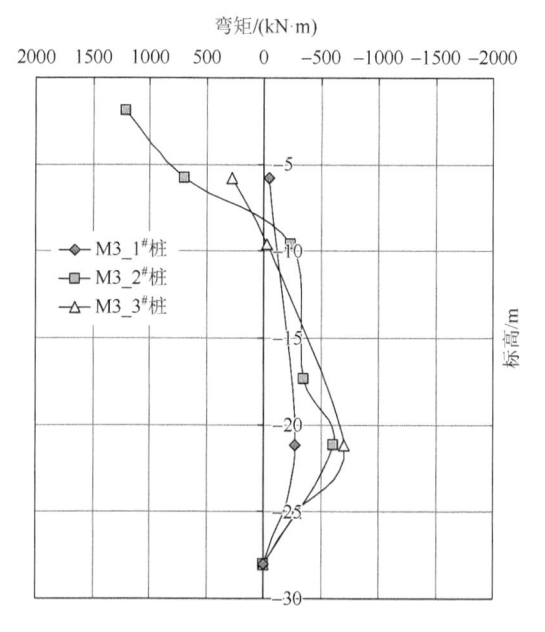

图 7.45　灌注桩与卸荷平台近似铰接时的 3 排桩桩身弯矩分布

当卸荷平台与灌注桩由采用刚性连接改为近似铰接时，桩顶端弯矩值出现了显著减小的趋势，可见，桩顶端处的弯矩跟灌注桩与卸荷平台的连接型式密切相关。由此可以推测，若采用更为理想的铰接，则桩顶端弯矩的弯矩应接近于零。然而，完全理想的铰接模拟不易实现，为此开展了多组平行重复的离心模型试验对理想铰接进行模拟，以掌握这种连接型式情形下灌注桩中的弯矩分布特点，这5组平行重复离心模型试验编号依次为M4～M8。模型M7作为这5组模型试验的典型，测得的3排灌注桩的弯矩分布如图7.46所示，而5组模型试验分别测得的3排灌注桩的各自弯矩分布则分别如图7.47～图7.49所示。

从图7.46所示的3排灌注桩的弯矩分布图可以看到，当卸荷平台与灌注桩为铰接时，3排桩弯矩图均呈S形分布；根据这些弯矩分布曲线的上部趋势，延伸后求得的桩顶端处的弯矩不足250kN·m，可见，桩顶端处的弯矩值已明显减小，非常接近理想铰接时的情形；桩顶端处也不再是弯矩最大点。另外，与刚性连接和近似铰接情形相比（图7.44和图7.45），铰接时的1#桩反弯点位置出现下移（图7.46）。再就是，与刚性连接和近似铰接情形不同的是（图7.44和图7.45），铰接情形中3排桩桩身下部的最大负弯矩绝对值明显大于桩身上部的最大正弯矩值（图7.46）。若从图7.46中3排桩的最大负弯矩绝对值来看，最陆侧的3#桩体所承担土体水平荷载最多、其次是中间的2#桩体、最后是位于海侧的1#桩体，这与图7.44所显示的荷载分配特征相同。

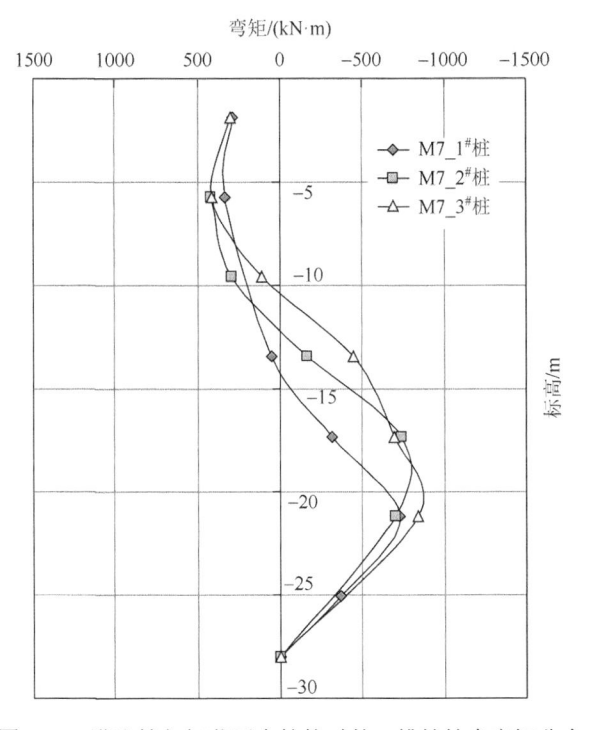

图7.46 灌注桩与卸荷平台铰接时的3排桩桩身弯矩分布

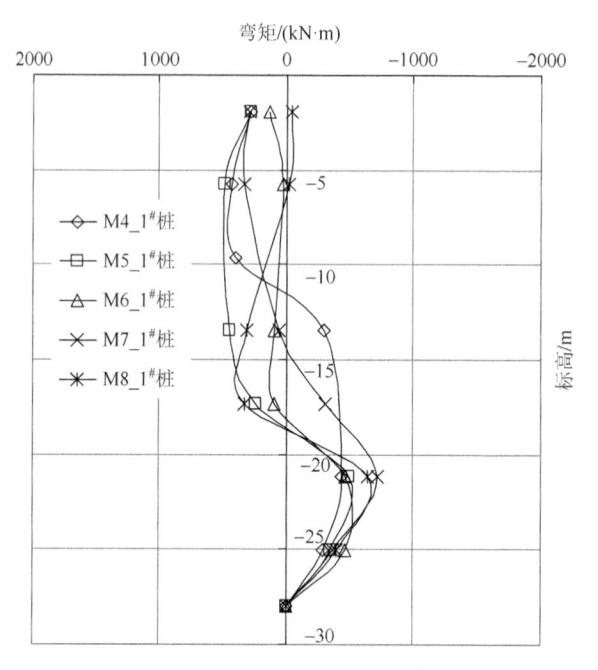

图 7.47　灌注桩与卸荷平台铰接时的 1#桩身弯矩分布

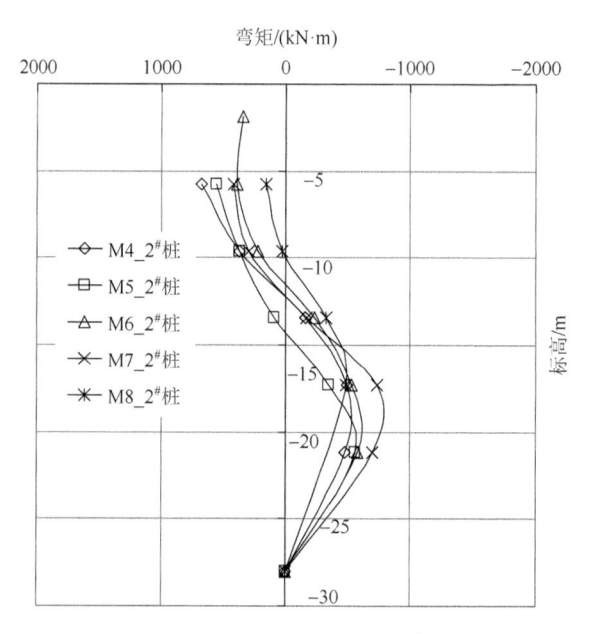

图 7.48　灌注桩与卸荷平台铰接时的 2#桩身弯矩分布

第7章 岸壁码头结构离心模型试验研究

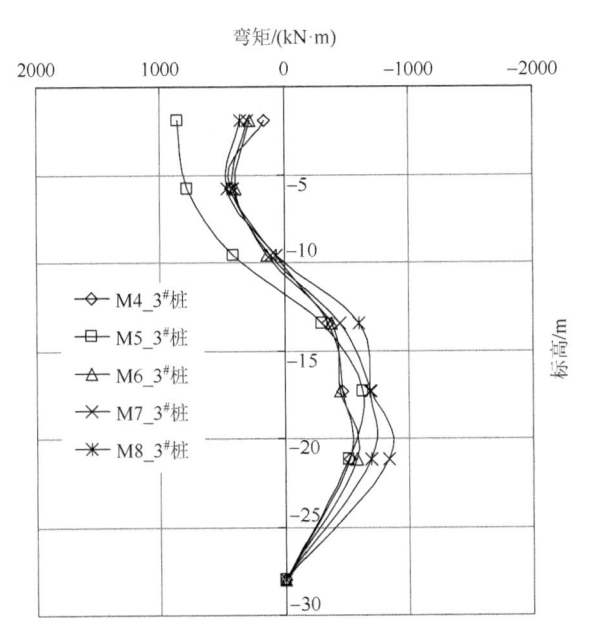

图 7.49 灌注桩与卸荷平台铰接时的3#桩身弯矩分布

下面再讨论比较一下 3 排桩各自的弯矩分布特征：反弯点所在位置标高、最大弯矩值。对照图 7.47～图 7.49 的试验结果，显然，3 排桩的桩身弯矩沿桩身的分布并不相同，1#桩的桩身弯矩分布结果比较复杂、变动较大，2#桩与 3#桩的桩身弯矩分布呈现的整体规律性比较一致。需要说明的是，5 组重复模型所测得的弯矩分布结果实际上显示的是 3 排桩桩身弯矩可能出现的变化范围，而试验结果出现的变动往往与影响试验结果的因素有关。3 排桩中，1#桩在其陆侧，受到 1#、2#桩间土的侧向挤压，在其海侧，受到 1#桩与前墙间土的侧向顶推作用，桩间土体和墙桩间土体的应力状态比其在无结构物时的应力状态复杂得多，因此，1#桩的两侧土体均处于复杂应力状态，致使它的弯矩分布容易出现较大变动,如图 7.47 所示，其分布明显带有不完全规律性。

从图 7.47 可知，1#桩的桩身弯矩反弯点位置大概在标高为–12～–18m 处，最大负弯矩为–750kN·m，对应标高约为–21m，最大正弯矩为 500kN·m，对应标高约为–8m。

从图 7.48 可知，2#桩的桩身弯矩反弯点位置大概在标高为–10～–14m 处，最大负弯矩为–800kN·m，，对应标高约为–18m，最大正弯矩为 700kN·m，对应标高约为–6m。

从图 7.49 可知，3#桩的桩身弯矩反弯点位置标高为–10～–12m 处，最大负弯矩为–900kN·m，对应标高约为–20m，最大正弯矩为 900kN·m，对应标高约为–2m。

综上所述，从模型 M1～M8 这 8 组试验所测得的灌注桩桩身弯矩分布和最大弯矩值等特征指标结果来看，卸荷平台与灌注桩为铰接时的情形与刚接时的情形大不相同：铰接时各排桩的桩身最大正弯矩值显著小于刚接时对应的最大正弯矩值，且最大正弯矩的位置与桩顶端有一段距离，即不在桩顶位置处；桩身最大负弯矩值大于最大正弯矩值；铰接时各排桩的最大负弯矩值也小于刚接时各排桩对应的最大负弯矩值。因此，卸荷平台与灌注桩从刚接变为铰接时，能明显调整 3 排灌注桩桩身弯矩分布，改善卸荷平台与灌注桩连接处的受力状况并减小其弯矩值，也有效减小了最大正弯矩值和最大负弯矩值。

3）码头前沿堆载作用的影响

为了了解码头面前沿 15.5m 范围内 30kPa 面载对卸荷式板桩码头各构件的受力反应，开展了模型 M10 和 M11 两组试验，模型中卸荷平台与灌注桩之间为铰接，但码头前沿 15.5m 区域内未施加 30kPa 面载。图 7.50 为这两组模型中 3 排桩桩身弯矩沿桩身的分布曲线，将其与图 7.47 对照，可以看到，与码头前沿有 30kPa 面载时试验结果相比，无 30kPa 面载时各排桩桩身弯矩的分布有所不同：3 排桩沿桩身的桩身弯矩大部分为负值，2#桩与 3#桩的桩身最大负弯矩达 1100kN·m，其位置标高为-17～-18m，而桩身靠近桩顶附近一小部分的弯矩为正值，且正弯矩值都较小，3#桩的最大正弯矩为 600kN·m，对应标高约为-6m，其他桩的最大正弯矩均小于 400kN·m。可见，码头前沿 15.5m 区域内是否有 30kPa 面载作用对灌注桩桩身弯矩的分布和大小具有一定的影响。

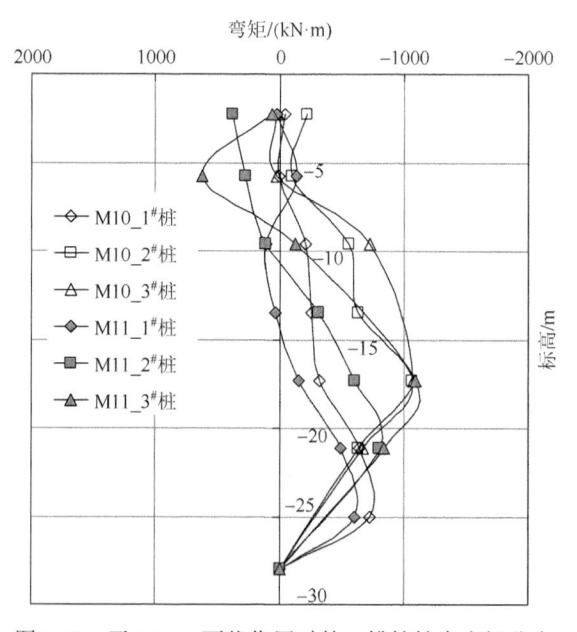

图 7.50 无 30kPa 面载作用时的 3 排桩桩身弯矩分布

从以上 11 组模型试验所得到的桩身弯矩试验结果可以看出，卸荷平台与前墙间有无间隙对卸荷平台群桩的桩身弯矩大小与分布影响不大；卸荷平台与灌注桩为铰接连接型式时能有效减小桩身的最大正弯矩和最大负弯矩，对改善卸荷平台与灌注桩连接接头的受力状态十分有利；与无堆载作用情形相比，码头前沿作用有面载时，能减小卸荷平台群桩基础桩身的最大负弯矩值，在一定程度上增强灌注桩的遮帘作用。

2. 前墙弯矩分布

前墙上作用的荷载主要是海陆两侧的土压力和拉杆拉力。在港池开挖过程中与码头面载作用下，前墙泥面线以上墙体部分不断向海侧产生位移和变形，拉杆内力不断增大，泥面线以上的土体作用在前墙陆侧的土压力，反而因前墙向海侧的位移而逐渐减小；在这一过程中，前墙泥面线以下至临近墙底端墙体部分有向陆侧产生位移的趋势，致使墙端陆侧承受的土压力很大，这样，墙体上部分的正弯矩不断增大，墙体下部分的负弯矩也不断增大。

图 7.51～图 7.53 分别是相应刚接、铰接和铰接但无 30kPa 面载这 3 种情形的前墙单宽弯矩图。从曲线形式看，这 3 种情况的前墙弯矩分布基本相同，呈 S 形，

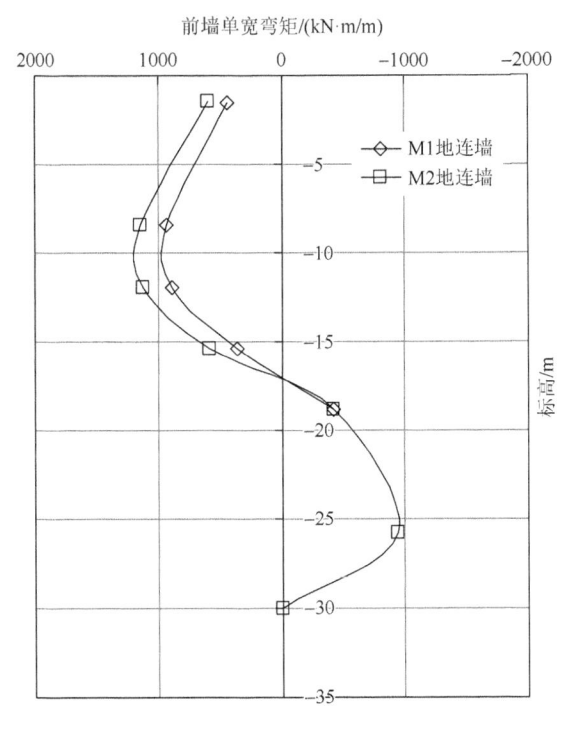

图 7.51 卸荷平台与灌注桩刚接时前墙弯矩图

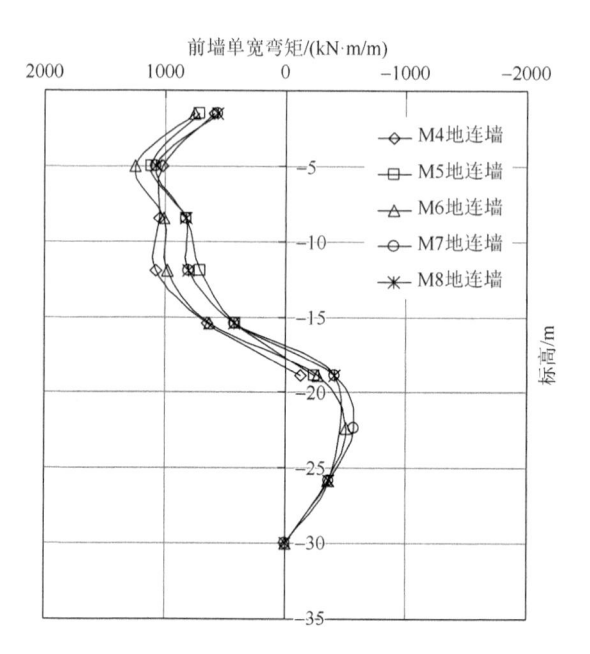

图 7.52　卸荷平台与灌注桩铰接时前墙弯矩图

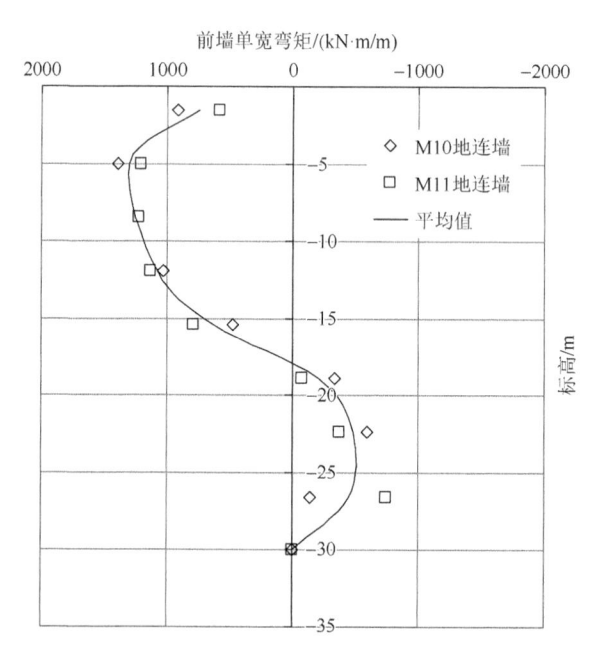

图 7.53　卸荷平台与灌注桩铰接但无 30kPa 面载时的前墙弯矩图

即在墙上半部分在海侧受拉，弯矩为正值，而在墙的下半部分在陆侧受拉，弯矩为负值。弯矩图反弯点位置标高在 $-17\sim-18$m，即在前沿泥面线以下 $0.5\sim1.5$m 范围内。

采用刚接连接型式时前墙最大单宽正弯矩为 1200kN·m/m，对应位置标高在 -10m 上下，最大单宽负弯矩为 -1000kN·m/m，对应位置标高在 -26m 上下，弯矩反弯点标高在 -17.0m 上下。采用铰接连接型式时前墙最大单宽正弯矩为 1260kN·m/m，对应位置标高在 -5m 上下，最大单宽负弯矩约为 -600kN·m/m，对应位置标高在 -22m 上下，弯矩反弯点标高在 -17.5m 上下。铰接时但码头前沿 15.5m 范围内无 30kPa 荷载作用时，前墙最大单宽正弯矩为 1400kN·m/m，对应位置标高在 -5m 上下，最大单宽负弯矩接近 -700kN·m/m，对应位置标高在 -26m 上下，弯矩反弯点标高在 -18.0m 上下。

卸荷平台与灌注桩为刚接时，卸荷平台结构整体刚度比铰接时大，卸荷平台群桩基础抵挡地基土体侧向移动能力更强，即更能有效遮挡后场地基土体的土压力，使传递作用于前墙的土压力数值减小，因此，前墙对应刚接这一情形时，其最大正弯矩值比铰接时小，但最大负弯矩值明显大于铰接时的最大负弯矩。同为铰接时，卸荷平台上面的码头面前沿 15.5m 范围内无 30kPa 面载作用时，前墙中的最大正弯矩值反而比有 30kPa 面载作用时大，表明面载作用在一定程度上有助于卸荷平台基础结构作用的发挥。

3. 前墙陆侧土压力分布

当港池开挖、码头面前后场施加面载后，前墙和卸荷平台群桩基础必然会受到地基土体侧向土压力的作用，墙体上部发生向海侧的位移，墙后土压力值则处于主动土压力与静止土压力之间，但卸荷平台下的群桩存在约束了卸荷平台后侧地基土体的水平位移，这样，若前墙陆侧的土体进入主动土压力状态，由于处于极限土压力状态的楔形土体因灌注桩的存在而受限，作用于前墙的主动土压力值也相应较小。而前墙下部尤其是底端部分则因墙体上部前倾而发生向后的位移，这样，在前墙下部某处的水平位移为零，该位移零点以下的墙体陆侧土压力值将大于主动土压力值，而介于静止土压力值与被动土压力值之间。还应该注意到，前墙为柔性结构物，下部因嵌入泥面线以下的土层中而受限，上端因受锚杆约束而受限，墙体变形后形状不是一个简单的平面，所以可能会引起墙后土体上下两点之间产生相对变形，导致所谓的拱效应：在墙后土体相对变形较大部位处，土压力出现重分布，即墙后土体软弱、墙体变形大的部位受到的土压力值较小，墙后土体坚硬、墙体变形小的部位受到的土压力值较大。

影响前墙陆侧土压力分布的还有前墙和卸荷平台群桩竖向侧面的摩擦，它影响到墙桩之间土体自重的竖向传递，导致这部分土体竖向应力比无侧向约束时的自重应力计算值小，从而对作用于前墙的土压力数值也造成一定的影响，这种影响称为竖向拱效应。另外，码头地基由多个土层构成，从上至下依次为粉细砂层、淤泥质黏土层、细中砂层、FN 粉质黏土夹层和细中砂层，它们不仅厚度各不相同，而且强度和变形特性有一定的差异，故在堆载作用与港池开挖过程中表现出的侧向变形特性存在很大差异，这些也会对前墙陆侧作用的土压力的分布构成一定的影响。

图 7.54～图 7.57 分别为对应 4 种不同情形模型试验测得的前墙陆侧土压力分布结果。图 7.54 是模拟卸荷平台与灌注桩刚接和近似铰接情形的 3 组模型 M1～M3 前墙陆侧土压力分布结果，它们的分布大体一致：随墙后地基土体深度加深而增大；在标高–12.7m 和–17.3m 两测点处，总土压力各出现一个小值点。根据前面的分析，它们与墙体挠度最大值点和土体分层有关。图 7.55 是模拟卸荷平台与灌注桩铰接情形的 5 组模型 M4～M8 前墙陆侧的侧向土压力分布，它们的分布也相当规则：随墙后地基土体深度加深而增大；在标高–12.7m 和–17.3m 两测点处，总土压力各出现一个小值点，这可能还是与土体分层有关。图 7.56 是模拟卸荷平台与灌注桩铰接但码头前沿 15.5m 范围内无面载情形的两组模型 M10 和 M11 前墙陆侧的侧向土压力分布，其总土压力随墙后地基土体深度加深而增大，在标高–10.4m 测点处出现小值点，这可能与墙体挠度最大值点有关。图 7.57 是单锚情

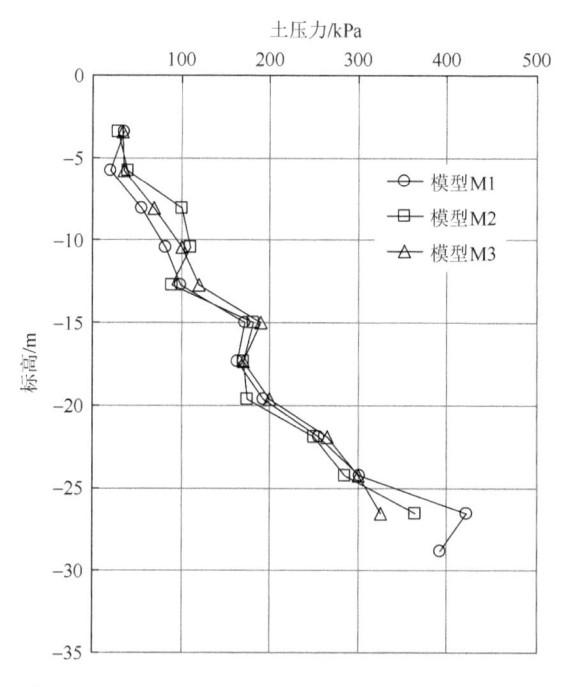

图 7.54 灌注桩与卸荷平台刚接和近似铰接时的前墙陆侧土压力分布

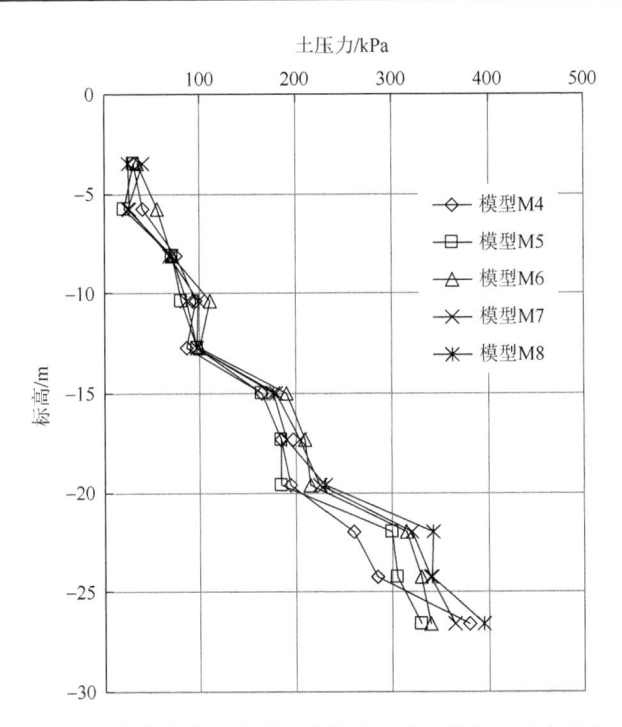

图 7.55 灌注桩与卸荷平台铰接时的前墙陆侧土压力分布

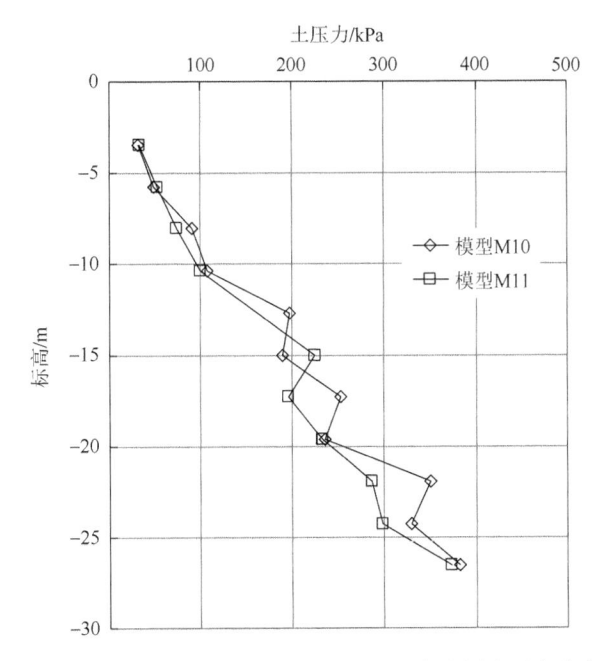

图 7.56 灌注桩与卸荷平台铰接时的前墙陆侧土压力分布
（码头前沿 15.5m 范围内无 30kPa 面载）

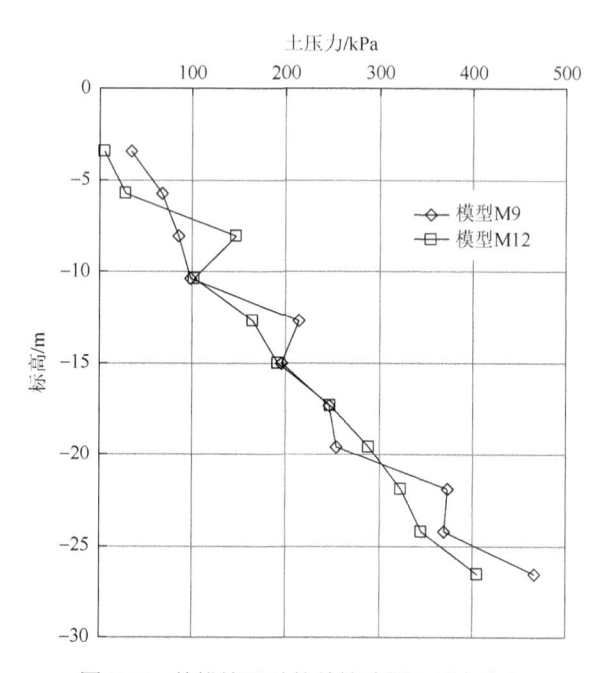

图 7.57　单锚情形时的前墙陆侧土压力分布

形的两组模型 M9 和 M12 前墙陆侧的侧向土压力分布，由于无卸荷平台结构，其总土压力随墙后地基土体深度加深近似线性增大，在模型 M12 中标高-10.4m 和-15.0m 测点处出现小值点，它们与墙体挠度最大值点和土体分层有关。

图 7.58 是 4 种情形下前墙陆侧的侧向土压力分布比较，每种情形的土压力分布是多组模型试验结果的平均值。从图中大体可以观察到，单锚情形时的土压力值最大，铰接但前沿 15.5m 内无面载的情形次之，其次是铰接情形，刚接情形时的土压力值为最小。而这种土压力数值上的差异在墙体下半段较为突出，特别是标高-15.0m 以下部分。根据土压力理论，墙后土压力值与墙体相对位移量大小密切相关，对于墙体向墙内移动这一情况，墙后土体产生的相对位移越大，激发出的侧向土压力越大。在这 4 种情形中，前墙下部的位移量是不同的，其中单锚情形墙体下部向陆侧的位移量最大，铰接但前沿 15.5m 内无面载情形次之，其次是铰接情形，刚接情形最小。

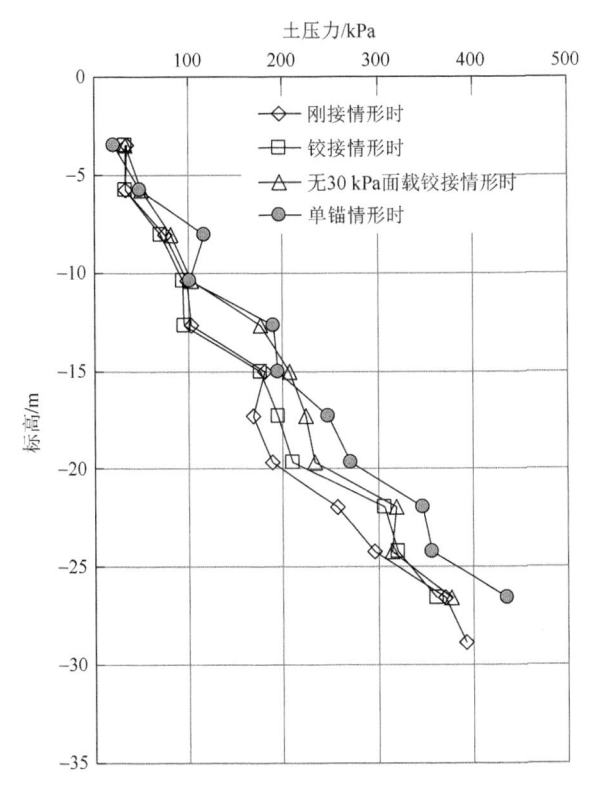

图 7.58　4 种情形下的前墙陆侧土压力分布比较

4. 拉杆受力情况及分析

拉杆是卸荷式板桩码头结构中的重要构件，它约束前墙上端的位移，从而控制前墙的受力变形特性并影响卸荷平台群桩基础遮帘效应的发挥。在码头面荷载作用与港池开挖过程中，前墙、锚碇墙及拉杆三者间彼此牵连、共同作用，因此，影响拉杆力发挥的因素包括拉杆自身抗拉刚度、前墙抗弯刚度和入土深度、锚碇墙抗弯刚度和锚固深度、地基土层特性、码头面堆载大小、前墙前沿泥面和水位标高位置及卸荷平台整体刚度等，其作用机理比较复杂。另外，拉杆力在码头施工与运营过程中发展，还受拉杆初始张紧程度、拉杆自重挠曲及拉杆之间的协同工作特性等因素的影响。

鉴于影响拉杆内力的因素众多，为了充分考虑它们的变动性，最有效的一条途径就是对同一种情况开展多组试验，通过对多组重复试验结果的分析来把握拉杆内力变化规律和变动区间。另外，本次拉杆模型设计与测试在遮帘式板桩码头结构模型试验的基础上（李景林等，2007）又进行了较大改进。表 7.13 列出了卸荷平台与灌注桩铰接情形的 5 组平行重复模型试验实测的拉杆内力值。在这些试验中，每组模型都布置有 3 根测试拉杆，即表 7.13 中标注的第 1 根、第 2 根和第 3 根拉杆；每根测试拉杆又设有 3 个测点，一个测点距前墙锚着点约为 11.5m，即临海侧，一个测点距锚碇墙锚着点 11.5m，即临陆侧，第 3 个测点介于前两个测点的中点，具体位置可参见图 7.41（b）。如表 7.13 所示，可以看到，同一组模型所布置的 3 根测试拉杆，其内力测值不尽相等，即它们的拉力发挥程度不完全一致。以第 1 根和第 2 根测试拉杆上临海侧的两个测点 1JD1 和 2JD1 来比较，同一组模型内的拉力差为其均值的 6%～15%，以第 2 根和第 3 根测试拉杆上临陆侧的两个测点 2JD3 和 3JD3 来比较，两者拉力差为其均值的 5%～19%。另外可以注意到，同一根拉杆不同部位处的拉力也不尽相同，最大测值或最小测值与均值之差与均值之比，最小为 3.5%，最大可达 25%，3 组模型（模型 M4～M6）平均值达 14.7%。而且有这样一个现象，就表 7.13 中拉杆内力实测值来看，拉杆中部拉力比其两端中的拉力小。

表 7.13　卸荷平台与灌注桩铰接情形的 5 组模型拉杆内力实测值（单位：kN）

测试拉杆	第 1 根	第 2 根			第 3 根	平均值
测点位置	临海侧	临海侧	中点	临陆侧	临陆侧	
模型	1JD1 测点	2JD1 测点	2JD2 测点	2JD3 测点	3JD3 测点	
M4	543	580	373	430	519	508
M5	489	517	456	526		494
M6	604	524	393	453	475	512
M7	553		386	410	476	476
M8	563		505	552	421	504

将每组模型的 3 根测试拉杆中的内力测值平均，再将相同结构型式的平行重复模型试验结果取平均值，其结果如表 7.14 所示，再来分析卸荷平台与灌注桩连接型式和无卸荷平台结构对拉杆内力发挥影响，结果发现，刚接情形中拉杆力最小，为 424kN，铰接情形中拉杆力为 499kN，铰接但码头前沿 15.5m 范围内无面载这种情形中拉杆力为 563kN，无卸荷平台结构即单锚结构情形中拉杆力最大，为 609kN。从中可以发现，设有卸荷平台结构的板桩码头结构与无卸荷平台结构的单锚式板桩码头结构相比，其拉杆力均有不同程度的减小，而减小程度与卸荷平台结构的整体刚度有关，整体刚度越高，减小程度越显著。

上述拉杆力与板桩码头结构型式及卸荷平台与灌注桩连接型式的相关性，在某种意义上揭示了卸荷平台结构的侧向卸荷效果和工作机理：设置于码头地基土体中的卸荷平台结构，抵挡了一部分土体侧向产生的推力，减小了作用于前墙上的侧向荷载，从而减轻了对锚碇墙-拉杆系统的拖曳作用；卸荷平台结构的整体刚度与平台和群桩之间的连接型式相接相关,刚接时,其群桩基础抵抗地基土体水平向挤压的整体刚度高于铰接时的整体刚度,故具有更强的抵抗由码头面载与港池开挖引起的地基土体侧向变形的能力,发挥出更显著的侧向卸荷效果。

5. 码头结构位移及整体稳定性状

卸荷式板桩码头结构和地基主要承受码头面载和港池开挖两方面的作用。地基土层竖向受压后侧向变形,由于前墙海侧凌空面的存在,地基土体在水平方向上向海侧产生变形和位移,前墙、卸荷平台群桩基础和锚碇墙受力一起朝海侧方向的水平位移。因此,卸荷式板桩码头结构的水平位移是码头结构与地基土层受荷载和开挖面两边界条件约束下相互作用的结果,位移的大小不仅与地基土层的土性有关,而且与码头结构中各构件的刚度及内在联系型式有关。例如,平台与灌注桩之间采用刚接型式时,卸荷结构的抵抗土体侧向挤压的整体刚度就要比采用铰接型式时的整体刚度大,因此,理论上,刚接时前墙水平位移小于铰接时前墙发生的水平位移。

这里需要指出的是,相同结构型式的平行重复模型,它们在同一测点处的位移量不尽相等,存在一定的差异,但差值并不大,将这些测量值取平均后更能从总体上反映测点处的位移情况,因此,对应于每种结构型式板桩码头结构,表 7.14 中给出了前墙、卸荷平台和锚碇墙在锚着点标高位置处(0.9m)的水平位移值。3 个测点处水平位移情况依次为,前墙水平位移最大,其次是卸荷平台,最后是锚碇墙。其次,卸荷平台与灌注桩采用不同连接型式及无卸荷平台结构的板桩结构模型试验结果如下:刚接时 3 个测点位移分别为 66mm(前墙)、56mm(平台)和 48mm(锚碇墙);铰接时 3 个测点位移分别为 79mm(前墙)、74mm(平台)和 51mm(锚碇墙);而对于单锚结构则为 115mm(前墙)和 85mm(锚碇墙)。可见,设置卸荷平台基础后,板桩码头前沿的水平位移量明显减小,因此,卸荷平台结构有助于限制码头水平位移在允许的使用范围内(Tsinker,1997),确保码头功能正常发挥。

关于码头整体稳定性状,它也主要体现在码头各部分的位移状况上,尤其是码头前沿前墙和胸墙的水平位移。无卸荷平台结构的单锚式板桩码头结构模型,由于前墙位移偏大,停机检查发现,码头前沿区域有开裂(模型 M9 较为明显)。而设有卸荷平台结构的板桩码头模型在试验过程中及在停机后,其整体性状完好,没有观察到开裂等不稳定的迹象,因此,设置有卸荷平台结构的板桩码头结构在工作荷载作用下的位移稳定性状良好,即码头结构整体稳定。

6. 卸荷平台群桩基础的作用试验

在前面的分析讨论中,已提及卸荷平台群桩基础的作用。受码头面荷载和港池开挖两方面的作用,地基土体总是朝海侧方向产生变形和位移,在前墙两侧面形

表 7.14 模型试验结果汇总

模型	卸荷平台与灌注桩连接型式	胸墙与卸荷平台间距	30kPa 面载	前墙最大单宽正负弯矩(kN·m/m)	1#桩最大正负弯矩(kN·m)	2#桩最大正负弯矩(kN·m)	3#桩最大正负弯矩(kN·m)	锚杆拉力/kN	前墙位移/mm	卸荷平台位移/mm	锚碇墙位移/mm
M1	刚接	无间隙	有	950 (−10.0) —	2500 (−0.0) −815 (−21.2)	2500 (−0.0) −400 (−19.0)	2500 (−0.0) −915 (−21.2)	424	66	56	48
M2	刚接	有间隙	有	1150 (−10.0) −940 (−25.8)	2500 (−0.0) −425 (−21.2)	2500 (−0.0) −700 (−20.0)	2500 (−0.0) −1045 (−21.2)				
M3	近似铰接	无间隙	有	790 (−10.0) −990 (−24.0)	1500 (−0.0) −280 (−21.2)	2500 (−0.0) −610 (−21.2)	2500 (−0.0) −710 (−21.2)				
M4	铰接	无间隙	有	1100 (−5.0) −450 (−22.3)	470 (−8.0) −450 (−21.2)	685 (−5.8) −550 (−19.0)	450 (−5.8) −550 (−21.2)	499	79	74	51
M5	铰接	无间隙	有	1115 (−5.0) −350 (−20.0)	500 (−8.0) −510 (−21.2)	570 (−5.8) −570 (−20.0)	860 (−1.9) −630 (−17.3)				
M6	铰接	有间隙	有	1260 (−5.0) −530 (−22.3)	140 (−16.0) −530 (−21.2)	400 (−5.8) −620 (−20.0)	400 (−5.8) −600 (−21.2)				
M7	铰接	有间隙	有	1080 (−5.0) −600 (−22.3)	350 (−5.0) −730 (−21.2)	415 (−5.8) −800 (−19.0)	420 (−5.8) −880 (−21.2)	563	84	77	54
M8	铰接	有间隙	有	1080 (−5.0) −460 (−21.0)	350 (−16.0) −650 (−21.2)	160 (−5.8) −500 (−17.0)	460 (−5.8) −740 (−20.0)				
M10	铰接	有间隙	无	1400 (−5.0) −600 (−22.3)	−760 (−25.0) —	−1100 (−17.3) —	−1100 (−17.3) —				
M11	铰接	有间隙	无	1250 (−8.5) −750 (−25.8)	120 (−9.6) −600 (−25.0)	400 (−1.9) −810 (−21.2)	620 (−5.8) −1100 (−17.3)				
M9	无卸荷平台结构		有	2050 (−8.5) −1100 (−22.3)				609	115		85
M12	无卸荷平台结构		有	2300 (−8.5) −750 (−25.8)							
M18	铰接	有间隙	有	1250 (−8.5) −1000 (−22.3)	1250 (−6.0) −2600 (−23.1)	350 (−6.0) −1550 (−18.9)					
M20	铰接	有间隙	有	1200 (−8.5) −950 (−22.3)	1100 (−6.0) −2600 (−23.1)	260 (−2.6) −1460 (−17.3)		536	82	76	54
M19	无卸荷平台结构		有	1760 (−8.5) −2500 (−22.0)				605	109		83

注: 括号内为最大正负弯矩点所对应的标高值,单位为 m。

成侧向土压力差，但设置卸荷平台群桩基础后，一方面能有效地将码头面前沿上覆荷载传递到地基深处，减小码头前沿荷载引起的作用在前墙上的土压力，另一方面灌注桩群桩基础在一定程度上限制了地基土体侧向变形，这样，一部分侧向土压力由卸荷平台结构承担，前墙受到的土压力也因此减小，前墙水平位移变小，墙体弯矩得以控制在合理的范围内。

为了给上述卸荷平台群桩基础的工作机理分析提供依据，充分显示卸荷平台与群桩在这种新型板桩码头结构中的作用与贡献，先后进行了 3 组无卸荷平台与群桩的板桩码头模型试验，前两组（模型 M9 和 M12）是结合原设计方案的研究，在 1100mm×400mm×550mm 模型箱内进行试验，第 3 组（模型 M19）则是结合最终修改设计方案的研究，在 1000mm×400mm×950mm 深模型箱内进行了试验。下面先简要介绍一下模型 M9 和 M12 的试验结果，它们所模拟的帮助码头规模与原设计方案中卸荷式板桩码头规模相当。

模型 M9 在模拟施工与运营过程中，在离心加速度升至 $50\sim62g$ 时，一些模型拉杆的内力过大致使锚碇连接装置发生塑性变形，在离心加速度达到 $68g$ 时，连接装置破坏，多根拉杆滑掉，码头结构整体开始出现破坏。在开展模型 M12 试验之前，对模型拉杆的锚碇连接装置进行了强化处理，在试验过程中，未出现拉杆滑落和整体破坏现象，但码头运营期中前墙承受的弯矩非常大，图 7.59 给出其前墙单宽弯矩图，最大单宽正弯矩接近 $2300\text{kN}\cdot\text{m/m}$（标高–10m 处）。从表 7.14

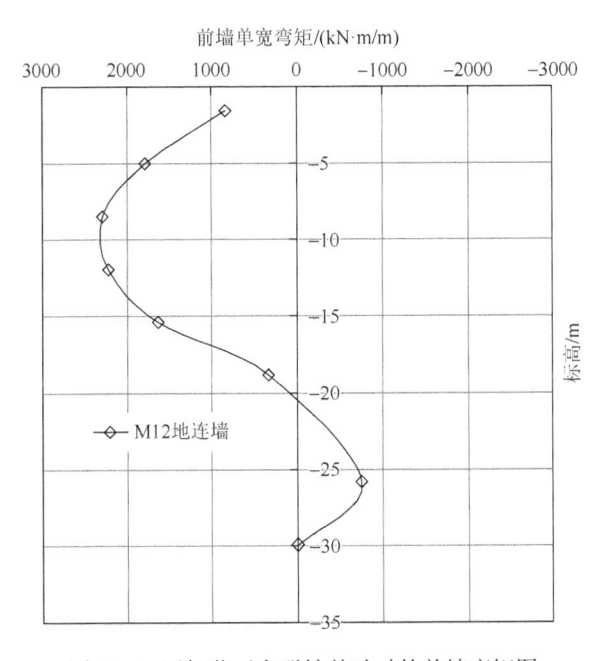

图 7.59 无卸荷平台群桩基础时的前墙弯矩图

模型试验结果汇总表可知，这两组模型测得的单根拉杆力达 610kN，码头前沿位移量达 115mm，由此可见，就原型 18#、19# 泊位的码头地基条件而言，建设深水大吨位泊位，采用无卸荷平台结构的板桩码头结构肯定是难以保持稳定的。换言之，要确保深水大吨位泊位板桩码头结构和码头整体性状稳定，设置卸荷平台结构是一种有效途径，它改善了前墙受力的作用状况，使墙体最大正负弯矩值明显减小、锚杆拉力减小，有效限制了码头前沿位移，使码头整体稳定性得到提高。

7.3.5 修改设计方案板桩码头受力变形特性

修改设计方案是针对 16m 轨道轮距需要提出的，它与原设计方案存在如下不同：①卸荷平台宽度由原来的 13.4m 缩短至 9.65m，厚度则由原来的 0.7m 增至 1.0m，增强了卸荷平台抗弯刚度；卸荷平台下的群桩基础由原来的 3 排减为 2 排灌注桩，桩端的标高由原来的-28.0m 加深至-36.0m，即桩长比原设计方案中的灌注桩加长了 8m，靠海侧一排灌注桩的截面尺寸为 1.2m（宽度）×1.6m（抗弯厚度），靠陆侧另一排灌注桩则为 1.2m（宽度）×1.2m（抗弯厚度），因此，2 排矩形截面灌注桩的抗弯刚度均高于原方案中直径为 1.2m 的圆截面灌注桩。②码头前沿 21.5m 范围以内为 30kPa 均布面载，21.5m 范围以外为 80kPa 均布面载，相对而言，扩大了 30kPa 堆载区域，而将 80kPa 堆载区域向后推移了 6m。③拉杆位置标高在 0.5m 处，比原来低了 0.4m。

因为修改设计方案在原设计方案上做了较大的调整，所以对这一修改设计方案卸荷式板桩码头受力变形特性开展了 5 组离心模型试验，即模型 M16~M20。其中模型 M19 与其他 4 组模型不同，它没有设置卸荷平台群桩基础，因此，它实际模拟了一种同等规模的单锚式板桩码头结构。至于其他 4 组模型试验，完全是针对修改方案所开展的重复平行模型试验。通过单锚式（模型 M19）与分离卸荷式（模型 M16~M18 和模型 M20）两种板桩码头结构的性状比较，可以再次显示卸荷平台群桩基础的卸荷作用和效果。

前面原设计方案试验研究结果已经发现，卸荷平台和灌注桩之间采用铰接型式能够减小桩端部弯矩，对灌注桩的受力较为有利，因此，铰接型式仍为修改设计方案所采纳，4 组平行重复模型试验都是模拟铰接这一情形。

下面主要报道两组最典型的重复模型试验结果，即模型 M18 和 M20 中卸荷式板桩码头结构的工作性状，同时，将其与模型 M19 所模拟的单锚式板桩码头工作性状进行比较。

1. 灌注桩弯矩分布

图 7.60 为最终修改设计方案的 2 排灌注桩的典型桩身弯矩分布图。首先注意

到，在模型 M18 和 M20 中，同一排桩的弯矩分布几乎一致，表明离心模型试验的重复性相当高。其次可以看到，海陆两排桩的弯矩分布相差很大，海侧一排桩（1#桩）的最大正负弯矩（这里指绝对值）都明显超出陆侧一排桩（2#桩）的对应值，具体情况如下：1#桩的最大正负弯矩分别为1200kN·m 和–2700kN·m，对应标高为–6.0m 和–23.0m；陆侧一排桩（2#桩）的最大正负弯矩分别为 400kN·m 和–1500kN·m，对应标高为–2.0～–6.0m 和–18.0m 左右。通过计算发现，海陆两排桩的截面抗弯模量不同，两者之比值 $EI_1 / EI_2 \approx 2.4$，1#海侧一排桩截面抗弯模量大，故在抵抗横向荷载时，其分担的荷载比 2#陆侧一排桩多。最后，1#桩的反弯点标高在–12.5m 左右，2#桩的反弯点标高在–7.0m 左右，即海侧一排桩反弯点位置比陆侧一排桩的低，这与 2 排桩的最大负弯矩点位置所呈现的特征一致：1#海侧桩最大负弯矩点标高为–23.0m、2#陆侧桩则为–18.0m 左右，这也与前面原设计方案模型试验结果呈现的规律一致。总的来说，海侧桩比陆侧桩不仅承担荷载多，而且其荷载作用位置深。

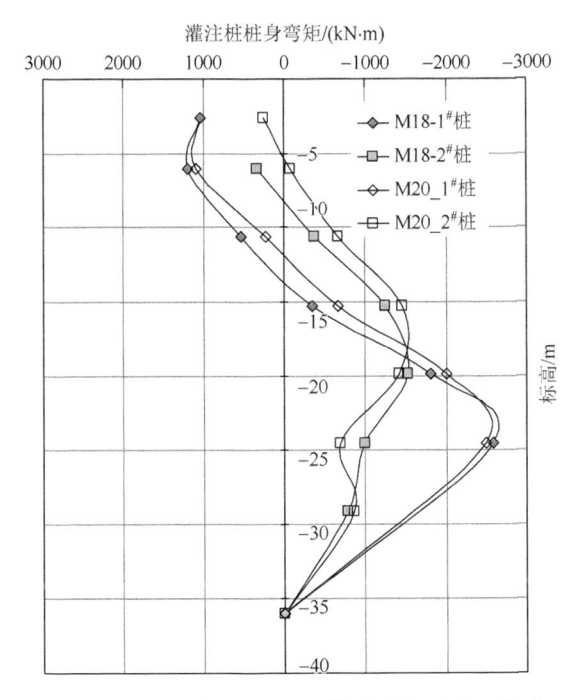

图 7.60 修改设计方案中 2 排灌注桩的典型桩身弯矩分布（模型 M18 和 M20）

鉴于修改设计方案中的 2 排桩需要承担原设计方案中 3 排桩的荷载，这就使得修改方案中灌注桩桩身最大正负弯矩数值都比较大，因此，采用长度加长、抗弯截面模量增大的灌注桩设计是相当切合实际的。

2. 前墙弯矩分布

图 7.61 为最终修改设计方案中模型 M18 和 M20 的前墙弯矩图,由这两组模型试验测得的前墙弯矩分布与数值大小基本相同。从图 7.61 可知,地连墙墙身最大单宽正弯矩约为 1250kN·m/m,对应位置标高为–8.5m 上下,最大单宽负弯矩接近–1000kN·m/m,位置标高为–22.3m,反弯点位置标高在–17.2m 上下。与原设计方案铰接连接型式时的前墙弯矩分布相比,新方案中前墙最大正弯矩值增加不多,但所对应位置比原方案下移了约 3.5m。新旧方案的弯矩图中的反弯点位置相同,但是新方案的最大单宽负弯矩值比原设计方案高出约 400kN·m/m,其对应位置下移约 1m。综上所述,新方案卸荷平台 2 排灌注桩抵挡由码头堆载与港池开挖引起土体的侧向土压力的遮帘效果比原设计方案 3 排灌注桩的遮帘效果弱,从而导致传递到前墙上的侧向土压力的比例要大;与此同时,由于码头前沿 21.5m 范围工

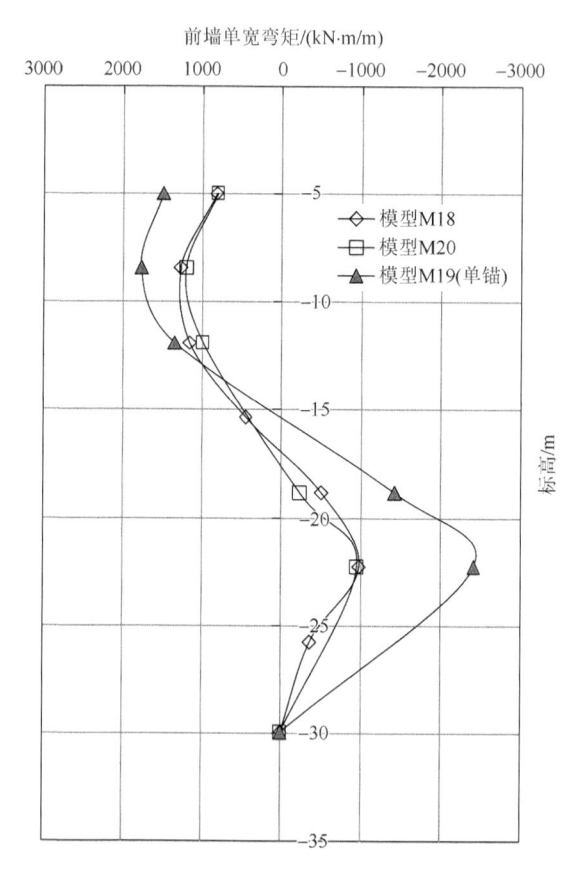

图 7.61 最终修改设计方案中前墙弯矩图

作面载为30kPa，比原设计方案设计荷载要小，这种此消彼长虽然使得修改设计方案的拉杆力增大了，但是前墙的最大正弯矩值未发生明显增大。

3. 前墙陆侧土压力分布

图7.62为前墙陆侧土压力分布，两组模型试验结果所呈现土压力分布规律具有一定的分散性，这一特性与原设计方案模型试验中测得的土压力结果相同。但总压力值都是随墙后地基土体深度加深而增大。

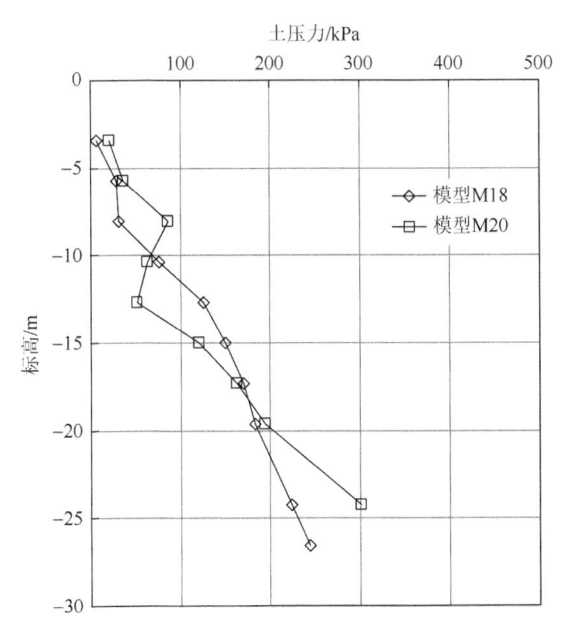

图7.62 修改设计方案中前墙陆侧土压力分布

4. 拉杆受力情况及分析

根据模型M18和M20中拉杆力的测试结果，单根拉杆力在511~615kN，均值为536kN（表7.14），比原设计方案铰接情形时拉杆力高出约10%。

5. 码头结构位移及整体稳定性状

根据模型M18和M20的前墙、卸荷平台群桩基础及锚碇墙的水平位移试验结果，平均后得到的最终修改设计方案中前墙、卸荷平台及锚碇墙在锚着点处的水平位移分别为82mm、76mm及52mm（表7.14），与原设计方案铰接情形时对应的水平位移值相比，它们的值略有所增大，但码头结构整体表现稳定，无不稳定迹象。

6. 卸荷平台结构的作用

如前所述，模型 M19 模拟了无卸荷平台结构的地连墙板桩码头结构设计方案，在这组模型试验过程中，出现了与模型 M9 相类似的现象，即在离心加速度升至 50g 后，个别拉杆的连接装置因拉力过大而发生塑性变形，有两根随后破坏，从锚碇处滑落。其前墙单宽弯矩分布如图 7.61 所示，结果发现，与模型 M18 和 M20 的前墙单宽弯矩分布相比，模型 M19 前墙的最大单宽正负弯矩值远远大出有卸荷平台结构情形时的对应值。从表 7.14 还可以看到，无卸荷平台结构的单锚板桩码头结构中的拉杆力和前墙在锚着点处的水平位移均比较大。可见，设置卸荷平台群桩基础可明显减小前墙弯矩和位移（徐光明等，2010）。

从表 7.14 所列的前墙锚着点水平位移可知，对于最终修改设计方案而言，设有卸荷平台群桩基础结构后，在承受港池开挖和设计面载两方面的作用下，码头前墙位移 82mm。对于此规模的板桩码头和使用要求，水平位移限制在 100mm 以内，约为 $0.005H$（Tsinker，1997），其中 H 为码头凌空面高度，即 $H = 20.5$m。对比无卸荷平台结构的单锚板桩码头的位移性状，设置卸荷平台结构才能控制锚着点水平位移在允许范围内，使码头结构保持整体稳定，满足在含有工程性质较差土层的土质地基上深水大泊位的建设需要。

7.3.6 分离卸荷式板桩码头工作性状

围绕卸荷式地连墙板桩码头结构的原设计方案和最终修改设计方案，开展了一系列大型土工离心模型试验研究，取得如下的初步认识。

（1）相同条件的离心模型试验结果展现了良好重复性，证明了土工离心模拟这一研究手段的真实可信性。

（2）卸荷式地连墙板桩码头结构在承受港池开挖和设计面载两方面的作用下，能保持整体稳定，码头水平位移和码头构件弯矩特征值均在设计允许范围内，能满足含有工程性质较差土层的土质地基上深水大泊位的建设需要。

（3）与无卸荷平台的单锚板桩结构相比，设有卸荷平台群桩基础结构后，板桩码头中前墙弯矩值、前墙锚着点处的水平位移和拉杆内力显著减小，表明其卸载效果明显。前墙陆侧土压力测试结果进一步揭示了卸荷平台结构的工作机制，即设置卸荷平台群桩基础结构后，前墙陆侧受到的土压力减小了。

第 8 章　新型防波堤结构离心模型试验研究

8.1　概　　述

随着国民经济的发展，对港口的需求不断加大，但自然条件优越的港址大多已被开发，因此不得不在自然条件较为不利的海岸区段扩建老港和建造新港，经常需要在深水软土地基上修筑防波堤。对于低承载力的深厚软泥土层地基，修建斜坡式防波堤或重力型直立式防波堤时，为保证防波堤的安全稳定，必须进行地基加固处理来提高地基承载力。为了充分利用天然地基或尽量减少地基处理，近年创新性推出了多种新型结构型式防波堤（谢世楞，1999），它们大多为自重轻的薄壳结构，并且结构的基础部分与地基有充分多的接触面，如钢筋混凝土薄壁箱筒型基础防波堤结构（李伟，2001）。结构自重轻本身就降低了对地基承载力的要求，而基础部分与地基充分接触则又可以将上部结构传递来的竖向荷载和水平荷载分布到更大范围的地基土体中。

天津港南疆东部港区北围埝工程和天津港南疆北防波堤延伸工程中就采用了 166 组箱筒型基础防波堤结构，每组防波堤结构由上下 6 个直径为 12m、壁厚 0.35m 的薄壁圆筒连接而成，上部 2 只筒高 8.3m，构成防波堤的挡浪部分，通过 0.5m 厚的盖板与下部 4 只倒扣的圆筒相连接。下筒高 9m，与连接墙一起构成防波堤的基础部分。当基础部分完全埋入地基土层时，下筒内外壁及连接墙两侧与土相接触的面积与基础平面积（即盖板面积）的比值，即接触面积比，达到 5.0。

在连云港港徐圩港区的新防波堤工程中，因其地基含有深厚软黏土层，所以采用另一种类似箱筒型基础但又不完全相同的新型防波堤结构，即钢筋混凝土椭圆形桶式基础防波堤。每组结构的上部由 2 只直径为 8.9m、高 15.1m、壁厚 0.3m 的圆筒构成防波堤挡浪部分，简称上桶；每组结构的下部基础则为一只倒扣的椭圆形桶，简称下桶，其长轴为 30m、短轴为 20m、高 9.18m、壁厚 0.4m，上桶与下桶之间由厚 0.4m 的混凝土盖板连接。下桶内腔设有 4 道厚 0.3m 的内隔板，以增强整体刚度，同时将桶体划分成 9 个格室。这种结构型式使下桶基础与地基土相接触的面积大幅度增大，接触面积比达到 7.4。

这两类新型防波堤结构为陆地预制，浮运至指定位置，如图 8.1 和图 8.2 所示，然后采用负压下沉工法安装就位。当防波堤基础部分下沉就位后，盖板上所有通气孔被密封，筒内土体与基础结构侧壁在产生相对位移时将受到真空吸力作用，功效如同负压吸力桶基础（施晓春等，2000）。

图 8.1 浮运过程中的箱筒型基础防波堤预制结构

图 8.2 即将起航浮运的桶式基础防波堤预制结构

如第 5 章中所述，上述两种新型防波堤结构应用于防波堤工程不久，虽然实际工程中尚未遭遇到设计工况中恶劣风浪条件下的波浪荷载作用，但它能否经得住设计波浪荷载的作用，以及它的性状，成为防波堤工程的关注焦点，为了认识和掌握它们在波浪荷载作用下的性状表现，希望通过土工离心模型试验来对波浪荷载进行模拟。

另外，结构的基础部分在贯入下沉过程中可能遭遇到的贯沉阻力大小和变化特性，直接关乎预制防波堤结构物能否顺利下沉就位，这是新型防波堤工程的另一个关注焦点，所以同样需要开展土工离心模型试验，对新型防波堤基础结构进行贯入下沉试验模拟，为结构防波堤的施工设计提供技术参考。

8.2 箱筒型基础防波堤离心模型试验

8.2.1 研究目的

近年来，随着我国航运事业的发展，特别是随着天津滨海新区的大规模建设，许多港区新建的防波堤工程离岸的距离越来越远，波浪情况也随之变得更加恶劣。而在我国的天津港、长江口、连云港等海域的近陆处的海底，海底的顶层基本上是一层厚达几米至几十米的淤泥层，有时上面有一薄层粉土或粉细砂。该层土的物理力学特性指标较差，承载能力较低，灵敏度较高。若要在这样的地基上建造一些传统意义的防波堤，均需要对地基进行大规模的加固处理，如打设砂桩、换填等，而这些地基处理的费用都很高。为此，近年来在天津市的北大防波堤及长江口深水航道整治Ⅰ期、Ⅱ期工程中采用了一种基床式基础轻型重力式结构断面，如半圆形构件及半圆形沉箱（可浮运）断面。这种结构的断面在一定的水深范围、一定的波浪条件下，通过一些较为简单的地基处理，取得了较为满意的效果，且断面较为经济（谢世楞，2000）。为了充分利用天然地基或尽量减少地基处理，在此基础上，又引入了一种箱筒型基础防波堤结构型式（李伟，2001；Bie et al.，2003），在2006年开工的天津港南、北防波堤延伸工程的试验段就采用这一结构型式，最终整个4km长的新防波堤由166组如图8.3所示的钢筋混凝土薄壁箱筒型基础防波堤结构连接而成。新防波堤结构不仅自重轻，而且基础部分与地基有充分多的接触面。结构自重轻本身就能降低对地基承载力的要求，而基础部分与地基充分接触则可以将上部结构传递来的竖向荷载和水平荷载分布到更大范围的地基土体中，这就使得这种防波堤结构在淤泥质地基中得到更广泛应用。

在初步探索设计方法的过程中，遇到了下面的一系列问题：箱筒型基础防波堤在波浪荷载作用下是何种破坏形式？其承载能力极限状态及正常使用极限状态的控制内容和标准是什么？由于箱筒型结构与下卧软黏土之间存在着多个接触面，下卧土在波浪力的作用下，随着位置的变化与箱筒型结构间将呈现出一种怎样的接触特性，周边土壤的变形及固结情况如何，设计中各部位土壤的物理力学指标应该如何选取？箱筒型基础防波堤断面应如何改进，才可以使得该断面能够适应更深的水深、更大的波浪、更差的软基？模型试验研究工作将有助于上述一系列问题的认识和解决。

图 8.3　钢筋混凝土薄壁箱筒型基础防波堤结构示意图

就设计方法而言，传统的防波堤断面设计采用的是一种拟静力计算方法，即将波浪力的作用简化成水平力（矩）、垂直力（矩）等，之后采用一些简单的力学平衡方程并结合经验系数进行计算，对于土壤的指标，除砂土要考虑地震情况下的液化外，其余土壤包括软黏土均取其与设计状况相对应的物理力学指标，对于软黏土并没有提到过关于动力软化的问题。对于传统意义上的防波堤（主要是针对重力式），其离岸相对较近，下卧土也较好，由于自身的重量较大（静荷载），相应的波浪荷载并不是很大，在这样的动静荷载比例下，较好的下卧土很难呈现出所谓的动力软化现象。而随着防波堤向离岸方向发展，波浪荷载变大，下卧土壤变差，特别是为适应这种软基，结构断面的自身重量大幅度下降，而波浪力却在不断加大，因此动静荷载的比例较传统意义的防波堤有了较大幅度的提高。因此当遇到一次大的波浪之后，由于软黏土周边的孔隙水压力消散较慢，土壤的有效应力减小，其力学指标也相应地下降，呈现出一种软化的现象。因此，模型试验研究工作将有助于寻找一种更好描述波浪-防波堤-地基相互作用的新的设计方法。

为了对现有依托工程设计断面的合理性及断面形成各项工程措施的有效性进行重新评估，针对性地开展土工离心模型试验，通过离心模型试验结果及试验段工程测试数据，以期不断地修正设计计算方法。在此基础上，初步地掌握在软基上建造箱筒型基础防波堤时设计计算方法的要点，同时对软基上基床式基础的轻型重力式防波堤提出其考虑软黏土动力软化问题的设计施工方法。

然而，设计工况的强风浪条件是小概率事件，这就需要人工模拟设计工况的强风浪环境，即在离心模型超重力环境条件下模拟波浪荷载对箱筒型基础防波堤的作用，以观察和掌握防波堤结构和地基土体的性状反应。在离心物理模型试验中，模型与原型在各对应点处的应力状态一致、数值相等，因此，这一研究方法的最大优越性在于能够真实反映地基土体各点在不同应力水平下的非线性特性，因而能真实展现在波浪荷载条件下箱筒型基础防波堤结构与地基共同作用的各种特性。

为了全面把握箱筒型基础防波堤在波浪荷载作用下的位移变形性状和稳定破坏模式，离心模型试验中采用了拟静力和循环往复作用力这两种方式模拟波浪循环荷载作用。在循环往复作用力模型试验中，不仅模拟了不同波浪强度、不同作用历时的情形，还模拟了不同地基强度、不同下筒高度和不同压载条件等情形，通过对各种工况中箱筒型基础防波堤的性状表现进行分析，最终总结提出波浪荷载条件下箱筒型基础防波堤可能出现的破坏模式，并给出增强箱筒型基础防波堤在设计波浪荷载作用下的稳定性的设计建议和工程措施。

8.2.2 模型试验设计

1. 模型率

这次离心模型试验研究的原型是天津港南、北防波堤延伸及北围埝工程中的箱筒型基础防波堤试验段，其平面布置如图 8.4 所示，此段防波堤实际上由 4 组长 27m 的箱筒结构体组成。如图 8.5 所示，每组箱筒型基础防波堤结构都是由 6 只直径为 12m、壁厚 300~350mm（加强部位壁厚 500~700mm）的预制钢筋混

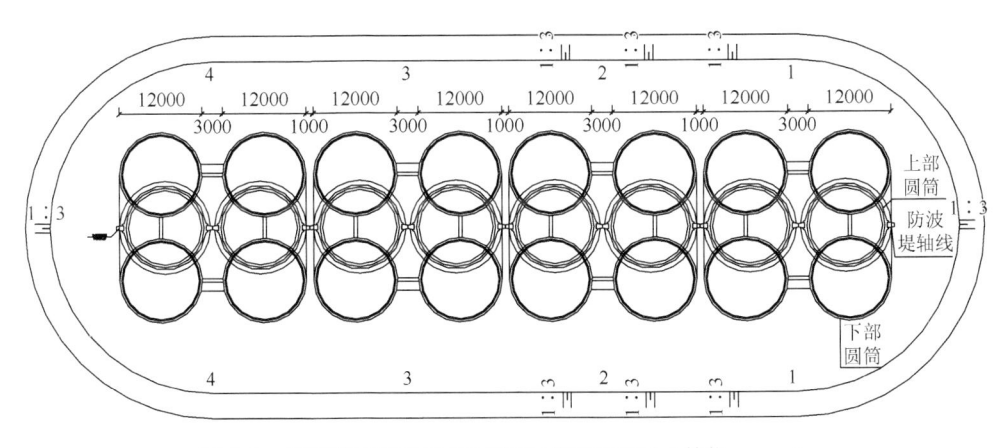

图 8.4 箱筒型基础防波堤试验段平面布置图（单位：mm）

图 8.5 箱筒型基础防波堤结构断面图（标高单位：m，其他单位：mm）

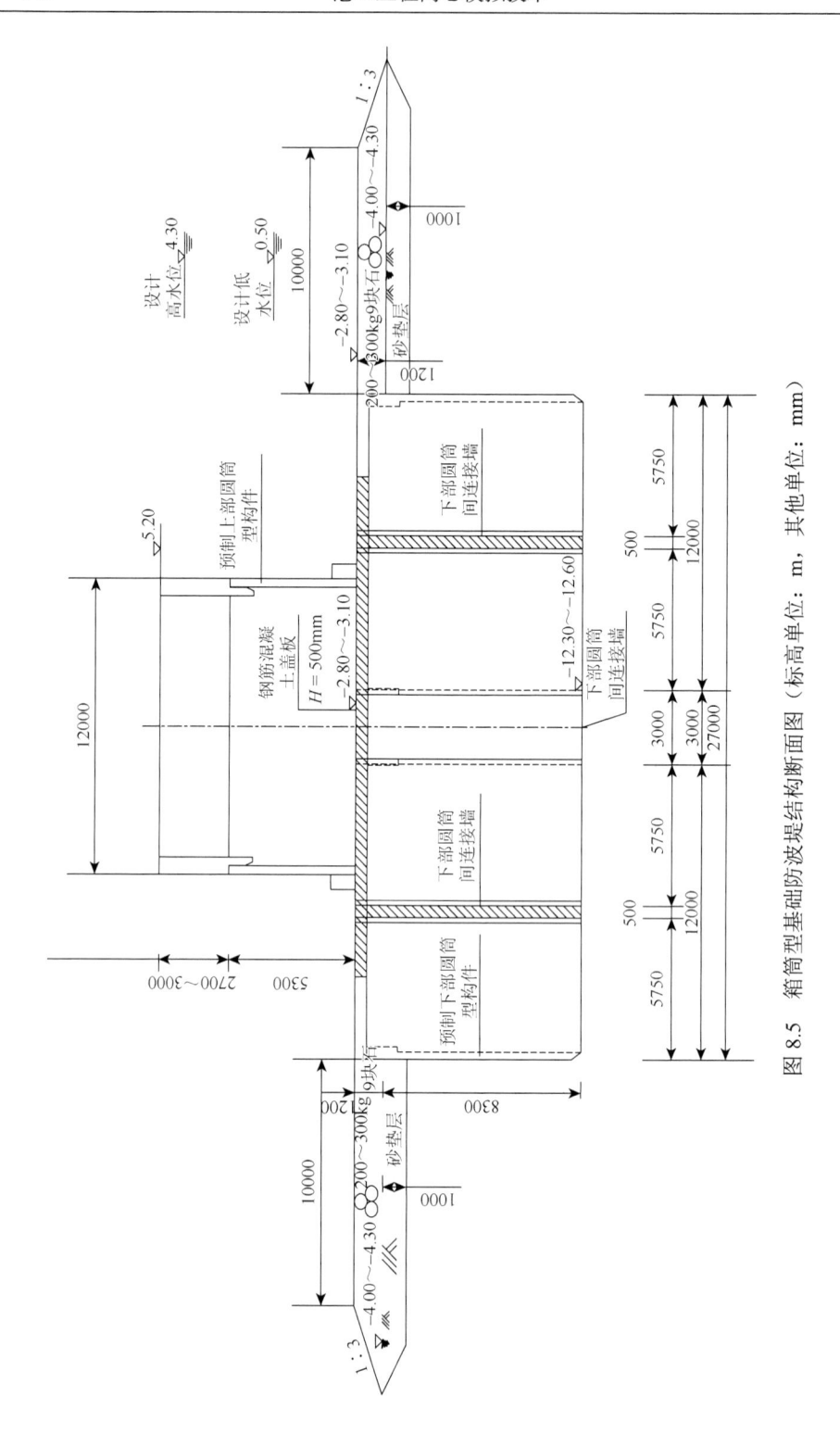

凝土大圆筒连接而成的。其中下部 4 只高 8.5m 的圆筒插入地基土层,并与厚 500mm 的混凝土盖板相连接,盖板顶面基本与两侧抛石基床面齐平,因此,盖板下部的 4 只圆筒与盖板是防波堤结构的基础。上部两只高约 8.3m 圆筒再与盖板相连接,这部分结构位于泥面以上,成为抵御外海风浪的部分。当基础完全埋入地基土层时,下筒内外壁及连接墙两侧和土相接触的面积与基础平面面积(即盖板面积)的比值,即接触面积比,达到 5.0。

原型防波堤地基中,最上表层有一层淤泥、淤泥质黏土,层厚在 7.8~9.3m,平均层厚约 8.6m。该层土现场十字板剪切强度在 5~30kPa,平均值约为 13.5kPa。往下是一层粉质黏土、粉土,层厚在 6.1~10.0m,平均层厚约 7.7m,抗剪强度指标略高于表层的软黏土。陆地预制好的箱筒型基础防波堤结构,使用半潜驳浮运至指定位置,采用负压下沉工法安装就位。箱筒型基础防波堤结构在自重和负压作用下,下沉贯入较为软弱的淤泥和淤泥质土层。当基础部分下沉完全就位后,盖板上所有通气孔被密封。筒内土体与基础结构侧壁在产生相对位移时,将受到真空吸力作用,功效类似于负压吸力桶基础(施晓春等,2000)。

试验是在南京水利科学研究院 50gt 中型土工离心机上进行的,该离心机旋转半径为 2.25m,最大加速度达 250g,负载能力为 200kg。根据所要模拟的一组原型箱筒型基础防波堤结构断面几何尺寸(图 8.5),结合考虑试验所使用的平面应变式模型箱净空尺寸,即 685mm(长)×350mm(宽)×450mm(深),再结合考虑箱筒型基础结构模型制作等因素,确定模型率 $N=105$,因此,试验时离心加速度 a_m 为重力加速度 g 的 105 倍($g=9.81\text{m/s}^2$)。

2. 模型结构设计

一般来说,土工离心模型中所有材料应该选用与原型相同的材料进行制作。原型箱筒型基础防波堤结构为钢筋混凝土材料,模型理应采用钢筋混凝土制作。然而,当根据原型按模型率 $N=105$ 缩制后发现,模型筒体厚度尺寸很小,很难用混凝土材料精确制作,因此,这里采用铝合金材料替代混凝土材料制作箱筒型基础防波堤模型结构。

在箱筒型基础防波堤结构中,钢筋混凝土圆筒壁属于抗压和抗弯构件。当把圆筒作为抗压构件考虑时,模型圆筒筒壁厚度按等抗拉压刚度相似原理进行设计计算。根据相似要求,模型与原型的应变相等,即 $\varepsilon_m=\varepsilon_p$,又已知模型截面承受的荷载 $F_m=F_p/N^2$,因此,可得

$$(EA)_m=(EA)_p/N^2 \tag{8.1}$$

式中，下标 m、p 分别代表模型和原型；EA 为抗压刚度；E 为材料弹性模量；A 为截面面积；N 为模型率。

一般地，模型与原型的圆筒外径 d 须满足几何相似，即 $d_m = d_p / N$，已知原型圆筒直径 $d_p = 12000\text{mm}$，模型圆筒直径 d_m 按相似比缩小，为 114.3mm。那么，对于大直径薄壁箱筒，模型筒壁厚度 δ_m 的计算公式为

$$\delta_m = \frac{\delta_p}{N} \frac{E_p}{E_m} \tag{8.2}$$

原型材料是钢筋混凝土，其弹型模量 $E_p = 28\text{GPa}$，模型材料是铝合金，弹性模量 $E_m = 70\text{GPa}$。这样，依据式（8.2）计算出模型箱筒的壁厚为 1.33mm。

若把箱筒作为抗弯构件考虑，壁厚则需要按等抗弯刚度相似原理进行设计计算（刘永绣等，2006）：

$$(EI)_m = (EI)_p / N^4 \tag{8.3}$$

式中，EI 为截面抗弯刚度；I 为截面惯性矩，即 $I = \frac{1}{12}b\delta^3$；$\delta$ 为筒壁厚度。

在宽度方向，即圆筒的切线方向，模型与原型的圆筒周长 b 需满足几何相似，即 $b_m = b_p / N$；则在受弯平面内，需满足 $E_p I_p = E_m I_m \times N^3$。已知原型圆筒周长 $b_p = \pi \times 12000 \approx 37699\text{mm}$，模型圆筒周长 b_m 按相似比缩小，即 $b_p = b_m \times N$，约为 359mm。对于大直径薄壁箱筒，模型圆筒筒壁厚度按式（8.4）计算：

$$\delta_m = \frac{\delta_p}{N} \sqrt[3]{\frac{E_p}{E_m}} \tag{8.4}$$

将铝合金 $E_m = 70\text{GPa}$，钢筋混凝土 $E_p = 28\text{GPa}$，厚度 $\delta_p = 350\text{mm}$，$N = 105$ 代入式（8.4），求得的模型筒壁厚度 $\delta_m = 2.5\text{mm}$。

可见，既是抗弯构件又是抗拉构件的大直径薄壁圆筒，若按不同的受力构件考虑，所得出的模型箱筒的筒壁厚度是不相同的，抗弯要求的筒壁厚度大于抗压要求的筒壁厚度。模型设计最终采用的圆筒外径为 115mm、壁厚为 2.5mm，上部圆筒高 80mm、下部圆筒高 85mm，图 8.6 是一组模型箱筒型基础防波堤结构设计布置图，图 8.7 是按上述尺寸所制作成的模型箱筒型基础防波堤结构。模型防波堤结构中的盖板直接根据原型按模型率缩小，最终采用的盖板边长为 267mm、厚度为 5.0mm（图 8.6 和图 8.7），也同样是用铝合金材料制作。

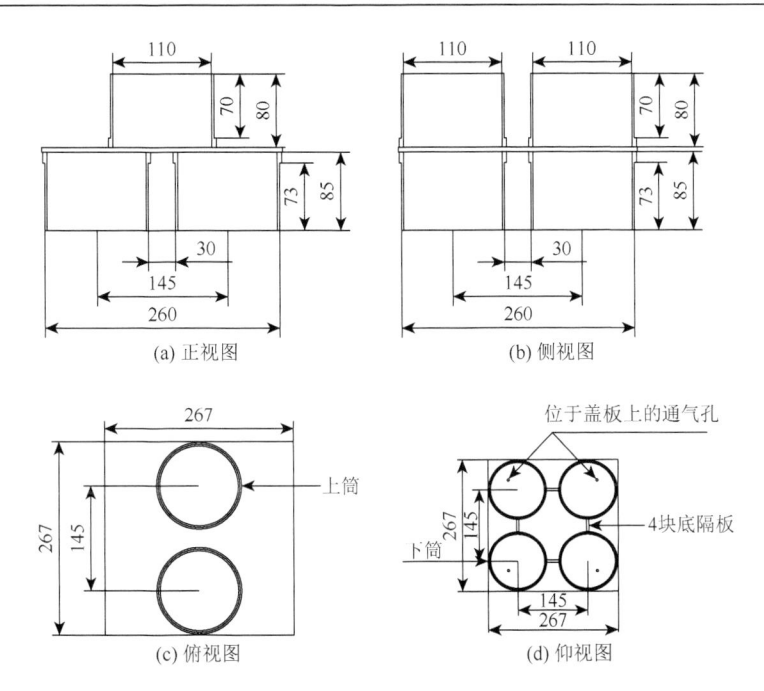

图 8.6 模型箱筒型基础防波堤结构设计布置图（单位：mm）

图 8.7 模型箱筒型基础防波堤结构

3. 模型地基制备

如前所述，原型防波堤地基中最上表层是一层淤泥、淤泥质黏土，厚度在 7.8~9.3m，平均层厚度约为 8.6m。该层土现场十字板剪切强度在 5~30kPa，均值约为

13.5kPa。往下是一层粉质黏土、粉土,层厚在 6.1～10.0m,平均层厚约为 7.7m,抗剪强度指标高于表层的软黏土。根据现场检测数据估算,标高在 4.3～13.5m、厚度为 9.2m 土层内的十字板剪切强度均值约为 15kPa,箱筒型基础防波堤结构主要与这一厚度内的地基土体共同作用来承受各种荷载包括波浪荷载的作用。

如图 8.8 所示,模型地基共设置了 3 个土层,最上层是软土层,厚度为 84～95mm,模拟原型的淤泥、淤泥质黏土层,中间是粉黏土层,厚约 95mm,模拟原型的粉质黏土、粉土层,在模型箱最底部设置了厚约 40mm 的粉砂层,这层粉细砂是采用固结排水法制备粉黏土层和淤泥及淤泥质黏土层时的下透水面,发挥透水层的功效。

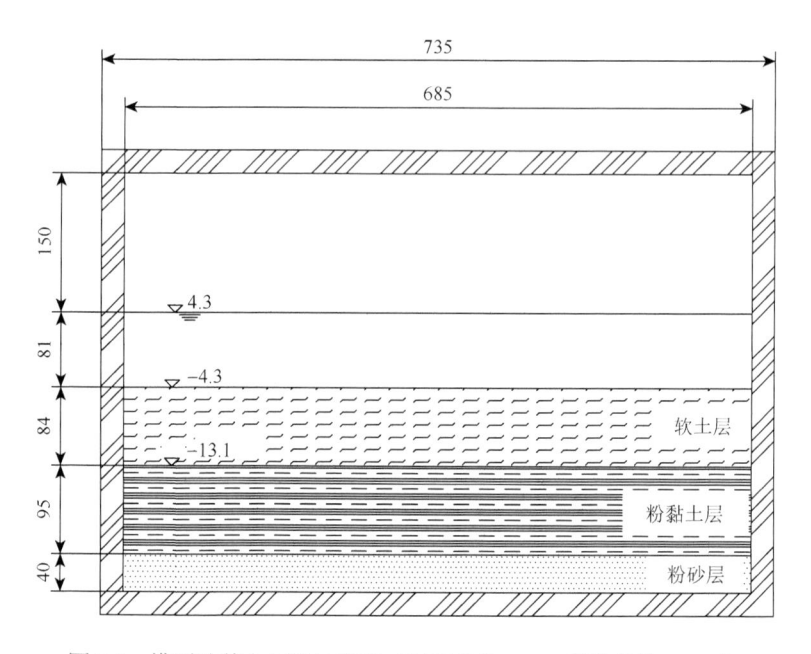

图 8.8　模型地基土层设计布置（标高单位：m,其他单位：mm）

为了制备大尺寸软黏土土样,专门研制了三台大尺寸土样固结仪,如图 8.9 所示,这样,所要求的各种强度的模型地基土样均利用大型土样固结仪在地面上逐一按分级加载固结法制备（蒋敏敏等,2008）,具体过程如下。

首先将一种粉细砂土料自然风干,然后借助多孔砂漏斗,采用砂雨法将其成层撒落在模型箱内,在由下而上的制备过程中,始终保持落高相同,以控制模型地基土层上下密度均匀一致。由此,获得的粉细砂层平均干密度约为 1430kg/m³。

图 8.9 模型土样固结仪

其次，将取自原型现场的粉质黏土、粉土层扰动样经过风干、碾碎、过筛、加水等一系列工序制备成泥浆，将泥浆缓慢注入模型箱内，静置一周后，自然沉积于粉砂层上，并逐渐形成具有一定强度的泥层。然后，将模型箱移至固结仪上。之后，逐级加载排水固结。期间，即在土层固结过程中，使用袖珍贯入仪测试其不排水抗剪强度，监测粉黏土层土样不排水抗剪强度的发展（聂守智，1984），直至满足预先设定的强度值要求，这一过程通常需要 4~5 周。同样，按照同样的程序，固结制备最表层的软土层，直至满足预先设定的强度值要求，这一过程通常需要 6~7 周。图 8.10 是利用大尺寸土样固结仪所制备的两组模型地基土层的强度剖面图。

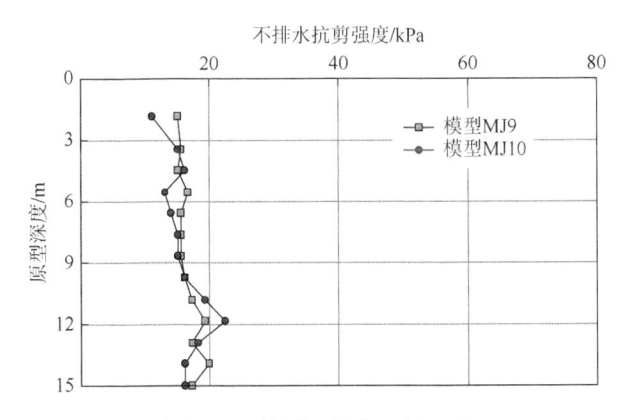

图 8.10 地基土层强度剖面图

排水固结法重塑制备出的模型地基土层,最上层软黏土层厚度约为 84mm,对应原型层厚约为 8.5m,中间粉黏土层厚度为 95mm,对应原型层厚约 10m。从最上表的软土层取样,测试了其物理力学性质指标,结果为其液限、塑限分别为 51%和 25%、平均含水量为 53.0%、平均湿密度为 1.71g/cm^3、平均干密度为 1.11g/cm^3、平均渗透系数为 2.05×10^{-7}cm/s。

4. 试验程序

箱筒型基础防波堤土工离心模型试验的主要步骤如下。

(1)地基土样的制备。采用原型地基扰动土样,借助大尺寸土样固结仪,用排水固结法分级加载重塑制备模型试验地基土样。

(2)箱筒基础防波堤结构的就位。根据模型设计图,刮去软土层土样表面多余的土体,采用静压法将模型箱筒结构压入软土层内。在静压之前,打开箱筒结构盖板上的 4 个通气孔(图 8.6),在压入就位后,再将通气孔封闭。

(3)传感器的埋设与安装。在静态和动态离心模型试验中,均安装设置了多支 Wenglor YP11MGVL80 型和 YP05MGVL80 型激光位移传感器,用以测量箱筒结构的位移。另外,在地基土层靠近下筒底部附近的迎浪侧和背浪侧位置,埋设了多只 PDCR 81 型微型孔隙水压力传感器,观测箱筒在承受波浪力作用期间孔隙水压力的变化情况。

(4)安装加载作动装置。进行拟静力模拟时,安装能施加水平力的拟静力加载作动装置;进行动态模拟时,安装能施加往复荷载的循环波浪荷载模拟器装置。

(5)启动离心机恢复自重应力。上述步骤完成后,即模型测量和加载准备就绪后,开启数据采集系统,启动离心机,逐级升速至 105g,使模型土体承受与原型相同水平的自重应力;同时,使地基土体与箱筒基础接触密合。在这个过程中,借助数据采集系统,可以监测到箱筒结构的沉降和水平位移及地基中孔隙水压力的发展变化。

(6)施加波浪力。当测量箱筒结构的沉降和水平位移及地基中孔隙水压力的传感器读数趋于稳定,不再有新的明显的变化时,可以认为箱筒结构和地基土体已处于正常工作状况。这时,可以对箱筒结构施加波浪力,观察防波堤在波浪力作用下的变形性状和可能出现的破坏模式。

(7)停机结束试验。需要指出的是,在施加波浪力之前和试验结束后,各进行一次地基土层强度测试试验,从而获得试验前后的地基土层强度剖面分布情况。

8.2.3 水平荷载作用下防波堤的位移性状

防波堤的一个主要功用是防波,即承受波浪力的作用。尽管波浪荷载是一种水平向周期性循环动荷载，但仍非常有必要了解和掌握箱筒型基础防波堤在水平静荷载作用下的性状，为此，设计开展了 11 组拟静力离心模型试验。在试验中，利用拟静力加载装置给箱筒型基础防波堤施加静态水平力，测试防波堤的位移变形情况，分析总结其沉降、水平位移、倾斜角度及其地基中孔隙水压力的变化规律。有关拟静力加载作动装置的工作原理和组成详见第 5 章相关内容，这里不再累述。试验中，加载应变加载速率设定为 1.2mm/min。

拟静力离心模型试验方案如表 8.1 所示。为了防止拟静力加载作动装置浸水受潮，加载作动装置与模型水位之间必须保持一定的距离，故特制了一节延伸筒用于模型 MJ0~MJ8 试验中，这些模型布置如图 8.11 所示。这样一来，加载作动装置产生的水平力作用点不在防波堤结构的上筒上，而是在上筒上部所连接的延伸筒上，也就是说，模型水平力作用点与原型波浪合力作用点并不对应一致，两者之间相距 57mm（换算至原型尺度约为 6.0m）。由于这些模型试验中所模拟的水平波浪力的作用点高于原型中波浪力作用点，其后果是，同样数值的水平力，防波堤基础多承受了一个附加弯矩的作用。

表 8.1 拟静力模型试验方案

模型	拟静力作用点	备注
MJ0~MJ8	模型中水平力作用于上筒上部所连接的延伸筒上，其作用点高出原型波浪合力位置	1. 模型 MJ0 为静态调试试验；2.模型水位对应于原型设计状况时的水位
MJ9~MJ10	模型中水平力作用于上筒，对应于原型波浪合力位置	模型水位低于原型水位

鉴于上述 9 组模型试验布置上存在的不足，同时考虑到，防波堤两侧静水压力对箱筒型基础防波堤结构的水平作用对称对等，效果能够相互抵消，因此，水位高低对防波堤影响并不关键，可以考虑降低模型中的静水位。之后，另外设计开展了两组模型试验，即模型 MJ9~MJ10 试验。如图 8.12 所示，在这两组模型试验中，去掉了上筒上部所连接的延伸筒，使加载作动装置产生的水平力直接作用在防波堤的上筒上，且作用点与原型波浪力的合力作用点对应一致。因此，在模型 MJ9~MJ10 中，试验中水位高出箱筒型基础防波堤结构盖板 3~5mm，满足了加载作动装置防浸水受潮的要求。

由于模型 MJ0~MJ8 中所施加的水平力与箱筒所承受的波浪力的合力不在同一标高，试验结果夸大了拟静力波浪力的作用效果，下面就不再讨论分析 MJ0~MJ8 这 9 组模型的试验结果，而仅分析模型 MJ9~MJ10 这两组试验结果。

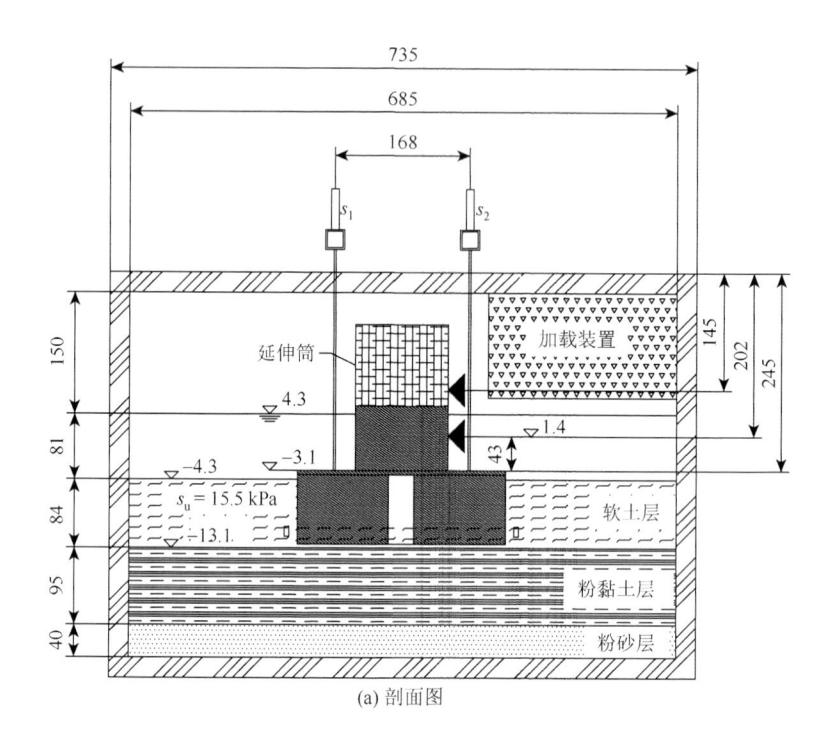

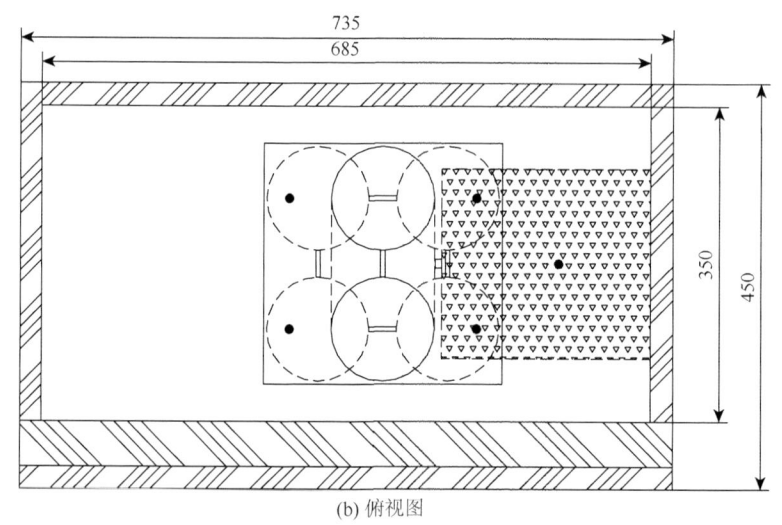

图 8.11 模型布置（MJ0～MJ8）（标高单位：m，其他单位：mm）

(a) 剖面图

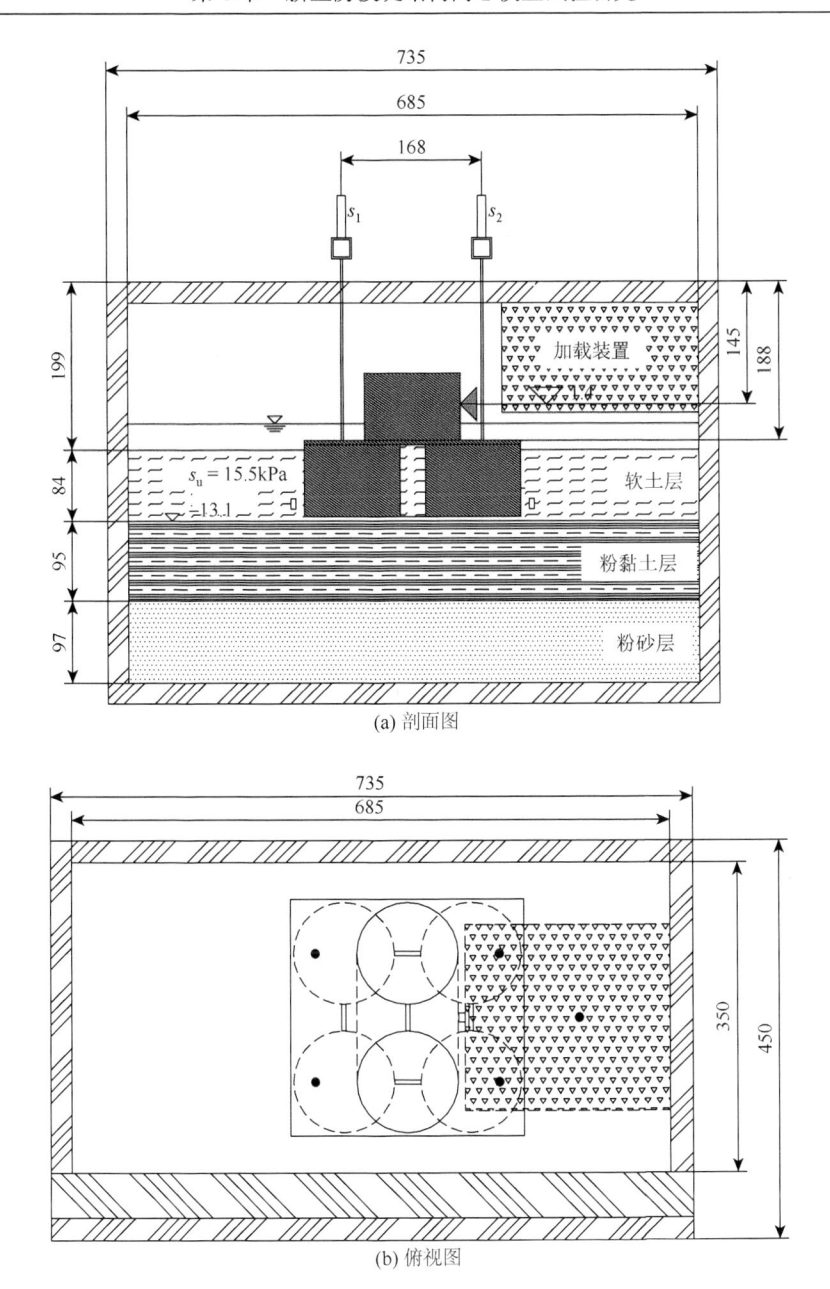

(b) 俯视图

图 8.12　模型布置（MJ9～MJ10）（标高单位：m，其他单位：mm）

模型 MJ9 和 MJ10 地基土层的原位不排水抗剪强度剖面分布如图 8.10 所示，图中原型深度的起点对应于原型天然地基泥面，其标高为−3.1m。两组模型中的土层原位不排水抗剪强度分布很相近，地基深度 9.2m 范围内的平均强度值分别为

16kPa 和 15kPa。如前所述，原型地基 9.2m 深度范围内的强度平均值约为 15kPa，因此，模型 MJ9 和 MJ10 地基土层的强度都非常接近原型地基，可视作重复模型。

需要说明的是，在下面的分析讨论中，首先是将模型中的物理量值，按模型相似律换算至原型尺度相应的值。其次规定沉降值向下为正，水平位移指向迎浪侧为正。另外，选取箱筒型基础盖板中心 O 点为参照点，此处的沉降值和水平位移值就是箱筒型基础防波堤的特征沉降值和特征水平位移值。最后，将水平作用力平均到两只上筒上，根据设计工况，一只上筒所承受的波浪合压力值 P_{pp} = 4232kN，对水平荷载进行归一化，即水平力变化用水平荷载比 P/P_{pp} 的大小来表征。下面以模型 MJ9 和 MJ10 防波堤承受水平荷载后的沉降、水平位移和倾斜角度反应特性，来讨论介绍水平力作用下的箱筒型基础防波堤的性状特性。

1. 水平荷载作用下防波堤沉降变化特性

图 8.13 是箱筒型基础防波堤承受水平荷载后的沉降变化过程曲线，由图可知，随着水平力的增大，基础沉降在逐渐增大；开始阶段，沉降随水平荷载比 P/P_{pp} 近似按某一速率呈线性增加，这种状况一直持续到水平荷载比 P/P_{pp} 达到某个值，即水平力达到一定量值为止。之后，沉降按新的稍大一点的速率随水平荷载比 P/P_{pp} 增大。沉降发展速率的突然增大使得变化曲线发生转折，模型 MJ9 的转折点比模型 MJ10 更为清晰。由图可知，模型 MJ9 的转折点出现在水平荷载比 P/P_{pp} 约为 2.4 的时候，此时箱筒型基础沉降量在 220mm 左右；模型 MJ10 的转折点出现在水平荷载比 P/P_{pp} 约为 2.0 的时候，此时箱筒型基础沉降量在 160mm 左右。比较后发现，曲线转折点处水平荷载比 P/P_{pp} 值与地基平均强度有关，模型 MJ9 地基平均强度比模型 MJ10 稍高，对应的沉降曲线转折点处的 P/P_{pp} 值也稍高。

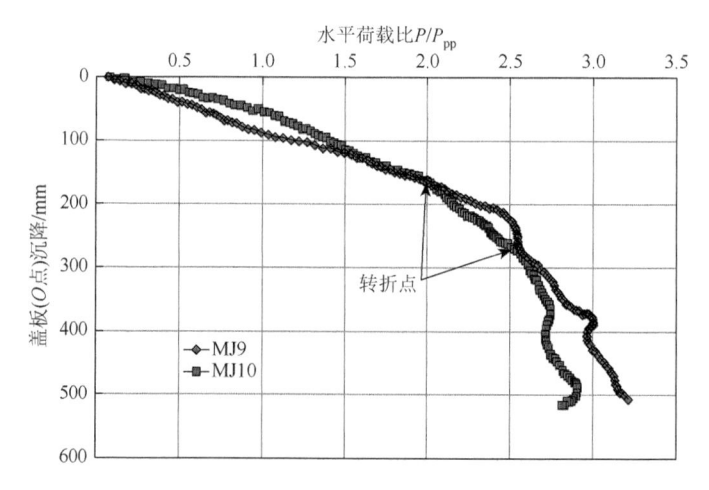

图 8.13 箱筒型基础防波堤沉降随水平荷载比的变化过程曲线

2. 水平荷载作用下防波堤水平位移变化特性

图 8.14 则是箱筒型基础防波堤承受水平荷载后的基础水平位移变化过程曲线，对于模型 MJ9，尽管水平力不断增大，开始阶段的水平位移量很小，但这种状况一直持续到水平荷载比 P/P_{pp} 达到某个值，即水平力达到一定量值为止。之后，水平位移按某一速率随水平荷载比 P/P_{pp} 开始明显增大。水平位移的这一变化特性使得曲线出现转折点，该转折点的水平荷载比 P/P_{pp} 约为 1.4，水平位移约为 20mm。之后，在水平荷载比 P/P_{pp} 达到 2.2 左右时，水平位移发展速率再次增大，此转折点的水平位移约为 400mm。

对于模型 MJ10，开始阶段的水平位移以较小的发展速率线性发展，当水平荷载比 P/P_{pp} 达到 1.3 左右时，水平位移发展速率产生增大趋势，此时的水平位移量约为 250mm。之后，在水平荷载比 P/P_{pp} 达到 1.9 左右时，水平位移发展速率再次产生增大趋势，此时的水平位移约为 380mm。

综上所述，箱筒型基础承受水平力后，水平位移变化曲线有两个转折点，第一个转折点发生在水平荷载比 P/P_{pp} 为 1.3~1.4 的时候，第二个转折点对应的水平荷载比 P/P_{pp} 为 1.9~2.2。显然，地基平均强度稍高一点的模型 MJ9 的曲线转折点处的水平荷载比 P/P_{pp} 值要高于地基平均强度稍低一点的模型 MJ10 对应的 P/P_{pp} 值。

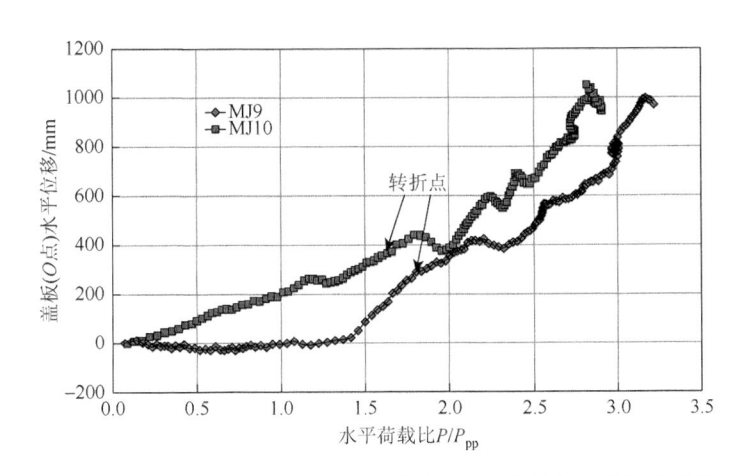

图 8.14 箱筒型基础防波堤水平位移随水平荷载比的变化过程曲线

3. 水平荷载作用下防波堤倾斜角度变化特性

图 8.15 是箱筒型基础承受水平力后的倾斜角度发展变化情况，随着水平力的增大，箱筒型基础防波堤的倾斜程度随之增大；开始阶段，结构的倾斜角度随水平荷载比 P/P_{pp} 按某一速率近似呈线性增加，这种情况一直持续到水平荷载比

P/P_{pp} 达到某个值,即水平力达到一定量值为止。之后,倾斜角度按新的较大速率随水平荷载比 P/P_{pp} 发展。倾斜角度发展速率的突然改变使得变化曲线出现转折,从图可知,模型 MJ9 转折点出现在水平荷载比 P/P_{pp} 约为 2.4 时,此时箱筒型基础倾斜角度在 1.9°左右。模型 MJ10 转折点处的水平荷载比 P/P_{pp} 约为 2.2,此时箱筒型基础防波堤的倾斜角度在 2.2°左右。

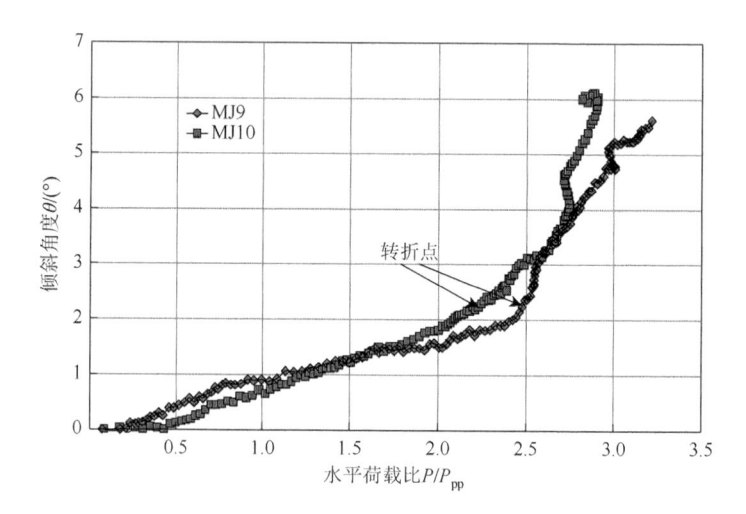

图 8.15 箱筒型基础防波堤倾斜角度随水平荷载比的变化过程曲线

就这两组模型所模拟的状况条件,箱筒型基础防波堤在水平荷载比 P/P_{pp} 达到 2.2～2.4 时,倾斜速率将出现转折,即由慢速转入快速。同样,地基平均强度越高,曲线转折点处的 P/P_{pp} 值越大。

4. 水平荷载作用下防波堤地基孔隙水压力变化特性

如图 8.16 所示,在箱筒型基础下筒周围的土体中埋设了 4 只孔隙水压力传感器,其中在防波堤迎浪侧(图中水平受力侧)和背浪侧各布置 2 只;每侧布置的传感器有 1 只在筒外,另 1 只在筒内。

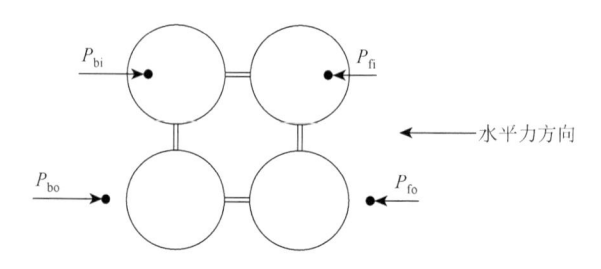

图 8.16 孔隙水压力传感器平面布置示意图

图 8.17 是模型 MJ9 中 4 只孔隙水压力传感器在箱筒型基础防堤波承受水平力后的孔隙水压力变化曲线，$P/P_{pp}=0$ 时的孔压值大小取决于孔隙水压力传感器埋设点处的深度。为了更好地显示水平荷载作用期间地基中孔隙水压力变化特性，将各传感器实测值减去水平荷载作用前的初始孔隙水压力值，即得到超静孔隙水压力值，这样，图 8.17 就变换为超静孔隙水压力随水平荷载比变化曲线（图 8.18）。

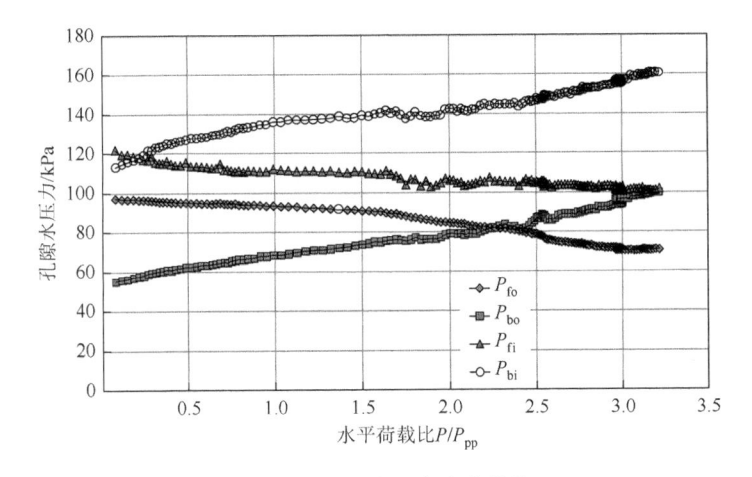

图 8.17 孔隙水压力变化曲线

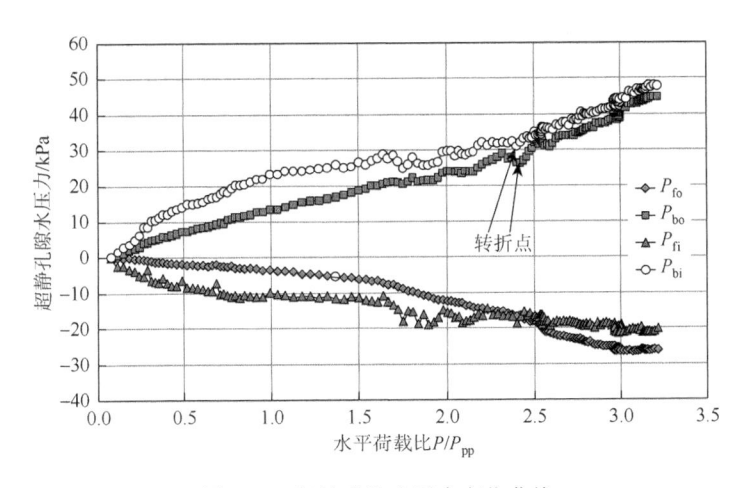

图 8.18 超静孔隙水压力变化曲线

如图 8.18 所示，随着水平荷载比 P/P_{pp} 的增大，埋设于箱筒型基础防波堤迎浪侧地基土体中的孔隙水压力传感器读数均减小，即增量为负，也就是在地基土体中引起负的超静孔隙水压力。P/P_{pp} 从 0 增大到 1.5，两只孔隙水压力传感器读数（P_{fi} 和 P_{fo}）减小了 7~10kPa。相反，防波堤背浪侧地基土体中的孔隙水压力

传感器的读数均随 P/P_{pp} 出现增大趋势,即孔隙水压力增量为正,也就是在地基土体中引起了正的超静孔隙水压力。P/P_{pp} 从 0 增大到 1.5,两只孔隙水压力传感器读数(P_{bi} 和 P_{bo})增加了 20~25kPa。对箱筒型基础防波堤背浪侧地基土体中的孔隙水压力发展变化曲线做进一步的分析,可以发现,曲线在 P/P_{pp} 约为 2.4 处有一个转折点,P/P_{pp} 从 2.4 增大到 3.2,孔隙水压力传感器读数(P_{bi} 和 P_{bo})分别增加了 17kPa 和 15kPa,表明水平荷载比 P/P_{pp}>2.4 后,孔隙水压力变化速率有所增大。

从上述箱筒型基础防波堤的沉降、水平位移、倾斜角度和地基土体中超静孔隙水压力反应曲线看,它们具有以下特征。

(1)随着水平荷载的增大,防波堤的沉降、水平位移和倾斜角度均近似按某一变化速率增长,但水平荷载比 P/P_{pp} 达到某个特定值时,其变化速率会出现由小到大的突然改变,在变化曲线上出现转折点,随后,这些物理量以较大的变化速率增长发展。

(2)沉降、水平位移和倾斜角度发展变化的转折点与地基强度有关,地基平均强度较高的箱筒型基础防波堤所对应这些转折点处的水平荷载比稍大。模型 MJ9 中三个转折点处的水平荷载比 P/P_{pp} 分别为 2.4、1.4 和 2.4,模型 MJ10 中三个转折点处的水平荷载比 P/P_{pp} 分别为 2.0、1.3 和 2.2。

(3)在箱筒型基础防波堤承受水平荷载作用期间,地基土体中孔隙水压力均发生明显的变化,防波堤迎浪侧土体中的孔隙水压力在减小,即在该侧地基土体中产生了负的超静孔隙水压力;防波堤背浪侧土体中的孔隙水压力在增大,即在该侧地基土体中产生了正的超静孔隙水压力。并且超静孔隙水压力变化曲线也出现转折,就模型 MJ9 而言,水平荷载比 P/P_{pp} 超过 2.4 后,超静孔隙水压力增长速率有所加大。

(4)苏联于 1986 年出版的《有关大直径薄壳码头建筑物计算与设计方法建议》中,结构水平位移、沉降和转角控制值分别为 80mm、200mm 和 0.458°(苏联交通建设部全苏十月革命功勋交通科学研究院,1986),若按此标准,水平荷载比 P/P_{pp} = 1.0 时,模型 MJ9 和 MJ10 的沉降特征值和模型 MJ9 的水平位移特征值均在相应的控制值以内,其他特征值,尤其是两模型的转角特征值则大于对应的控制值(图 8.13~图 8.15)。结合试验中停机后两模型箱筒型基础防波堤的位移形态(图 8.19),初步认为,该结构承受静态水平荷载作用后,最可能的破坏模式为倾斜转动破坏。

8.2.4 循环往复波浪荷载作用下防波堤的位移性状

前面介绍分析了用拟静力法开展的箱筒型基础防波堤在波浪荷载作用下的位移性状和可能的破坏模式,由于采用单调增加的水平荷载模拟作用于上筒上的波

图 8.19 水平荷载作用后箱筒型基础防波堤的位移形态（MJ10）

浪力，没有能够考虑波浪荷载的周期性。下面将借助第 5 章中介绍的循环波浪荷载模拟器（图 5.7），对模型上筒施加周期性荷载，动力荷载的周期、大小和历时按动态离心模型试验相似准则确定。为此，这里先简要介绍动态离心模型试验相似准则，接着介绍这次动态离心模型试验的方案、步骤，最后分析模型试验结果。

作用于防波堤上的波浪荷载一般简化为规则波荷载等效模拟，用频率 f、周数 NW、波峰时的波压力合力 P_p 和波谷时的波吸力合力 P_s 等物理量反映其荷载特征。假定模型率为 N，这些物理量的相似比关系为

$$f_m = Nf_p \tag{8.5}$$

$$NW_m = NW_p \tag{8.6}$$

$$P_{pm} = \frac{P_{pp}}{N^2} \tag{8.7}$$

$$P_{sm} = \frac{P_{sp}}{N^2} \tag{8.8}$$

式中，下标 m 和 p 分别代表模型和原型。

式（8.5）～式（8.8）是离心模型试验中波浪荷载模拟设计的理论基础（Rowe et al.，1977），据此可导出其他物理量的相似比，在此不再赘述。

箱筒型基础防波堤在周期性波浪荷载作用下的性状和破坏模式受多种因素的影响，在此离心模型试验中模拟波浪荷载峰值大小、基础下筒高度长短、地基土强度高低、作用历时长短和上筒内压载有无等多种因素对这种新型防波堤结构性状都有影响。

箱筒型基础防波堤设计中的波浪力计算分两种条件，即极端高水位和设计高水位，现列于表 8.2，表中所列出的波压力值和波吸力值分别代表一只上筒在波浪波峰和波谷时所受到的合力值。由表 8.2 可知，首先，设计高水位工况中的波压力值大于极端高水位工况中的波压力值。其次，两种工况中波吸力与波压力之比

分别为0.53和0.40，因此，作用于箱筒型基础防波堤上的周期性波浪力是不对称的，在设计高水位工况中的，这种不对称性更加明显。鉴于设计高水位工况中，波压力数值较大且不对称性更明显，因此，周期性载荷模型试验研究主要以设计高水位的波浪力特征指标为依据。一只上筒承受的波压力 $P_{pp} = 4232\text{kN}$，波吸力与波压力之比 $P_{sp}/P_{pp} = 0.40$，周期 $T_p = 8.1\text{s}$。按模型率 $N = 105$ 换算到模型尺度上，$P_{pm} = 384\text{N}$，波吸力与波压力之比 $P_{sm}/P_{pm} = 0.40$，周期 $T_m = 0.077\text{s}$。

表8.2 原型波浪力计算结果（一组单元两只上筒）

高水位工况	基床上水深 d_{lp}/m	建筑物前水深 d_p/m	波高 H/m	周期 T_p/s	波长 L_p/m	波压力 P_{pp}/kN	波吸力 P_{sp}/kN	P_{sp}/P_{pp}
极端	8.98	10.18	5.40	8.1	72.44	3865	2066	0.53
设计	7.40	8.60	5.20	8.1	67.79	4232	1678	0.40

表8.3 为10组动态模型试验一览表，分别就波浪荷载峰值强度和历时、箱筒型基础结构中的下筒长度及上筒的压载和地基强度条件等多种因素的影响进行了试验。波浪荷载峰值强度用水平荷载比 P/P_{pp} 表示，P 为模型试验中施加于一只上筒上峰值波压力，转换到原型尺度后的合力值，$P_{pp} = 4232\text{kN}$。$P/P_{pp} = 1.0$ 对应设计工况的波浪大小，$P/P_{pp} = 1.5$ 对应一种更大波浪力时的作用状况。而作用历时 t_p，前5组模型模拟了52.5h，约2天，后5组模型模拟了105h和143h，约4天和5.5天。至于反映波浪对称性的波吸力与波压力之比（P_{sp}/P_{pp}），除了模型MD7为1.0外，其他9组模型试验均为0.4。

表8.3 周期性荷载试验方案

模型	波浪荷载峰值强度 P/P_{pp}	作用历时 t_p/h	波吸力波压力比 P_{sp}/P_{pp}	下筒高度 H_{lp}/m	单筒压载力 S_p/kN	不排水抗剪强度 s_u/kPa
MD1	1.0	52.5	0.40	8.3	0	21
MD2	1.5	52.5	0.40	8.3	0	21
MD3	1.5	52.5	0.40	4.3	0	20
MD4	1.0	52.5	0.40	6.3	0	14
MD5	1.5	52.5	0.40	4.3	0	19
MD6	1.0	105	0.40	8.3	0	16
MD7	1.0	105	1.00	8.3	0	15
MD8	1.5	105	0.40	8.3	11242	18
MD9	0.5~1.1	143	0.40	8.3	11242	13
MD10	1.0	105	0.40	8.3	11242	15

注：波浪周期在原型中 T_p 为8.1s，在模型中 T_m 为0.077s；波浪频率在原型中 f_p 为0.12Hz，在模型 f_m 为13Hz。

如表 8.3 所示，大多数模型模拟的基础下筒高度 H_{lp} 为 8.3m，与试验段原型相同，但模型试验还模拟了其他两种下筒高度，分别为 6.3m（模型 MD4）和 4.3m（模型 MD3、MD5）。

表 8.3 所列的 3 组模型 MD8～MD10，模拟了箱筒型基础防波堤原型在上筒内有块石压载时承受波浪荷载作用这一工作状况。原型满筒压载设计参数为，水下抛石容重 11kN/m³，水上抛石容重 18kN/m³。上筒高度 H_{up} = 8.4m，设计高水位时，筒体水上高度为 1.0m，水下高度则为 7.4m。计算求得的单个上筒总压载为 S_p = 11242kN。按照模型相似律，模型率为 N 的模型在运转过程中（Ng）的压载为

$$S_m = \frac{S_p}{N^2} \tag{8.9}$$

式中，S_m 和 S_p 分别为模型和原型单个上筒内的压载力。计算所得的模型压载力为 1.02kN。

该模型压载用质量块施加，所需质量 m_{1g} 为

$$m_{1g} = \frac{S_m/N}{g} = \frac{S_p}{N^3 g} \tag{8.10}$$

根据式（8.10），计算出单个模型上筒中所需配置的压载质量为 0.99kg，约 1kg。

箱筒基础的地基土不排水抗剪强度 s_u 是波浪-防波堤-地基体系中的一个重要因素，如表 8.3 所示，按盖板以下 9.2m 深度范围内平均原位不排水抗剪强度值大致分为两种，均值大于 15kPa 为地基较好的一种情形，如模型 MD1～MD3、模型 MD5 和 MD8，另一种均值在 15kPa 左右，与原型地基强度条件接近，为地基稍弱的一种情形，如模型 MD4、模型 MD6～MD7 和 MD9～MD10。

图 8.20 为周期性荷载试验模型布置图，试验主要测量了箱筒型基础防波堤结构盖板对角点的沉降 s_1 和 s_4、上部两筒顶部的水平位移 d_2 和 d_3，以及下筒附近地基土体中的孔隙水压力 ppt_1～ppt_6。关于孔隙水压力传感器探头，前四组模型埋深约为 80mm，相当于埋设于原型泥面以下 8.4m。中间两组模型埋深约为 50mm，对应于原型泥面以下约为 5.3m。后四组模型 ppt_1 和 ppt_4 埋深为 95mm，相当于埋设于原型泥面以下近 10.0m 处，其他探头埋深为 60mm，对应于原型泥面以下 6.3m 处。

周期性荷载作用模型试验主要步骤如表 8.4 所示。在给模型箱筒型基础防波堤施加周期性的波浪荷载之前，一般让模型在设计加速度状况下运行一段时间，使地基土体与箱筒型基础充分接触，直到地基中孔隙水压力值和沉降值均趋于稳定，不再有明显的变化。在给防波堤施加周期性的波浪荷载的同时，开始读取箱筒型基础防波堤结构盖板对角点沉降、上部两筒顶部的水平位移和地基土体中的孔隙水压力，因此，下面介绍的都是位移和孔隙水压力的增量值，即在波浪荷载作用期间产生的变化量。

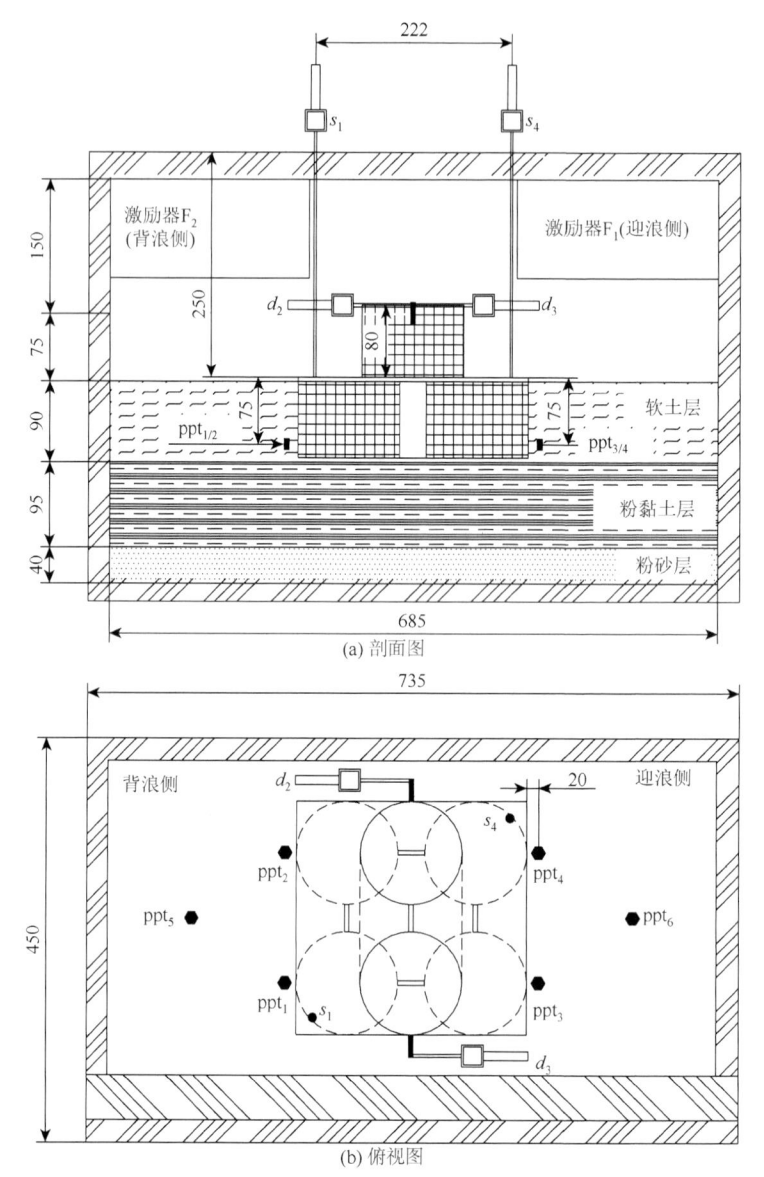

图 8.20 周期性荷载试验模型布置图（单位：mm）

沉降传感器 s_1 和 s_4、水平位移传感器 d_2 和 d_3、孔隙水压力传感器 $ppt_1 \sim ppt_6$

表 8.4 周期性荷载作用模型试验主要步骤

工作环境	试验内容及历时
1g 地面条件下	分级加载用排水固结法制备模型地基土样，历时 21～28d
105g 超重力环境中	离心机固结 120min
1g 地面条件下	在周期性荷载试验前，进行原位不排水抗剪强度试验

第 8 章 新型防波堤结构离心模型试验研究

续表

工作环境	试验内容及历时
105g 超重力环境中	先运行 60min，使地基与防波堤在自重条件下接触紧密，孔隙水压力达到稳定值。然后进行周期性荷载试验，试验历时约 30min，或约 60min，或约 82min
1g 地面条件下	在周期性荷载试验后，进行原位不排水抗剪强度试验。同时取样进行含水量、容重和渗透性测定试验

在讨论分析防波堤在波浪荷载作用期间的整体性状变化之前，顺便提一下每一个波浪荷载作用时防波堤的位移性状的细节反应。以周期性荷载模型试验 MD4 在波浪荷载作用 52h 左右的性状为例，图 8.21 为波浪特征曲线，图 8.22～图 8.25 分别为箱筒型基础防波堤的沉降、水平位移、倾斜角度和地基孔隙水压力增量的反应情况。

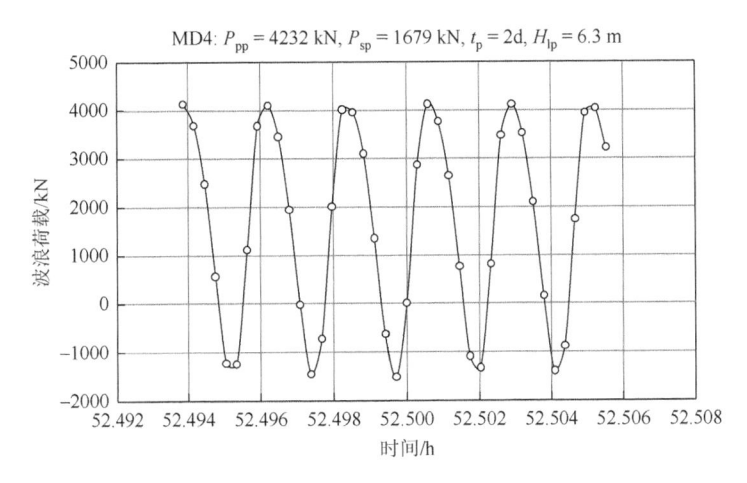

图 8.21　周期性载荷试验中模型 MD4 波浪特征曲线

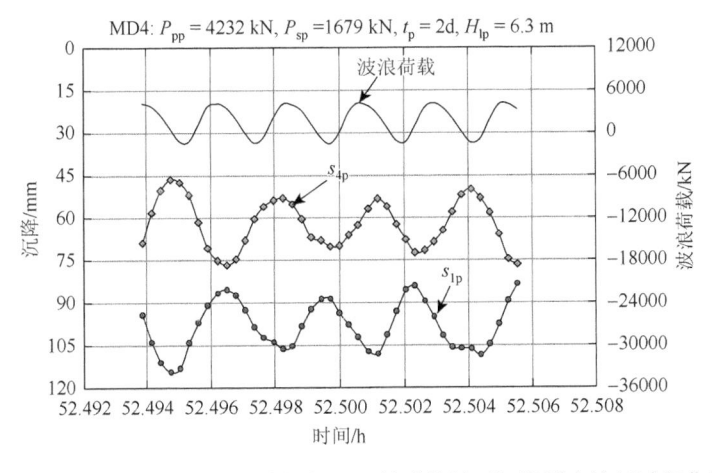

图 8.22　周期性载荷试验中模型 MD4 基础盖板两沉降测点特征过程曲线

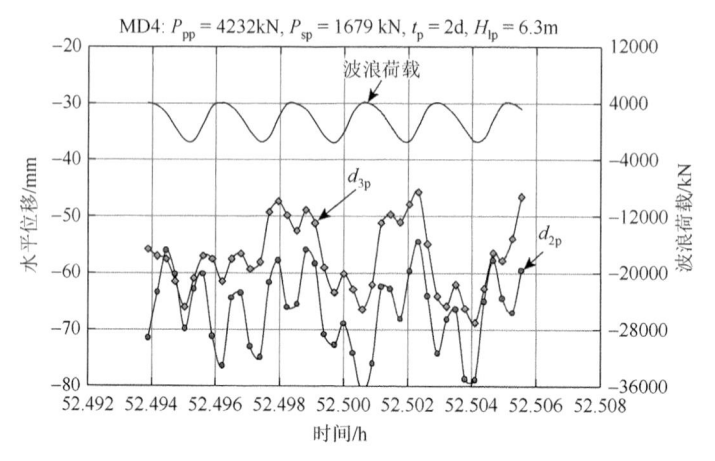

图 8.23　周期性载荷试验中模型 MD4 基础上筒两水平测点水平位移特征过程曲线

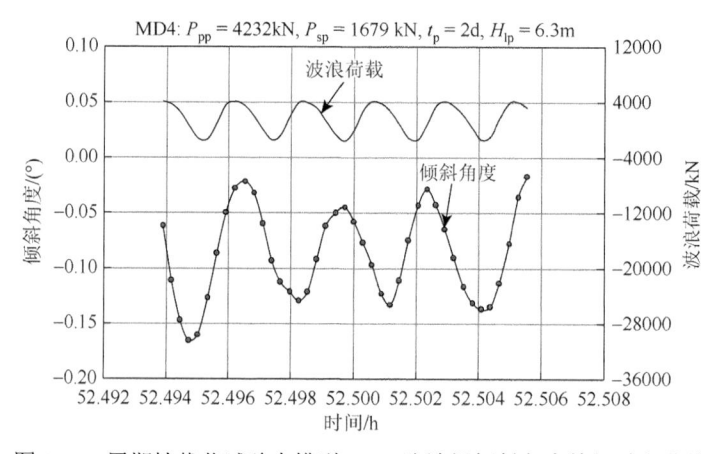

图 8.24　周期性载荷试验中模型 MD4 防波堤倾斜角度特征过程曲线

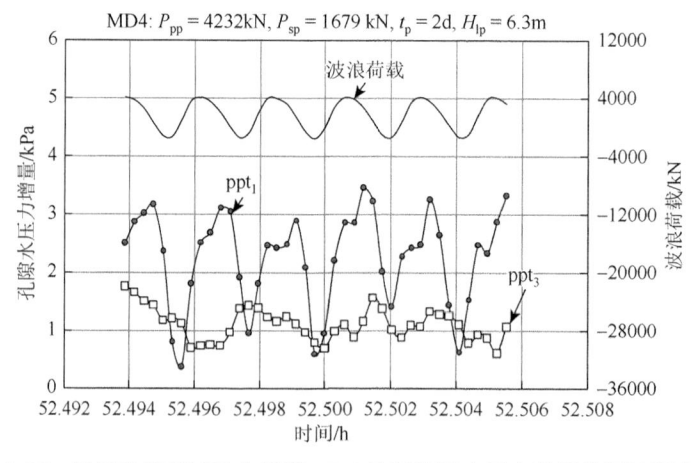

图 8.25　周期性载荷试验中模型 MD4 地基孔隙水压力增量特征过程曲线

仔细比较发现，首先是盖板上的测点 s_1 和 s_4 处的沉降变化（图 8.22），两者是反向的，相位差 180°，这与两测点正好布置在防波堤两侧有关（参见图 8.20）。测点 s_1 处的沉降量大于测点 s_4 处的沉降值。这表明，箱筒型基础防波堤承受波浪荷载作用后，结构整体倾向背浪侧。

其次是布置于上筒顶部测点 d_2 和 d_3 处的水平位移（图 8.23），它们的变化大致同步。但两者位移并不相等，说明箱筒型基础防波堤在平面方向还有扭转现象存在。

再次是关于箱筒型基础防波堤的倾斜角度变化（图 8.24），需要说明的是，结构倾斜角度是基于测点 s_1 和 s_4 两处的沉降差求得的。从图中可以看到，计算出的倾斜角度变化周期与波浪力周期不完全一致，同一时间长度内，波浪发生了 5 个周期变化，而倾斜角度周期变化不足 5 个。也就是说，倾斜角度变化的节奏比波浪力的变化缓慢。其他物理量如箱筒型基础防波堤的沉降（图 8.22）、水平位移（图 8.23）和下面要讨论的地基土体中孔隙水压力增量（图 8.25），即超静孔隙水压力，它们的变化周期也都似乎比波浪荷载周期稍长。

最后要讨论的是地基土体中孔隙水压力增量反应变化，就是超静孔隙水压力反应变化（图 8.25），图示的两测点处地基土体中孔隙水压力增量 ppt_1 和 ppt_3，两者变化幅度差别较大。这与它们所在的位置有关，如图 8.20 所示，ppt_1 位于背浪侧，ppt_3 位于迎浪侧，故出现 ppt_1 反应较 ppt_3 强烈这一格局。回顾前面的静态模型试验结果，关于地基土体中超静孔隙水压力的变化（图 8.18），防波堤迎浪侧土体中的孔隙水压力在减小，超静孔隙水压力为负值，而防波堤背浪侧土体中的孔隙水压力在增大，超静孔隙水压力为正值。如此看来，上述动态模型试验中孔隙水压力增量的反应格局基本上与静态模型试验结果相吻合，唯一不同的是在动态周期性荷载作用下，箱筒型基础防波堤结构下筒两侧地基土体中均出现正的超静孔隙水压力值，而不是在静态水平荷载作用下，一侧土体中出现正的超静孔隙水压力，另一侧则出现负的超静孔隙水压力。

10 组动态模型试验结果汇总如表 8.5 所示，这些特征值包括沉降、水平位移、倾斜角度、地基中的孔隙水压力增量，它们为历时 2 天或 4 天或 5.5 天波浪荷载作用结束时的平均值。需要说明的是，动态模型试验采集的数据过于密集，不便于清晰输出和显示，因此，从试验采集的原始数据中，每间隔 200 个读数抽取 1 个，计算分析后绘制出沉降、水平位移、基础倾斜角度和孔隙水压力增量的全程发展曲线，从而更清晰全面地展示整个波浪荷载作用期间箱筒型基础防波堤的性状反应。

下面首先比较分析其他条件相同而波浪荷载强弱不同对防波堤性状的影响（模型 MD1 和 MD2）。其次，比较分析不同基础下筒高度对防波堤性状的影响（模型 MD2 和 MD3）。再次，比较分析不同地基强度条件对防波堤性状的影响（模型

表 8.5 周期性荷载模型试验中箱筒型基础防波堤结构位移及地基超静孔隙水压力特征值

模型	MD1	MD2	MD3	MD4	MD5	MD6	MD7	MD8	MD9	MD10
下筒高度/m	8.3	8.3	4.3	6.3	4.3	8.3	8.3	8.3	8.3	8.3
强度均值/kPa	21	21	20	14	17	16	15	18	13	15
水平荷载比 P/P_{pp}	1.0	1.5	1.5	1.0	1.5	1.0	1.0	1.5	0.5~1.1	1.0
对称性 P_{sp}/P_{pp}	0.4	0.4	0.4	0.4	0.4	0.4	0.4	0.4	0.4	0.4
作用历时 t_p/d	2	2	2	2	2	4	4	4	5.5	4
单筒压载 S_p/kN	0	0	0	0	0	0	0	11242	11242	11242
2 天沉降 s_{1p}/mm	56	80	41	100	96	40	56	111	71	116
2 天沉降 s_{4p}/mm	29	42	23	64	26	18	14	-43	61	-17
4 天沉降 s_{1p}/mm						83	99	176	153/196*	191
4 天沉降 s_{4p}/mm						33	31	-39	87/100*	-25
2 天水平位移 d_{2p}/mm	-39	-68	-130	-66	-59	-16	-5	-9	-33	1
2 天水平位移 d_{3p}/mm	-10	-23	-47	-57	-43	-15	-26	-54	-36	-7
4 天水平位移 d_{2p}/mm						-21	-15	-29	-40/-52*	-14
4 天水平位移 d_{3p}/mm						-6	-40	-58	-57/-80*	-1
2 天倾斜角度/(°)	-0.072	-0.085	-0.044	-0.083	-0.170	-0.054	-0.103	-0.377	-0.025	-0.326
4 天倾斜角度/(°)						-0.121	-0.166	-0.528	-0.162/-0.235	-0.532
孔隙水压力增量/kPa	4~6	3~5	1~3	3~4	1~3			3~5	1~4	
位移形态	倾转、水平平移和下沉	下沉	水平移；θ 超限	下沉和倾转	水平平移和倾转	倾转，动中心 C(28.8, 1.1)	倾转，转动中心 C(22.5, -1.1)	倾转，转动中心 C(7.4, 3.8)	倾转，转动中心 C(36.9, -8.0)	倾转，转动中心 C(9.0, 7.5)；θ 超限
破坏模式			水平滑动					转动倾倒失稳		转动倾倒失稳

注：文献《有关大直径薄壳码头建筑物计算与设计方法建议》中的结构水平位移、沉降和转角控制值分别为 80mm、200mm 和 0.458°（0.008 rad）；*表示波浪作用 5.5 天后的位移值。

MD3 和 MD5）。随后，比较分析波浪荷载作用历时长短即循环周数不同对防波堤性状的影响（模型 MD6 和 MD7）。随后，比较分析上筒内压载对防波堤性状的影响（模型 MD8～MD10）。随后，分析讨论波浪荷载作用前后箱筒型基础地基土体强度发生的变化和特征。最后，探讨波浪荷载作用下箱筒型基础防波堤的位移形态和最可能的破坏模式。

1. 波浪荷载峰值强度对防波堤性状的影响

如前所述，波浪荷载峰值强度代表所模拟的周期性波浪荷载的强弱，用水平荷载比 P/P_{pp} 表示。此次动态模型试验中，模拟了两种不同强度的波浪荷载，第一种是 $P/P_{pp}=1.0$，对应设计工况的波浪荷载；第二种是 $P/P_{pp}=1.5$，对应一种超强波浪荷载。如图 8.26 所示，模型 MD1 和 MD2 试验前地基土体原位不排水抗剪强度分布基本一致，9.2m 深度范围内不排水抗剪强度均值约为 21kPa。如表 8.3 所列，两组模型所模拟的箱筒型基础下筒高度相同，$H_{lp}=8.3m$。作用于这两组模型防波堤上筒的周期性波浪荷载特征曲线分别如图 8.27 和图 8.28 所示，如图所示，波浪荷载类型为不对称波，波谷值与波峰值之比 $P_{sp}/P_{pp}=0.40$，作用历时为 52.5h，约 2 天，只是模型 MD1 单筒承受的波压力峰值 P 为设计值（4233kN），水平荷载比 $P/P_{pp}=1.0$，为设计波浪，而模型 MD2 单筒承受的波压力峰值为设计值的 1.5 倍，即 $P=6350kN$，$P/P_{pp}=1.5$，为一种超强波浪。

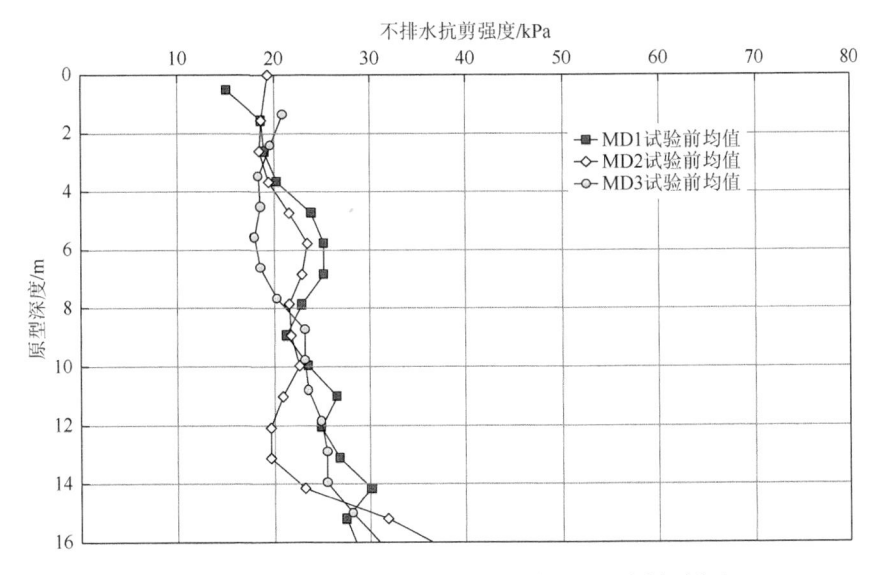

图 8.26 模型 MD1～MD3 试验前地基土层强度剖面分布

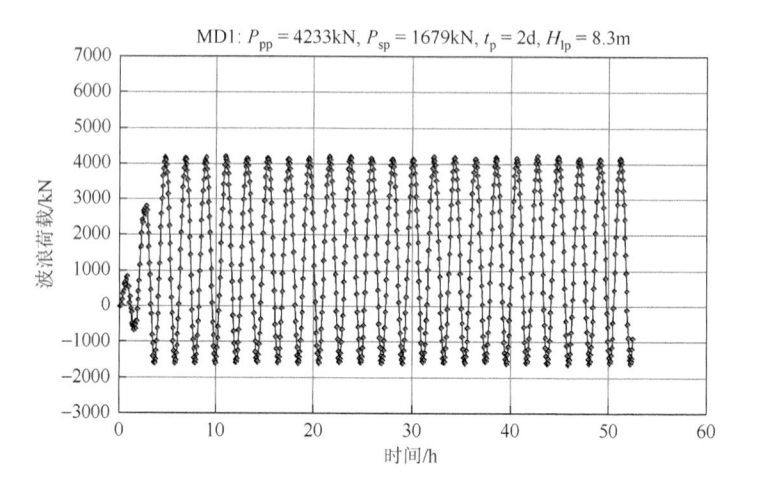

图 8.27　模型 MD1 波浪荷载特征曲线

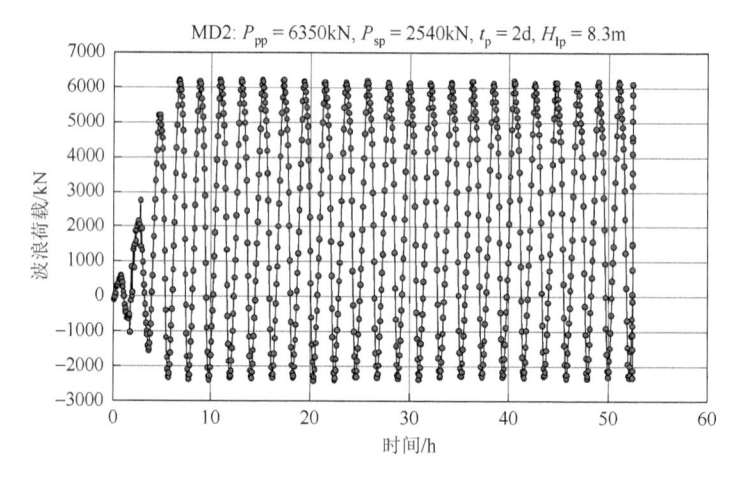

图 8.28　模型 MD2 波浪荷载特征曲线

图 8.29～图 8.36 为模型 MD1 和 MD2 中波浪荷载作用期间的防波堤结构沉降、水平位移和倾斜角度及地基土体中孔隙水压力增量的变化过程曲线，其特征值如表 8.5 所示。

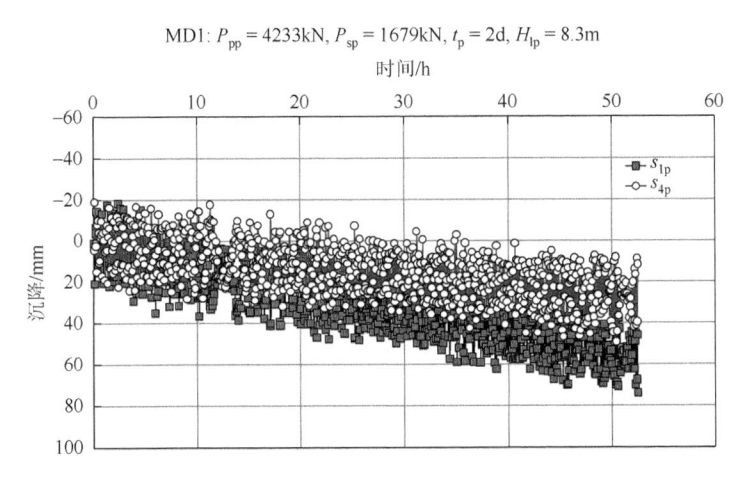

图 8.29 模型 MD1 波浪荷载作用期间盖板上两测点处的沉降变化过程曲线

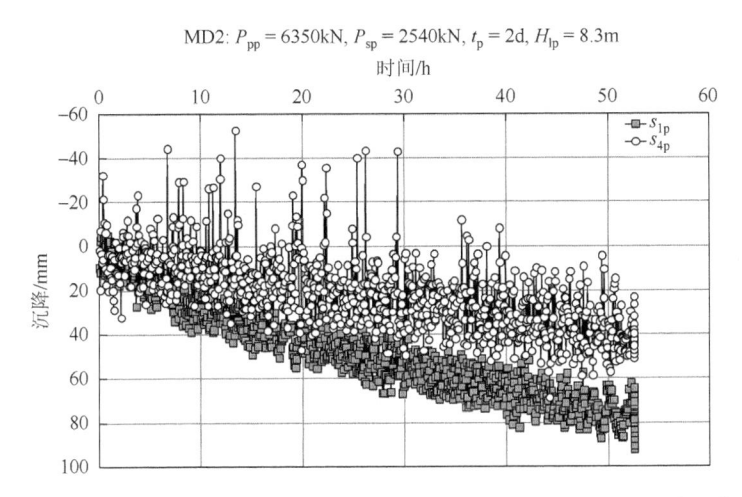

图 8.30 模型 MD2 波浪荷载作用期间盖板上两测点处的沉降变化过程曲线

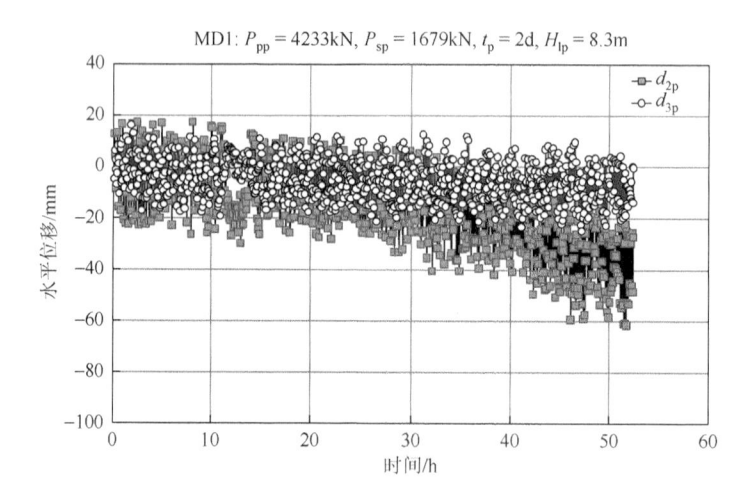

图 8.31　模型 MD1 波浪荷载作用期间上筒顶部两测点处的水平位移变化过程曲线

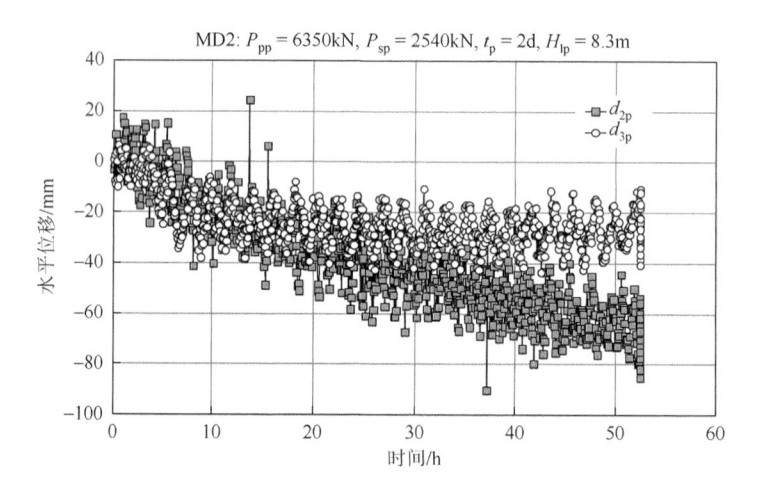

图 8.32　模型 MD2 波浪荷载作用期间上筒顶部两测点处的水平位移变化过程曲线

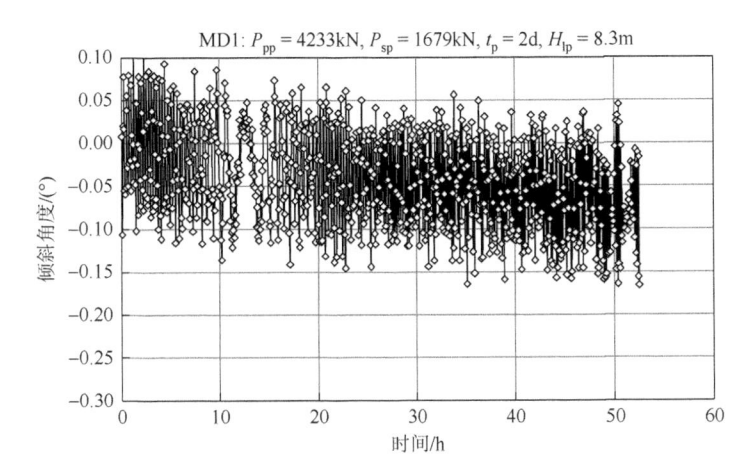

图 8.33 模型 MD1 波浪荷载作用期间箱筒型基础的倾斜角度变化过程曲线

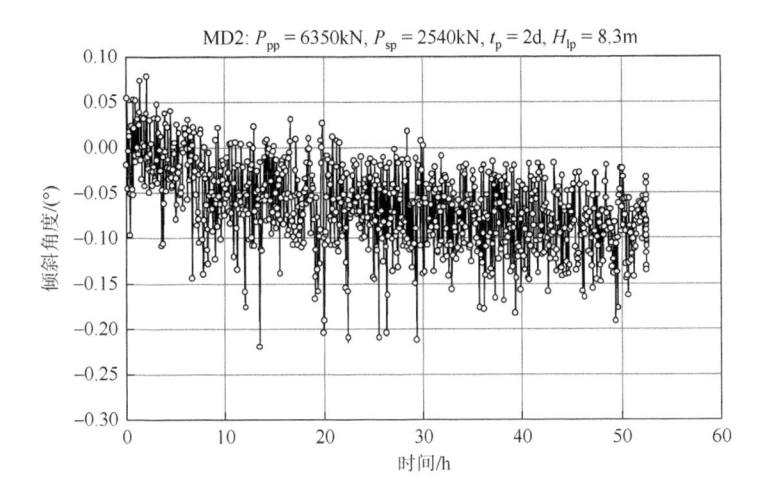

图 8.34 模型 MD2 波浪荷载作用期间箱筒型基础的倾斜角度变化过程曲线

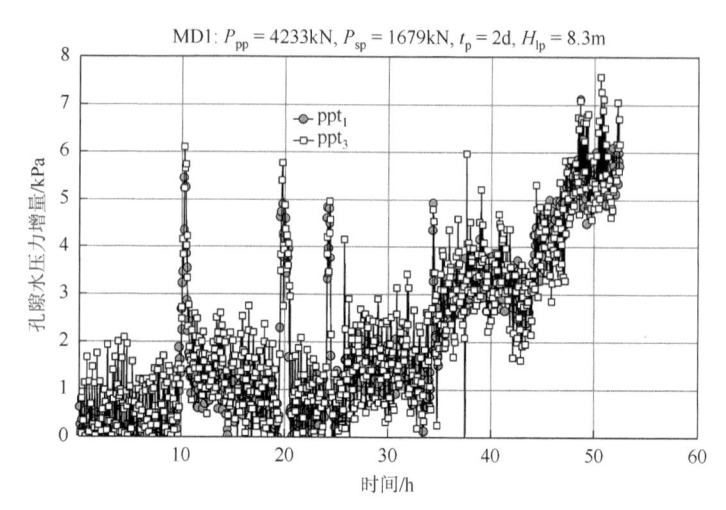

图 8.35　模型 MD1 波浪荷载作用期间地基土体孔隙水压力增量变化过程曲线

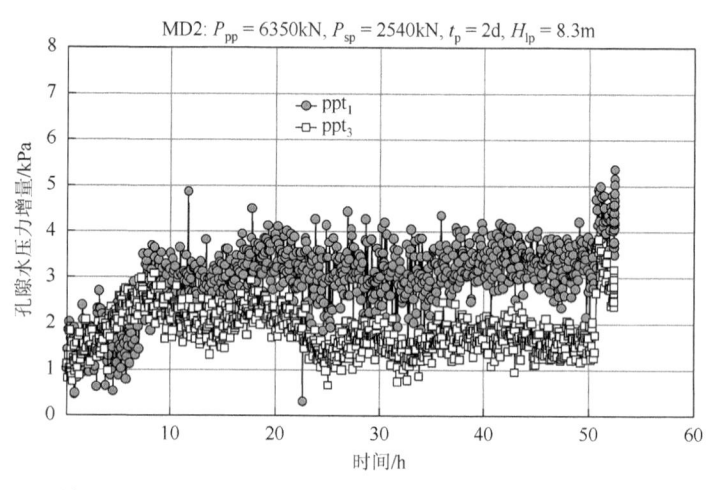

图 8.36　模型 MD2 波浪荷载作用期间地基土体孔隙水压力增量变化过程曲线

整体上看，模型 MD1 和 MD2 防波堤在整个波浪荷载作用期间的性状反应（图 8.29~图 8.36）具有以下特点：基础盖板沉降随波浪荷载作用时间逐渐增大，倾斜程度逐渐加剧，地基土体中孔隙水压力增量先是较快增大，随后随波浪荷载作用时间平稳发展和积累。

但比较模型 MD1 和 MD2 防波堤的位移性状反应，可以明显发现，波压力峰值越大，最终产生的基础盖板沉降量、上筒顶部水平位移和整体倾斜角度越大。如表 8.5 所示，模型 MD1 在设计波浪荷载作用两天后，基础盖板沉降量为 30~60mm，上筒顶部向背浪侧水平位移了近 10~40mm，整体向背浪侧倾斜近 0.072°。而模型 MD2 在超强波浪荷载作用 2 天后，基础盖板沉降量为 40~80mm，上筒顶部向背浪侧水平位移了近 25~70mm，整体向背浪侧倾斜了近 0.085°。可见，波浪荷载越大，箱筒型防波堤的动态位移反应越强烈。

同时比较图 8.35 和图 8.36，可以发现，随着波浪荷载作用时间的延长，箱筒型基础附近地基土体孔隙水压力增量呈增大趋势。特别值得注意的是，模型 MD1 两侧孔隙水压力增量 ppt_1 和 ppt_3 在波浪荷载作用历时达到 32h 之前，超静孔隙水压力积累较慢较少，不足 2kPa；而 32h 之后，超静孔隙水压力积累较快较多，超静孔隙水压力值一度高达 7kPa 以上。

模型 MD2 地基土体孔隙水压力增量变化则是另一番情形，波浪荷载作用未达 8h，孔隙水压力增量 ppt_1 和 ppt_3 就以较快速率积累，8h 的超静孔隙水压力就达 3kPa；8h 之后，孔隙水压力增量 ppt_1 没有继续积累，一直维持在 3kPa 左右；而且 ppt_3 不增反降，很长一段时间内超静孔隙水压力仅有 1kPa。直到波浪荷载作用历时达到 50h 之后，孔隙水压力增量骤升，超静孔隙水压力一下子达到 5kPa 以上，即孔隙水压力增量在最后出现台阶式的上升。最新研究表明，土体微细结构的破损常常伴随孔隙水压力的骤增，这似乎表明，波浪荷载越强或者波浪荷载作用时间较长后，防波堤结构周围地基浅表层局部土体存在明显的破坏倾向或迹象。

综上所述，对于同一类型的不对称波浪荷载，其波压力峰值越大，以及波浪荷载强度越高，箱筒型基础防波堤结构的动态位移反应越强烈，基础盖板沉降、上筒顶部水平位移和整体倾斜角度的数值越大。同时，地基土体中超静孔隙水压力值积累越早越多，对于超强波浪荷载，在其作用时间不长时，地基土体中就有明显的超静孔隙水压力积累，而对于设计波浪荷载，需等往复作用累积到一定数量后，才会出现明显的超静孔隙水压力积累。另外，超强波浪荷载作用可能使得基础周围附近的浅表层土体发生局部破坏，从而导致孔隙水压力增量发生台阶式的骤增。

2. 下筒高度对防波堤性状的影响

如图 8.26 所示，模型 MD2 和 MD3 试验前地基土体强度分布基本一致，模型 MD3 地基 9.2m 深度范围内不排水抗剪强度均值约为 20kPa，与模型 MD3 地基不排水抗剪强度均值也大体相近（表 8.5）。如图 8.28 和图 8.37 所示，两组模型防波堤所承受波浪荷载类型相同，即波谷值与波峰值之比 $P_{sp}/P_{pp} = 0.40$，单筒承受的波压力峰值也相同，水平荷载比 $P/P_{pp} = 1.5$，多为超强波浪荷载。两模型波浪荷载作用历时相同，$t_p = 52.5h$，约为 2 天。但如表 8.5 所示，模型 MD2 箱筒型基础下筒高度 $H_{lp} = 8.3m$，而模型 MD3 的下筒高度 $H_{lp} = 4.3m$。

这两组模型防波堤的主要特征指标比较如表 8.5 所示。前面已经介绍了模型 MD2 所模拟的防波堤承受超强波浪荷载作用后的位移性状和超静孔隙水压力反应，分别如图 8.30、图 8.32、图 8.34 和图 8.36 所示；模型 MD3 所模拟的防波堤在两天超强波浪荷载作用期间的位移和地基超静孔隙水压力反应分别如图 8.38~图 8.41 所示。

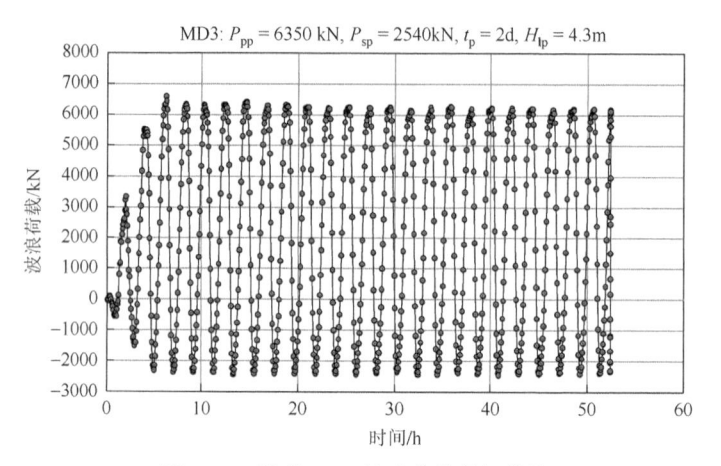

图 8.37　模型 MD3 波浪荷载特征曲线

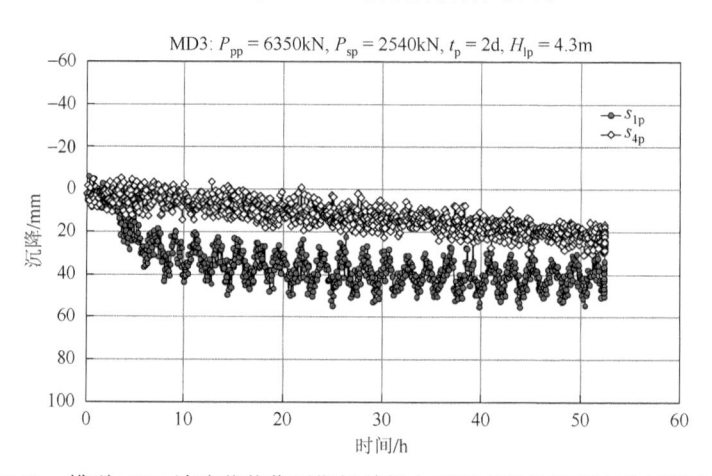

图 8.38　模型 MD3 波浪荷载作用期间盖板上两测点处的沉降变化过程曲线

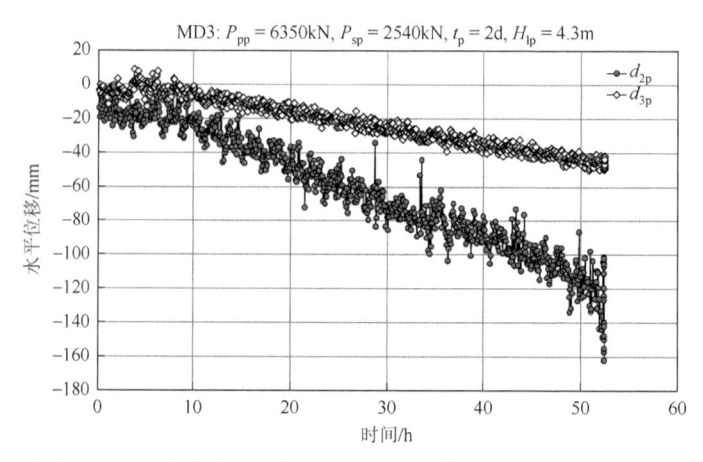

图 8.39　模型 MD3 波浪荷载作用期间上筒顶部两测点处的水平位移变化过程曲线

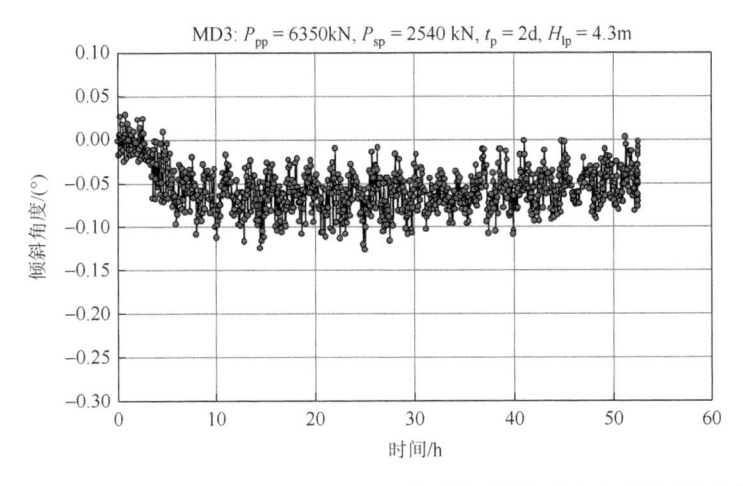

图 8.40　模型 MD3 波浪荷载作用期间箱筒型基础的倾斜角度变化过程曲线

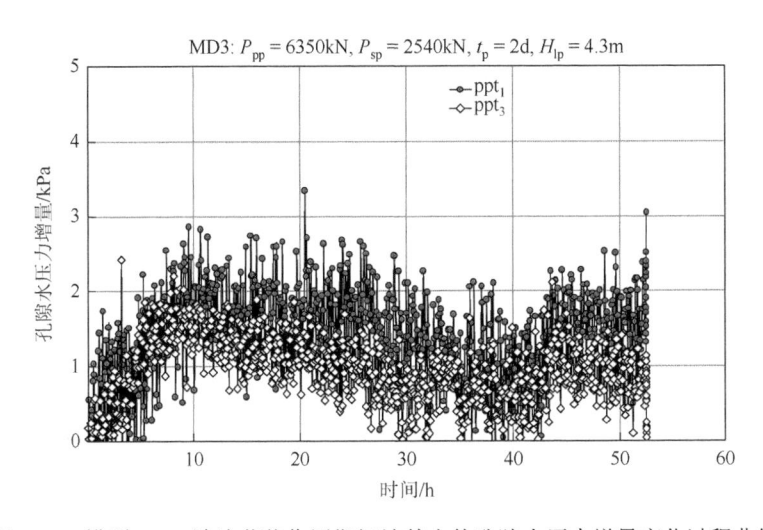

图 8.41　模型 MD3 波浪荷载作用期间地基土体孔隙水压力增量变化过程曲线

首先，比较图 8.30 和图 8.38，可以发现，H_{lp} = 8.3m 的模型 MD2 防波堤，其沉降 s_1 和 s_4 随波浪荷载作用时间发展较为均匀，而 H_{lp} = 4.3m 的模型 MD3 防波堤，其沉降 s_1 在波浪荷载作用的前 9h 内发展较多，达 30mm 之多，之后发展缓慢。

其次，比较图 8.32 和图 8.39，可以发现，H_{lp} = 8.3m 的模型 MD2 防波堤，其水平位移 d_2 和 d_3 随波浪荷载作用时间发展较为均匀，波浪荷载作用 52.5h 后，其均值增加了 23~68mm。H_{lp} = 4.3m 的模型 MD3 防波堤，其水平位移 d_2 和 d_3 随浪荷载作用时间的发展速率在慢慢增大，曲线呈陡峭形，波浪荷载作用 52.5h 后，d_3 均值增加 47mm，d_2 均值竟达 130mm。上述水平位移值超出《有关大直径薄壳码头建筑物计算与设计方法建议》（苏联交通建设部全苏十月革命功勋交通科学研究院，1986）中关于结构水平位移的控制值（80mm），可认为防波堤发生了侧向平移破坏。

再次，比较图8.34和图8.40后，可以发现，在波浪荷载作用52.5h后，$H_{lp}=8.3m$的模型MD2防波堤结构所发生的倾斜角度为0.085°，$H_{lp}=4.3m$的模型MD3防波堤结构倾斜角度约为0.044°，仅为前者的一半。

最后，如前所述，模型MD2地基土体孔隙水压力增量在波浪荷载作用初期发展较快，在最后又出现台阶式的上升，波浪荷载作用52.5h后，ppt_1均值增加5kPa（图8.36）。波浪荷载作用主要通过防波堤基础的下筒位移传递给地基土层，因此，模型MD3防波堤因下筒高度较短，故传递的深度范围相应较浅，波浪荷载引起的地基土体中的孔隙水压力增量也相应较小，在波浪荷载作用52.5h后，ppt_1均值增加小于3kPa，ppt_3均值增加小于1kPa。而孔隙水压力增量的发展特征类似于沉降，即承受波浪荷载作用后，孔隙水压力增量迅速增大，之后慢慢消散减小，待波浪荷载作用约40h后，孔隙水压力增量又开始增大（图8.41）。

综上所述，下筒高度H_{lp}从8.3m缩短为4.3m后，防波堤承受相同的周期性波浪荷载后的位移和超静孔隙水压力反应，出现了以下变化：基础沉降大幅度减小，水平位移骤增（$H_{lp}=4.3m$的模型MD3的水平位移均值为88mm，一侧达130mm），防波堤整体倾斜角度减小，相同深度处的地基土体孔隙水压力增量较小，波浪荷载作用初期和40h后孔隙水压力增量都出现增大，但累积的超静孔隙水压力不大。下筒高度较短的箱筒型基础防波堤所表现出的这些特点，似乎表明，下筒高度越短，防波堤在波浪荷载作用下发生的水平位移越大，发生侧向平移滑动破坏的可能性显著增大。

参照苏联1986年出版的《有关大直径薄壳码头建筑物计算与设计方法建议》（苏联交通建设部全苏十月革命功勋交通科学研究院，1986）中结构水平位移控制值，该值为80mm。下筒高度只有4.3m的箱筒型基础防波堤模型MD3，其两侧水平位移均值为88mm，已超出上述控制值，其中一侧水平位移达到130mm。况且，根据9.2m深度范围内不排水抗剪强度均值，模型MD3地基土体强度高于原型天然地基强度值。鉴于上述两点，原型地基中埋设的箱筒型基础防波堤的下筒高度应大于4.3m。

3. 地基条件对防波堤性状的影响

如前所述，箱筒型基础防波堤结构与下卧地基土之间存在着多个接触面，因此，地基土的性质将会影响到它承受波浪荷载作用时的性状。对照图8.37和图8.42可知，作用于模型MD3和MD5防波堤上的周期性波浪荷载完全相同：对称性指标$P_{sp}/P_{pp}=0.40$，波压力峰值$P=6350kN$，水平荷载比$P/P_{pp}=1.5$，作用历时

t_p = 52.5h，约为 2 天。如表 8.5 所列，这两组模型基础下筒高度也相同，即 H_{lp} = 4.3m。但如图 8.43 所示，模型 MD3 和 MD5 地基土体试验前强度分布不完全相同，换算至原型，9.2m 深度范围内不排水抗剪强度均值 s_u 分别约为 20kPa 和 17kPa，因此，模型 MD5 的地基强度弱于模型 MD3 的地基强度。

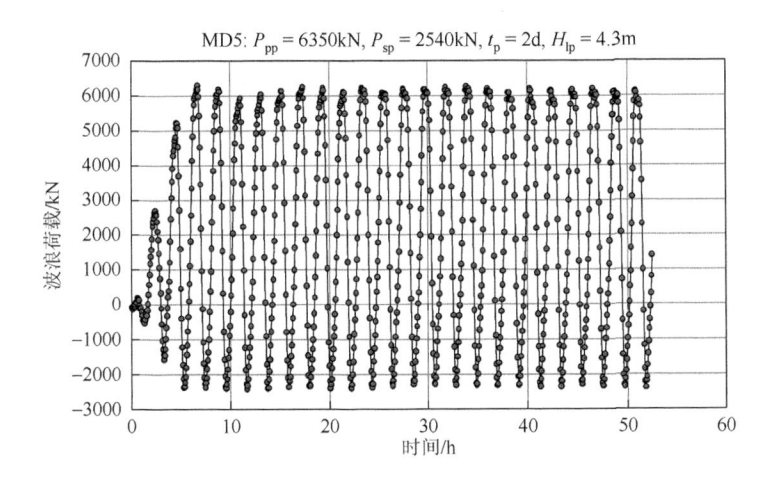

图 8.42 模型 MD5 波浪荷载特征曲线

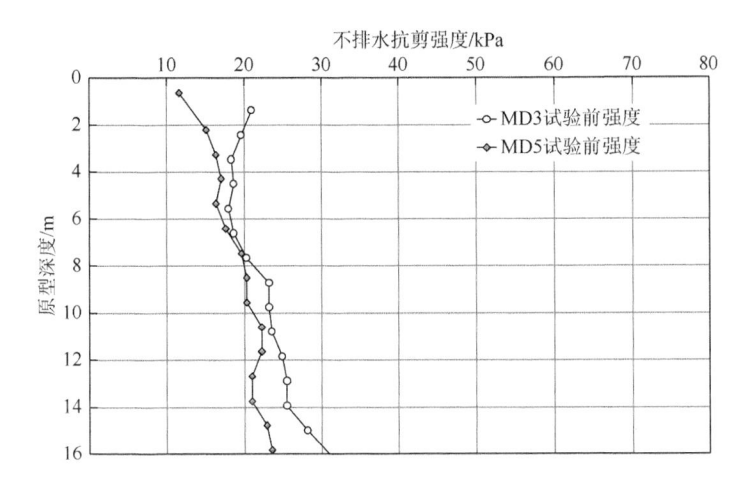

图 8.43 模型 MD3 和 MD5 试验前地基土层强度剖面分布

前面已经介绍了模型 MD3 防波堤承受波浪荷载作用后的性状反应，如图 8.38～图 8.41 所示。模型 MD5 防波堤在波浪荷载作用期间的位移和地基孔隙水压力变化过程曲线如图 8.44～图 8.47 所示。这两组模型防波堤的性状比较如表 8.5 所示。

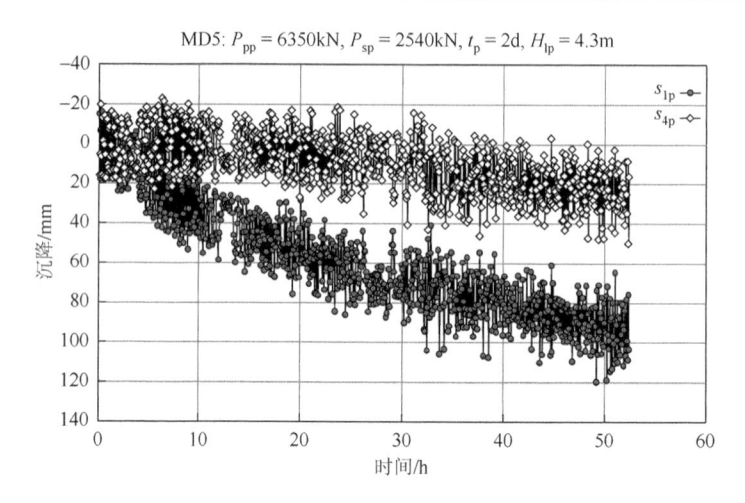

图 8.44　模型 MD5 波浪荷载作用期间盖板上两测点处的沉降过程变化曲线

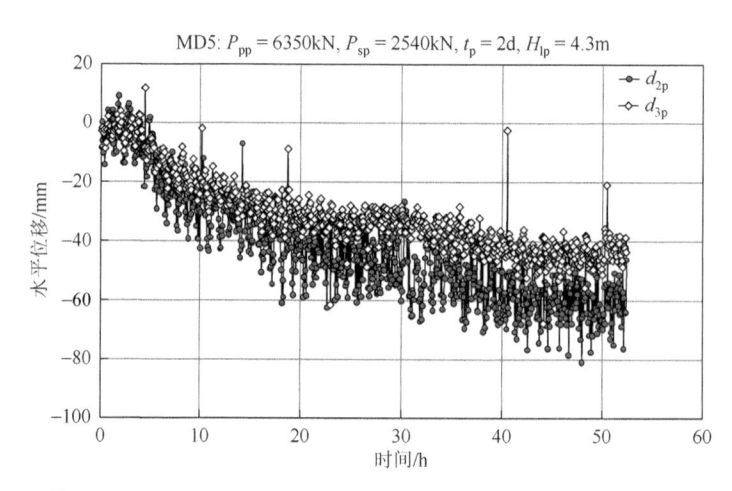

图 8.45　模型 MD5 波浪荷载作用期间上筒顶部两测点处的水平位移过程变化曲线

比较图 8.38 和图 8.44 后，首先可以发现，地基强度高的 MD3 防波堤，其沉降 s_1 在波浪荷载作用后的前 9h 内发展较多，之后发展缓慢；沉降 s_4 的速率未变，但发展速率较小，两测点在波浪荷载作用 2 天后，沉降量分别为 41mm 和 23mm，因此，它们的平均沉降和差异沉降就分别等于 32mm 和 18mm。而地基强度较低的模型 MD5 防波堤，其沉降 s_1 和 s_4 在整个波浪荷载作用期间，其发展速率自始至终没有趋缓的迹象，尤其是 s_1 沉降发展速率较大，波浪荷载作用 2 天后，s_1 达 96mm，而此时 s_4 达 26mm，因此，基础盖板这两个测点的平均沉降和差异沉降都较大，分别为 61mm 和 70mm。可见，对于较软弱地基，防波堤在波浪荷载作用后发生的沉降较大，同时容易出现较大的差异沉降。

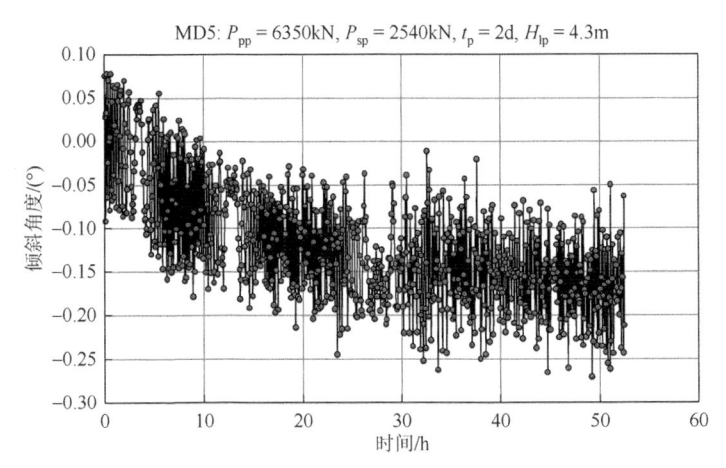

图 8.46 模型 MD5 波浪荷载作用期间箱筒型基础的倾斜角度变化过程曲线

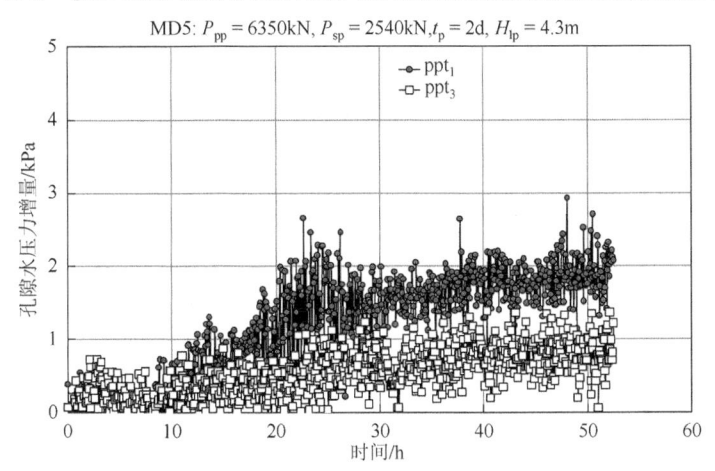

图 8.47 模型 MD5 波浪荷载作用期间地基土体孔隙水压力增量变化过程曲线

其次，比较图 8.39 和图 8.45 后，可以发现，地基强度高的模型 MD3 防波堤，其水平位移 d_2 和 d_3 随波浪荷载作用时间的发展速率在逐渐加大，曲线呈陡峭形，波浪荷载作用 52.5h 后，d_2 和 d_3 分别达 130mm 和 47mm。地基强度低的模型 MD5 防波堤，其水平位移 d_2 和 d_3 随波浪荷载作用时间的发展速率在逐渐减小，曲线较为平缓，波浪荷载作用 52.5h 后，d_2 和 d_3 分别为 59mm 和 43mm。可见，修建于较为软弱地基上的箱筒型基础防波堤，由于沉降较大，水平位移发展受到限制，波浪荷载作用引起的水平位移并不显著。

另外，比较图 8.40 和图 8.46 后，可以发现，地基强度高的 MD3 防波堤，其倾斜角度在波浪荷载作用后，开始发展较多，之后缓慢发展变化，至波浪荷载作用结束时，倾斜角度均值增加了约 0.044°。地基强度低的模型 MD5 防波堤，其倾斜角度也是在波浪荷载作用后开始阶段发展较多，之后渐趋平缓，但总的发展速率大，至波浪荷载作用结束时，倾斜角度均值已达 0.170°。可见，箱筒型基础防波堤，其地基较为软弱时，波浪荷载作用引起的倾斜角度显著，容易出现整体倾斜位移形态。其原因在于较弱地基上的建筑物沉降较大，并且不均匀，出现较大数值的差异沉降的可能性很大。

最后，如前所述，模型 MD3 防波堤，因下筒高度较短（4.3m），故波浪荷载作用在地基土层中影响深度相对较浅，引起的地基土体中的孔隙水压力增量也随之减小（图 8.41），波浪荷载作用 52.5h 后，ppt_3 增量均值小于 1kPa，ppt_1 增量均值小于 3kPa。为了充分捕捉波浪荷载作用在地基土层中产生的孔隙水压力增量，模型 MD5 中埋设孔隙水压力探头 $ppt_1 \sim ppt_4$，其位置比较浅，模型深度约 50mm，在原型中深度约为 5.3m。可能还是因为下筒高度较短（4.3m），如图 8.47 所示，实测到孔隙水压力增量仍不大，波浪荷载作用 52.5h 后，ppt_1 增量均值仍不足 3kPa，ppt_3 增量均值约 1kPa。但比较图 8.41 和图 8.47 可以发现，两者随波浪荷载作用时间的发展变化的特征略有不同：地基强度高的模型 MD3 在波浪荷载作用约 40h 后，孔隙水压力增量再次出现增大，而地基强度低的模型 MD5，在波浪荷载作用 20h 后，孔隙水压力增量曲线就出现增大趋势。这两组模型箱筒型基础的下筒高度比较短，波浪荷载作用的影响深度小，故引起的孔隙水压力增量值较小，因此，地基强度不同对超静孔隙水压力发展的影响还需进一步的试验研究。

综上所述，地基土层强度由高降低后，下筒高度相同的箱筒型基础防波堤的动态位移反应特征出现以下变化：基础盖板总沉降和不均匀沉降都显著增加，上筒顶部水平位移减小，防波堤整体倾斜角度骤增，更易产生整体倾斜位移。地基土体孔隙水压力变化量出现第二次增大的时间提前。

从地基强度低的箱筒型基础防波堤所表现出的这些特点，可以推测，地基土层越软弱，承载力越低，防波堤在波浪荷载作用下发生的沉降和不均匀沉降越大，而一旦出现较明显的不均匀沉降，防波堤发生倾倒破坏的可能性就越大。

4. 循环周数对防波堤性状的影响

前面五组模型所模拟的周期性波浪荷载作用历时都是 2 天，波浪循环周数约为 23333 次。若波浪荷载作用历时更长，循环周数更多，箱筒型基础防波堤的性状又将出现哪些变化也是防波堤设计的一个重要关注点。为此，设计了波浪循环周数达 46667 次的两组模型 MD6 和 MD7，它们所模拟的波浪荷载作用历时长达 4 天。下面以模型 MD6 和 MD7 试验结果，来探讨波浪荷载循环周数对防波堤性状的影响。

模型 MD6 和 MD7 在波浪荷载作用前，其地基土体原位不排水抗剪强度分布如图 8.48 所示，9.2m 深度范围内不排水抗剪强度 s_u 均值分别约为 16kPa 和 15kPa，非常相近。所模拟的原型箱筒型基础防波堤结构中的下筒高度 H_{lp} = 8.3m（表 8.5）；如图 8.49 和图 8.50 所示，这两组模型 P = 4233kN，水平荷载比 P/P_{pp} = 1.0，其中模型 MD6 中的波浪荷载的 P_{sp}/P_{pp} = 0.4，是非对称波，而模型 MD7 波浪荷载的

$P_{sp}/P_{pp} = 1.0$,是对称波。

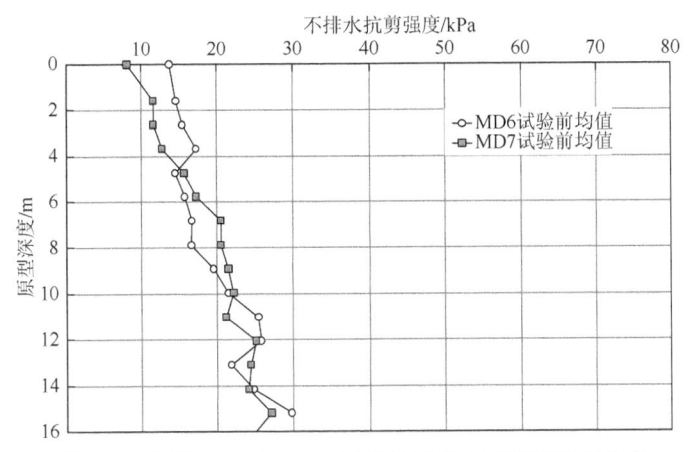

图 8.48　模型 MD6 和 MD7 试验前地基土层强度剖面分布

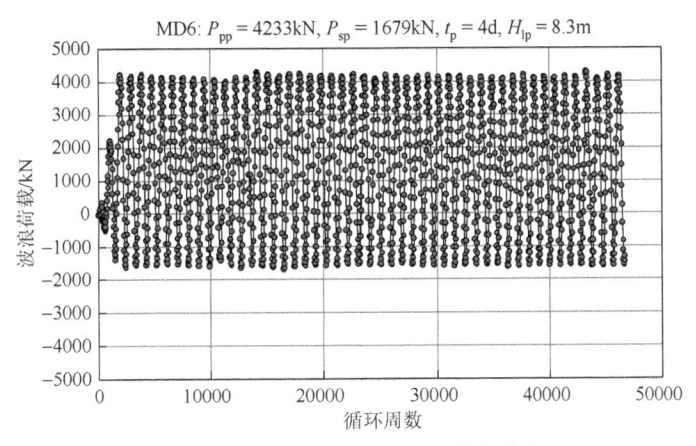

图 8.49　模型 MD6 波浪荷载特征曲线

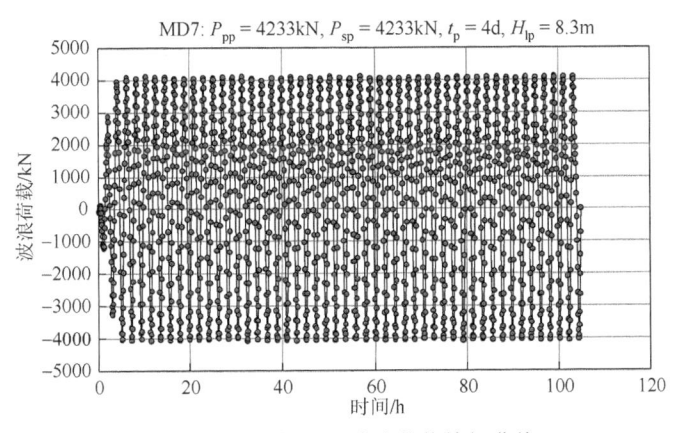

图 8.50　模型 MD7 波浪荷载特征曲线

图 8.51 给出了模型 MD6 防波堤承受非对称波浪荷载后,位于基础盖板上测点 s_1 和 s_4 的沉降变化过程曲线,显而易见,沉降随循环周数近似呈线性增长;图 8.52 所示的模型 MD7 的沉降性状情况也大致相同,也许因为地基稍弱,位于基础盖板上的两沉降测点 s_1 和 s_4,沉降和差异沉降都较大。从图 8.51 和图 8.52 可以看出,对于所模拟的两种情况,波浪荷载持续作用 4 天(循环周数约为 46667 次)后基础盖板产生的平均沉降分别为 58mm 和 65mm,差异沉降分别为 50mm 和 68mm,而波浪荷载持续作用 2 天(循环周数约为 23333 次)后相应的平均沉降分别为 29mm 和 35mm,差异沉降分别为 22mm 和 42mm。由此可见,波浪荷载持续作用历时加倍后,箱筒型基础防波堤结构所发生的沉降量也近似加倍。

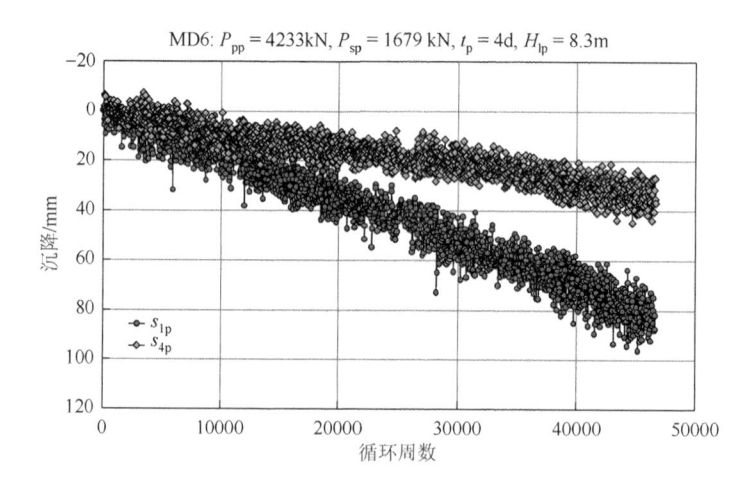

图 8.51 模型 MD6 盖板上两测点沉降随循环周数的变化过程曲线

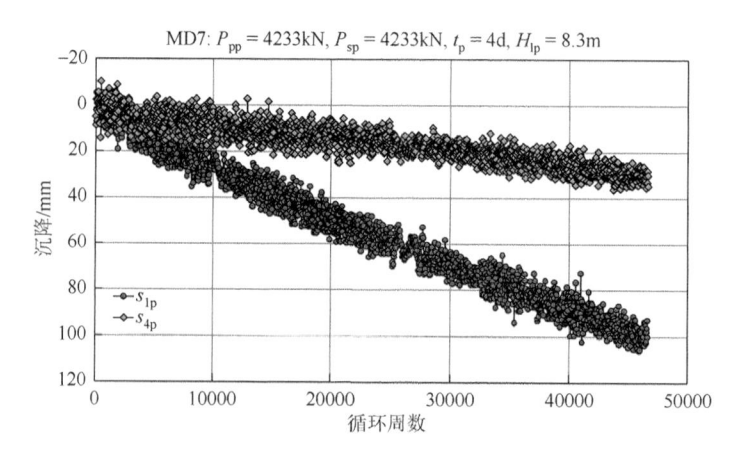

图 8.52 模型 MD7 盖板上两测点沉降随循环周数的变化过程曲线

图 8.53 和图 8.54 分别是模型 MD6 和 MD7 箱筒型基础上筒顶部水平位移变化过程曲线，图 8.55 和图 8.56 则分别是模型 MD6 和 MD7 箱筒型基础防波堤整体倾斜角度变化曲线，它们都表现出相同的规律，即水平位移量和倾斜角度随着波浪荷载作用循环周数增大而增大。尤其是波浪荷载作用 4 天（循环周数约为 46667 次）所引发的倾斜角度，大致为波浪荷载作用 2 天（循环周数约为 23333 次）所引起的倾斜角度的 2 倍。

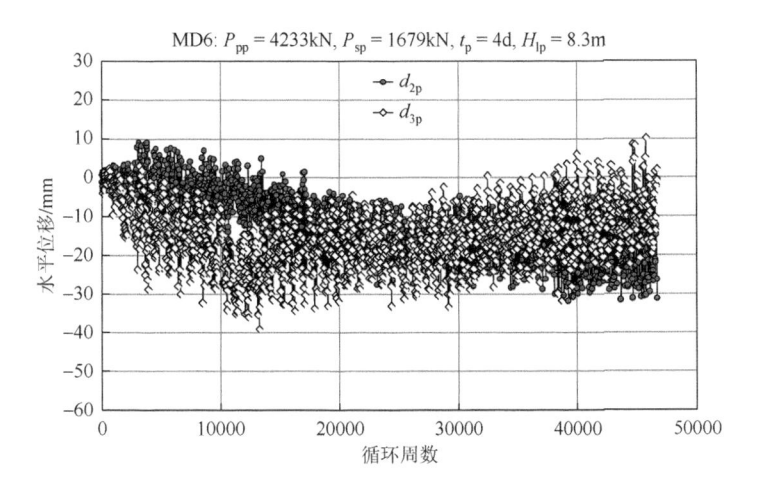

图 8.53　模型 MD6 上筒顶部水平位移随循环周数的变化过程曲线

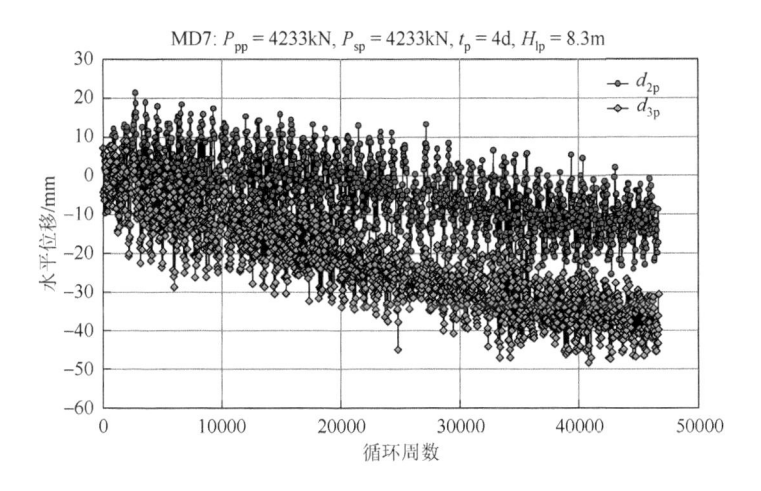

图 8.54　模型 MD7 上筒顶部水平位移随循环周数的变化过程曲线

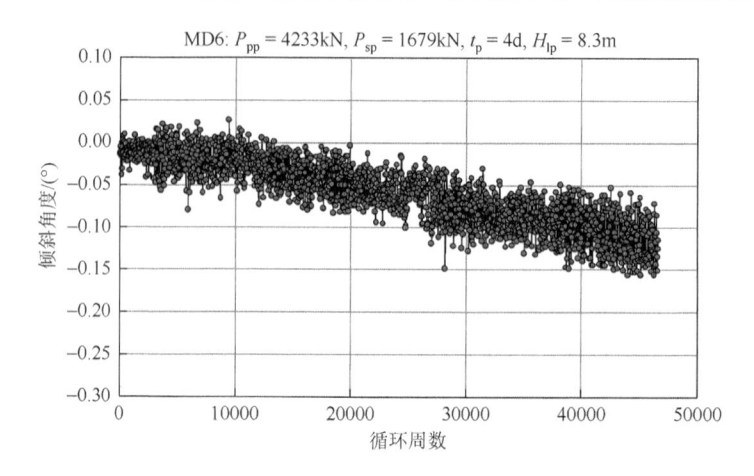

图 8.55　模型 MD6 箱筒型基础倾斜角度随循环周数的变化过程曲线

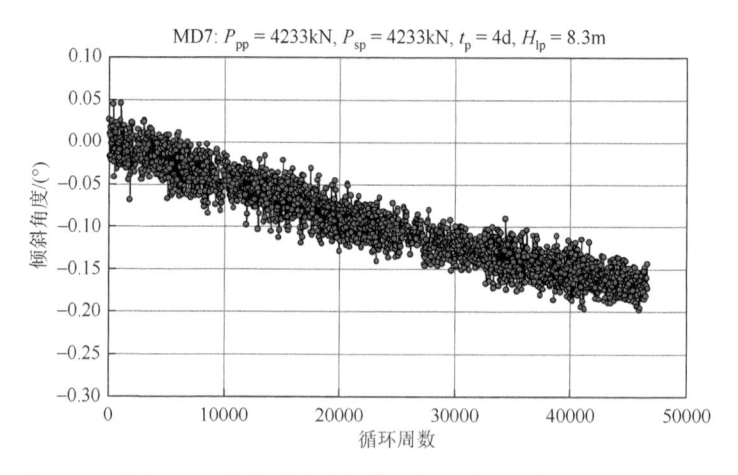

图 8.56　模型 MD7 箱筒型基础倾斜角度随循环周数的变化过程曲线

图 8.57 和图 8.58 分别给出了模型 MD6 和 MD7 地基土体中两个测点处的孔隙水压力增量随波浪荷载作用循环周数变化过程。模型 MD6 地基土体孔隙水压力增量的循环周数约为 13500 次时，ppt_1 和 ppt_3 积累达到第一个峰值，超静孔隙水压力值约为 5kPa。之后，超静孔隙水压力略有下降，但基本维持在第一个台阶 4kPa 上，并继续缓缓积累。当循环周数达到 24650 次时，孔隙水压力增量积累达到第二个峰值，超静孔隙水压力最大值约为 7kPa。之后，超静孔隙水压力值有所下降，但基本维持在第二个台阶 6kPa 上，并继续积累，尤其在循环周数达到 36500 次后，积累速率较快。当循环周数达到 41150 次时，孔隙水压力增量积累达到第三个峰值，超静孔隙水压力最大值约为 9kPa，此后，基本维持在第三个台阶 9kPa 上下。由此可见，随着周期性波浪荷载作用循环周数的增加，地基土体中孔隙水

压力增量持续积累而呈台阶式上升。就模型 MD6 而言，波浪荷载作用历时 2 天时，最大超静孔隙水压力值约为 5kPa，但作用历时超过 2 天后不久，积累的超静孔隙水压力就达到 7kPa，并且作用历时 3.85 天（循环周数约为 41150 次）时，最大超静孔隙水压力达到约 9kPa。至于模型 MD7，地基土体中孔隙水压力传感器埋设位置较深，换算至原型，其深度约为 10.0m，大致在下筒底部以下约 1.5m 处，故实测到的孔隙水压力增量较小，同时表明，波浪影响范围主要位于下筒所在的地基土层内。尽管如此，两条变化曲线也呈现出孔隙水压力增量随波浪荷载作用循环周数而逐渐增大的发展趋势。

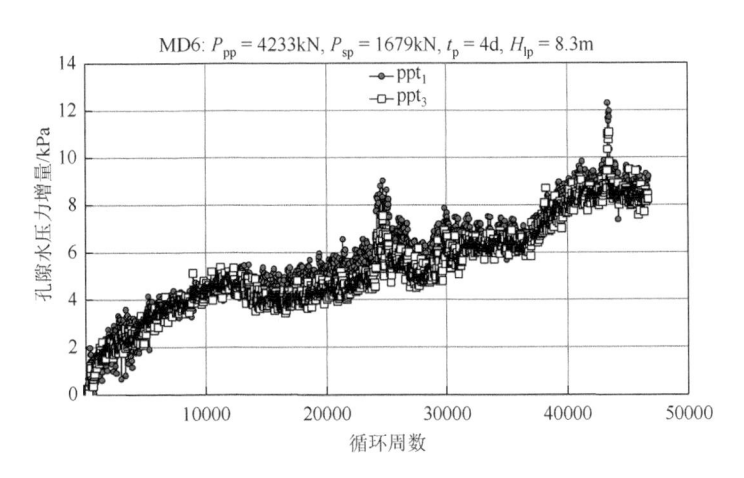

图 8.57 模型 MD6 箱筒型基础附近地基孔隙压力增量随循环周数的变化过程曲线

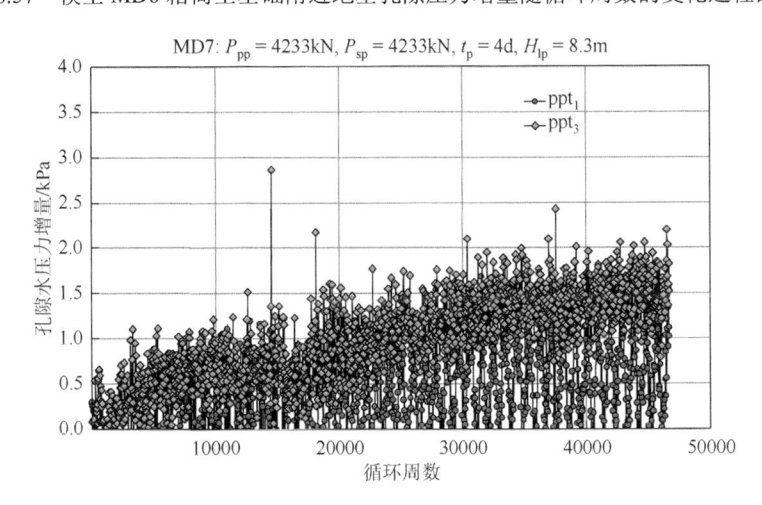

图 8.58 模型 MD7 箱筒型基础附近地基孔隙水压力增量随循环周数的变化过程曲线

综上所述，就所模拟的非对称性和对称性两种类型的周期性波浪荷载，其作用的循环周数越多,由其引发的箱筒型基础防波堤的位移量及地基中孔隙水压力增量越大。简言之,波浪荷载作用时间越长,箱筒型基础防波堤结构产生的位移和地基中产生的孔隙水压力越大,很显然,就防波堤安全性而言,历时越长的波浪荷载作用所造成的削弱程度也就越严重。

5. 压载对防波堤性状的影响

压载一般用来增加箱状筒状结构的稳定性,然而,在周期性波浪荷载循环往复作用下,压载能否照样增加结构物的稳定性,值得这种新型防波堤结构设计的关注和研究。为此,开展了模型MD8～MD10三组试验,在其上筒内放置盘形金属块,模拟原型抛石压载,进行模型压载量计算。

图8.59是这三组模型地基土层试验前的不排水抗剪强度剖面分布图,9.2m深度范围内不排水抗剪强度均值分别约为18kPa(模型MD8)、13kPa(模型MD9)和15kPa(模型MD10)。模型MD8地基强度高于原型天然地基强度,模型MD9地基强度低于原型天然地基强度,模型MD10地基强度与原型天然地基强度一致。

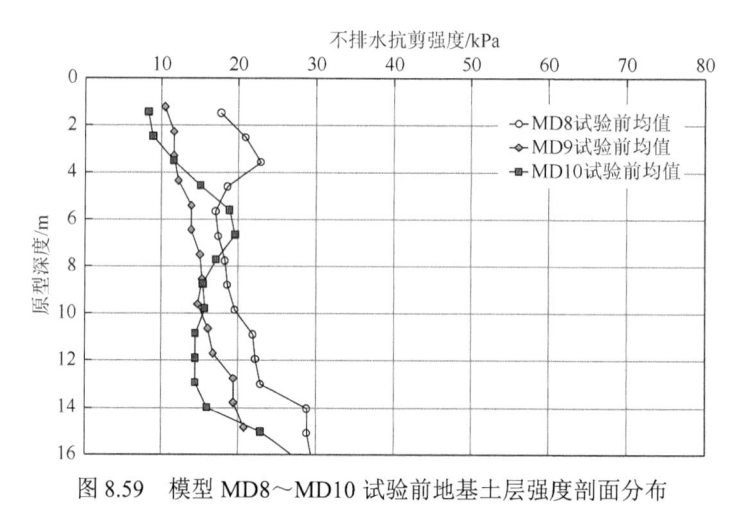

图8.59 模型MD8～MD10试验前地基土层强度剖面分布

如表8.5所列,这三组模型所模拟的箱筒型基础防波堤结构下筒高度相同,$H_{lp}=8.3\text{m}$。所施加的波浪荷载都是非对称性,$P_{sp}/P_{pp}=0.4$,如图8.60～图8.62所示。模型MD8水平荷载比$P/P_{pp}=1.5$,为超强波浪荷载,$T_p=105\text{h}$,历时约4天。模型MD9最初2天是2100kN,水平荷载比$P/P_{pp}=0.5$,中间2天是4200kN,水平荷载比$P/P_{pp}=1.0$,最后1.5天达4845kN,水平荷载比$P/P_{pp}=1.1$,为三级递增波浪荷载,前后历时约5.5天。模型MD10的水平荷载比$P/P_{pp}=1.0$,$T_p=105\text{h}$,为设计波浪荷载,历时约4天。

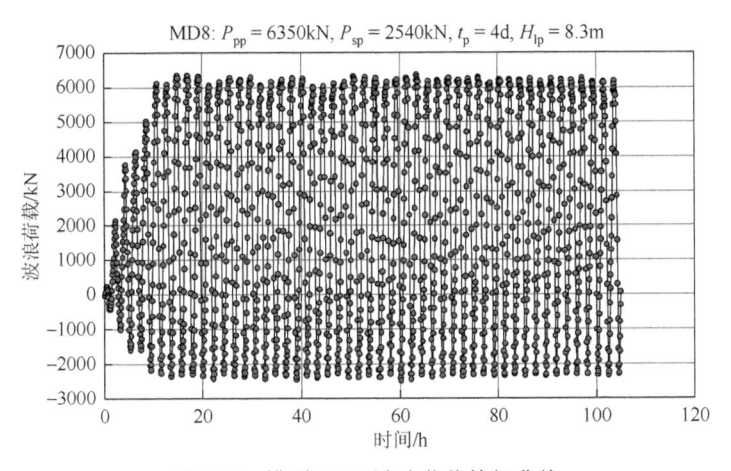

图 8.60 模型 MD8 波浪荷载特征曲线

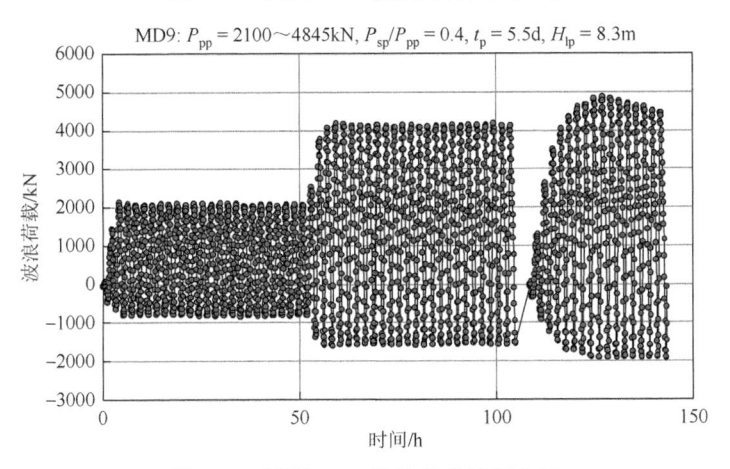

图 8.61 模型 MD9 波浪荷载特征曲线

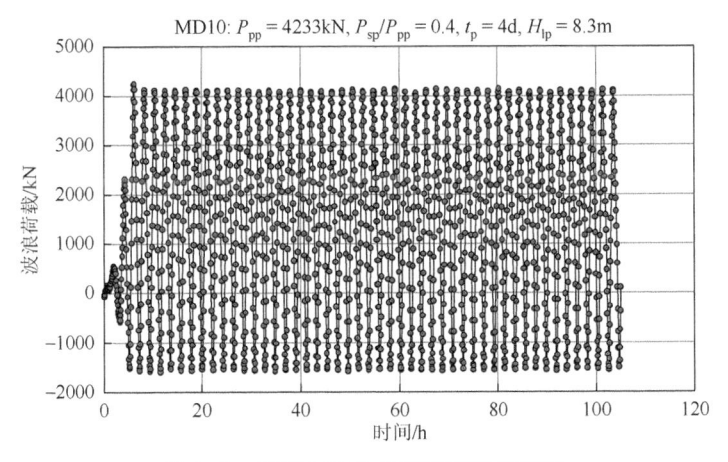

图 8.62 模型 MD10 波浪荷载特征曲线

这三组模型防波堤的主要特征指标比较如表 8.5 所示。周期性波浪荷载作用期间,三组模型中防波堤结构的沉降、水平位移和倾斜角度变化过程分别如图 8.63~图 8.71 中相应曲线所示。由于这些模型所模拟的波浪荷载作用历时较长,防波堤结构发生的沉降和差异沉降引起的倾斜角度都相当大。

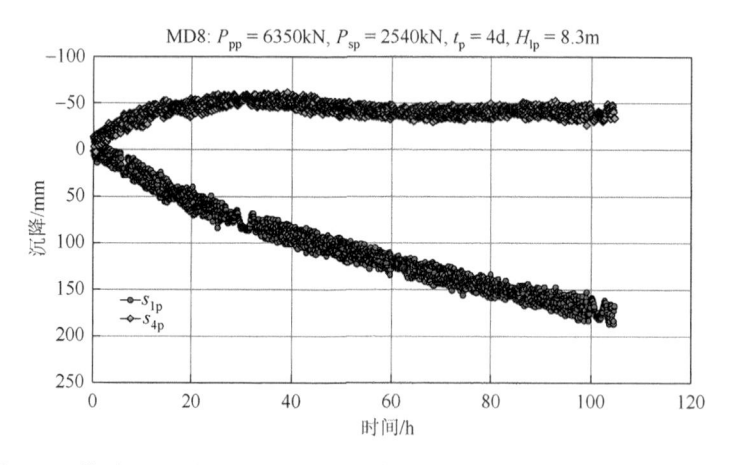

图 8.63　模型 MD8 波浪荷载作用期间盖板上两测点处的沉降变化过程曲线

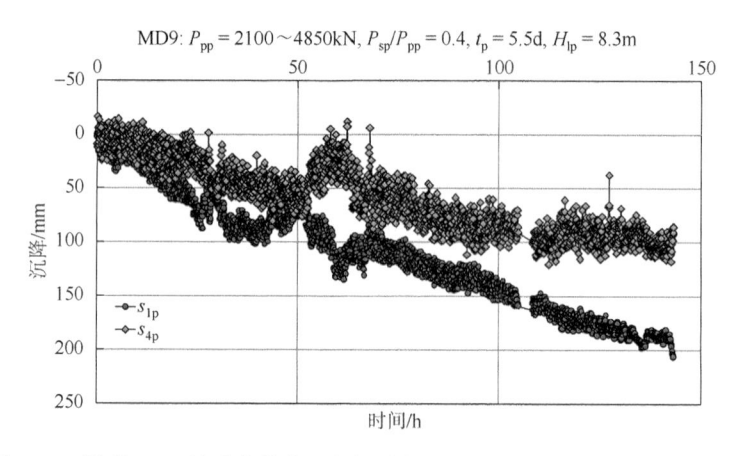

图 8.64　模型 MD9 波浪荷载作用期间盖板上两测点处的沉降变化过程曲线

对于模型 MD8,虽然地基强度高于原型,但承受的波浪荷载是原型设计值的 1.5 倍,2 天时的倾斜角度是 0.377°,4 天时的倾斜角度达 0.528°。参照苏联 1986 年出版的《有关大直径薄壳码头建筑物计算与设计方法建议》(苏联交通建设部全苏十月革命功勋交通科学研究院,1986)中结构转角控制值,该值为 0.008rad,即 0.458°。因此,就给定的地基条件,在上筒内设置压载,若遭遇 4 天 1.5 倍设计值的超强波浪荷载作用,结构物会出现超过控制值的倾斜转角。

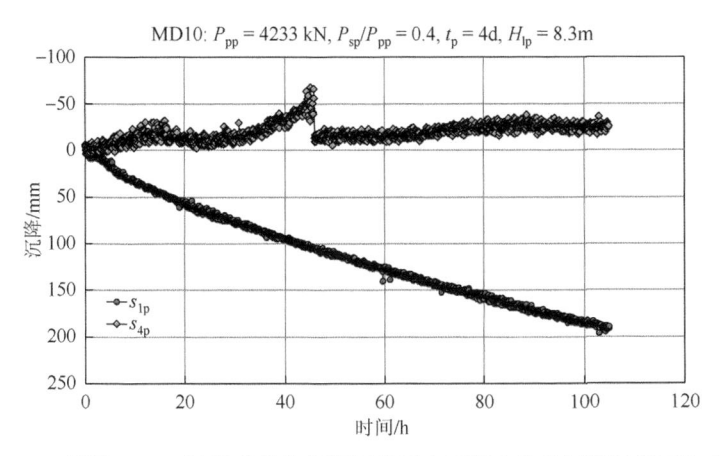

图 8.65　模型 MD10 波浪荷载作用期间盖板上两测点处的沉降过程变化曲线

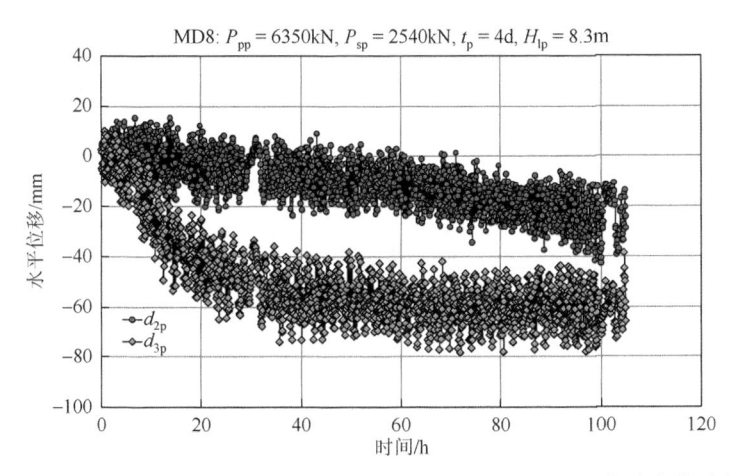

图 8.66　模型 MD8 波浪荷载作用期间上筒顶部两测点处的水平位移变化过程曲线

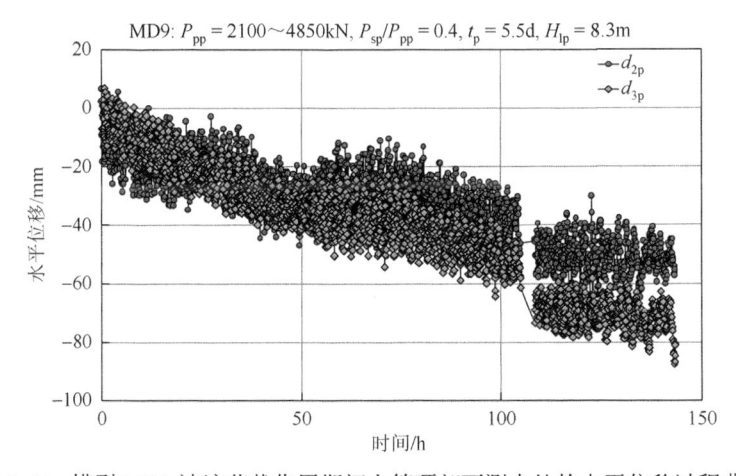

图 8.67　模型 MD9 波浪荷载作用期间上筒顶部两测点处的水平位移过程曲线

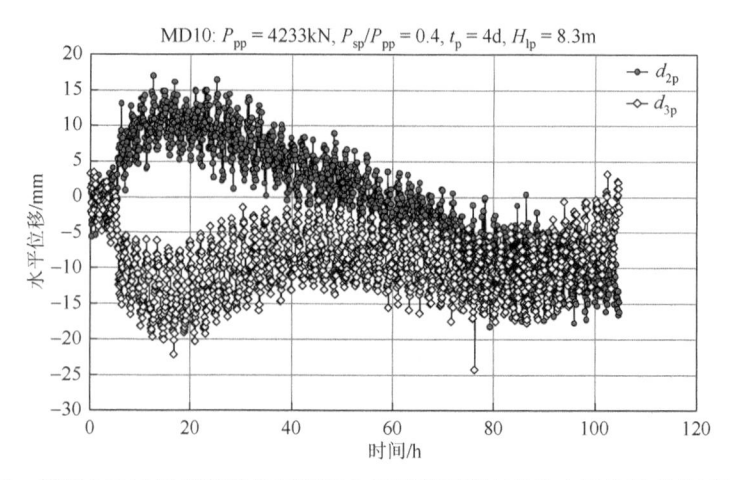

图 8.68 模型 MD10 波浪荷载作用期间上筒顶部两测点处的水平位移变化过程曲线

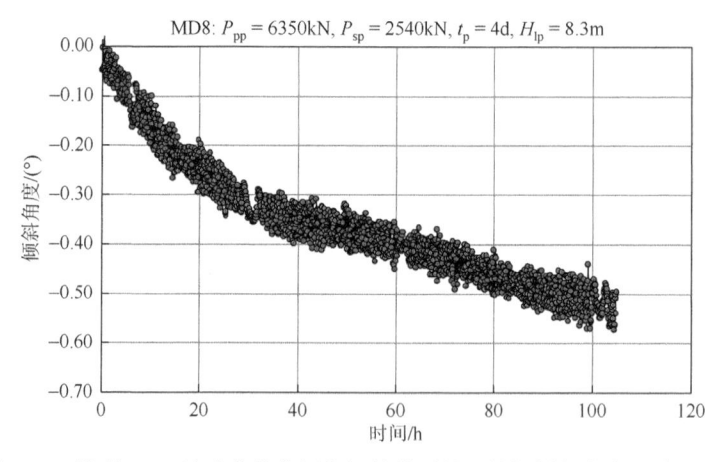

图 8.69 模型 MD8 波浪荷载作用期间箱筒型基础的倾斜角度变化过程曲线

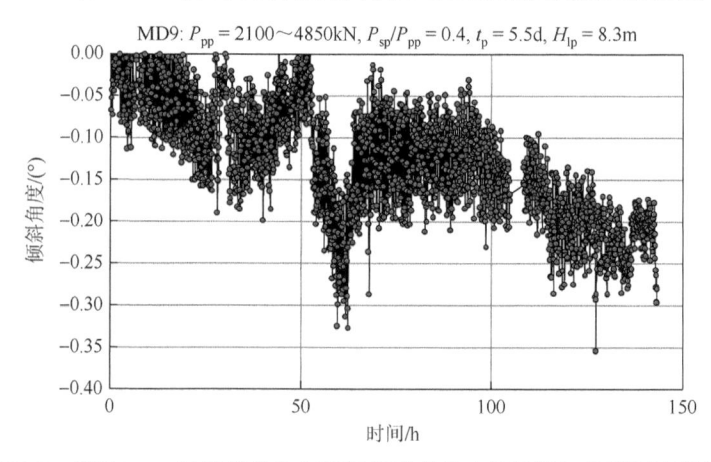

图 8.70 模型 MD9 波浪荷载作用期间箱筒型基础的倾斜角度变化过程曲线

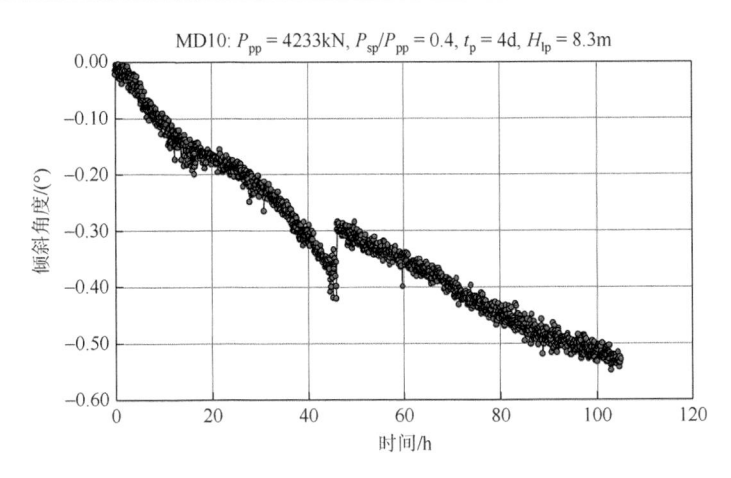

图 8.71 模型 MD10 波浪荷载作用期间箱筒型基础的倾斜角度变化过程曲线

对于模型 MD10 而言，地基强度条件与原型大体一致，承受的波浪荷载正好是原型设计值，2 天时的倾斜角度为 0.326°，但 4 天时的倾斜角度达 0.532°，大于转角控制值 0.458°。因此，在上筒内设置压载，若遭遇 4 天设计值的波浪荷载作用，结构物仍将发生超出控制值的转角。从图 8.71 推测，遭遇水平荷载比 $P/P_{pp}=1.0$ 的波浪荷载作用，3.3 天时结构倾斜角度就达到规定的转角控制值（苏联交通建设部全苏十月革命功勋交通科学研究院，1986）。

上述两组模型试验结果表明，在上筒内设置压载，若遭遇的波浪荷载，其作用历时不长，结构物是稳定安全的，但若波浪荷载作用历时较长，结构物的稳定安全性值得注意。

模型 MD6 和 MD10 的条件比较接近，然而，从表 8.5 可以看到，有压载的模型 MD10 在 2 天和 4 天时的倾斜角度明显大于模型 MD6 的对应值。可见，结构物在有压载时，波浪荷载作用容易产生差异沉降，从而导致防波堤结构出现明显的倾斜。

这里再观察一下模型 MD9 箱筒型基础防波堤的性状，该模型地基强度稍低于原型，但从图 8.61 所示的波浪荷载特征看，不仅波压力峰值较小，而且三段强度不同波浪荷载作用不连续，即波浪荷载作用不像其他模型那样都是持续的。前两天波浪荷载较小，所引发的基础沉降、水平位移和倾斜角度分别为 66mm（s_{1p}: 71mm；s_{4p}: 61mm）、−35mm（d_{2p}: −33mm；d_{3p}: −36mm）和 0.025°，均较小。第 3 天和第 4 天承受设计值大小的波浪荷载，基础沉降和差异沉降显著增加，4 天时的倾斜角度为 0.162°。最后 1.5 天波浪荷载峰值增强，$P/P_{pp}=1.1$，最终的倾斜角度为 0.235°，小于转角控制值（0.458°）。可见，不是持续作用的波浪荷载引发的位移和倾斜角度较小，对结构稳定安全有利；反之，持续长时间的波浪荷载作用，即使是在波压力峰值等于设计值时，其引起的位移和倾斜角度也有可能超出结构的容许值，对结构稳定安全十分不利。

6. 地基土强度在波浪荷载作用前后的变化

根据表 8.4 所列的试验步骤，在给箱筒型基础防波堤施加波浪荷载之前和之后，对地基土体的强度都采用袖珍贯入仪测定其原位不排水抗剪强度（聂守智，1984），图 8.72 是模型 MD2 和 MD3 试验前后强度测点平面布置图，试验前的强度测点标记为 L 和 R，试验后的强度测点标记为 1～6，这样，共计有 8 个强度测点。

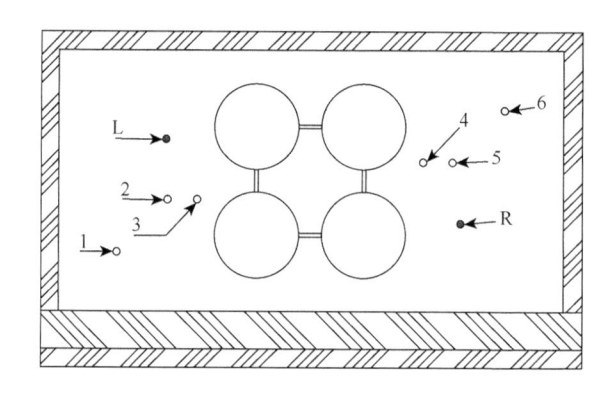

图 8.72 模型 MD2 和 MD3 试验前后地基强度测点平面布置

图 8.73 给出了模型 MD2 试验前后地基中 8 个测点强度（s_u 表示不排水抗剪强度）测值剖面分布图，由于强度测值固有的离散性，不易分辨出波浪荷载作用

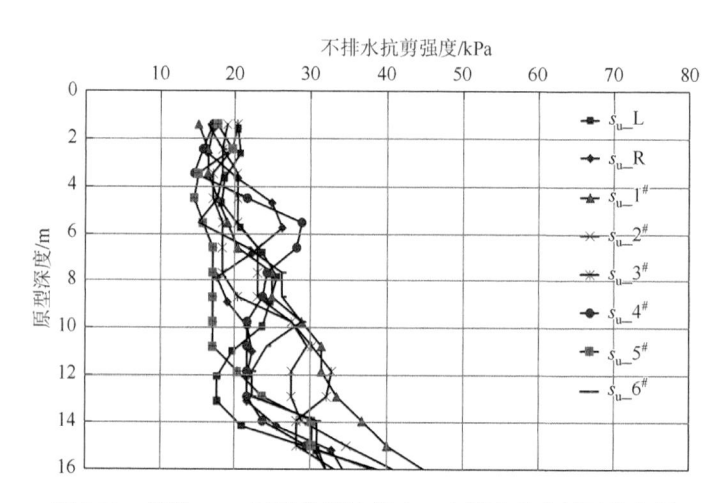

图 8.73 模型 MD2 试验前后地基中 8 个测孔强度剖面分布图

给地基强度带来的变化,故分别整理出试验前地基同一深度处 2 测孔强度测值的均值剖面分布和试验后地基同一深度处 6 测孔强度测值的均值剖面分布,如图 8.74 所示,这样可以容易看出模型 MD2 试验前后地基中强度均值剖面分布之间的差异。

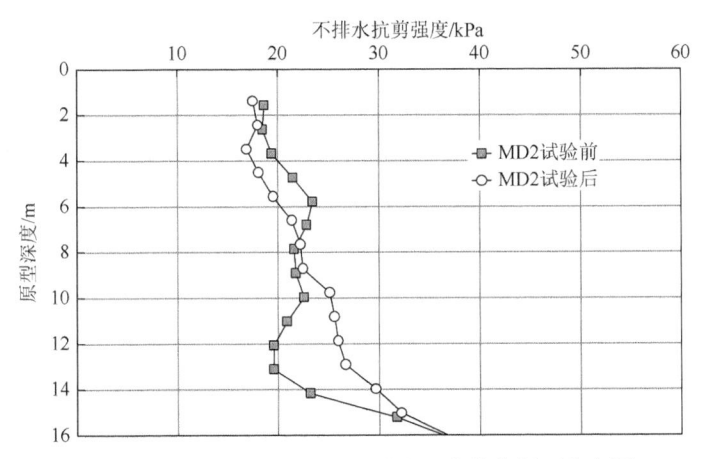

图 8.74　模型 MD2 试验前后地基强度均值剖面分布图

从试验前后模型 MD2 地基原位不排水抗剪强度对比可以看出（图 8.74）,波浪荷载作用 52.5h 后,地基箱筒型基础防波堤地基自地表向下约 8m 深度范围内土层不排水剪切强度产生了一定程度的减小,最大降幅接近 4kPa,而此深度以下地基土层的不排水剪切强度则产生了不同程度的增大。

地基上层土体出现的强度降低归结于波浪荷载作用,这种循环往复作用通过箱筒型基础防波堤结构前后晃动传递给地基土体,致使浅表层土体中产生正的孔隙水压力增量,即超静孔隙水压力。因为海底浅表层土体自身微细结构松散、密度不高,所以外部荷载作用尤其是往复性周期性荷载作用极易损坏或摧毁这种松软土体的微细结构。土体自身结构在周期性往复位移变形中调整,必然造成土体孔隙水压力增加、颗粒间的有效应力降低,最终导致土体软化和强度衰减（范期锦,2004a,2004b；闫澍旺,2006a,2006b）。

地基下层土体出现的强度增长则归结于荷载作用致使下层地基土体发生排水固结,土体密度增加致使强度提高。这是因为海底一定深度以下的土体自身微细结构不再松散,密度较高；且承受上覆土层的自重荷载作用,这样,使得外部荷载作用,即使是往复周期性荷载作用也不易破坏深处土层土体的微细结构,且其引起的孔隙水压力增量很容易因模型地基最下层的粉砂层而得到消散,土体结构在波浪荷载作用下调整,使土体变得更加密实,最终使得土体强度增高。

然而,模型所模拟的原型防波堤工况条件不同,试验前后地基中强度变化规律也会不同。以模型 MD2 和 MD3 为例,来分析下筒高度不同对地基强度变化的影响。图 8.75 是模型 MD3 试验前后地基中强度均值剖面分布，观察比较发现，地基土体强度在波浪荷载作用下的变化规律与模型 MD2 类似。具体就是波浪荷载作用 52.5h 后，地基箱筒型基础防波堤地基深度为 9m 以上的土层不排水抗剪强度产生了一定程度的减小，降幅在 2kPa 左右。而此深度以下地基土层的不排水抗剪强度产生了不同程度的增大。仔细分析可知，与模型 MD2 所模拟的情形有所不同的是，模型 MD3 箱筒型基础中下筒高度比模型 MD2 缩短了 4m。前面在分析下筒高度对防波堤性状的影响时就发现，下筒高度越短，波浪荷载作用通过箱筒型基础传递给地基的影响越小、影响深度范围越浅，也就是说影响深度越小，土体中孔隙水压力增量值越小。反之，下筒高度越长，波浪影响深度越大，地基强度变化越剧烈，即地基浅表层土体强度降幅和下层土体强度的增幅也都相应越大。

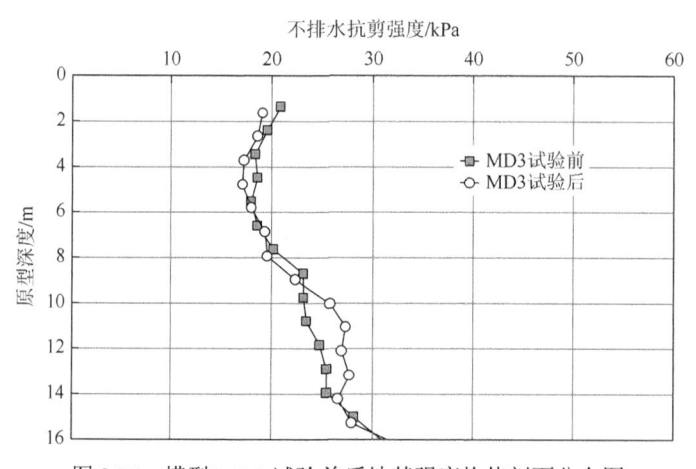

图 8.75 模型 MD3 试验前后地基强度均值剖面分布图

前面讨论了波浪荷载作用历时 2 天给箱筒型基础防波堤地基强度带来的变化，下面以模型 MD6 为例，再来观察一下波浪荷载作用历时 4 天给地基强度带来的变化情况。图 8.76 是该模型试验前后地基强度均值剖面分布图，与图 8.74 和图 8.75 情形不同的是，其影响范围更大，影响深度超过 13m，并且地基强度变化幅度增大，最大降幅达 8kPa。可见，波浪荷载作用历时越长，积累的超静孔隙水压力越高，所引起的浅表层强度降幅和下层强度增幅也都相应越大。

8.2.5 循环往复波浪荷载作用下位移破坏模式分析

鉴于箱筒型基础防波堤为钢筋混凝土结构，其整体刚度远大于软土地基，因此，在讨论箱筒型基础防波堤的位移形态时，可以将其视作刚体。在竖向平面内，刚体最常见的位移形式是转动和平动，平动又可分为侧向平移和竖向下沉。结构受力后的破坏总是以各种位移模式表现出来，因此，结构若产生垮塌性位移，就认为它产生了失稳破坏；但实际上当结构的位移量超过正常使用的容许值时，也可认为结构是失稳破坏了。相应于三种刚体位移模式，破坏模式分为侧向平移滑动破坏、冲剪破坏和转动倾倒破坏。

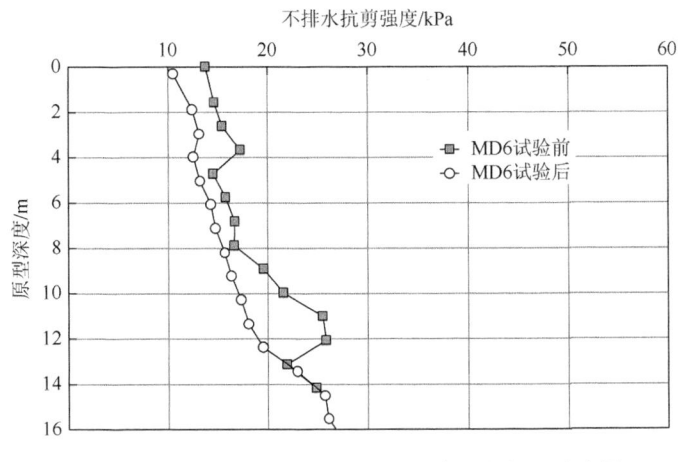

图 8.76　模型 MD6 试验前后地基强度均值剖面分布图

1. 倾斜转动位移模式和转动倾倒破坏模式

对于倾斜转动位移模式和转动倾倒破坏模式，不仅需要知道转动倾斜角度大小，还需要知道转动中心的位置。下面根据箱筒型基础防波堤结构发生的整体倾斜角度 θ、基础盖板中心点 O 处的沉降 s 和两只上筒顶中心连线中点 T 的水平位移 d，来推求所假设的转动中心 C 点的位置坐标（图 8.77）。这里需要说明的是，该转动中心 C 是工作转动中心，并非极限状态的转动中心。

首先建立图 8.77 中所示的 $X\text{-}Y$ 轴直角坐标系，其原点与基础盖板中心点 O 重合。沉降向下为正，水平位移指向迎浪侧为正，转角倾向迎浪侧为正。试验前，防波堤结构的竖向中轴线为 OT，试验后结构不仅在盖板中心点 O 处产生沉降 s 和在两只上筒顶中心点 T 产生水平位移 d（图中所示的 d 实为负值），还发生倾斜角度为 θ 的转动（图中所示的 θ 实为负值），位移后的新轴线为 $O'T'$，其斜率为 $k=1/\tan\theta$。同时，点 T 移位至 T' 点，坐标由 $T(0, H_{up})$ 变为 $T'(d, H_{up}-v_T)$，点 O 移位至 O' 点，坐标由 $O(0, 0)$ 变为 $O'(u_O, -s)$，其中 H_{up} 为上筒高度，v_T 为 T 点沉降，向下为正，u_O 为 O 点处的水平位移，指向迎浪侧为正。

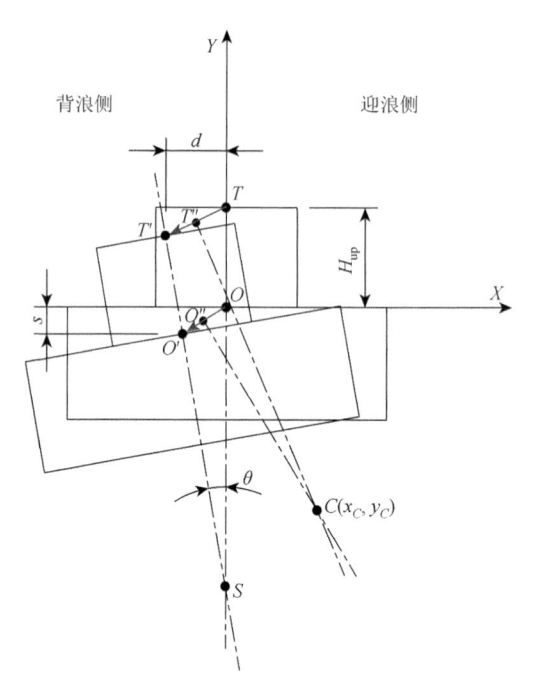

图 8.77 转动中心推导示意图（动态模型试验）

其次，利用几何关系进行推演，求得所假设的转动中心 C（x_C, y_C），即横坐标 x_C 和纵坐标 y_C 的表达式。具体求解过程如下。

设新轴线 $O'T'$ 直线方程为

$$y = kx + b \tag{8.11}$$

将 O' 和 T' 两点坐标分别代入式（8.11），得

$$H_{up} - v_T = kd + b \tag{8.12}$$

$$-s = ku_O + b \tag{8.13}$$

式（8.12）～式（8.13）中包含三个未知数，即 u_O、v_T 和 b。又已知 T 点和 O 点受力后位移至 T' 点和 O' 点，它们之间的距离不变，仍为 H_{up}，因此有如下关系：

$$(H_{up} - v_T + s)^2 + (d - u_O)^2 = H_{up}^2 \tag{8.14}$$

式（8.12）减去式（8.13），再代入式（8.14），得

$$(1 + k^2)(d - u_O)^2 = H_{up}^2 \tag{8.15}$$

$$d - u_O = \pm \frac{H_{up}}{\sqrt{(1+k^2)}} \quad (k \geqslant 0, \text{取正号}; k < 0, \text{取负号})$$

由此求得 u_O 为

$$u_O = d \pm \frac{H_{\rm up}}{\sqrt{1+k^2}} \quad (k \geqslant 0,\text{取负号};k<0,\text{取正号}) \tag{8.16}$$

将 u_O 代入式（8.13），得到截距 b 为

$$b = -(ku_O + s) \tag{8.17}$$

将 b 代入式（8.12），得到 v_T 为

$$v_T = H_{\rm up} - (kd + b) \tag{8.18}$$

我们知道，转动中心总是位于刚体上任意一点的位移矢量的中垂线上，这样，任意两条位移矢量中垂线的交点就是刚体转动的中心。现已知 O' 点和 T' 点的坐标，这样就很容易确定位移矢量 $\overrightarrow{OO'}$ 和 $\overrightarrow{TT'}$ 的中垂线 $O''C$ 和 $T''C$。这里先推求得直线 OO' 的斜率和中点 O'' 与直线 TT' 的斜率和中点 T''，然后，导出所对应的中垂线 $O''C$ 和 $T''C$ 的直线方程：

OO' 的斜率：$-s/u_O$，则与之正交的中垂线 $O''C$ 的斜率为 u_O/s。

中点 O'' 的坐标为 $O''(u_O/2, -s/2)$。

中垂线 $O''C$ 的直线方程：

$$y = \frac{u_O}{s}x - \frac{u_O^2 + s^2}{2s} \tag{8.19}$$

同理，TT' 的斜率为 $-v_T/d$，则与之正交的中垂线 $T''C$ 的斜率为 d/v_T。

中点 T'' 的坐标 $T''(d/2, H_{\rm up}-v_T/2)$。

中垂线 $T''C$ 的直线方程为

$$y = \frac{d}{v_T}x + H_{\rm up} - \frac{d^2 + v_T^2}{2v_T} \tag{8.20}$$

其次，求解上述两条中垂线的交点坐标 $C(x_C, y_C)$ 为

$$x_C = \frac{2H_{\rm up}sv_T + v_T(u_O^2 + s^2) - s(d^2 + v_T^2)}{2(u_O v_T - ds)} \tag{8.21}$$

$$y_C = \frac{2H_{\rm up}u_O v_T + d(u_O^2 + s^2) - u_O(d^2 + v_T^2)}{2(u_O v_T - ds)} \tag{8.22}$$

最后，根据式（8.21）和式（8.22），基于每组动态模型的试验结果，可以获得所假设的转动中心 C 坐标的 x_C 和 y_C 值，以及两坐标在波浪荷载作用期间的变化规律，从而帮助确定箱筒型基础防波堤的位移模式。若箱筒型基础防波堤结构发生倾斜转动，即围绕某一转动中心来回摆动，最终倾向一侧，对于这种位移变形模式，所计算出的 C 点坐标 $C(x_C, y_C)$ 是确定的，x_C 和 y_C 值是收敛的。

对所完成的 10 组动态模型试验结果，根据式（8.21）和式（8.22）计算分析后发现，当其中一个坐标值收敛时，另一个坐标值也同样收敛，也就是说纵横坐

标要么同时收敛，要么同时不收敛。这样，在下面的讨论中，仅分析转动中心的纵坐标 y_C 值的变化趋势和规律。

这 10 组动态模型所模拟的箱筒型基础防波堤的位移模式总结如表 8.5 所示。前五组模型波浪荷载作用历时为 2 天，所假设的防波堤转动中心 C 点位置坐标 x_C 和 y_C 的计算值比较凌乱，不是完全确定的，它们的 y_C 值变化特征如图 8.78～图 8.82 所示，至少可以说，它们的位移变形形态不单纯是倾斜转动。后 5 组波浪荷载作用历时较长的模型，所假设的防波堤转动中心 C 点位置坐标 x_C 和 y_C 值基本上是确定的，它们的 y_C 值变化规律如图 8.83～图 8.87 所示。箱筒型基础防波堤结构模型承受波浪荷载作用后整体倾向背浪侧，因此，这 5 组模型得出的 x_C 值始终为正值，即它们的转动中心均位于迎浪侧，如图 8.88 所示。

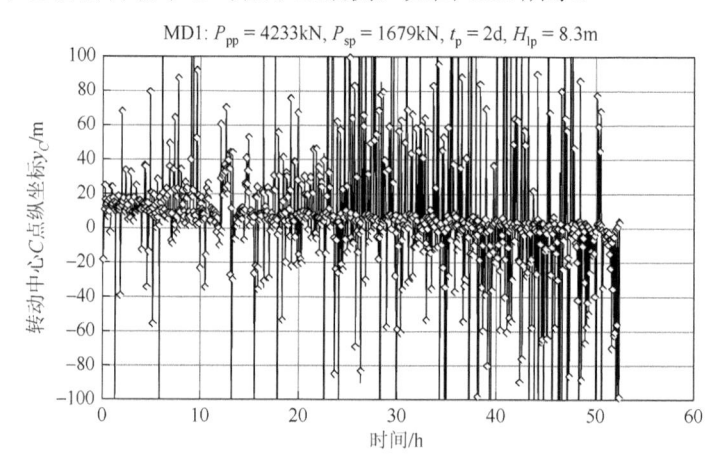

图 8.78 模型 MD1 转动中心纵坐标值随波浪荷载作用时间变化过程曲线

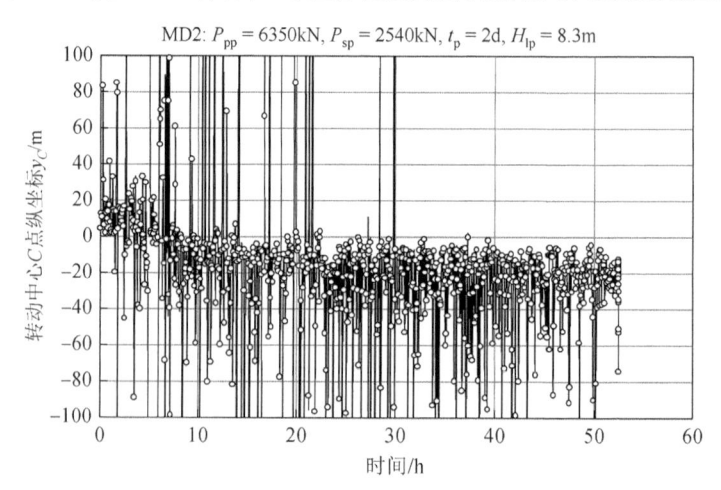

图 8.79 模型 MD2 转动中心纵坐标值随波浪荷载作用时间变化过程曲线

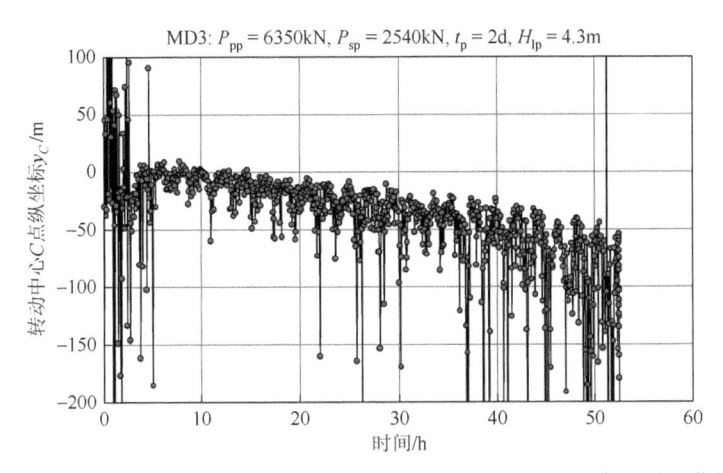

图 8.80　模型 MD3 转动中心纵坐标值随波浪荷载作用时间变化过程曲线

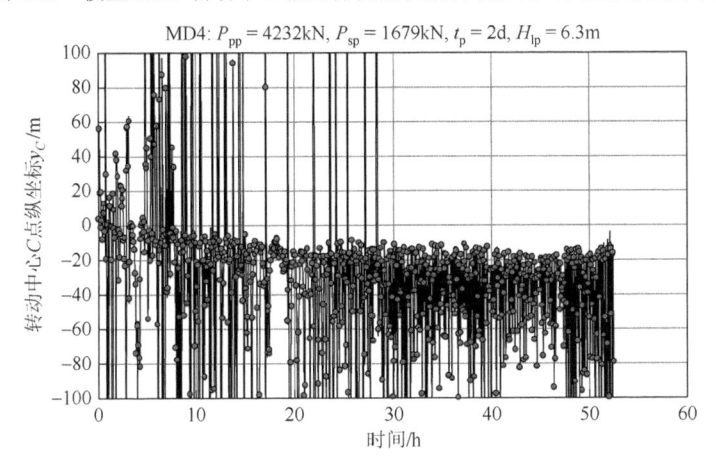

图 8.81　模型 MD4 转动中心纵坐标值随波浪荷载作用时间变化过程曲线

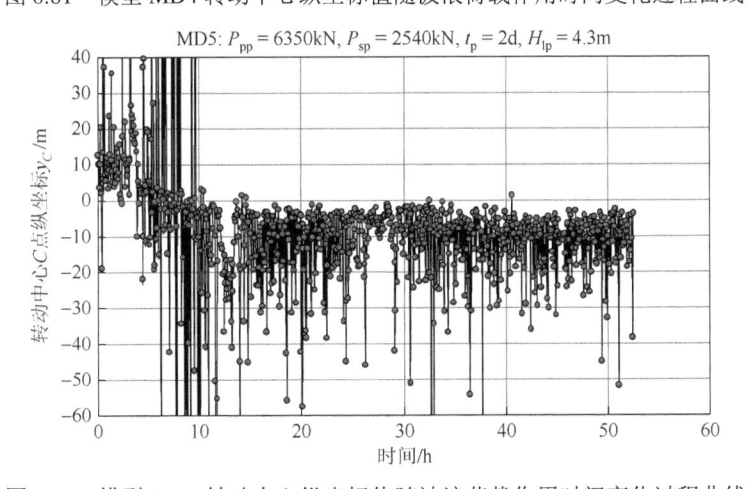

图 8.82　模型 MD5 转动中心纵坐标值随波浪荷载作用时间变化过程曲线

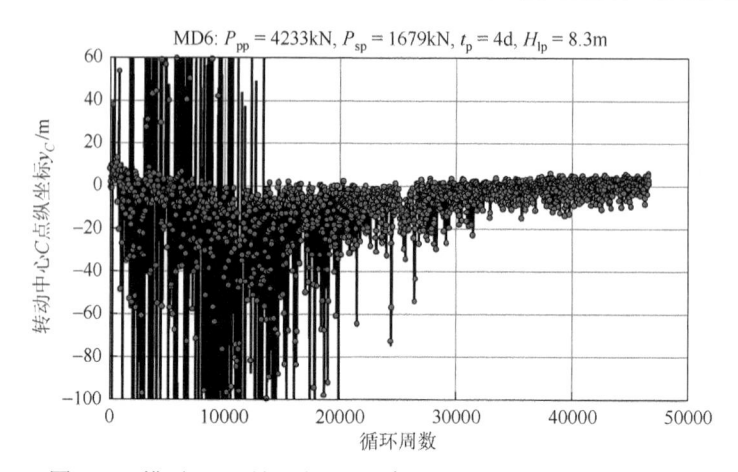

图 8.83 模型 MD6 转动中心纵坐标值随循环周数变化过程曲线

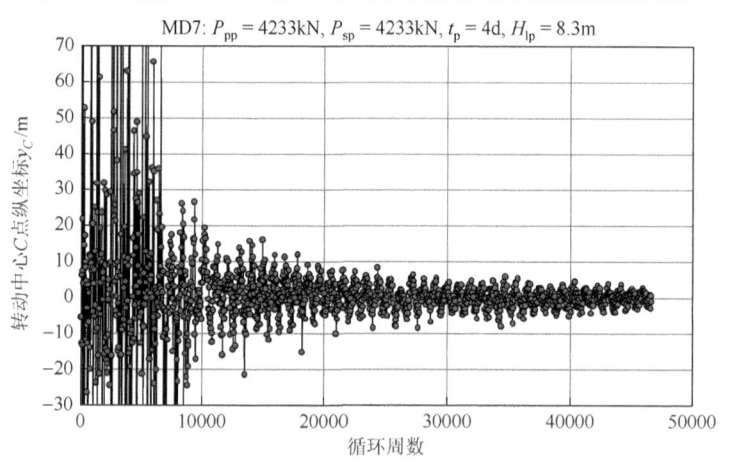

图 8.84 模型 MD7 转动中心纵坐标值随循环周数变化过程曲线

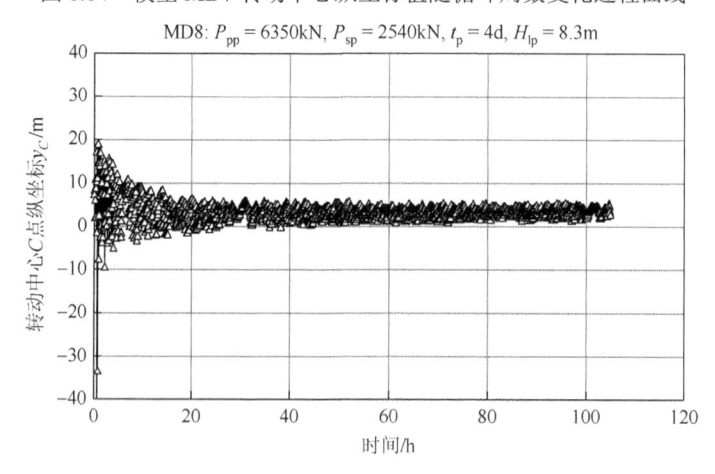

图 8.85 模型 MD8 转动中心纵坐标值随波浪荷载作用时间变化过程曲线

第8章 新型防波堤结构离心模型试验研究

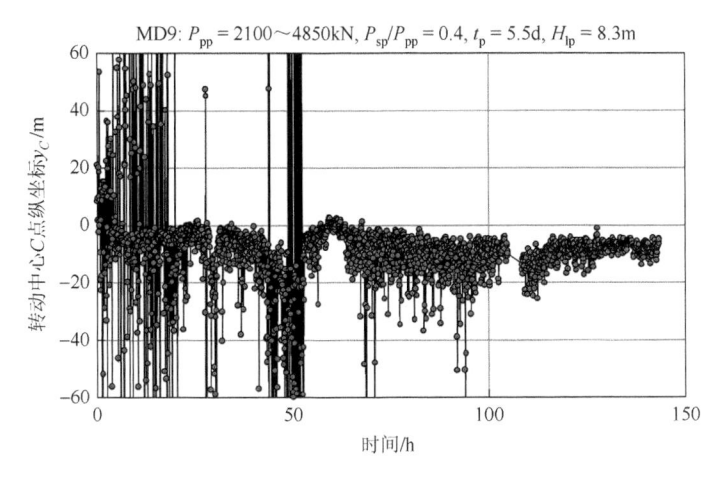

图 8.86 模型 MD9 转动中心纵坐标值随波浪荷载作用时间变化过程曲线

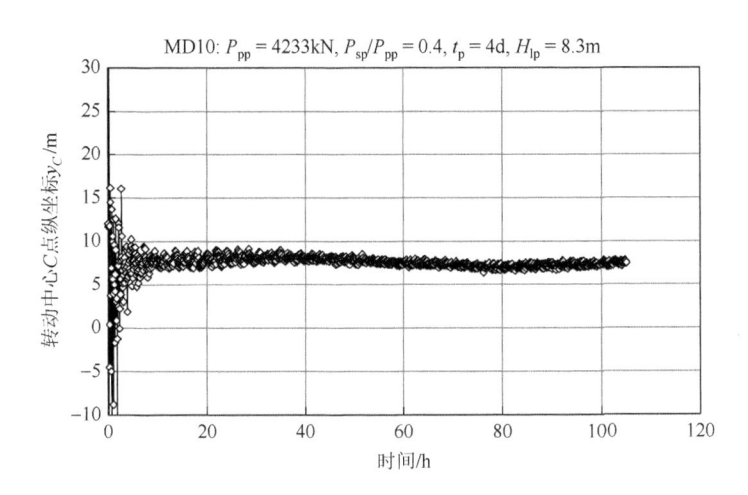

图 8.87 模型 MD10 转动中心纵坐标值随波浪荷载作用时间变化过程曲线

在前面的分析中,已经提到,参照苏联1986年出版的《有关大直径薄壳码头建筑物计算与设计方法建议》(苏联交通建设部全苏十月革命功勋交通科学研究院,1986)中结构转角控制值(该值为0.458°),模型 MD8 和 MD10 中防波堤产生的转角已超出控制值,可认为出现了转动倾倒破坏。转动倾倒破坏实际上是基础发生了过大的差异沉降造成的。我们知道,差异沉降量取决于地基的强弱、结构基础的上部荷载大小与分布和波浪荷载大小及作用历时长短等因素。从表8.5中可以发现,其他条件相同时,地基强度较低的情形中的防波堤倾斜程度较大(模型 MD3 和 MD5);其他条件相同时,有压载的情形中的防波堤倾斜程度较大(模型 MD6 和 MD10);同样的条件下,作用历时越长,倾斜程度越显著。因此,在给定的风浪条件下，地基越软弱，竖向自重和压载的总量越大，基础产生的差异沉降越显著，发生转动倾倒破坏的可能性越大。

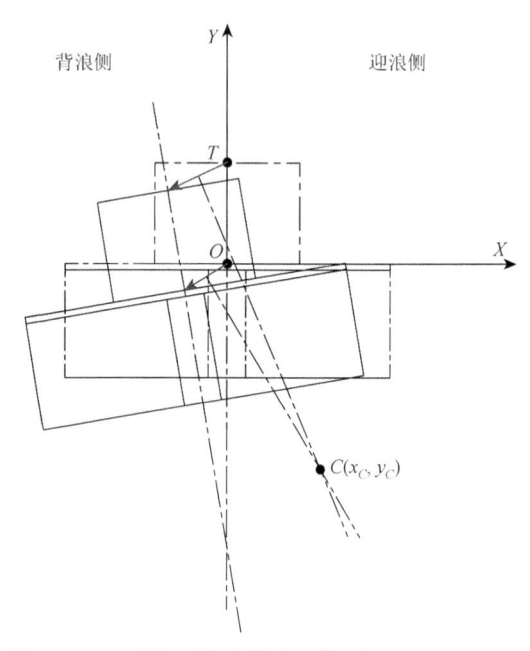

图 8.88　倾斜转动位移模式（模型 MD6～MD10）

2. 侧向平移位移模式和侧向平移滑动破坏模式

在前面分析下筒高度对防波堤性状的影响时，已经提到模型 MD3 承受波浪荷载作用后，其水平位移较为明显，而沉降和倾斜角度都较小，可以初步地认为，该箱筒型基础防波堤主要位移形态是侧向平移。另外，根据式（8.22）对模型 MD3 进行分析后发现，如图 8.80 所示，计算出的 y_C 值，在整个波浪荷载作用期间几乎均呈负值，而且随着波浪荷载作用时间逐渐增大。在波浪荷载作用后期，y_C 值在 -1450～-54m 变化，均值达 -176m。y_C 绝对值本身很大，而且在增大，这意味着位移形态逐渐向侧向平移过渡，y_C 的绝对值特别大时，倾斜转动成分就显得很弱，主要表现为侧向平移。综上两点，可以认为该模型中的箱筒型基础防波堤的位移形态是侧向平移。

同时，参照苏联 1986 年出版的《有关大直径薄壳码头建筑物计算与设计方法建议》（苏联交通建设部全苏十月革命功勋交通科学研究院，1986）中结构水平位移控制值，该值为 80mm，模型 MD3 中防波堤产生的水平位移已超出控制值，可认为发生了侧向平移滑动破坏。

模型 MD3 所模拟的箱筒型基础防波堤之所以产生侧向平移位移变形，其部分原因是其下筒高度较小,仅为4.3m。由于基础在地基中的埋深变浅,地基土体提供的侧向抗力相应减小,故整个防波堤结构在波浪荷载作用期间,容易产生水平向运动。可见,箱筒型基础防波堤的位移形态在某种程度上取决于基础结构本身,尤其是嵌入土体中的埋深。

3. 竖向下沉位移模式和冲剪破坏模式

在前面分析波浪荷载峰值对防波堤性状的影响时,已经提到模型MD2承受水平荷载比$P/P_{pp} = 1.5$的强波浪荷载作用后,其沉降比水平位移和倾斜角度更为明显,可以初步地认为,该箱筒型基础防波堤主要位移形态是下沉。另外,如图8.79所示,在整个波浪荷载作用期间,模型MD2的y_C值变化较大,但波动范围在逐渐收缩,而且在波浪荷载作用后期,y_C值在$-74 \sim -12$m变化,其绝对值较大。综合考虑分析后认为,该箱筒型基础防波堤在竖向剖面内的主要位移变形形态是下沉。

若沉降进一步增大,直至超出苏联1986年出版的《有关大直径薄壳码头建筑物计算与设计方法建议》(苏联交通建设部全苏十月革命功勋交通科学研究院,1986)中结构沉降控制值,该值为200mm,那么防波堤将发生的破坏就是冲剪破坏。

从表8.5中所列沉降值看,就所模拟的10种工况,没有一种工况中箱筒型基础防波堤结构实际产生的沉降超出文献(苏联交通建设部全苏十月革命功勋交通科学研究院,1986)规定的沉降控制值,因此,可以说,箱筒型基础这种新型防波堤能够抵抗波浪荷载作用而不发生冲剪破坏。

4. 复合位移模式

箱筒型基础防波堤在波浪荷载作用后,除了会发生上述三种比较明显的位移形态外,还可能出现两种形式的复合位移形态或三种形式的复合位移形态。模型MD1中防波堤,其发生的沉降、水平位移和转角大体相当,没有一种位移形式特别占优势。如图8.78所示,计算出的y_C值在波浪荷载作用期间变化较大,即使在波浪荷载作用后期,y_C值也未趋于一恒定值,其变动范围在$-181 \sim 4$m。鉴于这一情况判断,箱筒型基础防波堤的位移变形形态不是单一的,而是一种复合位移形态,即其位移形态包括侧向平移、倾斜转动和下沉三种形式。

模型MD4的地基较为软弱,承受波浪荷载作用末期沉降较大,s_{1p}达100mm,倾斜转角达0.164°,两者都较为明显。如图8.81所示,计算出的y_C值在波浪荷载作用期间有一定的变化,特别是在波浪荷载作用30h后,y_C值大多集中在$-60 \sim -13$m,在波浪荷载作用末期,其均值约为-32m。y_C值波动小实际意味着位移形态向倾斜转动发展。综合考虑后认为,该箱筒型基础防波堤位移形态,除下沉外,还有倾斜转动,转动中心深度约为30m。

对于模型 MD5，尽管它和模型 MD3 基础结构完全相同，下筒高度 H_{lp} = 4.3m，所承受的波浪荷载情况也完全相同，水平荷载比 P/P_{pp} = 1.5，但模型 MD5 的地基不排水抗剪强度均值比模型 MD3 略低，其水平位移和差异沉降引起的倾斜角度都比较明显。另外，如图 8.82 所示，计算出的 y_C 值在波浪荷载作用初期 10h 内变化幅度较大，之后 y_C 值主要在–14～–3m 变动；在波浪荷载作用后期，y_C 值的均值为–10.8m。可见，模型 MD5 的位移变形形态以倾斜转动为主，转动中心深度为 10m。综合考虑后认为，其位移形态是侧向平移和倾斜转动的复合。

回顾上述 10 组动态模型箱筒型基础防波堤受波浪荷载作用后的位移变形形态和超出位移控制值的破坏模式（表 8.5），可以发现，箱筒型基础防波堤在受波浪荷载作用后，其位移变形形态主要取决于箱筒型基础结构本身、地基土体强度和波浪作用历时，总结如下。

（1）基础结构本身的影响，主要是指基础与地基相互接触交接的影响，如模型 MD2 和 MD3，两者地基不排水抗剪强度大体相同，波浪荷载条件也相同，当基础下筒高度由 8.3m 缩短至 4.3m 后，防波堤发生的位移形态转变为侧向平移。并且当水平位移超过一定限度时，这种下筒结构较短的防波堤就容易发生水平滑动破坏。

（2）地基强度的影响，反映在地基承载力上，对于不排水抗剪强度较弱的地基，基础沉降较大，不易发生侧向平移，如模型 MD4 的地基不排水抗剪强度约为 14kPa，防波堤发生的位移形态表现为下沉。另外，地基不排水抗剪强度还直接影响到防波堤结构发生的差异沉降大小。

（3）压载的影响。对于给定的地基条件，当箱筒型基础防波堤自重和压载总重量较大时，在波浪荷载作用下容易导致较大的差异沉降，结构位移形态以倾斜转动为主。

（4）荷载作用历时的影响。如前所述，箱筒型基础防波堤地基强度在波浪荷载作用前后会发生改变，波浪荷载作用历时越长，对地基造成的削弱影响越显著，地基浅表层强度削弱到一定程度后必然会影响到箱筒型基础的位移变形形态，这在作用历时长达 4 天的模型 MD6～MD10 中表现得相当充分。如模型 MD6，在波浪荷载作用前 3 天中，位移形态相当复杂，为倾斜转动、侧向平移及冲剪下沉多种形式的复合，而在波浪荷载作用 3 天之后，逐渐演化成倾斜转动。因此，波浪荷载作用历时，确切地说，波浪荷载作用的循环周数是决定箱筒型基础防波堤位移变形形态的一个重要因素，当循环周数达到一定量后，位移变形形态会发生变化，逐渐演化成一种比较明显的形式，这最终的位移形态往往是倾斜转动。

8.2.6 循环往复波浪荷载作用下防波堤性状

通过上面 10 组周期性波浪荷载模型试验，对箱筒型基础防波堤的位移性状和破坏模式有如下认识。

（1）对于同一类型的波浪荷载，其波压力峰值越大，箱筒型基础防波堤结构的动态位移和地基孔隙水压力增量的动态反应越强烈，即基础盖板沉降、上筒顶部水平位移和整体倾斜角度的数值越大；对于超强的波浪荷载，当其往复作用累积到一定数量后，基础周围附近的地基浅表层土体可能发生局部破坏而导致孔隙水压力增量出现台阶式骤增。

（2）箱筒型基础防波堤下筒高度缩短后，防波堤的动力性状反应出现以下变化：盖板沉降减小、上筒顶部水平位移骤增、防波堤整体倾斜角度减小、地基土体相同深度处的孔隙水压力增量较小，因此，下筒高度较短的箱筒型基础防波堤的位移模式为侧向平移，其水平位移值容易超出结构水平位移的容许值。

（3）地基土层越软弱，承载力较低，防波堤在波浪荷载作用下发生的沉降和不均匀沉降越大，而一旦出现较明显的不均匀沉降，防波堤发生倾倒破坏的可能性就越大。

（4）波浪荷载作用历时越长，其循环周数越多，箱筒型基础防波堤结构的位移越大，地基中孔隙水压力增量累积越多。简言之，波浪荷载作用时间越长，它所导致的结构位移和地基超静孔隙水压力越大，很显然，就防波堤安全性而言，越长时间持续的波浪荷载作用对防波堤所造成的危害就越严重。

（5）上筒为抛石充满时，结构自重和压载总重量显著增加，波浪荷载作用容易产生差异沉降。在长时间的持续波浪荷载作用下，其引起的倾斜变形有可能超出结构的容许值，对结构稳定安全十分不利。

（6）波浪荷载作用后，下筒高度所在的土层内的不排水剪切强度发生了一定程度的降低，而此深度以下土层内的不排水剪切强度发生了不同程度的增长。强度降低和增长影响程度即波浪影响深度，下筒高度越长，波浪影响深度越大，强度变化越大；波浪荷载作用历时越长，波浪荷载影响深度随之加大，积累的孔隙水压力效应越多，所引起的浅表层强度降幅和下层强度增幅越大。需要强调的是，波浪作用前后出现的强度变化是借助地基中孔隙水压力增量变化来实现的，而从波浪荷载到孔隙水压力发生变化是借助箱筒型基础的四只下筒传递的，因此，基础下筒高度是一个关键因素。

（7）箱筒型基础防波堤在波浪荷载作用后，其位移形态主要取决于箱筒型基础结构本身、地基土体强度和波浪荷载作用历时。基础下筒较短的防波堤易于发生侧向平移。对于基础下筒较长的防波堤，若下端土层的地基承载力较低，且遭遇强波浪荷载作用时，下沉是一种主要位移形式。箱筒型基础防波堤在压载和持续长时间波浪荷载作用下的位移形态是倾斜转动，相应的破坏模式是倾倒失稳。特别值得一提的是，一般在整个波浪荷载作用期间，箱筒型基础防波堤位移形式不是一成不变的，通常由不定向确定演化，这在历时较长的波浪荷载作用情形中表现得尤为明显，并且最终演化为倾斜转动这一位移模式。

8.3 桶式基础防波堤离心模型试验

8.3.1 原型概况

徐圩港区位于连云港区南翼，埒子口以西至小丁港之间的海岸，隶属连云区，目前为开敞海岸，防波堤工程建设是徐圩港区起步建设的前提条件。港区设计高水位为5.41m，设计低水位为0.47m，极端高水位为6.56m，极端低水位为−0.68m，表8.6给出了50年一遇的设计高水位条件下的原型波浪要素。

表8.6 设计高水位条件下的原型波浪要素

工况	水位/m	波高 $H_{1\%}$/m	周期 T_p/s	波长 L_p/m	波压力 P_{pp}/kN	波吸力 P_{sp}/kN	波吸力/波压力
50年一遇设计高水位	5.41	6.34	8.76	80.9	12048	−8480	0.7

注：波压力和波吸力是指波浪荷载作用于一组桶式基础防波堤（沿堤轴线方向长20m）的荷载合力值，正值荷载指向防波堤，负值荷载背向防波堤。

防波堤地基土层自上而下依次为：淤泥层、粉质黏土层、粉砂粉土层和粉质黏土层，表8.7列出了这四层地基土的主要物理力学特性指标。可见，平均层厚达10.19m的淤泥层为典型的高含水量、高孔隙比、高压缩性和低抗剪强度的软黏土，其下卧的平均层厚为4.29m的粉质黏土层的压缩系数是0.39，为中等压缩性土，抗剪强度指标也优于淤泥层。

表8.7 天然地基土的主要物理力学特征指标

指标	淤泥层	粉质黏土层	粉砂粉土层	粉质黏土层
土层厚度/m	6.10~17.80（平均10.19）	1.00~8.40（平均4.29）	0.60~7.25	0.50~11.50（平均3.41）
土层底标高/m	−21.60~−10.89（平均−14.13）	−22.70~−12.97（平均−18.39）	−24.71~−15.64	−32.40~−22.06
性状	灰色，流塑，含少量贝壳残片，局部夹粉砂薄层，土质较均、光滑	黄褐色~灰黄色，可塑，局部含钙核直径0.5cm含量约5%，夹粉土、粉砂薄层，局部为黏土夹层	灰黄色，局部为黄色，饱和、密实，含云母碎屑，夹粉质黏土薄层，局部为细~中砂	灰色，软~可塑，局部夹黏土或粉土薄层，土质不均，切面稍光滑，韧性中等，干强度中等
w/%	64.8	27.1	20	31.4
γ/(kN/m³)	15.8	19.2	20	18.6

续表

指标		淤泥层	粉质黏土层	粉砂粉土层	粉质黏土层
e_0		1.819	0.770	0.587	0.891
I_L		1.37	0.53		0.70
a_{1-2}/MPa^{-1}		1.82	0.39	0.25	0.51
E_s/MPa		1.61	4.98	6.53	3.97
快剪	c/kPa	6.7	37.8		29.2
	ϕ/(°)	2.5	10.7		9.0
固快	c/kPa	9	45		35
	ϕ/(°)	3.0	11.5		8.7
不固结不排水	c/kPa	4.42			
	ϕ/(°)	1.67			
固结不排水剪	c/kPa	9.10			
	ϕ/(°)	5.35			
	c'/kPa	10.40			
	ϕ'/(°)	6.60			
固结排水剪	c/kPa	11.80			
	ϕ/(°)	6.30			
十字板抗剪	S_v/kPa	18.90（5~44）			
标贯击数 N			10	24	13.1

鉴于防波堤地基土层尤其是淤泥层和粉质黏土层的物理力学特性和承载能力，故建议了如图 8.89 所示的新型防波堤结构型式为该防波堤工程所用。这是一种薄壁钢筋混凝土桶式基础防波堤结构，椭圆形下桶为防波堤基础，整个桶身将穿越淤泥层而埋设于其中，桶底置于下层粉质黏土中。设计确定的薄壁桶式基础防波堤结构中的上桶高 15.1m，为 2 只直径为 8.9m、壁厚为 0.3m 的圆筒，下桶高 9.18m，为一只倒扣的椭圆形桶，其长轴为 30m、短轴为 20m、壁厚为 0.4m，上桶与下桶之间由厚 0.4m 的混凝土盖板相连接（图 8.89）。根据计算，一组桶式基础防波堤在设计高水位条件下所要承受的波浪荷载为：波压力为 12048kN，波吸力为 -8480kN，波吸力与波压力之比约为 0.7（表 8.6）。

需要说明的是，上桶分为两节，第一节高 8.1m（标高为 -4.6~3.5m），第二节延伸桶高 7m（标高为 3.5~10.5m）（图 8.89）。每组上桶的第一节与下桶及其连接上下桶的结构盖板，在陆地上预制，然后浮运至海上指定地点，采用负压下沉工法将下桶下沉贯入地基。就位后，再在现场浇筑上桶的第二节延伸桶体，使其达到设计高度。这样，桶式基础防波堤高度，在第一阶段为 17.58m，在第二阶段为 24.58m。

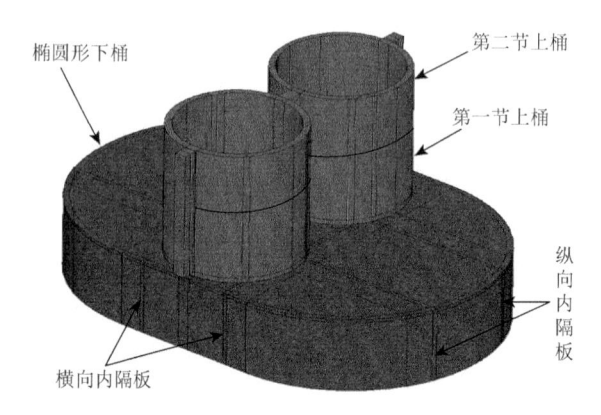

图 8.89　薄壁桶式基础防波堤结构示意图

另外，如图 8.90 所示，出于港口长远发展需要，考虑将其中一段桶式基础防波堤改建成码头，即在防波堤的港侧进行回填，形成码头区域，这部分防波堤的海侧功能相当于直立岸壁。

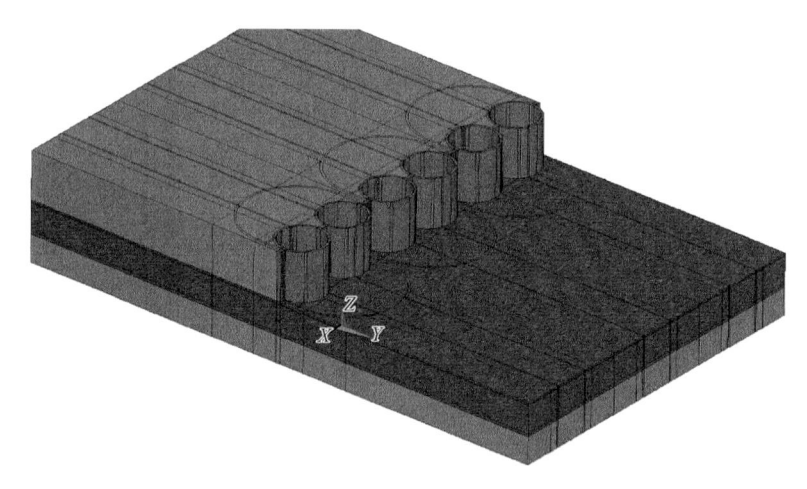

图 8.90　港侧回填后桶式基础防波堤示意图

上述桶式基础防波堤结构在世界范围内为首次提出，设计和施工中有许多相关的技术难题迫切需要深入研究和解决。特别是庞大的椭圆形下桶，又由纵横 4 道内隔板分隔，分成 9 个格室（图 8.89），下桶内外壁和内隔板与地基土相接触的面积大为增大，接触面积比高达 7.4，首先，下桶贯入地基土层时所遭遇的下沉阻力大小和侧壁摩擦特性值得分析预测。其次，在巨大的波浪循环荷载作用下，桶式基础防波堤的稳定变形特性值得深入研究。最后，其中一段防波堤在港侧要进行回填（图8.90），是采用袋装淤泥回填还是袋装砂回填，它们对这部分桶式基础防波堤的位移稳定特性会产生怎样的影响，这些都值得比较和分析研究。归纳起来，这些技术问题包括：下桶基础部分在下沉过程中侧壁摩擦力变化和结构件中的应力变化；桶式基础防波堤在波浪循环荷载作用下的位移变形稳定性状；桶式基础防波堤在港侧回填荷载作用下位移变形稳定性状和稳定破坏模式。

为了配合这种新结构防波堤的设计和优化，开展一系列的土工离心模型试验，首先采用竖向向下静压方法模拟原型真空吸力作用下桶式基础的负压下沉过程（徐光明等，2014），其次采用拟静力和周期性两种加载方式模拟波浪荷载作用，通过对桶式基础结构关键部位的应力监测和位移变形测量，观测桶式基础防波堤在各个阶段中的位移变形模式下可能的破坏模式，具体解决以下几个关键技术问题。

（1）了解下桶基础部分下沉过程中桶壁和隔板与土摩擦所形成的总阻力，同时尝试监测桶体关键部位的应力变化。

（2）研究桶式基础防波堤在波浪循环荷载作用下的位移变形稳定性状。

（3）分析在港池单侧回填荷载作用下桶式基础防波堤的位移变形稳定性状。

（4）探讨桶式基础防波堤结构与土的相互作用机制，为结构设计与优化提供依据。

下面将首先阐述模型试验设计和测量布置，包括模型的制作和试验步骤等，然后逐一介绍模型试验结果，并适当探讨桶式基础防波堤结构与地基的相互作用机制，为这种新型防波堤结构设计和优化提供参考。

8.3.2 模型试验设计

1. 桶式基础结构防波堤的模拟

一般来说，离心模型试验中所有材料应该选用与原型相同的材料，如前所述，原型桶式基础防波堤结构为钢筋混凝土预制而成，初步确定的模型率为80，若仍采用钢筋混凝土制作模型，其筒壁厚度不足5mm，细部结构尺寸难以控制精确。另外，计划对模型内外筒壁和内隔板进行内力测量，而在混凝土材质的桶壁和内隔板上粘贴应变片进行这项测量时，一是操作困难，二是试验结果的准确性难以得到保证。鉴于上述原因，采用铝合金板替代混凝土墙板制作模型防波堤结构。

与箱筒型基础防波堤结构一样，桶式基础防波堤也是一种薄壳结构，在承受波浪荷载作用时属于抗弯构件，按等抗弯刚度理论进行设计。离心模型中的等抗弯刚度公式（8.3）可以写为：$E_p I_p = E_m I_m \times N^4$。该公式表明，原型受弯构件的

截面抗弯刚度 $E_\mathrm{m}I_\mathrm{m}$ 应为模型的抗弯刚度 $E_\mathrm{p}I_\mathrm{p}$ 的 N^4 倍（徐光明等，2012）。

对于模型防波堤结构，外围周长和高度仍按相似比制作，只是在壁厚受弯平面内需满足抗弯刚度相似，即 $E_\mathrm{p}I_\mathrm{p}=E_\mathrm{m}I_\mathrm{m}\times N^3$。这时，截面惯性矩 $I=\frac{1}{12}\times 1\times d^3=\frac{1}{12}d^3$。模型桶壁厚度 d_m 按式（8.4）计算有

$$d_\mathrm{m}=\frac{d_\mathrm{p}}{N}\sqrt[3]{\frac{E_\mathrm{p}}{E_\mathrm{m}}}$$

原型上桶壁厚和下桶内隔板厚度均为 $d_\mathrm{p}=0.3\mathrm{m}$，弹性模量 $E_\mathrm{p}=30\mathrm{GPa}$（C30），制作模型的铝合金弹性模量 $E_\mathrm{m}=70\mathrm{GPa}$，则按上式计算求得的模型上桶壁厚和下桶内隔板厚度均为 $d_\mathrm{m}=2.8\mathrm{mm}$。同样，对于壁厚 0.4m 的原型下桶，按上式计算求得的模型下桶壁厚为 $d_\mathrm{m}=3.8\mathrm{mm}$。

同样，对于连接上下桶体的结构盖板，其平面尺寸仍按相似比制作，而厚度需按抗弯刚度相似设计，计算结果是，原型厚 0.4m 的混凝土盖板在模型中用厚度为 3.8mm 的铝合金板制作。

图 8.91 为最终制作出的模型桶式基础防波堤结构，下桶和盖板用 4mm 厚铝合金板制作，内隔板则用 3mm 厚铝合金板制作，上桶则是从铝合金圆筒深加工成外径为 115mm、壁厚为 2.5mm 的薄壁圆筒。

另外，如图 8.91 所示，在模型桶式基础的盖板上设置 9 个可开启可密封的气孔与 9 个格室相联系，在下沉过程中打开这些气孔，而在基础就位后则密封这些气孔，使桶体与地基土体发挥联合抵抗荷载的作用效果。

2. 地基土层的模拟

模型地基土样取自现场，自上而下依次为：淤泥层、粉质黏土层、粉砂粉土层，它们均为扰动土样，需在模型箱中自下而上逐层重塑，以地基强度指标为控制标准。原型地基最上表层是淤泥层和粉质黏土层，平均层厚分别为 10.19m 和 4.29m。综合表 8.7 中的室内固快强度指标和现场原位十字板抗剪强度（简称十字板抗剪），模型制作时，这两层土的原位不排水抗剪强度分别控制在 19kPa 和 60kPa 左右。往下是一层粉砂粉土层，容重为 $20\mathrm{kN/m^3}$，干密度达 $1.70\mathrm{g/cm^3}$，较为密实，试验时，完全用粉砂来制作该层土，以缩短淤泥层和粉质黏土层的固结制备时间。

如图 8.92 所示，模型地基共设置了 3 个土层，最上层是淤泥层，厚约 114mm，中间是粉质黏土层（粉黏），厚约 53mm。在模型箱最底部的厚约 36mm 的粉砂粉土层，是采用固结排水法制备上述两层土体的透水层。制备大尺寸软黏土土样的

NHRI 600 型固结仪如图 8.9 所示，采用分级加载预压固结方法，重塑制备模型最上表层的两层土样，模型地基具体制备过程如下。

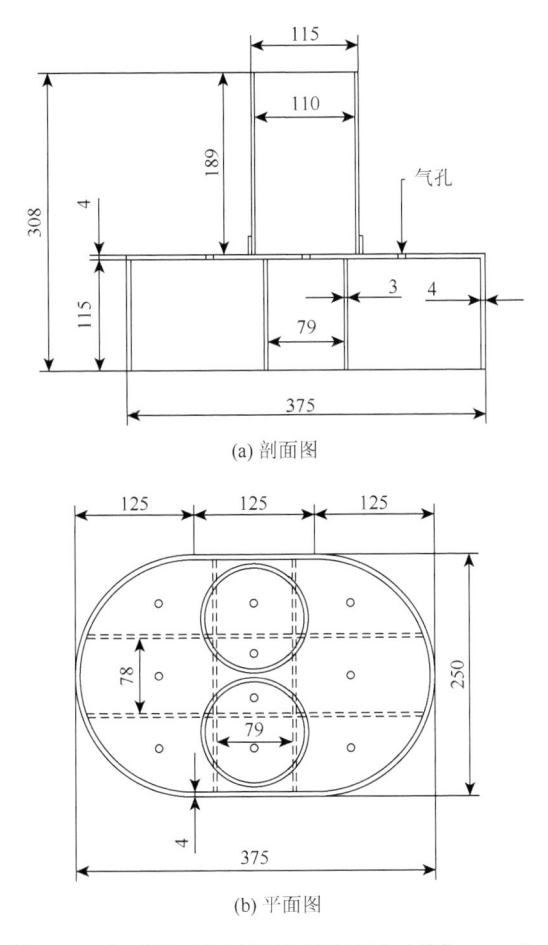

图 8.91 桶式基础防波堤模型结构图（单位：mm）

首先，将一种粉细砂土料自然风干，然后借助多孔砂漏斗，采用砂雨法将其成层撒落在模型箱内，在由下而上的制备过程中，始终保持落高相同，以控制模型地基土层上下密度均匀一致，直至达到指定厚度。之后，缓缓将水从模型箱底部引入细砂土层，使其饱和。

其次，将取自原型现场的粉质黏土制成泥浆，缓慢注入模型箱内，静置一周后，自然沉积于粉砂层上，并逐渐形成具有一定强度的泥层。

然后，将盛装泥层的模型箱安装到固结仪上。之后，逐级加载固结。其间，即在土层固结过程中，使用袖珍贯入仪测试监测其不排水抗剪强度的发展，直至满足预先设定的强度值要求,这一过程通常需要 2~4 周。按同样的程序预压制备淤泥层,由于土层厚度达 114mm,这一过程通常需要 5~7 周。

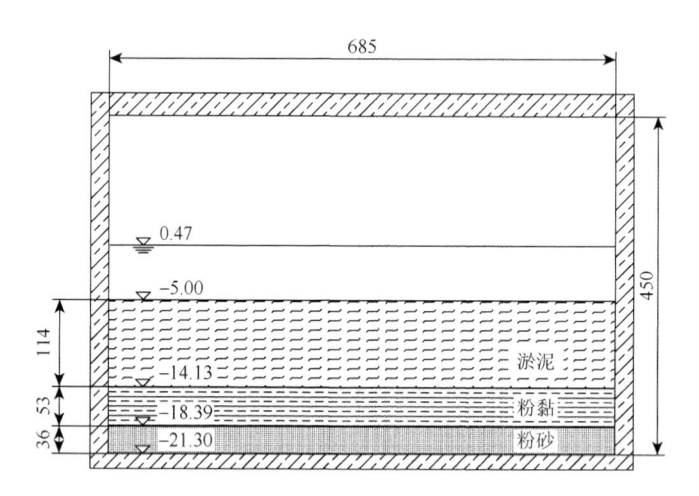

图 8.92 模型地基土层设计布置(标高单位:m;其他单位:mm)

3. 水位模拟

根据试验要求,模型试验将模拟对防波堤结构性状最不利的波浪荷载作用,由于采用等效波浪荷载方法进行模拟,水位高低影响不大(Zhang et al.,2009)。为了防止波浪荷载模拟装置浸水而发生故障,模型试验过程中,保持地基土层表面有 5mm 深的水体,即地基土层始终浸没在水下。

4. 模型测量内容

离心模型试验过程中,在模型防波堤结构与地基中布置了一系列传感器测量单元,传感器输出的信号通过数据采集系统按一定的采样速率读取。主要测量的物理量有以下三类。

(1)下沉阻力、波浪合力。下沉阻力由大行程竖向荷载加载装置自带的荷重传感器量测。对于拟静力方式模拟的波浪荷载作用试验,波浪合力由拟静力波浪荷载加载装置自带的荷重传感器测量输出。对于采用等效往复周期荷载模拟的波浪作用试验,波浪合力的幅值由循环波浪荷载模拟器的荷重传感器和控制器设定控制。

(2)水平位移、沉降。位移传感器测点布置如图 8.93 所示,水平位移测点 2 个,沉降测点 2 个。

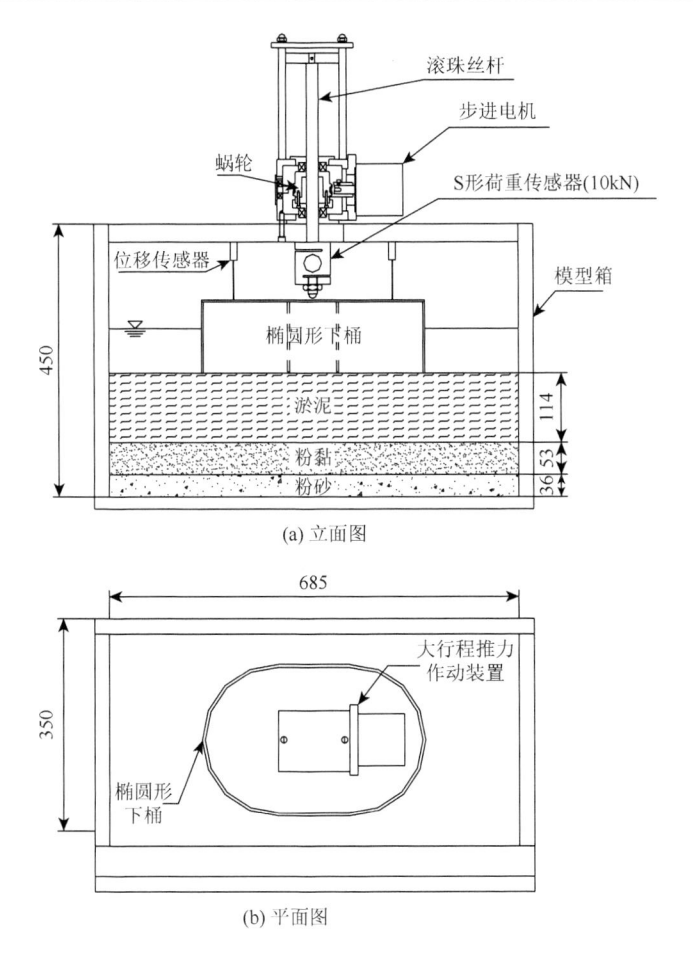

图 8.93　贯入下沉试验模型布置图（单位：mm）

（3）桶壁和隔板应力。桶壁和隔板应力的测量方法如下：在下桶桶壁和隔板两侧分别粘贴 5mm×3mm 箔式电阻应变片，其电阻值为 350Ω±0.35Ω，每组 4 片，构成全桥电路。

5. 试验步骤

（1）制作模型桶式基础防波堤结构。
（2）粘贴应变片，率定传感器。
（3）用原型地基土层土样，重塑制作模型地基，控制并测定地基土体强度。
（4）安放模型桶式基础防波堤，安装相应的加载作动装置。在模拟负压下沉过程试验时，在模型箱中安装大行程竖向加载作动装置和大量程位移传感器。在进行波浪荷载模拟试验时，则要在模型防波堤结构上部安装波浪荷载模拟作动装置。在进行防波堤单侧回填试验时，在上桶港侧采取分层逐级回填工序进行模拟。

(5) 启动离心机，由 1g 分级加速至 80g，每级为 10g。

(6) 启动加载作动装置，按预定加载速率或频率施加荷载。

(7) 试验结束，测定试验后地基土强度。

8.3.3 施工阶段防波堤下桶桶体受力特性

椭圆形桶式基础防波堤结构的施工过程与箱筒型基础防波堤结构的一样，整个结构在岸上预制组装，再拖运至目的地现场，首先利用自重作用使其自然下沉入土，然后采用负压下沉工法继续促其下沉，直至基础桶底着落在持力层上。负压下沉工法就是通过抽水抽气形成压力差，产生向下推力使其下沉，使下桶基础完全嵌入地基土体中。

为了在高速旋转的离心机运转环境中进行负压下沉贯入过程的模拟，新研发了一种大行程推力作动装置，待模型下桶自重下沉后，再由该装置给模型防波堤结构施加下推作用力，促使模型桶体按一定速率贯入模型地基土层中。

图 8.93 是贯入下沉试验时的模型布置图，图中所示的大行程推力作动装置由步进电机驱动蜗轮转动，滚珠丝杠推动模型下桶基础，推动速率恒定。其速率由单片机控制，推进速率设定为 0.02～8mm/min，无级变速。根据模型相似律和现场负压下沉工法贯入速率，离心模型试验时大行程推力作动装置的推进速率设定为 6mm/min。如图 8.93 所示，在大行程推力作动装置的推力作动端安装了一只 S 形荷重传感器测量下推力，其型号为 CSF-3A，量程为 10kN。另外，利用模型箱顶盖安装固定了两只位移传感器用于测量下桶基础贯入位移，其型号为 YHD-150，量程为 150mm，传感器的活动触点置于下桶盖板面上。

试验主要步骤如下：首先，在制备好的模型地基土层中央放置下桶模型，下桶盖板上的透气孔均保持畅通状态，并稍稍压入淤泥土层几毫米。其次，在模型箱上安装大行程竖向荷载加载装置和大量程位移传感器。然后，整个模型移置于离心机吊篮平台中按设计加速度运转，恢复地基土体原有的自重应力场。其间，下桶基础在自重作用下会自然沉入淤泥土层中，到达一定深度后保持稳定。最后，启动竖向荷载加载装置，按预先设定的等应变加载速率，即 6mm/min，让推力作动端向下行进，当它与下桶盖板接触后，给下桶缓缓施加竖向下沉作用力，促使桶体继续向下贯入地基土层，直至桶底达到所设定的标高位置。

本次研究中共开展了 5 组下沉模型试验，其中模型 LSM1 地基淤泥层原位不排水抗剪强度均值最接近原型地基强度条件（图 8.94），故将其作为典型试验结果，按模型相似律换算至原型尺度予以分析，主要从下沉总阻力和侧壁摩擦力及压应变随下沉位移的发展变化三方面进行讨论。

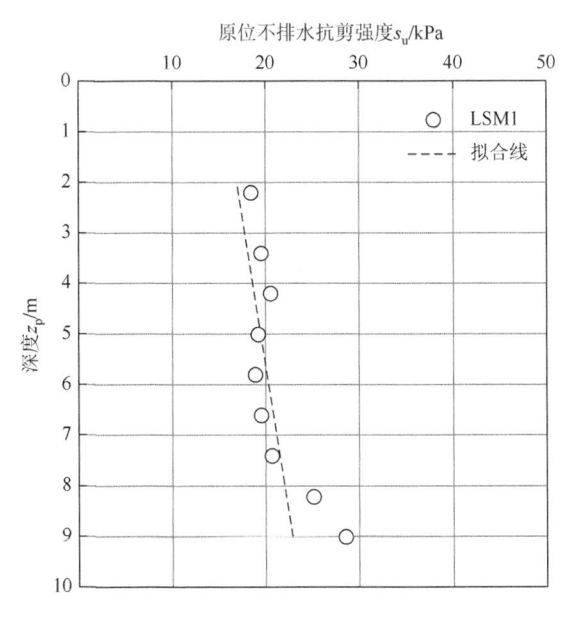

图 8.94　地基淤泥层的强度剖面分布（模型 LSM1）

1. 受力分析

在对椭圆形下桶基础的贯入试验结果分析之前，先简要分析一下原型所受到的下沉力和阻力，其中下沉力来自桶体自重和负压合力，而阻力来自桶底的端阻力和入土段桶体的侧壁摩擦力。在自重下沉阶段，桶身自重大于端阻力和入土桶体的侧壁摩擦力，当作用力和阻力平衡时，桶体不再下沉。此时需要从下桶格室中向外抽水抽气，使格室与外部大气间形成压力差，从而产生负压作用力，促使桶体继续往下贯入，即进入负压下沉阶段。由于淤泥渗透系数很小，这里的受力分析暂不考虑负压过程中沿桶壁产生的渗流作用力，图 8.95 即该阶段桶体的竖向受力分析图，图中 G' 代表下桶在水下的自重力，单位为 kN；Δp_a 为抽水抽气在下桶格室与外界之间形成的压力差；p_u 为桶体外壁和内隔板底面的端阻应力，它可以根据极限承载力公式计算获得；f 为桶体外壁和内隔板的两侧与土体之间的平均侧壁摩擦力，它们的单位都是 kPa。这样，下沉总作用力 F 为 $(G' + \Delta p_a A_i)$，这里 A_i 为格室横截面面积，负压产生的下沉力即 $\Delta p_a A_i$。而下沉总阻力 R 则为 $(fA_s + p_u A_b)$，这里 A_s 为入土桶体外壁和内隔板的两侧与土体相接触的面积，A_b 为桶体外壁和内隔板底面面积，这其中侧壁摩擦力为 fA_s，底端阻力为 $p_u A_b$。由于下沉速率控制得较小，下沉过程缓慢，可以认为下沉总作用力 F 和下沉总阻力 R 处于静力平衡状态，即数值相等。

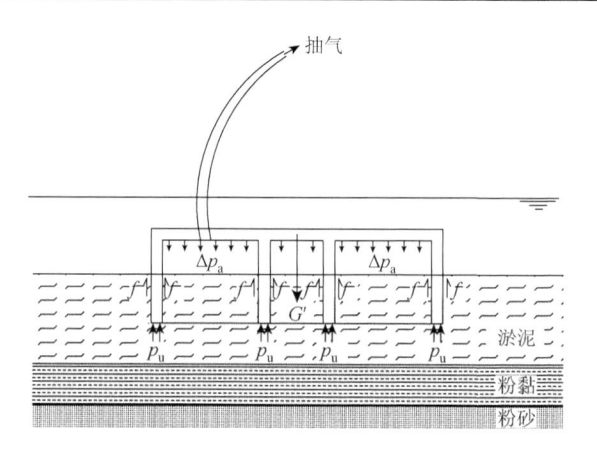

图 8.95 原型贯入下沉过程中桶体竖向受力分析

离心模型试验中下桶的贯入下沉就位过程也分为自重下沉和外力下沉两个阶段，在模型被加速至设计加速度 80g 期间，下桶在自重作用下沉入淤泥土层，到达一定深度后停止。根据位移传感器读数增量，加上安置椭圆形下桶模型时的压入量，就是自重作用产生的下沉量，约为 62.5mm，换算至原型的自重下沉量就是 5000mm。之后，启动大行程推力作动装置给下桶施加推力，这个外推力相当于现场原型所施加的负压作用力（$\Delta p_a A_i$）。在外推力作用下，模型桶体继续向下贯穿淤泥土层，直至着底于粉质黏土（粉黏）持力层。

2. 贯入阻力特性

图 8.96 为桶形基础模型 LSM1 外力贯入下沉过程中下沉总阻力和应变测量断面总内力的发展变化曲线，纵坐标为推力作用下新发生的贯入位移。从下沉总阻力发展曲线可见，总阻力随贯入位移粗略地呈线性增长趋势。这是因为在穿越同一土层过程中，端阻力 p_u 变化不大，端阻力项 $p_u A_b$ 也就基本不变，而在侧壁摩擦力项 fA_s 中，桶壁和隔板与土相接触的面积 A_s 随入土深度线性增大，若平均侧壁摩擦力 f 变化不大，则侧壁摩擦力项 fA_s 也就随下推位移线性增大，这样，下沉总阻力 R，即（$fA_s + p_u A_b$）随下推位移增大而几乎线性增长。

但当贯入位移达到某一值时，图 8.96 所示的下沉总阻力曲线出现明显的转折，即下沉总阻力发展速率由先前较小值陡然增大，转折点表明下桶底端已触及粉质黏土层及下桶格室中的土体开始与顶盖接触。由于粉质黏土强度明显高于淤泥土，端阻力 p_u 值明显高于淤泥层的值，端阻力项 $p_u A_b$ 数值突增。与此同时，格室中的土体与顶盖接触，又额外增加土体阻力项。

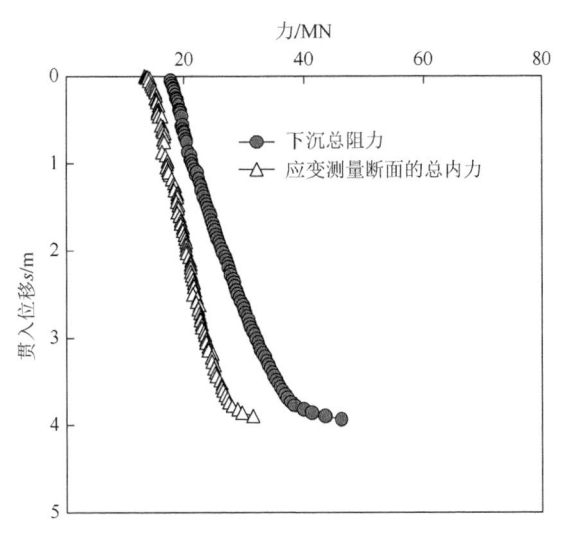

图 8.96 外力贯入下沉过程中下沉总阻力和应变测量断面总内力的发展变化（模型 LSM1）

由于下桶基础的持力层即粉质黏土层，桶体下沉过程应该止于桶体下端，着底于粉质黏土层，因此，这个曲线转折点处的下沉总阻力可以作为下桶基础下沉到位时所需的临界下沉总阻力 R_{cri}。过了转折点，贯入深度增加一点点，下沉总阻力就增加很多。对于模型 LSM1 而言，它所预测的原型临界下沉总阻力 R_{cri} 约为 40MN。该模型地基土层强度条件与原型较为接近，因此，原型桶式基础防波堤结构临界下沉总阻力 R_{cri} 估计在 40MN 左右，即原型贯穿淤泥层着底就位所需施加的总下沉力约为 40MN。

确定了下桶基础结构的临界下沉总阻力值 R_{cri}，就可以初步估算出现场负压工法中所需要产生的压力差 Δp_a，根据前面的受力分析（图 8.95），可以按式（8.23）计算：

$$\Delta p_a = (R_{cri} - G')/A_i \tag{8.23}$$

经过计算，负压工法中所需产生的压力差 Δp_a 约为 47kPa。

需要说明的是，在原型现场采用负压工法将下桶贯入地基土层时，桶壁与周围土体之间会有渗流出现，而根据对石油平台中的吸力桶基础下沉和上拔试验研究结果（丁红岩等，2003），渗流的存在将在一定程度上减小侧壁摩擦力。在本次模型试验中，下桶是在外推力作用下贯入地基土层的，因此，试验结果未能反映渗流的减阻效应。综上所述，现场原型实际遭遇的临界下沉总阻力应该小于模型试验所预测的临界下沉总阻力值，同样，负压工法中所需的压力差也将小于所估算的压力差。

3. 侧壁摩擦力特性

下面继续探讨下桶基础在贯入下沉阶段中桶壁和隔板与其周围土体间的摩擦

特性。这里需要做一些变换，假设下沉总阻力中的底端阻力项 p_uA_b 在贯穿淤泥层过程中不变，设推进下沉深度增量为 ΔS，相应的下沉总阻力增量为 ΔR，该增量就全部为侧壁摩擦力项 fA_s 的增量，即等于 $f\Delta A_s$。设 L 为桶壁和隔板横截面与土相接触的总边长，那么，桶壁和隔板与土相接触的面积增量 $\Delta A_s = \Delta SL$，由此得到下沉总阻力增量 $\Delta R = f\Delta SL$。从下沉总阻力随贯入下沉量变化曲线求得斜率 $k = \Delta R/\Delta S$，由此就可推得平均侧壁摩擦力 f，即

$$f = \Delta R/\Delta A_s = \Delta R/(\Delta SL) \tag{8.24}$$

$$f = k/L \tag{8.25}$$

利用式（8.24）可以求得下桶基础在自重下沉阶段和外力贯入下沉阶段的平均侧壁摩擦力，分别为 7.1kPa 和 14.7kPa，可见，自重下沉阶段的摩擦力小于外力贯入下沉阶段的摩擦力。同样，利用式（8.24）可以求得下桶基础结构贯穿整个土层的平均摩擦力，其值为 10.7kPa。

利用式（8.25）可以得到贯入下沉过程中的侧壁摩擦力的发展变化，如图 8.97 所示。从侧壁摩擦力分布曲线可知，在外力贯入下沉阶段，随着贯入位移的增加，侧壁摩擦力呈逐渐递增趋势，数值由 10kPa 慢慢增至 22kPa，之后曲线出现明显的转折，转折点对应的贯入深度与图 8.97 曲线转折点深度一致，这再次表明此时下桶端由淤泥层进入粉质黏土层并且桶内土体已触及盖板顶。侧壁摩擦力分布特征也从另一个角度反映了淤泥层内下部土体强度高于上部土体强度分布规律（图 8.94）。

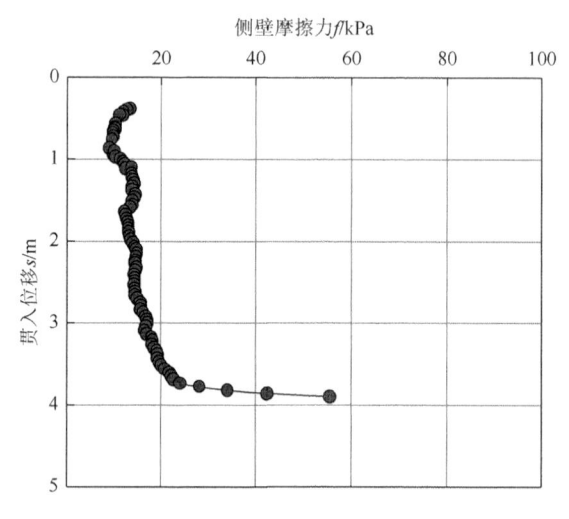

图 8.97 下桶贯入下沉过程中侧壁摩擦力的发展变化（模型 LSM1）

4. 外壁和内隔板压应变特性

弹性材料的结构应力可以通过粘贴应变计测量其压应变，然后根据胡克定律

计算获取。将下桶桶身距离桶底端 50mm（原型为 4.0m）横截面位置处作为测量断面，在外壁和内壁上布置了 5 个测点，每个测点粘贴一组全桥应变测量单元，以测量断面不同位置处的压应变，如图 8.98 所示。

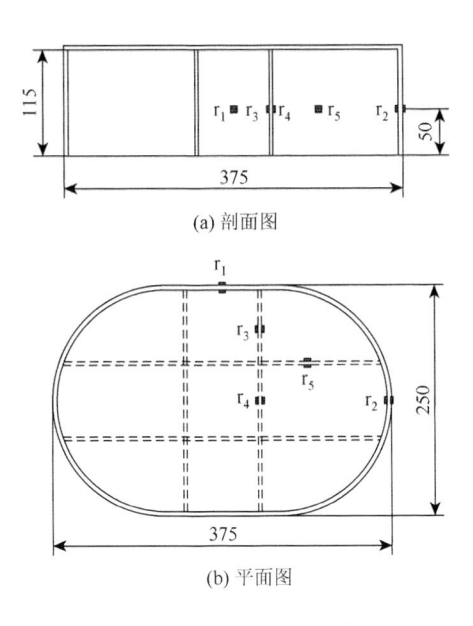

(a) 剖面图

(b) 平面图

图 8.98 内力测量布置图（单位：mm）

下桶在外推力作用下贯入下沉过程中，有 4 个测点处的应变测量单元自始至终都工作正常，图 8.99 即各测点处截面压应变发展变化曲线。由图可知，这 4 个测点处截面压应变发展情形比较一致，即各点处压应变数值相差不多，随桶体下沉位移同步发展。由此表明，桶体下沉过程很平稳，桶体外壁和内隔板截面压应变及压应力发展均匀。

制作模型桶体的铝合金材料的弹性模量为 70GPa，根据 4 个测点处的平均压应变，换算成截面平均压应变和压应力，乘以桶体横截面面积，即可推求出这个应变测量断面的总内力，其结果已绘制于图 8.96 中。由图可知，下桶基础在贯入下沉过程中，应变测量点所在断面上的总内力也是随着贯入位移在不断增大，当总阻力曲线出现转折时，总内力曲线也同样出现转折。在两曲线的转折点处，这个应变测量断面的总内力计算值为 27MN，约为临界总阻力（40MN）的 70%。

通过离心模型试验对防波堤椭圆形桶式基础结构在贯入下沉过程中总阻力特性和桶壁及内隔板摩擦力特性进行了研究，取得以下初步认识（徐光明等，2014）。

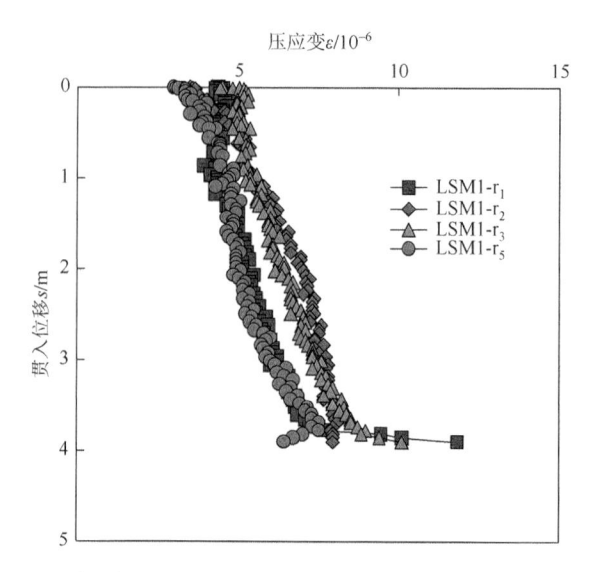

图 8.99 下桶贯入下沉过程中截面压应变发展变化（模型 LSM1）

（1）椭圆形下桶基础在淤泥层贯入时，下沉总阻力随贯入位移粗略地呈线性增长，而在桶底贯入粉质黏土层过程中，增长速率突变导致曲线出现明显转折点，据此预测了原型贯穿淤泥层着底就位所需施加的总下沉力约为 40MN，由此还预估了负压工法中所需的压力差约为 47kPa。

（2）下桶基础在贯入淤泥土层整个过程中，桶身摩擦力是逐渐递增的，浅层处较小，深层处较大，自重下沉阶段的摩擦力小于外力贯入下沉阶段的摩擦力，贯穿整个土层的平均摩擦力约为 10.7kPa。

（3）下桶基础贯入下沉过程中，桶外壁和内隔板截面上的压应变同步发展，数值基本一致，表明结构在贯入下沉过程中，横截面各点受力均匀，内力增长平稳。

由于原型计划采用负压工法施工，而模型试验中采用作动装置的外推力来模拟负压产生的下沉力，这样，试验结果中并没有反映原型基础负压下沉过程中桶壁渗流的影响。鉴于桶壁渗流的减阻效应，因此，现场原型负压工法贯入就位时所需要的总下沉力一定在本次模型试验所预测的临界总阻力值以内，同样，所需的压力差也将在相应的预测值以内。

8.3.4 水平荷载作用下桶式基础防波堤的性状

为了全面把握桶式基础防波堤在波浪荷载作用下的位移变形稳定性状，离心模型试验中采用了拟静力和循环往复作用力这两种方式模拟波浪循环荷载作用。

（1）给桶式基础防波堤施加水平作用力，模拟波浪合力的作用，探求其水平位移、沉降和倾斜角度随着波浪合力的发展变化规律。

（2）给桶式基础结构防波堤施加循环往复水平作用荷载，其频率、循环周数和波浪合力幅值完全满足模型动力作用相似律，主要研究防波堤结构与地基在不同峰值强度大小及给定循环周数的波浪荷载条件下的位移变形等动力响应。

如前所述，在 50 年一遇设计高水位条件下，一组桶式基础防波堤所承受的最大总波压力和最大总波吸力分别为 12048kN 和–8480kN，相应的最大力矩和最小力矩分别为 97600kN·m 和–45920kN·m，合力作用点到淤泥面的距离分别为 8.10m 和 5.42m。另外，原型波浪周期取 8.76s。原型存在两个作用点高度，因此，周期性荷载试验中取其平均高度，即距离淤泥面 6.76m，但在单调拟静力荷载试验中，作用点高度应取波压力对应的高度，即 8.10m。下面介绍水平荷载作用下桶式基础防波堤性状模型试验结果。

图 8.100 是拟静力作用模型试验布置示意图，图中所示的水平荷载装置能够在超重力的离心力场中工作，按设定的某一位移速率施加水平荷载，该荷载直接作用在防波堤的上桶上。如前所述，原型波压力的合力作用点距离淤泥面 8.10m，因此，模型水平力作用点距模型地基表面 110mm。出于保护拟静力加载装置的需要，应防止其浸水受潮，试验运行时所设置的模型水位，仅高出模型地基泥面约 5～7mm。虽然没有完全模拟原型中高水位，但对桶式基础防波堤拟静力模拟效果没有影响。

如图 8.100 所示，防波堤结构受力后发生的沉降和倾斜角度由激光传感器 s_1 和 s_2 测量，结构发生的水平位移则由激光传感器 d_3 量测。如图 8.100 所示，在桶式基础防波堤两侧周围的地基土体中各埋设了 3 只孔隙水压力传感器，其中 P_1、P_3、P_5 和 P_6 测点的深度为 50mm（原型为 4m），P_2 和 P_4 测点的深度为 100mm（原型为 8m）。在平面方向，P_2～P_6 测点与下桶椭圆端外壁相距 30mm（原型为 2.4m），P_1 测点与椭圆端相距 90mm（原型为 7.2m）。

本次研究中共开展了 3 组拟静力离心模型试验（模型 M4、M11 和 M13），这里选取模型 M13 试验结果进行分析介绍。需要说明的是，在下面的分析讨论中，首先是将模型中的物理量值，按模型相似律换算至原型尺度相应的值。其次，设定沉降向下为正，水平位移与水平推力方向一致为正，桶体倾向水平推力所指一侧的转角为正。最后，用设计高水位工况一组桶体所承受波压力合力最大值（P_{pp} = 12048kN）对静态水平荷载 P 进行归一化，即用水平力变化用水平荷载比 P/P_{pp} 的大小来表征。下面以模型 M13 桶式基础防波堤承受水平荷载后的水平位移变化，来讨论介绍水平力作用下的桶式基础防波堤的性状特性。

图 8.101 是模型 M13 桶式基础防波堤承受水平力后的测点 d_3 处的水平位移变化过程曲线，随着水平力不断增大，开始阶段的水平位移发展较为平稳，即以一个较小的速率增大，这种情况一直持续到水平荷载比 P/P_{pp} 达到某个值，即水平力达

(a) 剖面图

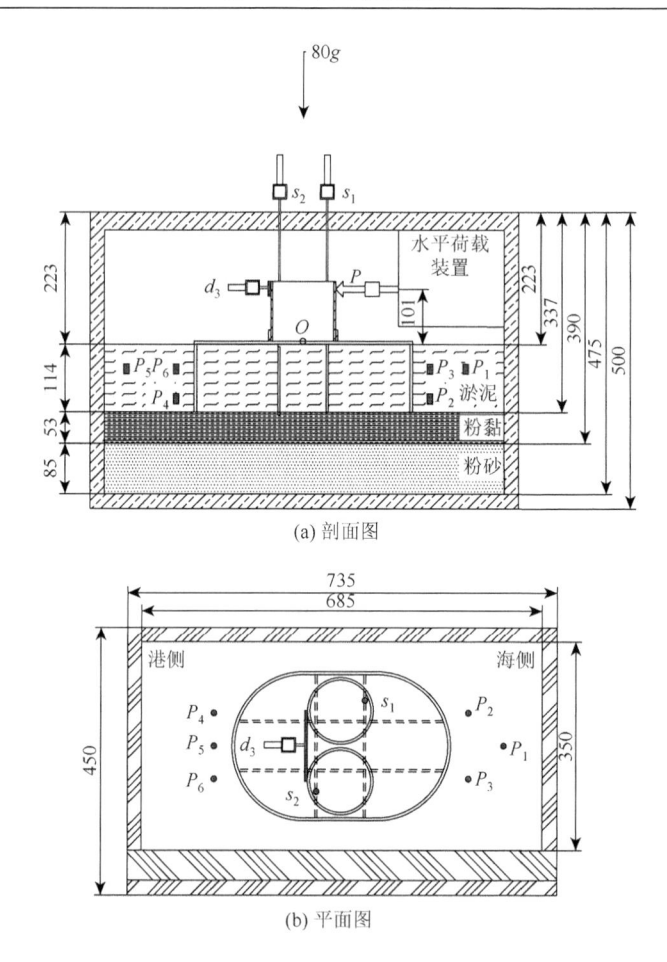

(b) 平面图

图 8.100　拟静力作用模型试验布置示意（单位：mm）

s_1 和 s_2 为沉降测点；d_3 为水平位移测点

到一定量值为止。之后，水平位移以一个较大的速率随水平荷载比 P/P_{pp} 增大，这一变化使得曲线出现一个转折点。换言之，转折点前后水平位移的发展速率明显不同，转折点之后标志着桶式基础防波堤结构的位移发展进入了一个新的快速阶段，由此可见，转折点是稳定工作状态和非未定工作状态（极限状态）的分界点。这个转折点的水平荷载比 P/P_{pp} 约为 1.54，水平位移约为 192mm。

图 8.102 是模型 M13 桶式基础承受水平力后的测点 s_1 和 s_2 处沉降变化曲线。由图可见，在水平推力作用下，靠近推力作用一侧的测点 s_1 处的实测沉降为负值，表示该处发生向上的竖向位移，并且曲线在水平荷载比 P/P_{pp} 达到 1.58 时出现一个明显的转折点，此转折点前后竖向位移发展速率明显不同。而测点 s_2 处的实测沉降较小，但在水平荷载比 P/P_{pp} 达到 1.58 后，此处实测沉降开始明显减小，继

而由正值转为负值，即由原先的下沉转变为向上的竖向位移。转折点处两测点处沉降分别为-79mm 和 13mm。

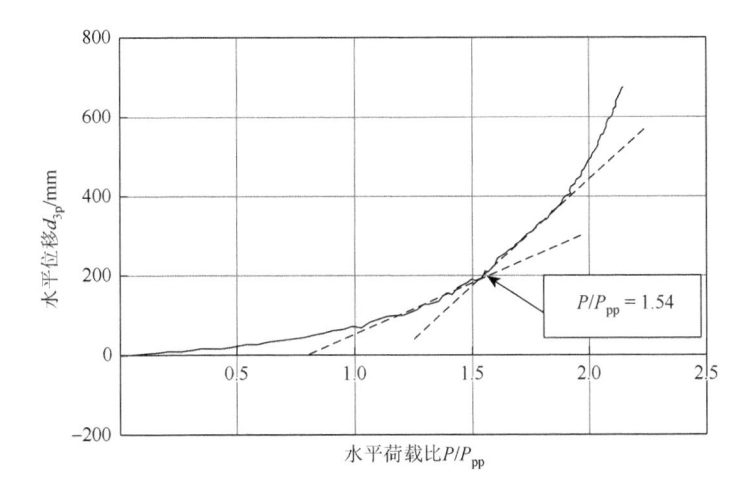

图 8.101 桶式基础防波堤水平位移随水平荷载比的变化过程曲线

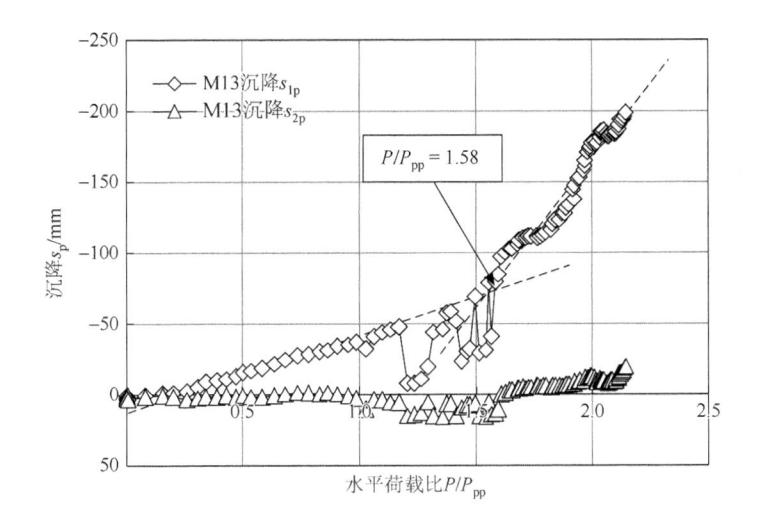

图 8.102 桶式基础防波堤沉降随水平荷载比的变化过程曲线

图 8.103 是模型 M13 桶式基础承受水平力后桶体转角变化曲线，同样，曲线上有明显的转折点。这个转折点的水平荷载比 P/P_{pp} 仍为 1.76，该转折点处转角达 1.40°。

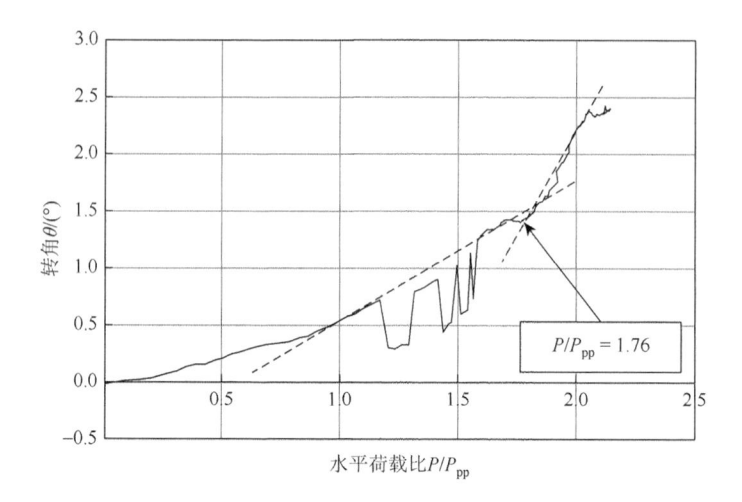

图 8.103　桶式基础防波堤桶体转角随水平荷载比的变化过程曲线

综上所述，桶式基础承受水平力后，水平位移、沉降和转角发展变化曲线均出现的转折点，三个转折点处水平荷载比 P/P_{pp} 分别为 1.54、1.58 和 1.76。这三个转折点对应的都是桶式基础防波堤结构在水平荷载作用下的三种极限使用状态，相应的荷载值即为其极限荷载。从模型 M13 试验结果得到桶式基础防波堤抵抗水平滑动、下沉和倾转的极限水平荷载能力分别为 $1.54P_{pp}$、$1.58P_{pp}$ 和 $1.76P_{pp}$。其中，抵抗水平滑动的极限水平承载力最低，为 $1.54P_{pp}$。按上述规范要求取得的容许水平承载力平均值为 $1.1P_{pp}$，由此可见，设计高水位条件下作用于桶式基础防波堤上的波压力合力值，小于其容许水平承载力值，因此，防波堤是稳定安全的。

图 8.104 和图 8.105 是模型 M13 桶式基础防波堤结构承受水平力后的海侧和港侧土体中孔隙水压力测点的孔隙水压力增量变化曲线，由于扣除了施加水平荷载前的静水孔隙水压力值，这里给出的是测点处的超静孔隙水压力。

由图 8.104 可见，在桶式基础防波堤结构承受水平荷载作用期间，埋设于海侧地基土体中的 3 只孔隙水压力传感器读数增量值为负。其中埋深为 4m 的 P_1 和 P_3，其增量变化幅值较小，约在 0～-5kPa，而埋深为 8m 的 P_2，其增量变化幅值最大，尤其在 P/P_{pp} 增大到 1.5 后，P_2 增量值稳定在-5～-10kPa，而在 P/P_{pp} 增大到 1.9 后，P_2 增量值介于-10～-16kPa。

由图 8.105 可见，在桶式基础防波堤结构承受水平荷载作用期间，防波堤港侧地基土体中的孔隙水压力传感器 P_4 和 P_6，它们分别列于下桶椭圆端的两侧，P_4 埋深为 8m，P_6 埋深为 4m，与 P_6 相比，P_4 的增量变化幅值较大。它们最初都以负值为主，在 P/P_{pp} 增大至 1.7～2.0 以后，以正值为主。P_5 埋深为 4m，但它正

第 8 章 新型防波堤结构离心模型试验研究

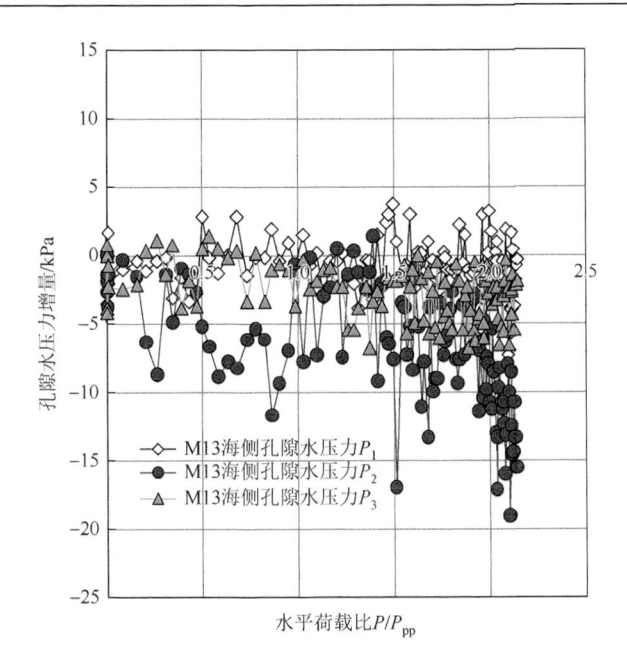

图 8.104 海侧土体中孔隙水压力增量变化曲线

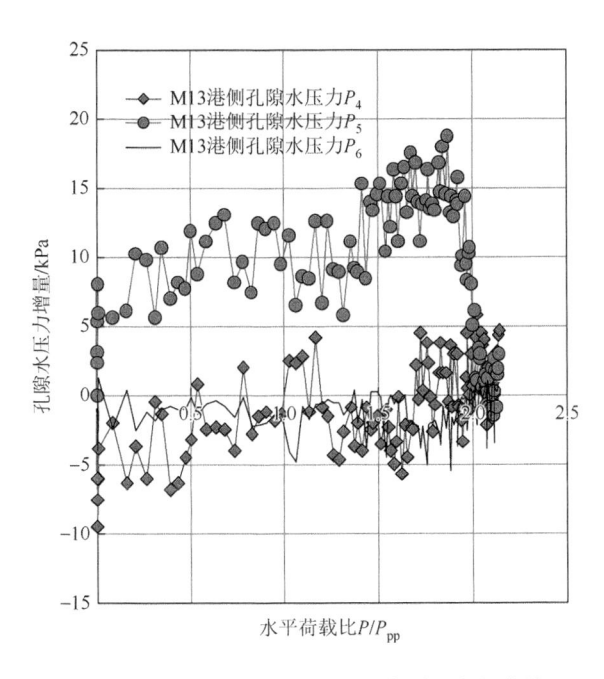

图 8.105 港侧土体中孔隙水压力增量变化曲线

对于椭圆端埋设，其增量变化幅值最大，它一开始就上升至 5kPa，之后随 P/P_{pp} 增大，逐渐达到10kPa，但在 P/P_{pp} 增大到1.4以后，P_2 增量值猛增至15kPa左右，在 $P/P_{pp}>1.9$ 后，又开始骤降，在 P/P_{pp} 达到2.0后回落至0。

上述桶式基础防波堤两侧土体中的孔隙水压力的变化，实际上是其桶体承受水平荷载作用后挤压两侧地基土体，桶周围土体或压缩或伸长或剪切，以致出现孔隙水压力反应。而水平荷载作用传递主要靠下桶外壁和内隔板，因此，在相同埋深条件下，土体越靠近下桶基础外壁，尤其正对于下桶椭圆端，其受到的影响越大，孔隙水压力反应越强烈。这就解释了正对于下桶椭圆端埋设的 P_5 孔隙水压力增量反应最为强烈这一现象。另外，在与桶壁水平距离相同前提下，位置较深处土体因变形而产生的超静孔隙水压力不易消散，容易累积而显现出来，这就解释了 P_4 孔隙水压力增量变化比 P_6 强烈及 P_2 孔隙水压力增量反应大这两个现象。

8.3.5 循环往复荷载作用下桶式基础防波堤的性状

根据原型波浪特征值指标和动态模型相似律关系，设计要求施加的循环波浪荷载特征值指标如表8.8所示，利用第5章所介绍的循环波浪荷载模拟器，开展了一组循环往复模型试验（模型M6），其模型布置和测点位置如图8.106所示。在模型达到设计加速度80g后，分6种波浪力强度逐级在桶式基础防波堤的上桶两侧施加不对称波浪合力（$P_{ps}/P_{pp}=0.7$），作用点高度与波浪合力作用点高度齐平，即距离地基泥面72.5mm，这相对于原型中距离地基泥面6.76m。整个试验所模拟的原型波浪荷载作用总历时达43.6h。图8.107给出了波浪力强度 P/P_{pp} 随时间的过程曲线，这里波浪力强度定义为波浪力与设计波压力合力之比，即 P/P_{pp}（设计波压力合力即波浪力峰值 $P_{pp}=12048$kN）。从图中可知，最后一阶段施加的波浪力强度最高，该阶段起始波浪力强度就达到0.5，之后逐渐增大，直至达到设计波浪力强度1.0。这个阶段历时约为8.5h，达到或接近设计波浪力强度的波浪作用时间占3.5h。

表8.8 模型波浪特征（模拟一组桶体受设计波浪荷载作用）

模拟工况	模型比尺	离心加速度/g	周期 T_m/s	频率 f_m/Hz	波压力 P_{pm}/kN	波吸力 P_{sm}/kN	波吸力/波压力
50年一遇设计高水位	80	80	0.110	9.13	1.88	−1.33	0.7

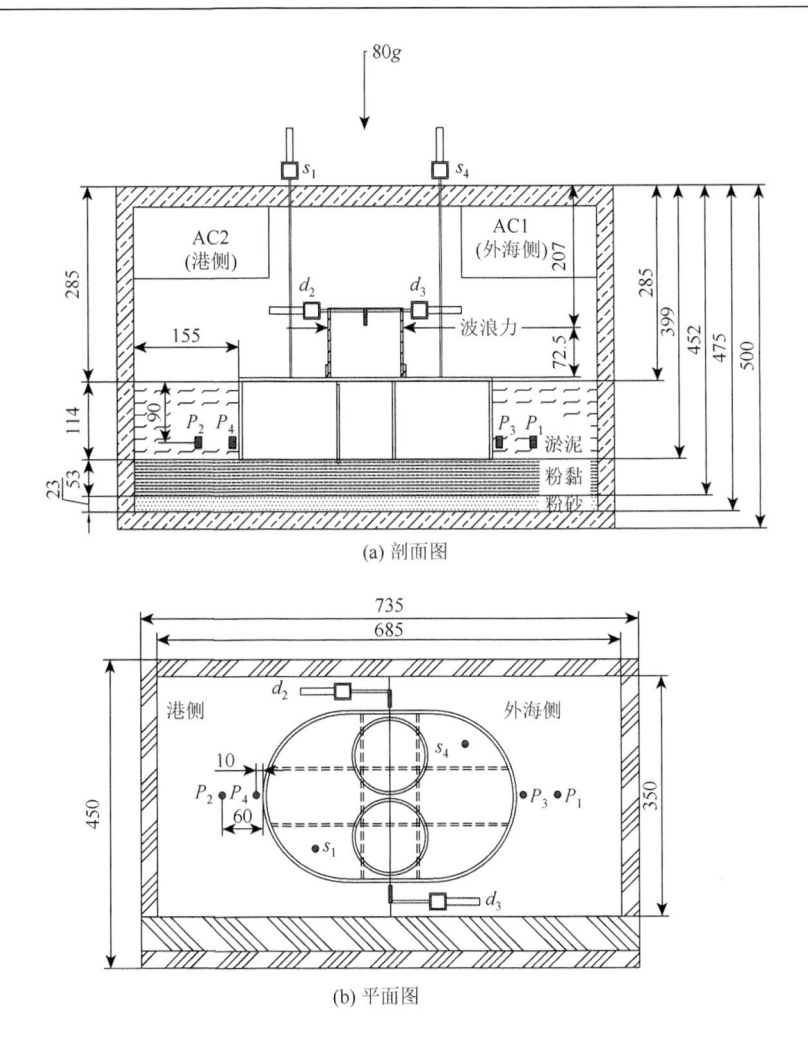

图 8.106 周期性波浪荷载作用模型布置图（单位：mm）

s_1 和 s_4 为竖向位移测点；d_2 和 d_3 为水平位移测点；$P_1\sim P_4$ 为孔隙水压力测点

在上述波浪荷载作用下，桶式基础防波堤结构的沉降、水平位移和倾斜角度均随时间发生波动，这些性状反应变化如图 8.108～图 8.110 所示。

首先讨论防波堤的沉降变形特性，从图 8.108 可以看到，桶式基础防波堤结构在循环往复波浪力作用下，结构上的港侧竖向位移测点 s_1 和海侧竖向位移测点 s_4 的沉降读数随时间逐渐增大，并且在整个波浪荷载作用期间位移增长速率几乎维持不变。在 43.5h 的波浪荷载作用结束后，这两个测点处产生的沉降分别为 92mm 和 76mm（表 8.9）。这两个竖向位移测点关于防波堤轴线成对称布置，故结构产生的平均沉降为 84mm。从桶式基础防波堤结构所产生的沉降和沉降随时间的增长速率看,遭受如此恶劣的波浪荷载作用后,防波堤结构仍是稳定的。

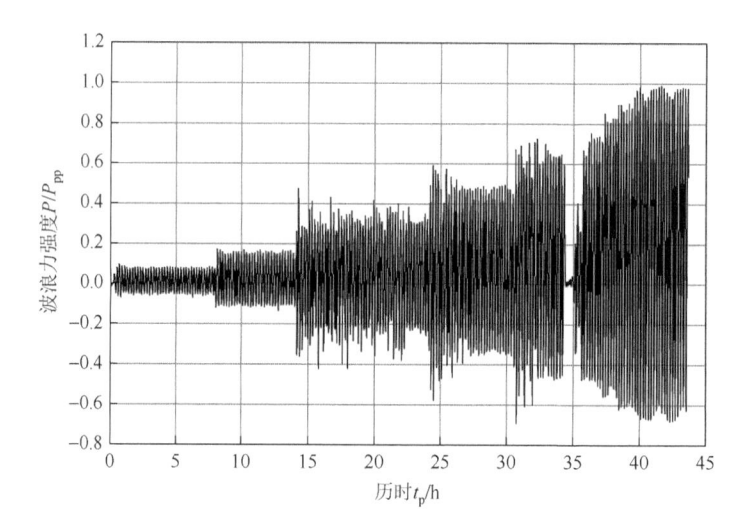

图 8.107 波浪荷载作用时程图

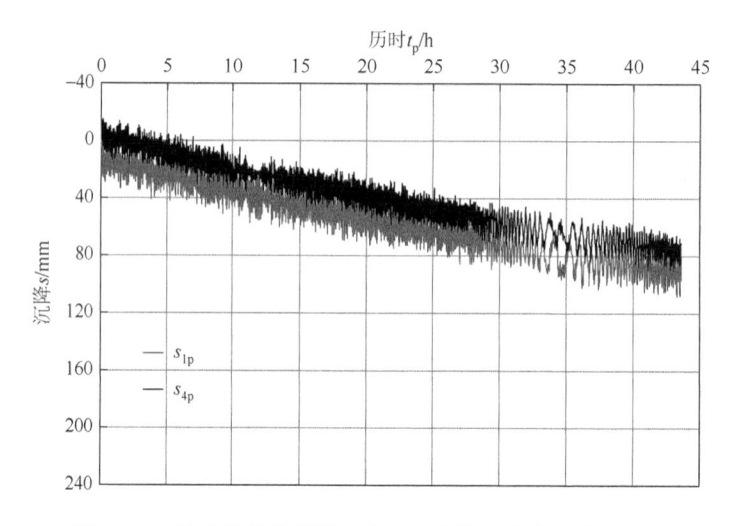

图 8.108 波浪荷载作用期间防波堤结构沉降变化过程曲线

其次分析桶式基础防波堤结构在循环往复波浪力作用下的水平位移性状,变化曲线如图 8.109 所示,因水平位移测点 d_2 激光位移传感器处光靶发生问题,图中仅给出水平位移测点 d_3 处读数变化情况。由于在桶式基础防波堤结构上施加了不对称的波浪力,波压力作用方向由外海侧指向港侧,波吸力则由港侧指向外海侧，因此，桶式基础防波堤结构水平位移指向港池侧，位移值为负。经过 43.5h 的风浪荷载作用，d_3 测点处发生的水平位移为 28mm（表 8.9）。

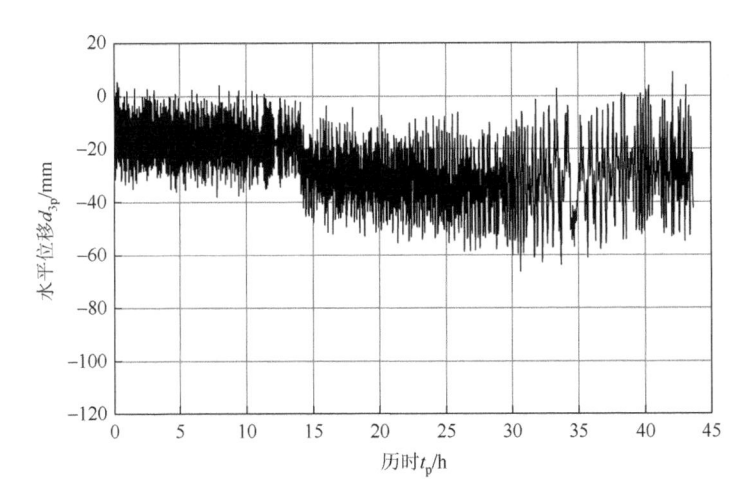

图 8.109 波浪荷载作用期间防波堤结构水平位移变化过程曲线

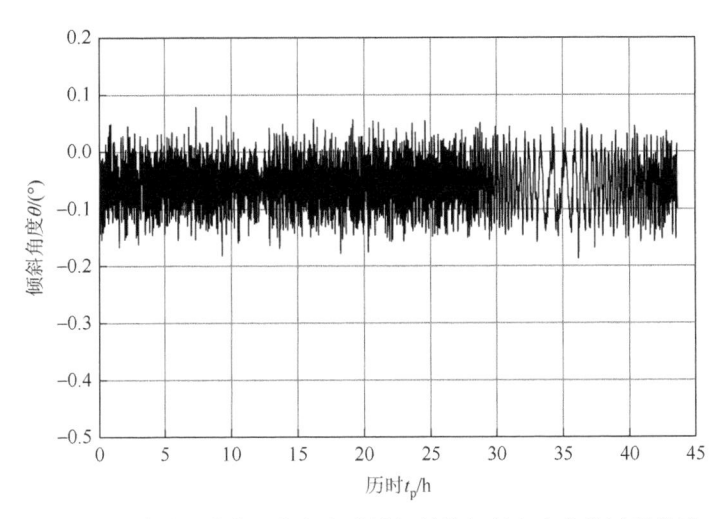

图 8.110 波浪荷载作用期间上防波堤结构倾斜角度变化过程曲线

最后分析桶式基础防波堤结构在循环往复波浪力作用下的倾斜角度位移性状，如图 8.110 所示。这里的倾斜角度位移即转角 θ 是根据前面的竖向位移测点处的沉降差除以它们的剖面距离换算而来的，即

$$\theta = \arctan\left(\frac{s_{4p} - s_{1p}}{d_{14}}\right) \tag{8.26}$$

式中，d_{14} 为两测点间距在防波堤剖面上的投影长度。

桶式基础防波堤受风浪荷载作用引起的两侧沉降差较小，因此，结构发生的转角很小，且倾向港侧，故转角位移为负值。经过 43.5h 的波浪荷载作用，桶式基础防波堤发生的转角位移为–0.059°（表 8.9）。

需要说明的是，尽管在模型地基的淤泥土层中埋设了 4 只孔隙水压力传感器，它们距离下桶桶壁约 0.8m 和 4.8m，土中深度约为 7.2m（图 8.106），但遗憾的是，没有从这些传感器获得正确的动态反应信息。从以往的循环往复模型试验结果可知（蔡正银等，2010a），在波浪荷载作用下，桶式基础防波堤发生动态位移，从而引起桶壁周围土体的变形，这种变形也是循环往复的，其幅值由桶式基础防波堤结构特性与地基土体特性共同决定。对于一般的波浪荷载，在往复作用累积到一定数量后，就会出现明显的超静孔隙水压力。对于本次试验模拟的波浪力强度，作用总历时达 43.5h，也一定会在桶壁周围土体中尤其是浅层淤泥土体中产生超静孔隙水压力。

波浪荷载的直接作用通过桶式基础防波堤结构的动态位移，将波浪力传递到桶壁周围土体中，使土体发生变形，使超静孔隙水压力积累上升，其结果导致软弱地基土层土体的模量和强度弱化，这一点已在以往的研究中得到证实（蔡正银等，2010b）。在本次动态模型试验前后，对地基土层的原位不排水抗剪强度均进行了圆锥贯入强度试验，其试验结果如图 8.111 所示。对比发现，波浪荷载作用 43.5h 后，地基土层自泥面向下约 8m 深度范围内原位不排水抗剪强度均出现了一定程度的衰减，即所谓的强度弱化。

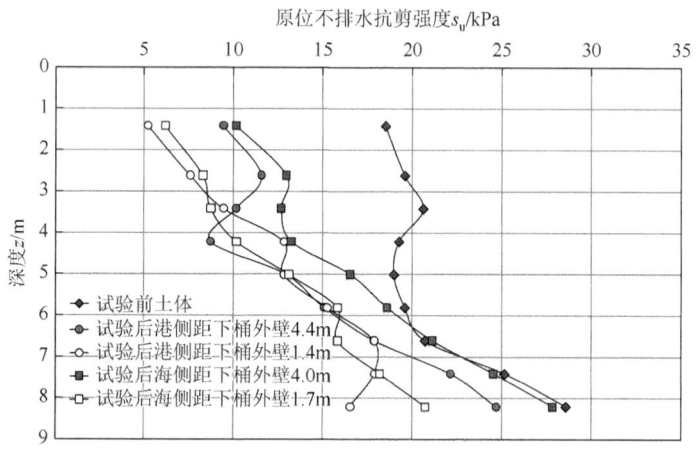

图 8.111　模型试验前后地基强度剖面分布图

地基最表层的强度弱化最明显，最大降幅在 9kPa 左右，随着深度的增加，试验前后强度差异越来越小。总体来说，强度弱化主要发生在泥面以下约 6m 深度范围内。地基土层试验前后原位不排水抗剪强度平均值（强度均值）如表 8.9 所示,若以地基上层试验前的原位不排水抗剪强度值为基准,来衡量此次波浪荷载作用造成的强度弱化程度,那强度衰减指数 I_{su} 就为

$$I_{su} = \frac{s_{u,B} - s_{u,A}}{s_{u,A}} \quad (8.27)$$

式中,$s_{u,B}$ 和 $s_{u,A}$ 分别为地基土层在波浪荷载作用前后的原位不排水抗剪强度平均值。

表 8.9 波浪荷载作用后桶式基础防波堤结构位移变形性状及地基特征值

强度均值(前) $s_{u,B}$/kPa	波浪力峰值 P_{pp}/kN	对称性 P_{ps}/P_{pp}	波浪总作用历时 t_p/h	沉降 s_{1p}/mm	沉降 s_{4p}/mm	水平位移 d_{2p}/mm	水平位移 d_{3p}/mm	转角位移 θ/(°)	孔隙水压力增量/kPa	强度均值(后) $s_{u,A}$/kPa	稳定性
19.6	12048	0.7	43.5	92	76	−28	−0.059			15.5	安全

注:结构水平位移、沉降和转角位移控制值分别为 80mm、200mm 和 0.458°(0.008rad)。

根据表 8.9 中强度均值计算,I_{su} 约为 0.20,表明本次试验中,下桶深度范围内地基土层土的强度衰减了约 20%。究其原因,土体出现的强度弱化或者强度降低归结于波浪荷载长时间的循环往复作用和海底浅表层软土微细结构。波浪荷载通过桶式基础防波堤结构泥面以上水体的波浪作用传递给地基土层,尤其是浅表层土体。而海底浅表层土体自身微细结构松散、密度不高,桶壁水平荷载作用尤其是往复性周期性水平荷载作用极易损坏或摧毁这种松软的土体微细结构。土体自身结构在波浪荷载作用下的调整,必然造成土体正的孔隙水压力增量累积,即出现超静孔隙水压力。长时间累积产生的超静孔隙水压力,使得土颗粒间的有效应力降低,最终导致土体软化和强度衰减。

本节所研究的桶式基础防波堤结构属于薄壳建筑物,它的位移变形稳定性状可参照苏联 1986 年出版的《有关大直径薄壳码头建筑物计算与设计方法建议》(苏联交通建设部全苏十月革命功勋交通科学研究院,1986)标准进行评价。其中,规定薄壳结构的结构水平位移、沉降和转角控制值分别为 80mm、200mm 和 0.458°(0.008rad)。对照表 8.9 列出的桶式基础防波堤结构在波浪荷载作用后的水平位移、沉降和转角位移特征值可知,该桶式基础防波堤结构能够抵御 50 年一遇设计高水位的波浪荷载作用而保持稳定安全。

这里针对桶式基础防波堤所遭遇的 50 年一遇设计高水位的波浪荷载,采用水平荷载和循环往复荷载的两种方式进行了模拟,对波浪荷载作用下桶式基础防波堤的位移变形性状取得了以下认识:

(1) 从模型试验结果得到桶式基础防波堤抵抗水平滑动、下沉和倾转的极限水平荷载能力分别为 $1.54P_{pp}$、$1.58P_{pp}$ 和 $1.76P_{pp}$。其中,抵抗滑动的极限水平承载力最低,为 $1.54P_{pp}$,按规范取得的容许水平承载力平均值约为 $1.1P_{pp}$,由此表

明，防波堤是稳定安全的。另外，桶式基础防波堤结构承受水平荷载作用后，观察到下桶桶深范围内土体因变形而出现超静孔隙水压力，距离下桶椭圆端较近且位置又较深处土体的超静孔隙水压力反应较强烈。

（2）波浪荷载作用43.5h后，桶式基础防波堤结构水平位移、沉降和转角位移特征值均在稳定安全范围内，表明桶式基础防波堤结构能够抵御50年一遇设计高水位的波浪荷载而保持稳定安全。

（3）波浪荷载作用43.5h后，泥面以下约6m深度范围内土体强度弱化现象明显，下桶深度范围内地基土层不排水抗剪强度平均值衰减了约20%。

8.3.6 港侧回填过程中防波堤桶体受力特性

如前所述，有一段桶式基础防波堤远期将改建成码头，就是在其港侧进行回填，形成码头堆场区域，而其另一侧相当于直立岸壁。由于防波堤建于未经加固处理的天然深厚软弱淤泥地基上，尽管桶式基础防波堤结构自身为轻型结构，对地基承载力要求不高，但单侧回填后，势必会引发沉降和防波堤两侧之间的差异沉降，这对防波堤结构及其地基稳定十分不利，因此，回填方案和回填加载速率的选择对沉降和差异沉降的发展十分关键。为此，需要根据设计提出的多种回填方案进行了模拟，研究防波堤在港侧回填荷载作用下桶式基础位移变形稳定性，以便给回填施工设计提供可靠依据。

根据回填土体的类型，本工程最初提出了三种方案，即吹填淤泥回填方案①、桶后回填袋装砂方案②和块石回填方案③，其中方案①又分为两种，即桶后吹填淤泥方案①$_{-1}$和桶内桶后吹填淤泥方案①$_{-2}$。随着回填离心模型试验的进程推进，研究方案进行了调整，主要模拟了前两种方案。围绕吹填淤泥回填方案①，完成三组模型试验后，发现无论是桶后吹填淤泥方案①$_{-1}$，还是桶内桶后吹填淤泥方案①$_{-2}$，桶式基础防波堤结构都向港侧倾转，且向海侧发生了显著的水平位移。故在模拟回填方案②时，将下桶嵌入粉质黏土层的深度由原先的0.05m增加至1.00m。港侧回填试验方案如表8.10所示。每种回填方案中，回填体高度均为12m，分三层回填，每层厚度为4m。对于吹填淤泥方案，为了使所吹填淤泥达到一定的设计强度，级与级之间留有一段时间间隔。

表8.10 所模拟的港侧回填试验方案一览表

编号	回填方案	嵌入粉质黏土层深度/m	天然重度/(kN/m³)	含水量/%	黏聚力/kPa	摩擦角/(°)	模型
①$_{-1}$	桶后吹填淤泥	0.05	13～14.5	110～200	0～5	0～0.5	M7、M8
①$_{-2}$	桶内桶后吹填淤泥	0.05	13～14.5	110～200	0～5	0～0.5	M9
②	桶后回填袋装砂	1.00	16.0～16.5	0.0	25.0		M10

1. 桶后吹填淤泥

针对吹填淤泥回填方案，开展了 3 组模型试验，其中，模型 M7 的下桶桶底嵌入粉质黏土层仅 0.05m。观测到该组模型试验中，桶式防波堤结构在桶后吹填淤泥后，结构倾向港侧，同时出现向海侧的水平位移。为了再次验证这一位移性状，重复制作了一个相同的模型，开展了重复试验，即模型试验 M8。这两组试验的模型布置如图 8.112 所示，设置了 3 只激光位移传感器测量桶式基础防波堤结构体的位移，其中 s_1 用于测量结构体的水平位移，s_2 和 s_3 用于测量结构体的沉降，它们分别位于上桶顶的海侧和港侧。另有 1 只激光位移传感器 s_4 用于测量桶后回填土体顶面的沉降。

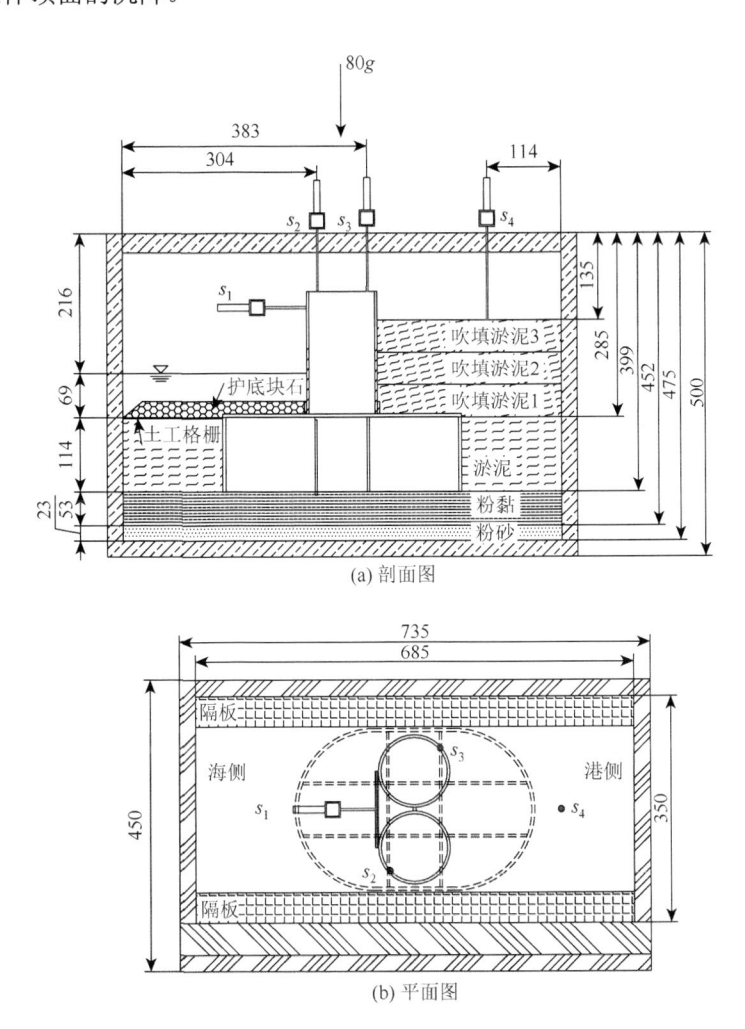

(a) 剖面图

(b) 平面图

8.112 桶后回填吹填淤泥模型布置图（模型 M7 和 M8）（单位：mm）

图 8.113 中分别给出了桶后吹填了第一层淤泥后桶体结构的转角、上桶水平位移和顶面沉降的变化情况。结果发现，桶体海侧和港侧发生的沉降均匀，数值较小，约 60mm，因此，发生的转角很小。其次，上桶结构向港侧水平位移，故数值为负，但位移很小，仅 5mm。上述位移性状与此阶段回填土体高度较小有关。

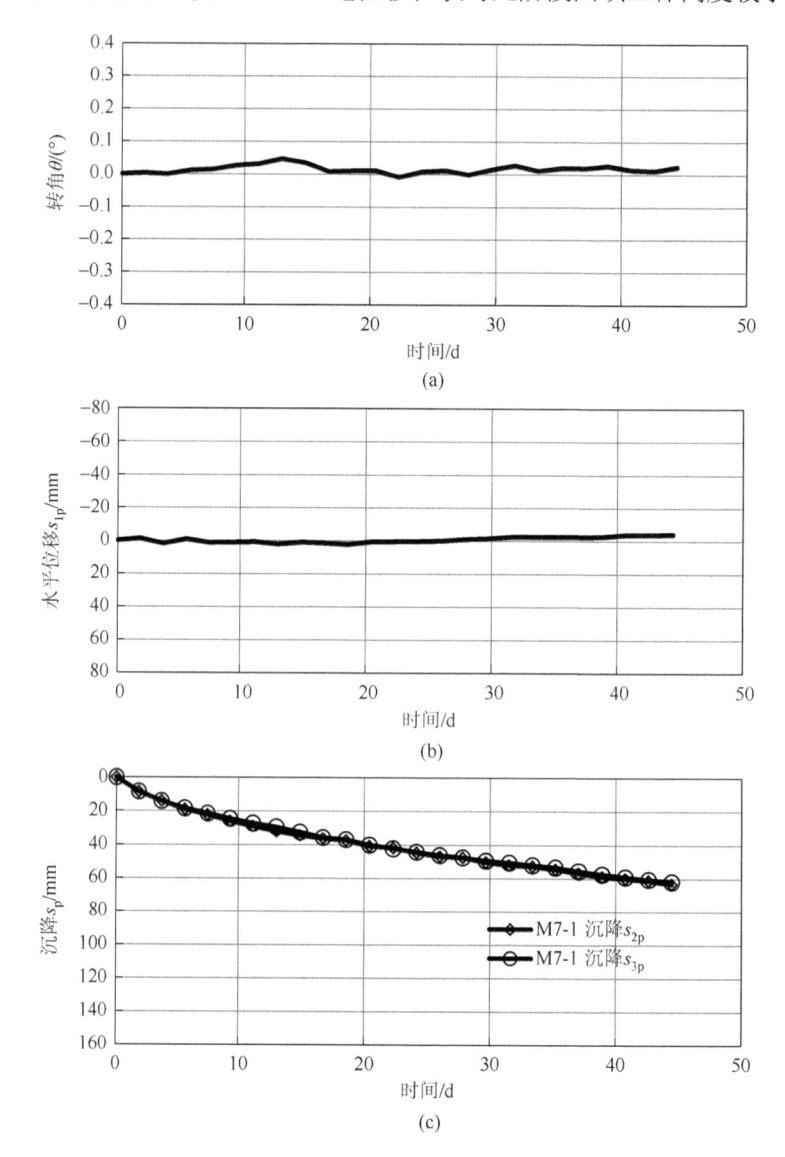

图 8.113　桶后吹填第一层淤泥后桶式基础防波堤结构位移及回填土体沉降变化过程曲线

图 8.114 中分别给出了桶后吹填了第二层淤泥后桶体结构的转角、上桶水平位移和顶面沉降的变化情况。结果发现，桶体海侧和港侧发生的沉降仍很均匀，

数值较小,约 60mm。同时,发生的转角也很小。但吹填第二层后上桶结构的水平位移则由港侧转向海侧,故数值为正,位移约为 40mm。桶体结构发生向海侧的水平位移,表明两层回填土体对上桶产生了较大的水平推力。这个水平推力就是回填土体作用于上桶的土压力,由于吹填淤泥含水量在 110%～200%,内摩擦角很小,故侧向土压力系数接近 1.0,作用于上桶侧壁的土压力十分明显。

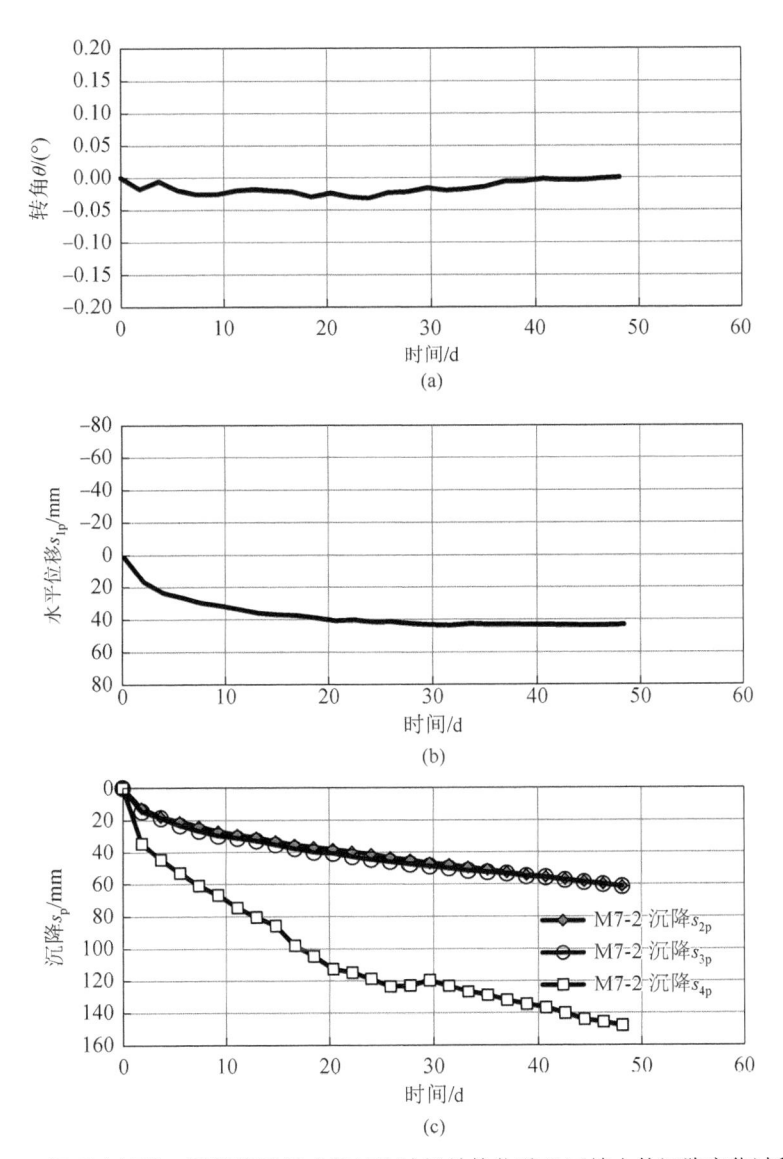

图 8.114 桶后吹填第二层淤泥后桶式基础防波堤结构位移及回填土体沉降变化过程曲线

图 8.115 中分别给出了桶后吹填了第三层淤泥后桶体结构的转角、上桶水平位移

和顶面沉降的变化情况。结果发现，在吹填第三层淤泥过程中，桶体桶体突然向海侧发生了非常大的水平位移，以致吹填淤泥层顶面也发生骤然沉降。这表明，桶体结构发生了失稳。另外，桶体失稳过程中发生的转角为负值，表明桶体向港侧倾斜。

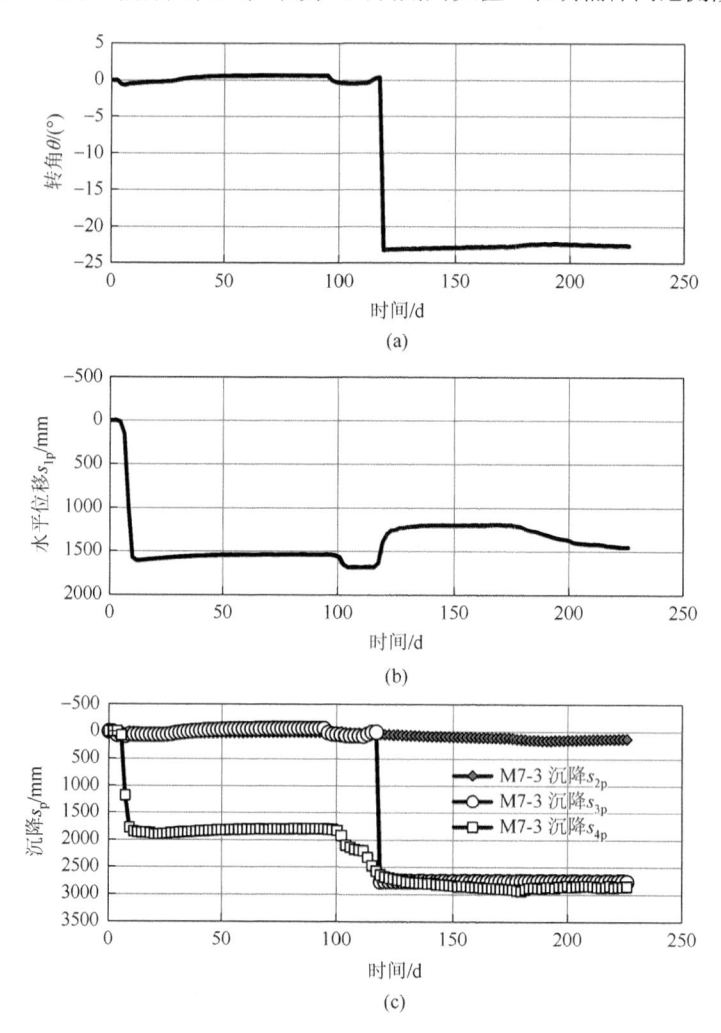

图 8.115 桶后吹填第三层淤泥后桶式基础防波堤结构位移及回填土体沉降变化过程曲线

综上所述，由于吹填淤泥含水量高，处于流塑状，侧向土压力系数接近 1.0，随着吹填土层高度的增加，作用于上桶侧壁的土压力随之迅速增大，桶体水平位移发展迅猛。在吹填至第三层的过程中，桶体结构发生了水平失稳，但其倾斜姿态朝向港侧。

模型 M8 的试验结果与模型 M7 大致相仿：吹填第一层淤泥后，桶体向港池产生水平位移，但在吹填第二层淤泥后，桶体转向海侧产生水平位移，继续吹填第三层淤泥，因朝向海侧的水平位移过大而发生失稳，这里不再赘述。

上述两组离心模型试验结果表明，在下桶桶底嵌入粉质黏土层深度较浅时，桶后吹填淤泥，当回填土体高度在两层（约 8m）范围内，桶式基础防波堤未出现明显失稳的迹象，但水平位移指向海侧。当继续向上吹填淤泥时，桶体指向海侧的水平位移迅猛发展，导致桶体结构发生了水平失稳。

2. 桶内桶后吹填淤泥

在模型 M7 和 M8 基础上，又制作了模型 M9，以模拟桶式基础防波堤上桶内和上桶港侧同步吹填淤泥的这一新方案，即桶后桶内吹填淤泥方案，观测检验桶内吹填淤泥压重的效果，其试验布置如图 8.116 所示。具体就是在每次桶后回

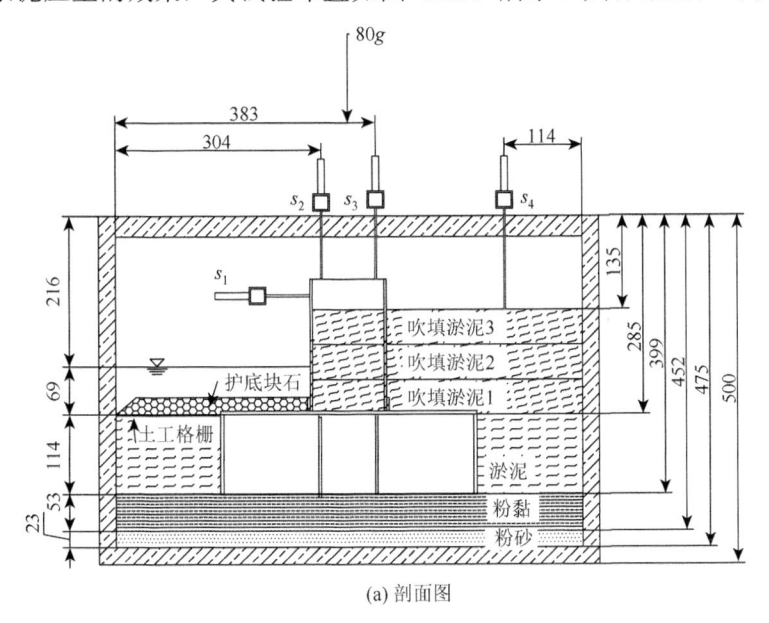

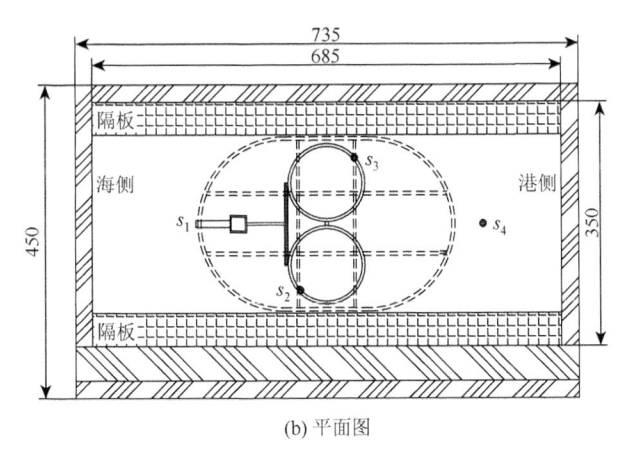

图 8.116 桶内桶后回填吹填淤泥模型布置图（模型 M9）（单位：mm）

填时，结构体的两只上桶内也同时回填淤泥，回填高度与桶后回填土体高度相同，泥面齐平，测量布置与前两组模型相同。

图 8.117 中分别给出了桶后桶内吹填了第一层淤泥后桶体结构的转角、上桶水平位移和顶面沉降发展曲线。结果发现，桶式基础防波堤上桶出现朝向海侧的水平位移，但数值不大，仅为 8mm 左右，但桶体海侧和港侧发生的沉降不均匀，即港侧沉降明显大于海侧沉降，以致桶身向港侧倾转，转角达 0.8°。另外发现，吹填淤泥泥面沉降显著，接近 400mm。

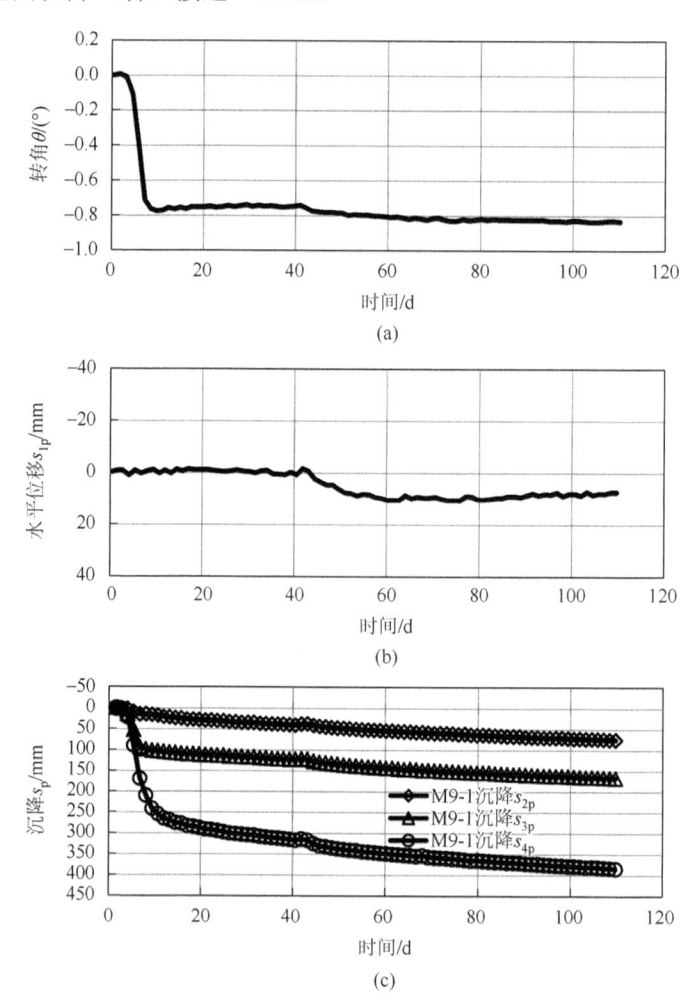

图 8.117 桶内桶后吹填第一层淤泥后桶式基础防波堤结构位移及回填土体沉降变化过程曲线

桶后桶内吹填第二层淤泥时细分两小级，第一小级由原来的 4m 吹填增高至 6.5m，间隔约 1 个月后吹填第二小级，回填土体由 6.5m 增高至 8.0m，之后留有 2 个月时间让回填土体固结以提高强度。这期间桶式基础防波堤位移变形和回填土体沉降变化过程如图 8.118 所示。从图中可以看到,该桶体结构在第一小级的吹填淤泥后,桶体继续向港侧倾转,转角值为负,但转角数值陡增,该级吹填结束时转角达-1.0°多。在第二小级淤泥吹填后,桶体继续向港侧倾转,但转角数值发展不多,基本趋于稳定。

图 8.118 中水平位移反应曲线显示,在第一小级淤泥吹填后,上桶继续朝向海侧产生位移,该级吹填结束时水平位移约为 13mm,间隔期结束时达 18mm。

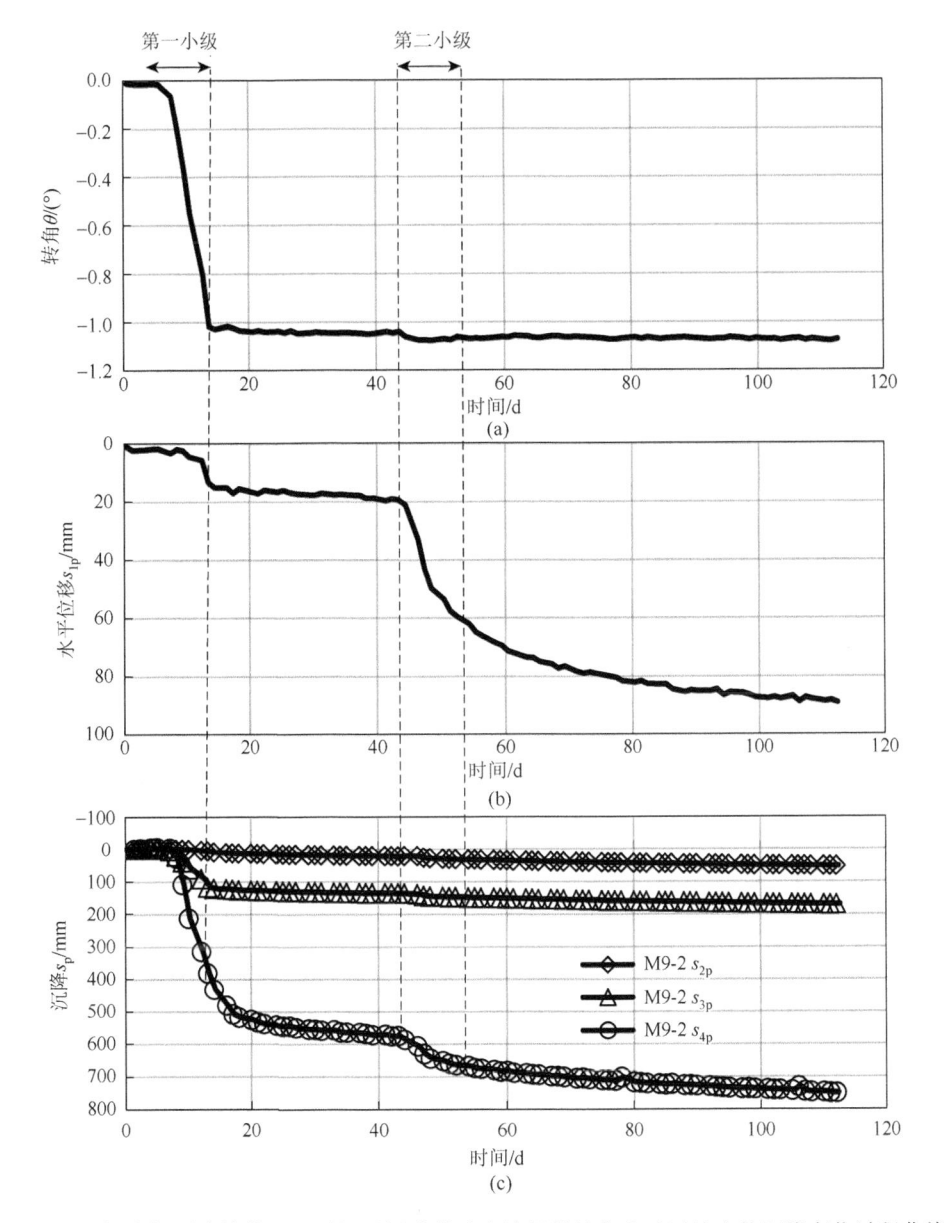

图 8.118 桶内桶后吹填第二层淤泥后桶式基础防波堤结构位移及回填土体沉降变化过程曲线

但在第二小级淤泥吹填后，上桶向海侧的水平位移一直在发展，该级吹填结束时水平位移约为60mm，之后2个月间隔期结束时水平位移仍未恒定，但已达87mm，随时间仍在缓慢增大。

图8.118（c）沉降变化过程曲线显示，在第一小级淤泥吹填后，上桶陆侧沉降发展较多，该级吹填结束时沉降约为117mm，间隔期结束时达135mm，海侧沉降总量只有22mm。但在第二小级淤泥吹填后，上桶两侧沉降继续发展，但速率较小，该级吹填结束时港侧和海侧沉降分别为28mm和146mm，之后两个月间隔期结束时沉降基本趋于恒定，分别为53mm和170mm。回填土体顶面沉降在此过程中更为显著，第一小级淤泥吹填结束时沉降就达480mm，中间间隔期结束时为576mm，第二小级淤泥吹填结束时沉降为653mm，两个月间隔期结束时为750mm。

总之，桶后桶内吹填第二层淤泥后，无论是桶式防波堤结构的转角，还是向海侧的水平位移，都非常大，并且水平位移发展尚未稳定，因此，可以说，防波堤结构处于稳定与失稳的临界点。

桶后桶内吹填第三层淤泥仍分两小级回填，第一小级由原来的8m吹填增高至10.5m，间隔约45天后吹填第二小级，回填土体高度由10.5m增高至12.0m的设计高度。图8.119给出了回填土体高度增长变化曲线和这期间桶式基础防波堤结构位移和回填土体沉降变化过程曲线。从图中可以看到，在第一小级淤泥层吹填后，桶式基础防波堤结构继续向港侧倾转，转角为负值，并且在第一小级吹填过程中，倾斜角度变化很大，达−1.2°。从图中水平位移曲线来看，上桶继续向海侧产生水平位移，第一小级淤泥层吹填后引起的水平位移变化约为24mm。与此同时，该小层淤泥回填后，上桶顶面海侧沉降较小，约5mm，而港侧沉降较大，约130mm，由于海侧与港侧沉降差异较大，防波堤结构产生明显的倾转。

然而，在第二小级吹填过程中，桶式基础防波堤结构转角略微转向海侧，但变化量不明显，但上桶水平位移发展迅猛，回填土体高度刚达设计值12m时，水平位移变化超出200mm，之后的28天内，水平位移仍快速发展，没有稳定的迹象，停机结束试验前，水平位移累积达616mm。与此同时，在第二小级吹填过程中，上桶顶面两侧沉降平稳增加，但回填土体表面沉降骤然增大，没有稳定迹象，停机结束试验前，沉降累积达706mm。

总之，桶后桶内吹填第三层淤泥导致防波堤结构产生显著的水平位移，超出了允许值，同时也引起了吹填泥面过大的沉降，并且无稳定的迹象。上述现象表明，桶式基础防波堤在第三层淤泥吹填后已经滑向外海，换言之，此时防波堤已失稳。

这组离心模型试验结果表明，即使采取桶后桶内吹填淤泥方案，增加了结构压重，但对于下桶桶底嵌入粉质黏土层深度较浅这一入土条件，回填前两层淤泥尤其是第二层淤泥时，防波堤就基本处于稳定与失稳之间的临界状态，在吹填第三层淤泥过程中，第一小级就引起了结构显著的倾转，而刚开始吹填第二小级淤泥时，即刻出现防波堤向海侧的水平滑动。可见，这一回填方案还是不能完全满足桶式基础防波堤的变形稳定要求。

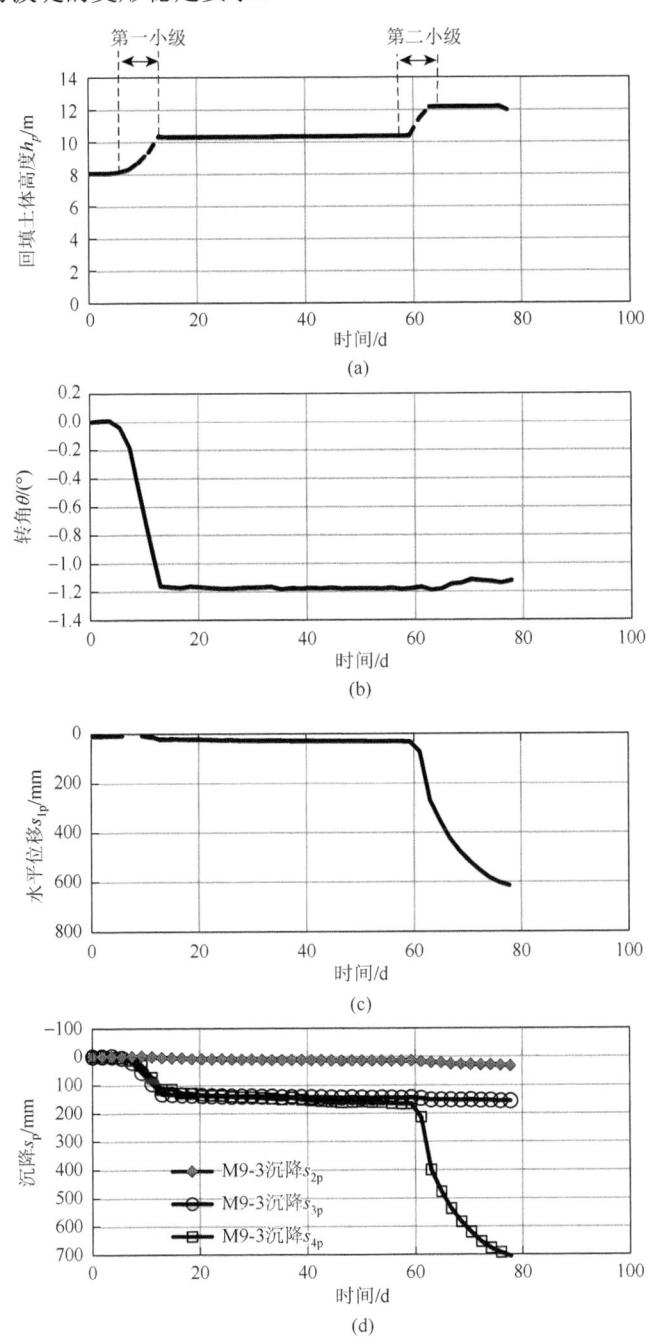

图 8.119 桶内桶后吹填第三层淤泥后桶式基础防波堤结构位移及回填土体沉降变化过程曲线

3. 桶后回填袋装砂

鉴于吹填淤泥方案中桶体向海侧发生较大的水平位移,因此,在对桶后回填袋装砂方案模拟时做了调整,将桶体嵌入粉质黏土层深度由原来的 0.05m 增加 1.00m。为此开展了模型试验 M10,其试验布置如图 8.120 所示。同样,设置了 3 只激光位移传感器测量桶式基础防波堤结构和回填土体的沉降,s_2 和 s_3 用于测量上桶顶面海侧和港侧的沉降,s_4 用于测量桶后回填土体顶面的沉降。而上桶结构的水平位移由激光位移传感器 s_1 进行测量。

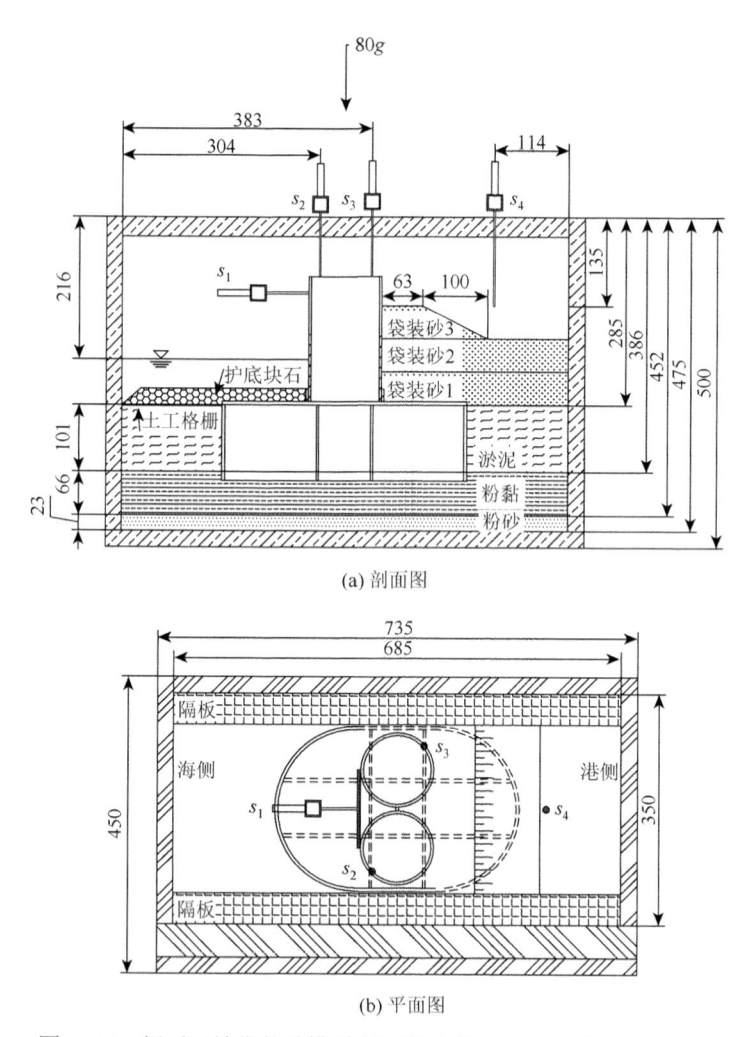

图 8.120 桶后回填袋装砂模型布置图(模型 M10)(单位:mm)

在进行回填袋装砂模型试验时,需要按模型相似律设计模型试验用的袋装沙袋。根据设计文件资料，原型袋装砂由充灌袋装砂而成，充灌袋材料可以是编织布或编织复合布，也可以是机织布。选择充灌袋时主要考察它的孔径、渗透性、强度及防老化的强度保持率等性能指标。而在模型试验中，选择充灌袋的最重要的指标是其单宽强度值和断裂伸长率。

在现场实际操作中，单层袋装砂的厚度变化很大，为 0.3～1.0m。回填模型试验中，每级回填的高度为 4m，拟用两层袋装砂填筑模拟，这样单层袋装砂层的厚度为 2m，大致为现场原型单层袋装砂层厚度的 3 倍。为保持模型充灌袋强度与原型的相似性，因此，所选用的模型充灌袋的强度换算至原型后，其值应为 3 倍原型充灌袋材料强度值左右。

根据规范，一般充灌袋材料的经向和纬向单宽强度应大于等于 50kN/m，断裂伸长率≤30%。徐光明（徐光明，2004）推导了土工合成材料的模型相似律，其中有关单宽强度的相似比关系为

$$T_{\text{ult,m}} = T_{\text{ult,p}} / N \tag{8.28}$$

式中，N 为模型比尺，这里 $N = 80$；$T_{\text{ult, m}}$ 和 $T_{\text{ult, p}}$ 分别为模型与原型材料单宽极限抗拉强度，其中 $T_{\text{ult, p}}$ 的最小值应该等于 $50 \times 3 = 150$kN/m。这样，根据式（8.28），$T_{\text{ult, m}}$ 的最小值就等于 $150/80 = 1.875$kN/m。

通过材料拉伸试验，从多种材料中选出一种纱布，它的抗拉强度试验结果如图 8.121 所示。从图中曲线得出材料的峰值强度为 1.878kN/m，相应的应变量为 11.67%。可见，这种纱布符合上述所要求的强度和断裂伸长率指标，因此，用这种纱布作为模型充灌袋材料能满足离心模型相似律的要求。具体试验时，则需根据模型回填宽度将其缝合后做成模型充灌袋，然后灌砂回填。

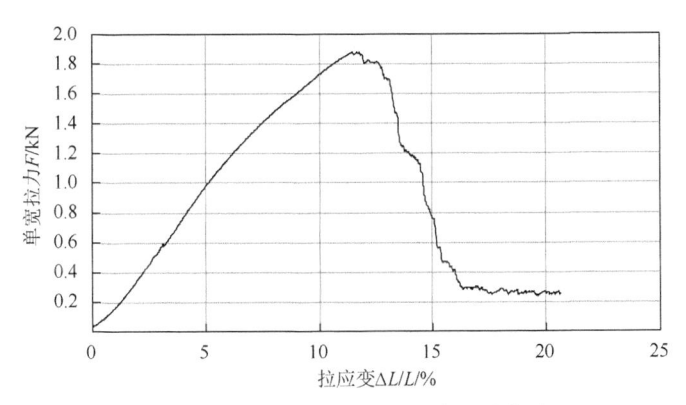

图 8.121 模型充灌袋抗拉强度试验曲线

由于回填料袋装砂本身透水性较好，无须较长的固结时间，故回填第一层和第二层袋装砂时，未作细分。在桶后回填第一层袋装砂及之后 100 天期间，桶式基础防波堤结构位移及回填土体沉降变化过程如图 8.122 所示。首先，从图中可

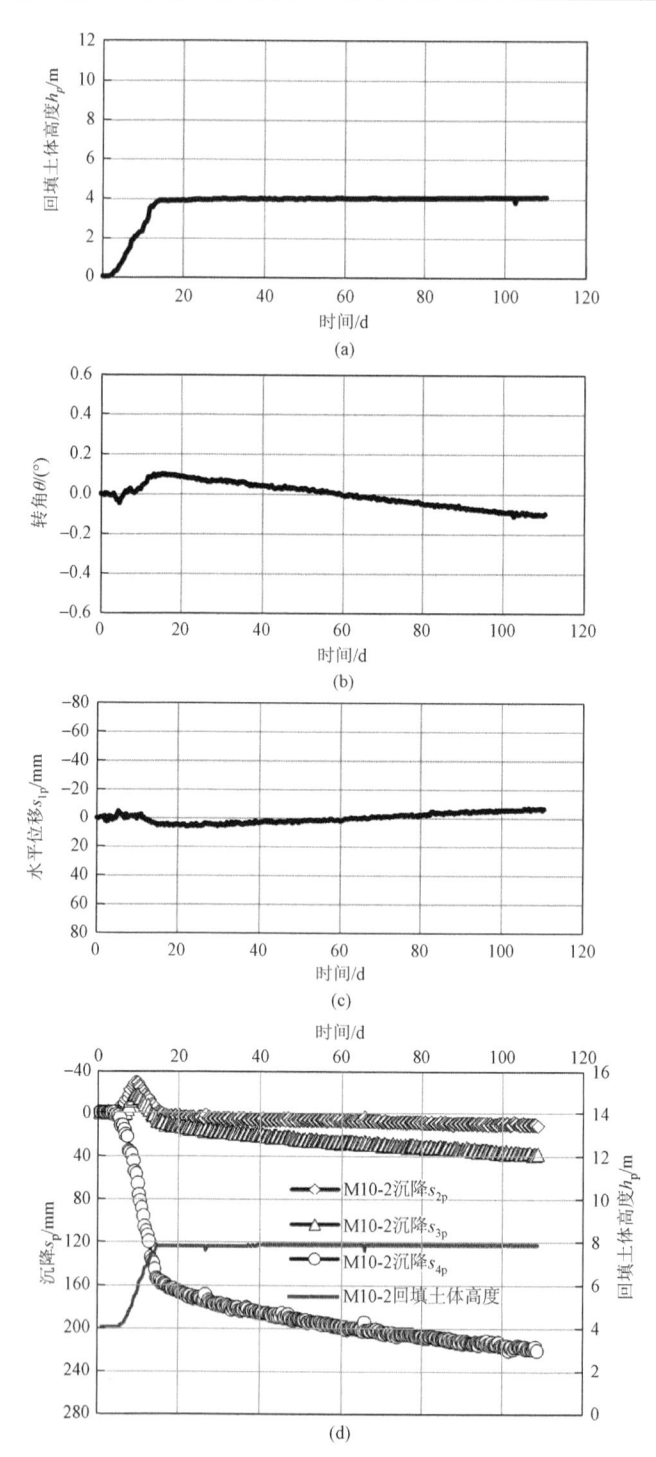

图 8.122 桶后回填第一层袋装砂防波堤结构位移及回填土体沉降变化过程曲线

以看出，在第一层袋装砂荷载作用下，起初发生的转角值为正，之后很快变为负值，即桶体结构还是倾向港侧，并且转角值不大，100天时约为-0.1°。其次，从图中可以看出，桶体水平位移开始指向港侧，之后又指向海侧，但最终调整后，仍指向港侧，并且水平位移不大，约为5mm。最后，从图中可以看出，桶体结构两侧沉降发展均匀，港侧沉降比海侧沉降稍大，约为47mm；桶后回填袋装砂表面沉降随时间平缓发展，100天时接近200mm，并且沉降发展速率近乎不变。上述桶式基础防波堤结构位移性状不仅与地基淤泥层土体及桶后回填土体性质密不可分，而且与桶式基础下桶桶底所在的粉质黏土层土体承载特性密切相关。

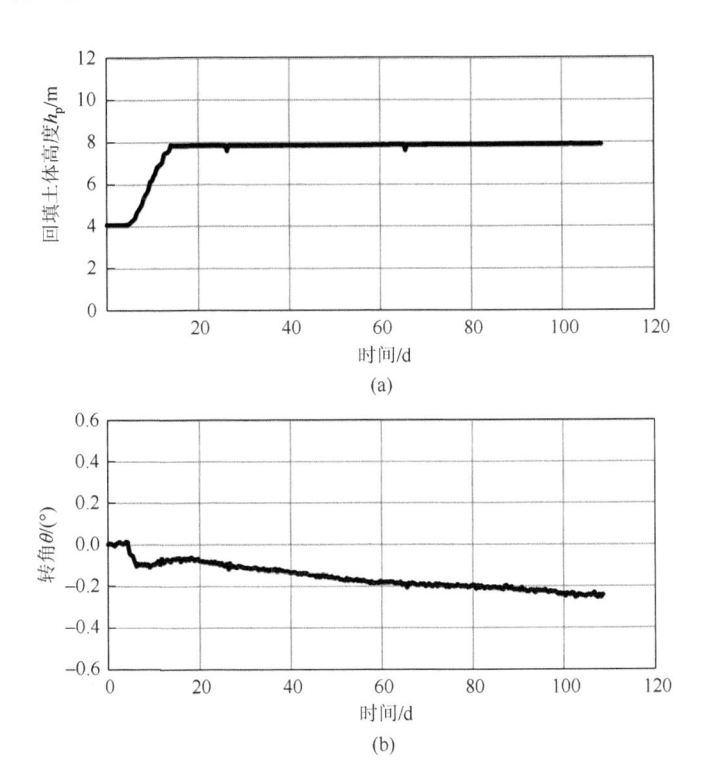

在桶后回填第二层袋装砂及之后95天期间，桶式基础防波堤结构位移性状及回填土体沉降变化过程如图8.123所示。首先从图中可以看到，在两层袋装砂荷载作用下，桶体结构继续向港侧倾斜，第二层回填后95天时，转角约为0.24°。其次，从图中可以看到，桶体水平位移也继续指向港侧，但水平位移不大，95天时约为15mm。最后，从图中可以看到，桶体结构两侧沉降继续发展均匀，两测点沉降分别为12mm和38mm，即仍然是港侧沉降比海侧沉降大。同时，桶后回填袋装砂表面沉降随时间平缓发展，95天时约为220mm，并且沉降发展速率平稳不变。从桶式基础防波堤结构在桶后回填第二层袋装砂后的位移性状及回填土体沉降性状来看，桶式基础防波堤结构相当稳定。

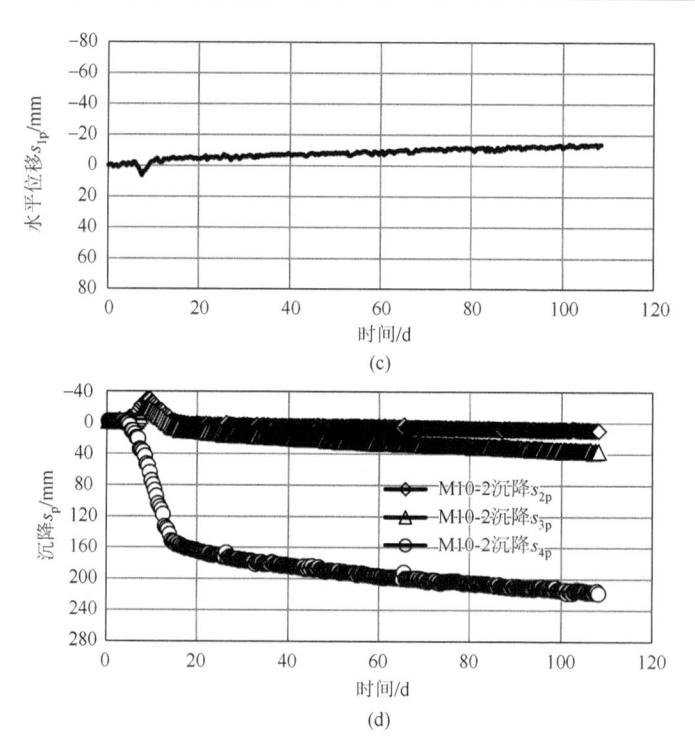

图 8.123 桶后回填第二层袋装砂防波堤结构位移和回填土体沉降变化过程曲线

如图 8.124 所示，回填第三层袋装砂时，分两个细层，即由 8.0m 升高至 10.5m，间歇 40 天后，再由 10.5m 升高至 12.0m。达到设计回填高度后，间歇了 92 天，进行超载试验。超载试验就是让离心加速度从设计值 80g 迅速提升至 115g，使回填高度从 12.0m 增高至 13.8m，即超高 1.8m，超填 15%，之后 43 天停机结束试验模拟。

在桶后回填第三层袋装砂及之后，桶式基础防波堤结构位移性状及回填土体表面沉降变化过程如图 8.124 所示。首先，从图中可以看到，在三层袋装砂回填土体荷载作用下，桶体结构继续向港侧倾斜，第三层回填竣工后 92 天时，转角约为 0.30°，超载后 43 天，转角约为 0.34°，仍在安全范围内。其次，从图中可以看到，上桶桶体水平位移继续指向港侧，但测点处水平位移不大，回填竣工后 92 天时约为 10mm，超载后数值略微变小，即稍稍向海侧位移。最后，从图中可以看到，桶体结构两侧沉降在回填土体高度增加过程中增加较多，之后随着时间平稳发展，港侧沉降比海侧沉降大。两测点处在第三层回填竣工后 92 天时沉降分别为 24mm 和 59mm。超填后两侧沉降又有新的增长，超填竣工后 43 天两测点处沉降分别达到 50mm 和 88mm。这阶段桶后回填袋装砂表面沉降也表现出相似发展规律，只是数值较大。第三层回填竣工后 92 天时表面沉降测点处的沉降为 430mm，超填后沉降值达 580mm。回填第三层袋装砂和超填 1.8m 后，回填土体表面出现了较大沉降。

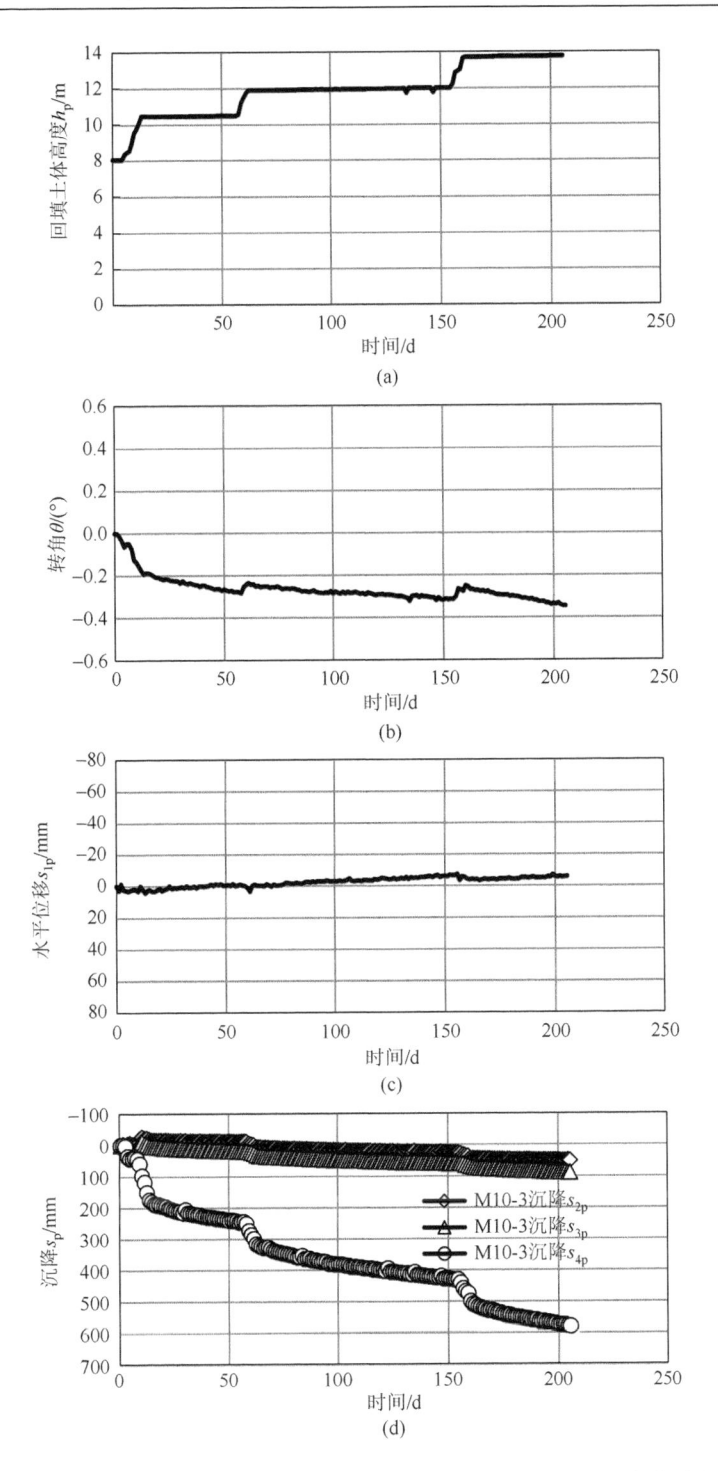

图 8.124　桶后回填第三层袋装砂防波堤结构位移和回填土体沉降变化过程曲线

综上所述，回填三层袋装砂及超填 1.8m 后，尽管回填土体表面沉降较大，但从桶式基础防波堤结构位移性状和位移大小来看，此时桶式基础防波堤结构仍是稳定的。换言之，下桶嵌入粉质黏土层 1.0m 后，并且采取回填袋装砂方案，能够满足桶式基础防波堤的变形稳定要求。

4. 位移变形模式

为了分析单侧回填后桶式基础防波堤位移变形模式和稳定破坏模式，同时便于将模型试验所预测的结果与数值模拟计算结果进行比较，首先将模型试验实测结果转换成防波堤结构体上几个标志点位移值。如图 8.125，选择了防波堤结构上 4 个特征点，分别为上桶顶角 A 点和 B 点、下桶底角 C 点和 D 点，它们的水平位移和沉降值共有 8 个，再加上桶体的转角，共计 9 个特征值。为了求得这 9 个特征值，做出如下假定和规定。首先，桶式基础防波堤结构整体刚度远大于软土地基，因而可以将桶式基础防波堤结构看作刚体。其次作如下约定，整体结构的倾斜程度用转角 θ 表征，当土体转向海侧时，其转角 θ 定义为正值；特征点 A、B、C、D 的位移分别用 (u_A, v_A)、(u_B, v_B)、(u_C, v_C)、(u_D, v_D) 来表示，水平位移 u 定义向海测移动为正方向，竖向位移 v 定义沉降为正方向。试验时设置 3 个激光位移传感器记录结构的位移，如图 8.125 所示，从模型试验获得的实测位移值就是，1 个水平激光位移传感器 s_1 与两个竖向激光位移传感器 s_2 和 s_3，记录的位移量分别为 s_1、s_2 和 s_3。防波堤结构的初始位置如图中 $ABCD$ 所示，水平

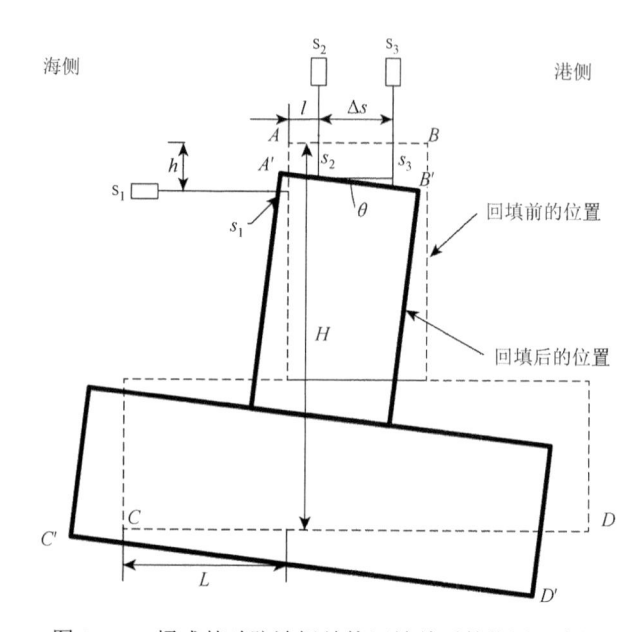

图 8.125 桶式基础防波堤结构回填前后的位置示意图

激光位移传感器 s_1 与上筒顶面间的竖向距离为 h，竖向激光位移传感器 s_2 与 A 点间的水平距离为 l，竖向激光位移传感器 s_2 和 s_3 之间的水平距离为 Δs；AC 之间的竖向距离为 H，水平距离为 L。

根据测得的数据 s_2 和 s_3，可以求得转角 θ 为

$$\theta = a\tan\left(\frac{s_2 - s_3}{\Delta s}\right) \tag{8.29}$$

对于 A 点，由几何关系有

$$(h - v_A)\tan\theta + s_1 = u_A$$
$$v_A = (u_A + l)\tan\theta + s_2$$

由此可以解出

$$u_A = \left[(h - s_2 - l\tan\theta)\tan\theta + s_1\right]/(1 + \tan^2\theta) \tag{8.30}$$

解出了 u_A，就可以求出 v_A：

$$v_A = (u_A + l)\tan\theta + s_2 \tag{8.31}$$

A 点的位移（u_A、v_A）确定后，根据几何关系可以确定 B、C、D 点的位移分别为

$$u_B = u_A + AB(1 - \cos\theta) \tag{8.32}$$

$$v_B = v_A - AB\sin\theta \tag{8.33}$$

$$u_C = u_A + AC\sin(\beta - \theta) - L \tag{8.34}$$

$$v_C = v_A + AC\cos(\beta - \theta) - H \tag{8.35}$$

$$u_D = u_C + CD(1 - \cos\theta) \tag{8.36}$$

$$v_D = v_C - CD\sin\theta \tag{8.37}$$

式中，$AC = \sqrt{H^2 + L^2}$；$\beta = \arctan\left(\dfrac{L}{H}\right)$。

这样借助于式（8.29）～式（8.37），就可以将模型试验获得的实测位移值转换成表 8.11 所示的港侧回填后表征桶式基础防波堤结构位移变形的特征值。

从表 8.11 列出的 4 组模型试验所预测的桶式基础防波堤结构在单侧回填后所发生的位移变形特征值可以发现，首先，桶式基础防波堤在回填土体作用下产生的水平位移普遍大于其沉降，而且在所观测到的失稳案例中，发生的都是水平向滑动失稳。这种失稳一般发生在回填第三层过程中或刚回填完第三层后。这就是说，水平向滑动失稳是桶式基础防波堤在单侧回填后的一种位移变形模式和最可能的一种破坏模式。

其次，在回填第一层和第二层的过程中，桶身就开始向港侧倾转，一旦发生失稳，其姿态也总是倾向港侧。整体倾转是桶式基础防波堤在单侧回填后的另一种位移变形模式。

表 8.11　港侧回填后桶式基础防波堤结构位移变形特征值

模型	回填层序	$\theta/(°)$	u_A/mm	v_A/mm	u_B/mm	v_B/mm	u_C/mm	v_C/mm	u_D/mm	v_D/mm	直观性描述
M7	第一层	0.020	−4	64	−4	61	−12	68	−12	58	稳定
	第二层	0.014	41	64	41	62	35	67	35	60	稳定
	第三层	吹填第三层过程中桶体倾向港侧，桶体向海侧水平位移>1500mm									侧滑
M8	第一层	−0.641	−64	48	−63	147	212	−72	213	264	稳定
	第二层	吹填第二层过程中，桶体是稳定的，但激光位移传感器光靶偏移造成测量失效									稳定
	第三层	停机检查后发现，桶体倾向港侧，向海侧水平位移>1600mm									侧滑
M9	第一层	−0.834	−23	56	−22	185	335	−101	339	336	稳定
	第二层	−1.066	47	27	48	193	504	−174	510	385	稳定临界点
	第三层	吹填第三层过程中，桶体向港侧倾转1.20°，之后向海侧水平位移>600mm									倾转侧滑
M10	第一层	−0.104	−10	32	−10	48	35	13	35	68	稳定
	第二层	−0.241	−23	46	−22	83	81	1	82	128	稳定
	第三层	−0.314	−18	87	−18	136	117	29	118	193	稳定
	超填层	−0.343	−19	112	−18	166	129	49	129	228	稳定

通过以上分析比较，可以初步确定桶式基础防波堤位移变形模式和稳定破坏模式特点，并建议了相应的防治措施如下。

（1）桶式基础防波堤单侧回填后，其主要位移变形模式分为两种，即向港侧倾斜和桶底向海侧产生水平位移。桶体倾斜完全是由单侧回填造成结构两侧不均匀沉降而引起的，而水平位移是由回填土体作用于桶身回填侧自上而下的侧向推力引起的。在下桶嵌入粉黏土层较浅的情形下，这种桶式基础防波堤单侧回填后最可能的一种破坏模式就是水平滑动。

（2）桶式基础防波堤下桶嵌入粉质黏土层的入土深度很大程度上决定着桶体结构的侧向承载能力。就所研究的两种回填方案而言，嵌入粉质黏土层的入土深度为 0.05m 时，在回填第三层过程中或刚回填结束，桶体向海侧的水平位移突然增加，导致水平向滑动失稳。而在嵌入粉质黏土层的入土深度增至 1.00m 时，虽然回填料对桶体产生的侧向推力减小，但即使超填 1.8m 后，桶体结构向海侧产生的水平位移也未出现突然增大趋势。由此可见，增加嵌入粉质黏土层的入土深度有助于抵抗防波堤水平滑动破坏，是提高防波堤结构稳定性的最有效的一项措施。

（3）回填土体和地基土体的性质是桶式基础防波堤稳定性的重要决定因素，可考虑对软弱地基土体做适当加固并合理选择回填土体以增强防波堤的稳定性。

（4）对于淤泥这类的软弱回填料，增加回填层数、减小每层回填厚度、延长间歇时间，对于提高回填土体自身强度和防波堤稳定性都是有益的。

8.3.7 小结

围绕桶式基础防波堤新结构设计和施工中所关注的三个方面的关键技术难题，完成了三类土工离心模型试验，对这种新型薄壁结构防波堤结构在负压下沉、遭遇波浪荷载作用和单侧回填作用下的位移性状和破坏模式取得了以下认识。

1）负压下沉过程的桶式基础防波结构受力变形性状

通过对负压下沉过程的模拟，对桶式基础防波堤下桶插入地基浅层淤泥直至嵌入粉质黏土层过程中所遭遇的总阻力、净侧壁摩擦力和摩擦系数的变化有以下认识：

（1）原型桶式基础防波堤下最大下沉总阻力估计在 40000kN 左右。

（2）桶体穿越上部淤泥土层时，桶壁及内隔板与土之间的摩擦系数约为 0.125 左右，而桶体穿越下部粉质黏土层时，其摩擦系数高于此值。

（3）下沉过程中下桶外壁和内隔板截面上的压应变数值基本一致，随桶体下沉位移发展而平缓增大，表明桶体下沉过程中受力平稳。

2）波浪荷载作用下的桶式基础防波结构位移性状

（1）从模型试验结果得到桶式基础防波堤抵抗水平滑动、下沉和倾转的极限水平荷载能力分别为 $1.54P_{pp}$、$1.58P_{pp}$ 和 $1.76P_{pp}$。其中，抵抗水平滑动的极限水平承载力最低，为 $1.54P_{pp}$，按规范取得的容许水平承载力平均值约为 $1.1P_{pp}$。另外，桶式基础防波堤结构承受水平荷载作用后，观察到下桶桶深范围内土体因变形而出现超静孔隙水压力，距离下桶椭圆端较近且位置又较深处土体的超静孔隙水压力反应强烈。

（2）波浪荷载作用 43.5h 后，桶式基础防波堤结构水平位移、沉移和转角位移特征值分别为 29mm、92mm 和 0.059°，它们均在稳定安全范围内。

（3）波浪荷载作用 43.5h 后，泥面以下约 6m 深度范围内土体强度弱化现象明显，下桶深度范围内地基土层不排水抗剪强度平均值衰减了约 20%。

总之，桶式基础防波结构能够抵御 50 年一遇的设计高水位的波浪荷载而保持稳定安全。

3）单侧回填作用下的桶式基础防波结构位移性状和破坏模式

（1）在下桶桶底嵌入粉质黏土层深度较浅时，桶后吹填淤泥，当回填土体高度在约 8m 范围内时，桶式基础防波堤未出现明显失稳的迹象，但继续向上吹填淤泥时，桶体水平位移迅猛向海侧发展，导致桶体结构发生了水平失稳。

（2）在同样的入土条件下，桶后吹填淤泥同时桶内也吹填淤泥以增加结构压重，回填第三层淤泥之前，防波堤基本能够保持稳定，但桶体向海侧产生水平位移的趋势并未终止,有水平滑动倾向。在吹填第三层淤泥过程中,起初第一小级尚勉强稳定,但结构倾转显著,直至吹填第二小级淤泥时,防波堤结构向海侧产生的水平位移过大而滑动失稳。

由于在回填第三层过程中或在回填结束后不久出现明显的失稳现象,吹填淤泥回填方案不能完全满足桶式基础防波堤的变形稳定要求。

(3) 当桶底嵌入粉黏层,入土深度增至 1.00m 时,桶后回填三层袋装砂后及超填 1.8m 后,桶体转角分别为 0.32°和 0.35°,均小于转角控制值 0.458°。超填前最大沉降小于沉降控制值 200mm,超填后最大沉降为 228mm,超出沉降控制值 200mm。另外在第三层回填后及超填后,仅下桶底角点(C 点和 D 点)处的水平位移值大于水平位移控制值 80mm,但仍小于 120mm。总体来说,防波堤结构仍是稳定的。

换言之,下桶嵌入粉质黏土层 1.0m 后,并且采取回填袋装砂方案,能够满足桶式基础防波堤的变形稳定要求。

4) 主要建议

(1) 桶式基础防波堤的最危险工况是港侧回填过程中和刚回填竣工后,此时的位移模式主要是向港侧倾斜和桶底向海侧产生水平位移。桶体倾斜完全是由单侧回填造成结构两侧不均匀沉降而引起的,而水平位移是由回填土体作用于桶身回填侧自上而下的侧向土压力引起的。在下桶嵌入粉黏土层较浅的情形下,这种桶式基础防波堤单侧回填后最可能的一种破坏模式就是水平滑动。

(2) 桶式基础防波堤下桶嵌入粉质黏土层的入土深度很大程度上决定着桶体结构的侧向承载能力。就所研究的两种回填方案而言,嵌入粉质黏土层的入土深度为 0.05m 时,在回填第三层淤泥过程中或刚回填结束后不久,桶体向海侧产生的水平位移均发生突然增加,水平位移过大导致向滑动失稳。而在嵌入粉质黏土层的入土深度增至 1.00m 时,虽然回填料性质改善,对桶体的侧向推力减小,但即使超填 1.8m 后,桶体结构向海侧的水平位移也未出现突然发展的危险趋势。因此,建议增加桶底嵌入粉质黏土层的入土深度,这有助于抵抗防波堤水平滑动破坏,是提高防波堤结构稳定性的最有效的一项措施。

(3) 回填土体和地基土体的性质是桶式基础防波堤稳定性的重要决定因素,可考虑对软弱地基土体进行适当加固并合理选择回填土体以进一步增强防波堤的稳定性。

(4) 对于吹填淤泥这样的软弱回填料,必须控制回填施工速率并加强现场检测,即增加回填层数,充分延长间歇时间,待淤泥土体自身强度提高到一定程度后,再进行下一级回填,以确保防波堤在回填施工期的稳定性。

(5) 由于桶式基础防波堤在世界范围内为首次提出,且使用的场地条件恶劣,风浪作用和单侧回填荷载作用条件复杂,建议进行更深入细致的研究分析和现场试验。

参 考 文 献

包承钢，饶锡保. 1998. 土工离心模型的试验原理[J]. 长江科学院院报，15（2）：1-7.
蔡正银. 1990. 超重力作用下饱和黏土的固结特性[D]. 南京：南京水利科学研究院.
蔡正银. 2007.《板桩码头设计与施工规范》修订斜拉板桩码头结构力学特性离心模型试验研究报告[R]. 南京：南京水利科学研究院.
蔡正银，侯伟，关云飞，等. 2015. 分离卸荷式板桩码头的工作机理[J]. 岩土工程学报，37（12）：2133-2139.
蔡正银，侯伟，关云飞. 2015. 遮帘式板桩码头的工作机理[J]. 岩土工程学报，37（10）：1745-1750.
蔡正银，侯伟. 2015. 单锚板桩结构的工作机理研究[J]. 岩土工程学报，37（1）：29-34.
蔡正银，李景林，陈铁林. 2002. 京唐港 14#、15# 泊位改造工程结构离心模型试验与数值分析研究[R]. 南京：南京水利科学研究院.
蔡正银，李景林，徐光明，等. 2005a. 土工离心模拟技术及其在港口工程中的应用[J]. 港工技术，（s1）：47-50.
蔡正银，徐光明，曾友金，等. 2005b. 遮帘式板桩码头土压力离心模型试验研究[J]. 港工技术，（s1）：51-55.
蔡正银，徐光明，顾行文，等. 2010a. 波浪荷载作用下箱筒型基础防波堤性状试验研究[J]. 中国港湾建设，（s1）：90-94.
蔡正银，徐光明，顾行文. 2010b. 京唐港 32# 泊位深水遮帘式地连墙板桩码头结构第二次离心模型试验研究[R]. 南京：南京水利科学研究院.
蔡正银，徐光明. 2007. 京唐港 18#、19# 泊位卸荷式地连墙板桩码头方案离心模型试验研究[R]. 南京：南京水利科学研究院.
蔡正银，章为民，赖忠中. 1994. 京九铁路加筋土挡土墙离心模型试验[R]. 南京：南京水利科学研究院.
蔡正银，章为民. 1995. 天津港北大防波堤新建工程离心模型试验[R]. 南京：南京水利科学研究院.
崔冠辰，蔡正银，李小梅，等. 2012. 遮帘式板桩码头工作机理初探[J]. 岩土工程学报，34（4）：762-766.
窦宜，蔡正银，盛树馨. 1991. 自重应力作用下饱和黏土的固结变形特性[R]. 南京：南京水利科学研究院.
窦宜，朱维新. 1991. 400gt 土工大型离心机的研制[R]. 南京：南京水利科学研究院.
杜延龄. 1993. 土工离心模型试验基本原理及其若干基本模拟技术研究[J]. 水利学报，（8）：19-28.
黄文熙，朱维新，等. 1984. 美国土工离心机与试验技术[R]. 南京：南京水利科学研究所.
黄文熙，朱维新. 1984. 美国土工离心机与试验技术[R]. 南京：南京水利科学研究院.
蒋敏敏，徐光明，顾行文. 2008. 离心模型试验饱和粘性土制备和固结分析[C]//第 25 届全国土工测试学术研讨会，杭州：357-378.

李景林，蔡正银，徐光明. 2004. 京唐港 32 号泊位深水遮帘式地连墙板桩码头结构离心模型试验研究[R]. 南京：南京水利科学研究院.

李景林，蔡正银，徐光明. 2007. 遮帘式板桩码头结构离心模型试验研究[J].岩石力学与工程学报，26（6）：1182-1187.

李士林，徐光明. 2008. 单锚板桩码头结构离心模型试验研究[J]. 水利水运科学研究，(1)：67-72.

李伟. 2001. 箱型吸力基础防波堤结构探讨[J]. 港工技术，(s1)：75-77.

刘守华，蔡正银，徐光明. 2003. 上海国际航运中心洋山深水港区一期工程地基处理大型离心模型试验研究[R]. 南京：南京水利科学研究院.

刘永绣，吴荔丹，徐光明，等. 2006. 遮帘式板桩码头工作机制[J]. 水利水运工程学报，(2)：8-12.

刘永绣. 2006. 板桩和地下墙码头的设计理论和方法[M]. 北京：人民交通出版社.

茅加峰，顾行文，徐光明，等. 2010. 波浪荷载作用下箱筒型基础防波堤作用的拟静力模拟研究[J]. 中国港湾建设，(s1)：105-109.

聂守智. 1984. 用圆锥试验确定黏性土性质指标的新方法[J]. 岩土工程学报，6（6）：18-29.

濮家骝. 1996. 土工离心模型试验及其应用的发展趋势[J]. 岩土工程学报，(5)：92-94.

施晓春，徐日庆，龚晓南等. 2000. 桶形基础发展概况[J]. 土木工程学报，33（4）：68-73.

苏联交通建设部全苏十月革命功勋交通科学研究院. 1986. 有关大直径薄壳码头建筑物计算与设计方法建议[M]. 莫斯科：海运河运建筑工程总局出版社.

孙述祖. 1991. 土工离心机综述（一）[J]. 水利水运科学研究，(1)：109-121.

魏汝龙，杨守华. 1991. 湛江港一区南码头二期工程离心模型试验报告[R]. 南京：南京水利科学研究院.

谢世楞. 1999. 海港防波堤工程的发展趋势[C]//第九届全国海岸工程学术讨论会，南京：1-11.

谢世楞. 2000. 半圆形防波堤的设计和研究进展[J]. 中国工程科学，2（11）：35-39.

徐光明，蔡正银，曾友金，等. 2010. 一种新型板桩码头结构的离心模拟[J]. 岩土力学，31（s1）：48-52.

徐光明，蔡正银，曾友金. 2005. 曹妃甸 10 万吨级通用散货泊位板桩方案离心模型试验研究[R]. 南京：南京水利科学研究院.

徐光明，陈爱忠，曾友金，等. 2007. 超重力场中界面土压力的测量[J]. 岩土力学，28（12）：2671-2674.

徐光明，顾行文，任国峰，等. 2014. 防波堤椭圆形桶式基础结构的贯入受力特性实验研究[J]. 海洋工程，32（1）：1-8.

徐光明，黄英豪，蔡正银. 2013. 连云港港徐圩港区防波堤工程离心模型试验报告[R]. 南京：南京水利科学研究院.

徐光明，李士林，刘永绣，等. 2012. 板桩码头结构中桩体作用宽度试验研究[J]. 长江科学院院报，29（1）：85-90.

徐光明，刘阳，任国峰，等. 2018. 20 万吨级卸荷式板桩码头离心模型试验研究[J]. 岩土工程学报，40（1）：46-53.

徐光明，任国峰，顾行文，等. 2018. 新型板桩码头群桩基础被动段桩侧压力试验研究[J]. 岩土工程学报，40（3）：502-511.

徐光明，任国峰，顾行文，等. 2018. 盐城港卸荷式地连墙码头结构离心模型试验[J]. 水利水运工程学报，（3）：48-56.
徐光明，吴宏伟. 2007. 大圆筒岸壁码头的量纲分析和离心模拟（英文）[J]. 岩土工程学报，29（10）：1544-1552.
徐光明，章为民，蔡飞，等. 1995. 岸坡稳定的离心模型试验和有限元计算分析[J]. 水利水运科学研究，12（4）：394-404.
徐光明，章为民，赖忠中. 2001. 埋入式大圆筒结构码头工作性状离心模型实验研究[J]. 海洋工程，19（1）：32-40.
徐光明，章为民. 1996. 离心模型中的粒径效应和边界效应研究[J]. 岩土工程学报，18（3）：80-86.
徐光明. 2004. 土工离心模型试验技术发展现状[C]//第24届土工测试学术研讨会，南京.
中华人民共和国交通运输部. 2014. 港口工程离心模型试验技术规程[M]. 北京：人民交通出版社.
朱维新. 1986. 土工离心模型试验研究状况[J]. 岩土工程学报，8（2）：82-95.
朱维新，易进栋. 1987. 用离心模型技术研究深圳五湾重力式码头坍塌原因[R]. 南京：南京水利科学研究院.
朱维新，孙述祖，涂敏强，等. 1990. NS-89型50gt土工离心模型试验设备的研制[R]. 南京：南京水利科学研究院.
朱维新，易进栋，涂敏强. 1990. 西北口水库混凝土面板堆石坝离心模型试验研究[R]. 南京：南京水利科学研究院.
曾友金，蔡正银，徐光明. 2007. 曹妃甸煤码头起步工程——钢板桩方案离心模型试验研究[R]. 南京：南京水利科学研究院.
Beasley D H, James R G. 1976. Use of a hopper to simulate embankment construction in a centrifugal model[J]. Geotechnique，26（1）：220-226.
Bie S A, LI W, Li Z Z, et al. 2003. Experimental study on stability of breakwaters with penetrating box foundations[J]. China Ocean Engineering，17（1）：71-82.
Boylan N, Gaudin C, White D J, et al. 2010. Modelling of submarine slides in the geotechnical centrifuge[C]//Proceedings of Physical Modelling in Geotechnics, London: 1095-1100.
Bucky P B. 1931. Use of models for study of mining problems[J]. In AIMME Technical Publications: 425.
Butterfield R. 1999. Dimensional analysis for geotechnical engineers[J]. Geotechnique，49（3）：357-366.
Butterfield R. 2000. Scale-modelling of fluid flow in Geotechnical centrifuges[J]. Soils and Foundation，40（6）：39-45.
Craig R F. 1997. Soil Mechanics[M]. London：E&FN Spon Press.
Craig W H, Rowe P W. 1981. Operation of geotechnical centrifuge from 1970 to 1979[J]. Geotechnical Testing Journal，4（1）：19-25.
Craig W H, Yildirim S. 1976. Modelling excavations and excavation processes[C]//Proceedings of the 6th European Conference on Soil Mechanics, London: 33-36.
Crancon P, Guy C, Pili E, et al. 2000. Modeling of capillary rise and water retention in centrifuge tests using time domain reflectometry[C]//International Symposium on Physical Modelling and Testing in Environmental Geotechnics，199-206.

Derkx F, Merliot E, Cottineau L M, et al. 1998. On-board remote-controlled centrifuge robot[C]//Centrifuge proceedings of the International Conference, Tokyo: 97-102.

Esposito G. 2000. Centrifuge simulation of light hydrocarbon spill in partially saturated Dutch dune sand[J]. Bulletin of Engineering Geology and the Environment, 58 (2): 89-93.

Gao F P, Randolph M F. 2007. Wave generation system in a drum centrifuge and its application[C]//Proceedings of the 10th Academic Conference on soil mechanics and geotechnical engineering, Chongqing: 274-280.

Hazen A. 1930. Water Supply[M]. New York: Wiley.

Khalifa A, Garnier J, Thomas P, et al. 2000. Scaling laws of water flow in centrifuge models[C]//International symposium On Physical Modeling and Testing in Enviromental Geotechnics, Paris: 207-216.

Kumura T. 1988. Development of Geotechnical centrifuge in Japan[C]//Centrifuge Proceedings of the International Conference, Tokyo: 23-32.

Leung C F, Zhang X Y, Lee F H. 2004. Wave impact on Caisson Breakwater[C]//9th Australia New Zealand Conference on Geomechanics, Auckland: 874-880.

Lord A E. 1999. Capillary flow in the geotechnical centrifuge[J]. Geotechnical Testing Journal, 22 (4): 292-300.

Mikasa M, et al. 1969. Centrifugal model tests on a rockfill dam[C]//Proceedings of the 7th International Conference on Soil Mechanics and Foundation Engineering, 2: 497-505.

Neilsen J. 1984. Centrifuge testing as a tool in silo research[C]//Proceedings of Application on Centrifuge modeling to geotechnical design, Rotterdam: 87-102.

Ng C W W, Kusakabe O, Leung C F. 2003. Applications of centrifuge modelling technology in geotechnical engineering practice[C]//Proceedings of 12th Asian Regional Conference on Soil Mechanics and Geotechnical Engineering, Singapore: 1277-1285.

Ng C W W. 2014. The state-of-the-art centrifuge modelling of geotechnical problems at HKUST[J]. Journal of Zhejiang University-SCIENCE (Applied Physics & Engineering), 15 (1): 1-21.

Oumeraci H, Kortenhaus A. 1994. Analysis of the dynamic response of cassion breakwaters[J]. Coastal Engineering, 22 (1-2): 159-183.

Pokrovsky G I, Fiodorov I S. 1936. Studies of soil pressures and deformations by means of a centrifuge[C]//Proceedings of the 1st International Conference of Soil Mechanics and Foundation Engineering, 1: 70.

Rezzoug A, Triantafyllidis Th, Coumoulos H, et al. 2000a. Numerical analysis of scaling laws for capillary rise[C]//International Symposium on Physical Modelling and Testing in Environmental Geotechnics, paris: 225-232.

Rezzoug A, König D, Triantafyllidis Th. 2000b. Scaling laws in centrifuge modelling for capillary rise in soils[C]//International Symposium on Physical Modelling and Testing in Environmental Geotechnics, Paris: 217-224.

Rowe P W, Craig W H, Procter D C. 1977. Dynamically loaded centrifugal model foundations[C]//Proceedings of the 9th International Conference on Soil Mechanics and Foundation Engineering, Tokyo: 359-364.

Santamarina J C, Goodings D J. 1989. Centrifuge modeling: A study of similarity[J]. Geotechnical Testing Journal, 12 (2): 163-166.

Schofield A N. 1980. Cambridge Geotechnical Centrifuge Operations[J]. Geotechnique, 30 (3): 227-268.

Sedov L I. 1993. Similarity and Dimensional Methods in Mechanics[M]. 10th ed. New York: CRC Press.

Sekiguchi H, Kita K, Okamoto O. 1994. Wave-induced instability of sand beds[C]//Proceedings of Centrifuge 94, Singapore: 295-300.

Sekiguchi H, Kita K, Sassa S, et al. 1998. Generation of progressive Fluid waves in a geo-centrifuge[J]. Geotechnical Testing Journal, 21 (2): 95-101.

Takemura J. 1998. Methods for preparation of clay samples (not completed) [C]//Proceedings of the International Conference, Tokyo: 1057-1058.

Tsinker G P. 1997. Handbook of Port and Harbor Engineering: Geotechnical and Structural Aspects[M]. New York: International Thomson Publishing.

Ubilla J, Abdoun T, Zimme T. 2006. Application of In-flight Robot in Centrifuge Modeling of Laterally Loaded Stiff Pile Foundations[C]//Proceedings of Physical Modeling in Geotechnics, London: 259-264.

Xu G M, Cai Z Y, Gu X W, et al. 2010a. Study of wave impact on a cylindrical breakwater by means of centrifuge model tests[C]//Physical Modelling in Geotechnics-Springman, London: 1081-1086.

Xu G M, Cai Z Y, Gu X W, et al. 2010b. Centrifuge modeling for wave loading on a cylindrical breakwater[C]//Proceedings of the international symposium on Geomechanics and Geotechnics, London: 163-170.

Xu G M, Cai Z Y, Zeng Y J, et al. 2006. Centrifuge modeling for a new type sheet pile bulkhead with barrier piles[C]//Proceedings of the 6th International Conference on Physical Modelling in Geotechnics, London: 1125-1129.

Xu G M, Ng C W W. 2007. Centrifuge Modeling of a Quay Wall Constructed of Large-Diameter Bottomless Cylinders[C]//Proceedings of the 13th Asian Regional Conference on Soil Mechanics and Geotechnical Engineering, Kolkata: 367-370.

Xu G M, Zou G D, Wang N X. 2003. Failure mode influenced by soft stratum on inclined bedrock[C]//Proceedings of the International Conference on Slope Engineering, Hong Kong: 648-654.

Zhang X Y, Lee F H, Leung C F. 2009. Response of caisson breakwater subjected to repeated impulsive loading[J]. Geotechnique, 59 (1): 13-16.